코린토인들에게 보낸 첫째 편지

성서와함께 총서 신약 2

총서기획위원

김영남(신약·의정부교구)
박요한 영식(구약·서울대교구)
백운철(신약·가톨릭대학교 교수)
최안나(구약·영원한 도움의 성모 수도회)

코린토인들에게 보낸 첫째 편지

크리스토프 센프트 지음

백운철 옮김

성서와함께

Christophe Senft
La Première Épitre de Saint Paul aux Corinthiens
2e édition corrigée et augmentée
COMMENTAIRE DU NOUVEAU TESTAMENT VII

© 1990 by Éditions Labor et Fides
All rights reserved.

This Korean edition trans. by Prof. Dr. W.C.BAIK, is published by arrange‑
ment with Éditions Labor et Fides, Genève.
© 2022 by Living with Sripture Publishers

이 책은 저작권자와 직접 저작권 계약을 맺어 펴내므로
저작권법의 보호를 받습니다. 무단 전재와 복제를 금합니다.

코린토인들에게 보낸 첫째 편지

서울대교구 인가: 2004년 2월 2일
처음 펴낸날: 2004년 12월 30일
수정판 1쇄 펴낸날: 2022년 10월 28일
지은이 : 크리스토프 센프트
옮긴이 : 백운철
펴낸이 : 백인실
펴낸곳 : 성서와함께
06910 서울특별시 동작구 흑석로13길 7
Tel (02) 822-0125~7 Fax (02) 822-0128
　　　http://www.withbible.com
　　　e-mail : order@withbible.com
등록번호 : 14-44(1987년 11월 25일)

© 2022 성서와함께

ISBN 978-89-7635-408-2 94230
　　　 978-89-7635-910-0(총서 세트)

차 례

입문 10
   1) 코린토 시와 코린토 교회의 기원 10
   2) 코린토 1서의 통일성 문제 15
   3) 사건들의 개요 21
   4) 바오로의 신학적 여정 27
   5) 정경의 편집 30

머리말 1,1-9 (D) 35
   1) 인사 1,1-3 35
   2) 하느님께 드리는 감사 1,4-9 39

I. 교회의 근거인 십자가의 복음 1,10-4,21 45
   1. 일치의 권고 1,10-17 (D) 46
   2. 하느님이 세상의 지혜에 던지신 도전 1,18-2,5 57
      1) 십자가의 어리석은 선포 1,18-25 57
      2) 공동체의 사회적 구성 1,26-31 70
      3) 바오로의 인격과 선포 2,1-5 75

3. 하느님의 숨겨진 지혜 2,6-16	80
4. 공동체의 분열과 참된 지혜 3,1-23	97
1) 파벌 정신은 미성숙의 표지 3,1-4	97
2) 사도들과 교회 3,5-17	100
3) 은총으로 살아가기 3,18-23	111
5. 사도, 십자가에 달리신 분의 봉사자 4,1-13	116
1) 사도의 충실성과 자유 4,1-5	116
2) 십자가에 달리신 분의 사도 4,6-13	120
6. 권고와 방문 예고 4,14-21	128

II. 그리스도인의 도덕 문제 5,1-7,40   133

1. 근친상간의 경우 5,1-13 (B)	133
1) 공동체의 거룩함 5,1-8	133
2) 강조점과 결론 5,9-13	139
2. 이방인 법정에서의 송사 6,1-11 (A)	143
3. 탕녀들과의 교제 6,12-20 (A)	153
4. 혼인과 독신 7,1-40 (C)	165
1) 일반 지침 7,1-7	165
2) 특별한 경우들: 독신자와 과부, 기혼자, 혼종혼 7,8-16	172
3) 소명과 자유 7,17-24	181
4) 동정녀들, 혼인이 시의적절하지 않음 7,25-31	194
5) 열정에 불타기보다는 혼인하기 7,32-40	199

III. 공동체와 예배 8,1–14,40	206
1. 우상에게 바친 고기 8,1–11,1	206
1) 자유와 사랑 8,1–13 (C)	207
(1) 참된 지식 8,1–6	207
(2) 자유와 타인의 양심에 대한 존중 8,7–13	215
2) 사도의 모범 9,1–23	224
(1) 사도와 그의 권리 9,1–12 (2코린?)	225
(2) 사도의 자유로운 봉사 9,13–18	232
(3) 모든 이의 종, 바오로 9,19–23 (C)	238
3) 우상숭배에 대한 경고 9,24–10,22	244
(1) 경기와 그 목표 9,24–27 (B?)	244
(2) 이스라엘 역사의 교훈 10,1–13 (B)	247
(3) 주님의 식탁과 마귀들의 식탁 10,14–22	259
4) 자유와 건설 10,23–11,1 (C)	265
2. 전례에서 여자들이 취해야 할 태도 11,2–16 (A 또는 B)	274
3. 공동체의 식사 11,17–34	287
4. 성령의 은사들 12,1–14,40 (C)	306
1) 은사의 다양성과 보완성 12,1–31ㄱ	307
(1) 성령의 현존의 표지 12,1–3	307
(2) 하나이신 성령과 여러 은사 12,4–11	310
(3) 몸과 지체 12,12–26	316
(4) 봉사직의 다양성 12,27–31ㄱ	323
2) 성령의 은사와 사랑 12,31ㄴ–13,13	327
(1) 사랑이 없으면 성령의 은사는 아무것도 아니다 12,31ㄴ–13,3	328

⑵ 사랑의 초상 13,4-7	332
⑶ 사랑의 탁월함 13,8-13	335
3) 신령한 언어와 예언 14,1-40	341
⑴ 예언이 신령한 언어보다 우월함 14,1-5	342
⑵ 신령한 언어와 말씀 14,6-19	346
⑶ 올바른 분별에 대한 호소 14,20-25	351
⑷ 공동체 안에서의 질서, 결론 14,26-40	356

IV. 죽은 이들의 부활 15,1-58 (A)   364

1. 근본적인 확실성: 그리스도는 부활하셨다 15,1-11	366
2. 그리스도의 부활, 죽은 이들의 부활 15,12-34	377
1) 죽은 이들의 부활에 대한 부인과 그 결과 15,12-19	377
2) 부활, 확실한 약속 15,20-28	385
3) 개인적인 성격의 두 가지 논증 15,29-34	396
3. 부활한 이들의 몸, 결론 15,35-58	404
1) 창조에서 도출된 유비들 15,35-44ㄱ	404
2) 성경의 인증 15,44ㄴ-49	411
3) 최종적인 변화, 결론 15,50-58	416

권고와 인사 16,1-24   435

1) 예루살렘 공동체를 위한 모금 16,1-4 (C)	436
2) 바오로의 여행 계획과 새로운 인물들 16,5-12	439
3) 마지막 권고와 인사 16,13-24 (A)	442

보충 설명

코린토의 파벌들(1,12)	48
십자가에 대한 바오로의 특별한 해석(1,25)	67
권리와 비저항(6,8)	148
몸과 자유(6,20)	162
바오로의 사회적 보수주의(7,24)	190
바오로가 생각하는 양심의 개념(8,13)	222
친교와 분파(11,22)	291
교회의 성찬례와 최후의 만찬(11,26)	298
그리스도의 몸(12,13)	318
그리스도 부활의 역사적 증거(15,11)	373
Psychikos(15,44ㄱ)	409
부활하신 그리스도를 믿는다는 것	426
약어표	449
참고 문헌	452
찾아보기	491

** 이 번역서에서는 《성경》(한국천주교주교회의·2005)에서 성경 본문을 인용하였다. 이 번역문이 저자의 의도에 맞지 않을 경우 저자의 본문을 존중하여 옮긴이가 그리스어 원문을 새로 번역하였다(사체). 고유명사는 《성경》과 일치시켰다.

입문

1) 코린토 시와 코린토 교회의 기원

고대 코린토 시는 그리스가 마지막까지 로마에 대항했던 요충지였으나 기원전 146년 로마의 뭄미우스에 의해 철저히 파괴되었다. 1세기가 지난 뒤 카이사르는 도시의 재건을 명령했고 그때부터 그를 기리기 위하여 라우스 율리아 코린투스(Laus Iulia Corinthus)라는 공식 이름이 사용되었다. 이 도시에는 무엇보다 해방된 노예들과 재향군인들이 거주하였고, 급속도로 발전을 거듭한 결과 얼마 안 가 그리스에서 가장 찬란하고 융성한 도시 가운데 하나가 되었다. 코린토는 기원전 27년부터 (그리스의 중부와 남부에 걸친) 아카이아 지방의 수도가 되었고, 원로원의 속주로 선포된 기원후 44년부터는 총독의 거주지가 되었다. 해안으로부터 2-3km 떨어져 있고 이스트미(Isthmie) 지협의 남서쪽에 위치한 이 도시는 북쪽으로는 코린토만의 레카이온(Léchaeon) 항구에 연결되어 있고 동쪽으로는 에기나 만의 켕크레애 항구에 연결되어 지중해의 서쪽 유역과 동쪽 유역을 이어주는 연결고리였다. 그리하여 코린토는 펠로폰네소스의 남쪽 곶 주변의 위험한 항해를 피해서 교역활동이 매우 왕성하게 이루어진 통과 지역이었다.

    도시의 중심에는 북쪽으로 거대한 문을 통해 레카이온의 도로와 연결된 광장이 있었고, 광장 주변에는 많은 가게와 공공 건축물들이 늘어서 있었다. 그 중에서도 남쪽에는 재판이 벌어지는 커다란 연단이 있었고(사도 18,12; 1코린 6,1), 서쪽에는 덮개가 있는 큰 시장이 위치하였다. 제국의 모든 주요 도시들과 마찬가지로 각종 신전들이 많아 다양한 종교생활을 입증하였다. 기원후 2세기의 파우사니아스(Pausanias)는 그리스를 묘사하면서 전통적인 신들을 모시는 신전들과 주피터 신전 외에도 이시스와 세라피스 그리고 시벨의 성소聖所들을 언급하였다. 사람들은 흔히 앞에서 언급한 내용을 보완하고 코린토 풍속의 가벼움을 예증하고자 지리학자 스트라보누스(기원후 19년 사망)의 글을 인용하였다. 그에 의하면 아프로디테 신전은 막대한 부를 소유하였고 천 명 이상의 신성한 창녀들이 여신에게 바치는 음탕한 제의를 거행하였다는 것이다. 아프로디테는 코린토에서 이를테면 아스타롯(Astarte)에 해당하였다. 그러나 이러한 정보는 주의해야 한다. 로마 시대의 성소는 수수한 경당의 차원을 넘지 않았기 때문이다. 고고학자들이 발견한 비문 하나는 '히브리인들의 회당'이 있었음을 입증하나, 바오로가 코린토에서 머물던 초기에 그리스도를 선포한 회당(사도18,4)보다는 후대의 것이다.

특히 상업과 공업이 발전된 이 도시의 주민들은 매우 혼합되어 있었다. 다수의 노예들과 공장의 많은 노동자들이 부유한 계층을 위하여 일하였다(참조 1코린 1,26; 7,21; 11,21 이하). 이 도시의 해이한 풍속은 널리 알려져 있고 당대의 저술가들은 이를 즐겨 암시하였다.[1] 그럼에도 불구하고 그리스-로마 시대의 다른 대도시 사람들과 항구 사람들이 코린

---

1) 예컨대 에픽테토스, 대담 III, 33. "그대는 무절제하게 여인들에게 환심을 사기 위하여 태어났는가? 그렇다면 그대를 코린토의 시민으로 만들겠네."

토 사람들보다 도덕적으로 더 나았다는 식으로 쉽게 결론 내릴 일은 아니다.

바오로가 코린토에서 머물었던 18개월의 기간은(사도 18,11) 상당히 정확하게 재구성될 수 있다. 사도행전에 따르면 바오로 사도는 코린토에서 체류했던 기간이 끝나갈 무렵 아카이아 지방의 총독 갈리오 앞에 출두했어야 했다(사도 18,12). 그런데 델피에서 발견되어 1905년에 발표된 비문에 의하면 갈리오의 집정기간은 51년 여름에서 52년 여름까지 일 년으로 추정된다. 52년에서 53년까지의 기간은 이보다 가능성이 적어 보인다. 그렇다면 바오로가 코린토에서 보낸 기간은 50년에서 52년이기보다 49년에서 51년이었을 것이다. 사도 18,2에서 이 점을 확인할 수 있다. 사도는 코린토에 도착하여 아퀼라와 프리스킬라를 알게 되었다. 이들은 유다인들을 로마에서 추방하라는 황제의 칙령으로 쫓겨나서 얼마 전에 코린토에 도착한 사람들이었다. 이 칙령은 수에토니우스가 저술한 《황제들의 생애》(글라우디오 25장)에 언급되어 있고, 5세기의 역사가 오로시우스에 의하면 49년에 반포되었다.

사도행전에 기록된 바오로의 코린토 행적은 매우 소중한 정보이긴 하나 거의 일화를 중심으로 한 매우 불완전한 것이다. 사도는 아퀼라와 프리스킬라의 집에서 머물렀고 스스로 정한 규정에 따라 생계를 위해 작업장에서 일하였다(1코린 4,12; 9,3 이하). 그는 어디서나 늘 그러했듯이 안식일마다 회당에 가서 그리스도를 선포하기 시작했으며 이윽고 실라스와 티모테오의 도움을 받게 되었다(사도 18,5; 참조 2코린 1,19). 거기서 그는 유다인들뿐 아니라 그리스인 개종자들 혹은 "하느님을 두려워하는 자들"을 만났다(사도 18,4). 마침내 유다교와 결별할 시간이 도래하였을 때, "하느님을 두려워하는 자"[2])였다가 복음에 승복한 티티우스 유스투스는 회당에 근접한 자신의 집에 사도의 자리를 마련해 주었다(사도 18,6 이하). 그뿐만 아니라 유다인들 가운데서도 복음의 추종자들을 얻게 되었다. 중요한 인물로서 회당장이었던 크리스포스가 온 가족과 함께 신앙인이 되어 사도에게 세례를 받았다(사도 18,8; 1코린 1,14). 바오로는 이방인들 가운데에서도 (코린토인들 가운데서도 많은 이들이, 사도 18,8) 역시 성공을 거두었다. 이는 그가 유다교와 결별하기 전에도 단지 회당에서만 선포하지 않았음을 보여주는 증표이다.

사도가 이처럼 첫 번째 성공을 거두었음에도 불구하고, 왜 주님은 밤에 현시를 통해 그를 안심시켜야 했고 또 그에게 용기를 북돋아 주어야 했을까?(사도 18,9-10). 루카는 코린토에서 수행해야 할 과제 앞에서 바오로가 느꼈다고 선언한 두려움과 불안(1코린 2,3)에 대하여 무엇인가를 알고 있었는가? 아니면 루카는 사도가 더욱 굳건해지는 모습을 전해 줌으로써 자신의 부족한 정보를 나름대로 보완하려 했을까?

유다인들이 사도를 총독의 법정에 끌고 가서(사도 18,12-17) 율법에 위배되는 의식을 갖도록 사람들을 호도한다고 고발한 것은 아마도 18개월의 시간이 끝나갈 무렵이었을 것이다. 갈리오는 이 고발이 단지 유다인들끼리의 송사에 불과함을 명확히 간파하고 이런 일에 관여하는 것을 거부하면서 무관심한 자세를 견지하였다. 이때 흥분한 군중은 회당의 새로운 책임자였던 소스테네스와 마주치게 되었다. 이 사건은 사도

---

2) "하느님을 두려워하는 자"는 유다인의 제의에 참여하는 자를 말한다. 그러나 개종자와는 달리 그들은 유다인이 되는 마지막 과정인 할례를 받지 않은 자이다. K.G.Kuhn, proselytos, ThW VI p.727-745.

에게 유리하게 종결되었음에도 불구하고 그가 코린토를 떠나야 했던 원인으로 작용하였을까?[3] 그렇지는 않다. 루카에 의하면 사도는 이 사건 이후에도 상당한 기간을 코린토에 머물렀기 때문이다. 그는 에페소에 물건을 납품하던 아퀼라와 프리스킬라를 대동하고 코린토를 떠났다. 사도는 오래 전부터 머물기를 계획했던(사도 16,6)[4] 이 도시와 처음 만나는 기회를 활용하였다. 이리하여 에페소는 그의 세 번째 전도여행의 중심 기지가 되었고(사도 19장), 바로 여기에서 사도는 코린토 교회에 보내는 편지들을 발송하였던 것이다.

우리가 사도행전을 통해 아는 것은 알렉산드리아 출신의 유다인이었던 아폴로가 아퀼라와 프리스킬라의 추천을 통하여 코린토 교회에 와서 일정기간 효과적인 선교활동을 수행했다는 사실이다(18,24 이하). 이 사실은 불행하게도 요약적인 소개에 불과하다. 하지만 아폴로의 능력에 대하여 묘사하는 내용은 그가 코린토 공동체 가운데 교육수준이 높은 사람들로 구성된 파벌 안에서 명성을 누리고 있었음을 보여준다(1코린 1,12). 그리고 나중에 사람들은 아폴로가 코린토에 돌아올 것을 요구한다(1코린 16,12).

우리가 바오로의 서간들을 통해 알 수 있는 것은 그의 체류와 활동 내역에 대한 매우 제한된 사실뿐이다. 그의 허약한 상태와 (초기의?) 두려움에 대해서는 그 원인과 성격을 알지 못한다(1코린 2,3). 그의 복음 선포 스타일과 내용(1코린 2,1-2.4-5)에 대해서는 약간의 언급이 있을 따름이다. 초기에 세례를 받은 몇 사람의 이름이 열거되고 있는데(1코린 1,14-16),

---

3) 이것이 E.Lohse가 *Entstehung des NT.s*, p.32에서 주장하는 바이다.
4) E.Haenchen, *Die Apostelgeschichte* (1961), p.424.

이 중 일부는 사도의 협력자가 되었고 그가 떠나간 후에는 공동체의 지도자가 되었다(1코린16,15-17). 로마 16,1에서 켕크레애 교회의 봉사자인 포이베가 언급된 것은 코린토와 함께 분명히 그 주변 지방에도 복음이 선포되었음을 증거한다.

공동체의 후속 역사에 대해서는 바오로의 편지들이 유일한 자료다. 그러나 사도가 공동체와 나눈 서신은 원형 그대로 우리에게 전해지지 않았다. 코린토 1서(코린토 2서도 마찬가지다)를 구성하는 자료는 이 서간에 집성된 기록들을 비판적으로 분석한 뒤에나 적절하게 사용될 수 있는 것이다.

2) 코린토 1서의 통일성 문제

코린토 1서의 구성에 대하여 정당한 이유를 대고 정교하게 다듬은 첫 번째 가설을 제시한 이는 바이스(J.Weiss)다. 그에 의하면 이 서간은 사도의 두 서간을 매우 능숙하게 결합시킨 합본이라는 것이다. 이 가설에 대해 막센(W.Marxsen,1963)[5], 콘첼만(Conzelmann,1969) 그리고 파셔(Fascher, 1975)는 이의를 제기하였으나 헤링(Héring, 1949), 슈미탈스(Schmithals, 1956)[6], 딘클러(Dinkler)[7]는 지지를 표명하였다. 쉥크(W.Schenk)[8]는 이 가설을 재검토하고 좀 더 세밀히 분석한 다음 우리가 보기에도 설득력 있

---

5) W.Marxsen, *Einleitung in das NT.* p.72.
6) W. Schmithals, *Gnosis.*
7) E.Dinkler, Korintherbriefe, *RGG* IV col. 18.
8) W.Schenk, Der erste Korintherbrief als Briefsammlung, *ZNW* 60(1969) p.219-243.

는 결론에 도달했는데, 코린토 1서는 두 개의 서신이 아니라 네 개의 서신으로 이루어졌다는 것이다. 슈미탈스[9]는 몇 가지 주목할 만한 차이점을 보이면서 쉔크의 입장을 긍정적으로 수용하였다. 보른캄(Bornkamm)[10]은 과거에는 통일성을 주장하였다가 지금은 코린토 1·2서가 "일련의 편지 다발"의 재구성과 합본의 결과라고 평가하기에 이르렀다.

서신의 다양한 성격을 증명하는 논거들이 이러한 가설을 지지해 준다.

① 코린토 1서가 본래 단일한 것이었다면 바오로는 이미 오래 전부터 에페소에 있다가(4,18-19) 약 2년 반의 체류 기간이 끝나가는 무렵, 선교 여행을 재개하려고 계획하면서 이 편지를 썼을 것이다. 그런데 아테네에서는 도착하자마자 테살로니카 공동체에 대해 염려하던(테살로니카 1서) 사도가 코린토 교회에 대해서는 어떤 일이 일어났는지 그다지 개의치 않아 보이는 모습이 실로 이상하지 않은가? 그러므로 사도는 에페소에 도착하자마자 에게 해를 통해 쉽고 빈번하게 이루어지던 교통편을 이용하여 코린토 교회와 접촉하였을 것이며, 여러 달에 걸쳐 일련의 서신 교환이 이어졌을 것이라고 생각하는 것이 좀 더 자연스러울 것이다.

② 실제로 코린토 1서는 코린토와 에페소 사이를 잇는 정기 여객선이 여럿 있었음을 증거한다. 5,9에 언급된 서신은 코린토 1서 이전에 쓰인 것이며, 이미 사도는 자신이 에페소에 와 있음을 코린토 공동체에 기별하였고 또 그들에 대한 소식을 전해 들었을 것이다. 1,10-4,21에서 사

---

9) W.Schmithals, Die Korintherbriefe als Briefsammlung, ZNW 64(1973) p.263-288.
10) G.Bornkamm, *Bibel. Das Neue Testament*, p.110s. 코린토 1·2서가 후대의 편집 결과라는 입장을 취하는 학자로는 H-J.Klauck, *Herrenmahl und hellenistischer Kult*, NTA, Neue Folge 15, Münster 1986², p.241-285-332 등.

도는 "클로에 집안 사람들"(1,11)이 자신에게 전해준 소식에 대해 대답하고 있다. 이들은 아마도 공식적인 임무를 부여받지는 않았으나 에페소에 가는 기회를 이용하여 코린토에서 벌어지고 있는 사건들을 사도에게 보고하였던 것이다. 나아가 7,1에서 코린토 공동체가 결혼과 그 밖의 주제에 관한 구체적인 사항에 대해 사도에게 자문을 구하였음을 볼 수 있다. 마지막으로 16,15 이하에 의하면 바오로는 코린토 교회의 공식적인 대표단을 두고 있었고, 분명히 이들을 통해 공동체의 다양한 문제들을 알 수 있었다. 그렇다면 사도는 이 문제들을 몇 달이 지나도록 쌓아 놓고 있다가 나중에 가서야 한꺼번에 대답했을까?

③ 굳이 일부러 구분하지 않더라도 어떤 문제들은 비교적 일찍 제기되었을 것이고(예컨대 이방인의 법정에서 변론하기 6,1-11) 다른 문제들은 (예컨대 영의 은사에 관한 것들 12-14장) 후대의 상황을 반영하는 것이라고 볼 수 있다.

④ 전반적으로 고찰한 이상의 내용은 서간에 나타나는 몇 가지 불일치점에 의해 확인된다. 가장 두드러진 사항은 다음과 같다.

㉠ 4,14 이하는 서간의 종결부의 특징을 보여주는데(권고와 계획)[11] 16,5 이하의 내용을 조금 다르게 반복하고 있다. 4장에서는 바오로가 코린토를 곧 방문하려는 상황이었으나 16장에서는 방문 계획을 취소하고 나중으로 미루고 있다.

㉡ 1,10 이하에서 바오로는 공동체의 분열을 비판하며 광범위하고도 열정적인 토론을 전개하고 있다. 11,17 이하에서 그는 분열에 대한 이야기를 듣고 이 소식이 부분적으로나마 사실이라고 믿는다. 그러나 그는

---

11) W.쉔크, 앞의 논문, p.235

이러한 일이 정상적일 뿐 아니라 다행스럽기까지 하다고 평가한다. 이처럼 서로 다른 반응을 보이는 현상이 한 편지에서 나타난다는 것을 받아들이기는 쉽지 않다.

ⓒ 학자들이 흔히 지적해 온 것처럼 바오로가 10,1-22에서 우상에게 바쳐진 고기를 먹는 문제에 대해 제시하는 답변은 모든 우상 숭배를 엄격히 경고하는 것인데 반해, 8,1-13과 10,23-11,1에 나타난 답변은 매우 다르다. 후자의 경우에는 이웃에 대한 배려로 개인의 자유를 제한하고 있다.

ⓔ 바오로는 코린토 1서에서 전반적으로 모두에게 인정받는 권위를 평화롭게 수행하는 것으로 나타난다. 그는 자신의 약점을 보이는 것조차 두려워하지 않고 스스로 사도라는 이름에 합당하지 않다고 말할 수 있었다(15,9). 그러나 1-4장까지 그는 자신을 향한 공격에 응수하고 9,1-18에서는 열렬히 자신을 옹호한다. 이러한 태도는 8-10장의 주제와 견주어 볼 때 어울리지 않으며 그의 사도직이 혹독한 반대에 직면해 있었음을 보여준다.

이상의 내용은 공동체의 상황이 그만큼 다양했으며, 결과적으로 코린토 1서가 여러 문헌으로 이루어졌음을 암시한다.

가장 쉽게 구분할 수 있는 문서는 4,21까지의 편지이고 4,14-21이 (인사말이 삭제된 채) 종결부를 구성한다. 이 문건에서 파벌 문제가 취급되고 있다. 파벌이 야기하는 긴장과 바오로가 직면해야 했던 비판들을 - 이 점은 코린토 2서에서 그가 스스로를 변호해야 했던 비판과 유사한데 - 고려할 때 1,1-4,21의 편지는 코린토 1서에서 가장 후대의 것으로 간주되어야 한다. 4,14-21과 16,5 이하를 비교하면 동일한 결론에 이르게 된다. 우리는 1,1-4,21을 편지 D라고 부른다.

7,1에서 언급된 편지에 대해 사도가 대답하는 일련의 내용들은 비교적 쉽게 구분할 수 있고 이것이 편지 C를 구성한다. 7장, 8장, 12장 그리고 16장은 동일한 형식(peri de, ~에 관해서)으로 시작하며, 이는 바오로가 자신에게 주어진 질문들에 대해 일정한 방식으로 답변하였음을 보여준다. 물론 도입 형식 그 자체만으로는 그렇게 큰 의미가 있지 않을 것이다. 그러나 상이한 답변에도 불구하고 코린토인들의 영신주의(spiritualism)의 위험에 대해 동일한 감수성과 사고의 폭을 보여주는 신학적인 스타일이 모든 부분에서 나타나고 있음을 주목할 때, 도입 형식이 갖는 가치는 결코 적지 않다. 여하튼 이 부분은 9,24-10,22까지의 내용보다 후대의 것으로 판단되며 7,1-40; 8,1-13; 9,19-23; 10,23-11,1; 12,1-14,40 그리고 16,1-12를 포함하는 것이 확실하다. 그러나 9,1-18이 포함되는지는 확실하지 않다.[12]

나머지 부분을 분류하기란 더욱 어렵다. 꼭 분류해야 하는가? 코린토 1서의 통일성을 주장하는 사람들은 5,9이 암시하는 편지를 잃어버린 것으로 간주해야 한다. 그들이 옳다면 나머지 부분을 하나의 편지로 분류할 수 있을 것이다. 그러나 코린토 1서가 누군가의 손을 거쳐 통일성을 이루고 있음을 인정한다면 사태는 다르게 전개된다. 미약하나 몇 가지 지표들을 살펴보면, 분류할 수 있다는 쪽으로 기울게 된다.

우리는 바오로가 에페소에 도착한 지 얼마 안 되어 스테파나스와 포르투나투스도 그리고 아카이코스를 불러 그들과 면담을 가졌다(16,17)고 본다. 이때 스테파나스는 바오로에게 그가 코린토를 떠난 뒤에 수면 위에 떠오른 문제들을 알려주었으며 그의 첫 번째 편지(A)를 지니고 코

---

[12] W.슈미탈스, 앞의 책, p.274s. 그는 9,1-18을 코린토 2서에 포함시킨다.

린토로 돌아왔다. 16,13-24는 편지 A의 마지막 부분임이 확실하다. 보이는 바와 같이 16,13이 15,58의 후속 부분이라면 15장 역시 동일한 편지에 속할 것이다. 한편 5장은 편지 A에 포함될 수 없다. 슈미탈스는 5장을 편지 C로 분류했지만 쉔크는 편지 B에 포함시켰다. 5장의 신학적인 스타일이 "답변"의 스타일과 크게 다르다는 사실을 고려할 때 쉔크의 입장에 일리가 있다. 이제 제기되는 질문은 5장과 6장의 세 주제가 동일한 편지에서 취급되었는가라는 점이다. 6,2("성도들이 이 세상을 심판하리라는 것을 모릅니까?")이 몇 줄 이전의 5,12(여러분이 심판해야 할 사람들은 안에 있는 자들이 아니겠습니까?)과 잘 연결되지 않는다고 볼 때 6,1-11을 편지 A로 분류할 수 있다. 6,12-20과 11장에 대해서는 적절한 분류를 가능케 하는 지표가 발견되지 않는다.[13] 한편 9,24-10,22는 편지 B로 분류하는 것이 옳은 것 같다. 결국 코린토의 강한 자들은 자신들이 우상 숭배에 다시금 떨어졌다는 의심을 받고 있음을 알고 7,1에 언급된 편지에서 즉시 이를 문제 삼았던 것이 분명하다. 그들의 편지는 바오로가 편지 C에서 다시금 고기의 문제에 관해 답변하도록 자극했을 것이다.

코린토 1서를 재분류하면 다음과 같다.

A	B	C	D
6,1-11	5,1-13	7,1-40	1,1-4,21
6,12-20		8,1-13	
	9,24-10,22	(9,1-18)	

---

13) 쉔크는 11장을 편지 A에 포함시킨다. 슈미탈스에 의하면 11장은 독자적으로 첫 번째 편지를 구성한다.

11,2-34	9,19-23
15,1-58	10,23-11,1
16,13-24	12,1-14,40
	16,1-12

특기할 것은 쉔크와 슈미탈스 같은 학자들이 2코린 6,14-7,1을 편지 A의 일부분으로 간주한다는 점이다.

3) 사건들의 개요

사도 19,8-10에 의하면 바오로는 52/53년에 에페소에 도착하여 2년 넘게 체류한다. 그가 이 사실을 코린토 교회의 책임자들에게 알리자 스테파나스와 포르투나투스 그리고 아카이코스가 그와 상의하기 위하여 에페소에 온다(16,15 이하). 그들은 바오로에게 공동체를 이끌어가는 데 겪고 있는 어려운 사정에 대해 이야기하였고(16,15 이하), 공동체 내부의 갈등을 해소하려고 이방인의 법정에 가는 사람들이 있음을 개탄하였다(6,1-11). 죽은 이들의 부활을 부인하는 자들도 여럿 있었다(15장). 그런데 초기 편지들에 나타난 문제에 대하여 코린토 교회의 신자들이 사도의 가르침에 순종했는지는 말하기 어렵다. 예컨대 창녀들과의 빈번한 접촉 문제(6,12-20), 영을 받은 여인들의 복장 문제(11,2-16), 공동체의 식사 자리에서 부자들과 가난한 이들이 따로 식사하는 문제(11,17-34) 등이 그것이다. 교회 지도자들이 가지고 간 편지에서 바오로는 다양한 사안에 대하여 가르침을 준다. 그는 죽은 이들의 부활 문제를 다루는 데 특별한 배려를 아끼지 않았으며, 공동체의 구성원들이 자신들을 위해 헌신적으로 봉사하는 사람들을 존경할 것을 상기시켜 준다.

이어서 다른 문제들이 생기자 사도는 다시 붓을 잡는다. 무엇보다 아버지의 부인과 함께 사는 자의 경우가 그것이다(5,1). 바오로는 이 점에 대해 매우 엄격한 자세로 개입한다. 교회의 거룩함은 어떤 대가를 치루더라도 지켜져야 한다. "여러분 가운데에서 그 악인을 제거해 버리십시오"(5,13). 그러나 바오로는 첫 번째 편지가 일으킨 오해를 없앨 기회를 포착한다. 교회는 외부 사람들과 모든 관계를 절연하고 세상으로부터 물러날 수 없으며 물러나서도 안 된다. 그러나 교회는 자신을 지키기 위해서라도 공동체 안에 있는 사람이 밖의 사람과 같이 처신하는 것을 용인하지 말아야 한다(5,10 이하). 한편 제사에 바쳐진 고기를 먹는 문제가 처음으로 등장하였다. 어떤 이들은 이방인들의 제사에서 사용된 고기임에도 불구하고 이를 먹는 데 주저함이 없었다(9,24-10,22). 바오로의 판결은 단호하였다. "우상 숭배를 멀리하십시오"(10,14). 그러나 여기에 관련된 사람들은 그의 단호한 결정이 부당하다고 느꼈다. 그들은 바오로에게 짐이 되고, 질문은 다시금 그에게 되돌아왔다. 그 사이에 다른 질문들이 제기되고 이에 대한 설명이 또한 불가피해졌다.

바오로에게 보낸 서간(7,1)에서 사람들은 세 가지 중요한 질문을 제기하였다. 첫 번째 질문은 금욕적인 경향을 가진 그룹에서 온 것이다. 그들은 세례에서 기인하는 거룩함을 자신의 방식으로 해석하여 결혼하지 않는 것이 바람직하다고 평가하였다(7장). 바오로는 각자의 소명과 자유를 주제로 하는 일종의 보충 설명을 통해 이 문제에 대해 강경하면서도 차분하게 답변한다(7,17-24). 두 번째 질문은 제사에 바쳐진 고기를 먹는 문제를 재론한 것이다. 사람들은 사도에게 새로운 신앙으로 강화되어 제사에 바쳐진 고기를 완전히 자유롭게 소비하는 (세상에 우상이란 없기 때문이다: 8,4) 강한 자들이 있고, 한편으로 겁이 많고 소심하여 제사에 바쳐진 고기를 먹지 않을 뿐 아니라 이를 먹는 사람들의 자유로운 행동으로부터 충격을 받는 약한 자들이 있어서 이들 간에 갈등이 있음을 설명해 주었다. 이번에는 바오로의 답변이 크게 달라졌다. 그는 원칙적으로 강한 자들의 입장을 인정한다. 그러나 그는 즉시 사랑을 자유의 적용 기준과 척도로 삼는다(8,1-13). 세 번째 질문은 코린토에서 성행하는 황홀경의 현상에 관한 것인데, 이것이 서로 위신을 세우기 위한 경쟁을 유발하고 공동체 안에 무질서를 야기시켰다(12-14장). 이에 대해 바오로는 영적 은사들이 자기중심적인 희열을 위하여 주어지지 않고, 모든 이를 위해 건설적인 방향으로 사용되도록 주어진 것임을 힘주어 강조한다.

코린토 공동체는 예루살렘 성도들에게 보내는 모금을 위해 적절한 지침이 필요하다고 주장하였다(16,1 이하). 아울러 그들은 바오로가 다시금 코린토를 방문해 줄 것을 간절히 고대하고 있음을 표명하였다(16,5 이하). 이 두 번째 방문은 바오로가 코린토를 떠날 때 이미 한 약속이었을 것이다(사도 18,18). 한편 부수적으로 알 수 있는 사실은 그들이 에페소에서 바오로와 함께 있었던 아폴로에게 코린토 방문을 요구하였다(16,12)는 점이다. 바오로가 코린토를 방문하는 계획이 오래도록 연기되자 그 결과 불미스러운 일들이 발생하였던 것이 분명하다. 그가 제때에 방문하였다면 공동체를 흔들어 놓았던 소요와 위협들을 분명히 제거할 수 있었을 것이다(1-4장, 코린토 2서).

결국 걱정스러운 소식들이 "클로에 집안 사람들"(1,11)을 통하여 에페소에 전해졌다. 바오로가 쓴 편지는 그 복잡한 내용만큼이나 공동체 상황의 복잡함을 반영한다. 바오로의 격렬한 어조는 그의 인격과 복음이 일부 사람들에게 비판의 대상이 되었음을 보여준다. 사람들 간에 분열이 생겨나고 파벌마다 지도자와 독자적인 권위를 내세웠다. 바오로, 아폴로, 케파, 심지어 그리스도를 직접적으로 내세우기도 하였다. 갈등과 경쟁이 공동체를 분열의 상태로 내몰았다. 불행히도 바오로는 각 그룹의 경향과 관심사에 대해서는 일언반구도 하지 않는다. 무엇보다 명예를 둘러싸고 그들이 갈라졌는가? 서로 다른 가르침이 분열의 요인으로 작용하였는가? 만일 그렇다면, 얼마만큼이나? 그리고 사회적으로나 문화적으로 서로 다른 그룹들 간의 긴장(1,26-31; 8,7-13; 11,20-22) 안에서도 분열의 한 원인을 찾아야 하지 않겠는가?

바오로는 지혜(sophia)에 대해 자주 언급함으로써 코린토에 사변적인 경향의 영성, 곧 지식(gnosis)의 영성이 존재함을 암시한다(참조 8,1.7). 이들은 복음과 신학적 지식을 혼동하고 지식을 소유함으로써 무지한 보통 사람들보다 높은 위치에 올라갈 수 있으며 우주적인 세력의 지배와 물질의 노예상태에서 해방될 수 있다고 보았다. 이것은 결코 놀랄 일이 아니었다. 공동체의 식자층 가운데는 많은 이들이 개종하기 전에 헬레니즘 세계에 널리 퍼져 있던 이러한 사상에 영향을 받았다. 물론 그들은 무엇보다 바오로의 메시지에 이끌렸고 자유를 강조하는 그의 신념에 매료되었다. 그러나 그의 가르침에는 결정적인 내용이 결여되어 있었다. 그들은 바오로가 초보적인 것만을 가르칠 뿐(3,1) 존재의 충만한 자유를 보장해주는 전체적인 지식으로는 인도하지 못했다고 비난하였다. 그리하여 그의 복음을 넘어서야 한다고 했다.

바오로는 바로 이러한 경향이 공동체의 분열에 결정적인 역할을 했다고 평가한 것으로 보인다. 그의 편지에서 일치에 대한 호소와 십자가의 복음이 끊임없이 강조되는 까닭도 여기에 있다. 그는 지식에 대한 강조가 분쟁의 원인이라고 보았다. 그것은 복음에 대해 전혀 알지 못한 결과이다. 복음은 인간에게 영광스러운 영적 자율성을 세워주는 것과는 거리가 멀다. 복음은 존재에 대한 인간의 주장을 근본적으로 거부함으로써 인간을 존재로 격상시키고(1,26-31), 인간의 지식을 파기함으로써 지식으로 이끌어준다(1,18-25; 3,18-23).

극도로 압축된 내용과 가장 예리한 신학적인 통찰로 가득한 이 편지도 상황을 개선시키지는 못하였다. 바오로를 단호히 반대하는 선교사들이 코린토에 도착하는 새로운 사건이 발생하여(2코린 10-11장) 오히려 위험을 가중시키고 사도와 공동체의 관계를 극도의 시련 속으로 몰고 갔다.

사도가 여러 번 개입할 수밖에 없었던 무질서의 기원에 대해서는 다음과 같이 몇 가지 점을 지적할 수 있겠다. 먼저 슈미탈스가 시도했던 것처럼, 단지 '코린토의 영지주의'만으로 모든 것을 설명할 수는 없다. 이방인들의 법정에서 섰을 때나(6,1 이하) 계모와의 근친상간적 결합(5,1 이하), 그리고 금욕적인 경향(7,1 이하)에서 전혀 영지주의적인 요소가 드러나지 않는다는 사실은 원인이 다른 데 있음을 말해준다. 열광적인 분위기의 개인주의와 영적인 허영심은 예배에 모인 군중의 '영적 무질서'와 과장된 현상을 설명하는 데 충분하다(12-14장). 반대로 지혜(sophia)를 사랑하는 자들은 영지주의의 모습을 지닌 사조의 대표자이거나 아니면 영지주의를 예고하는 정신의 소유자들, 그들의 지식에 힘입어(8,1) 제사에 바쳐진 고기를 먹는 사람들이다. 이들은 동일한 범주에 속하는 사람들로서 바오로를 추종하되 열광적이고 미성숙한 자들로 분류할 수 있다.

분류하기가 매우 곤란한 사람들은 부활을 부인하는 자들이다(15장). 바오로는 유물론적인 회의론을 비난한다고도 볼 수 있는데, 물론 이런 해석이 처음부터 배제되는 것은 아니다. 복음에 귀의한다 해도 주요한 특정 문제에 대해서는 얼마든지 질문할 수 있고, 또 자가당착에서 안전하게 벗어날 수 있는 것은 아니기 때문이다. 그러나 여기서 바오로가 상대하는 사람들은 회의주의자가 아니라 부활을 부인하는 사람들이다. 이들의 거부는 나름대로 정연한 신학적 입장에서 비롯한다. 그리스도에 대한 지식에 힘입어 죽은 이들의 부활은 더 이상 도달해야 할 목표가 아니다. 그들에 의하면 부활은 이미 이루어졌기 때문이다(참조 2티모 2,18).

이교도적인 삶의 관습들, 바오로 복음에 대한 불충분한 이해, 열광주의자들의 개인주의, 영지주의적인 지성주의 등 무질서의 원인은 다양하다. 덧붙여 지적할 수 있는 것은 사회적인 차이(부자와 빈자, 식자와 무식자)도 여러 입장과 대립을 결정하는 데 확실히 영향을 미쳤다는 점이다.[14] 그러나 적어도 이원론적인 사고방식을 언제나 그 바탕에 가지고 있었던 코린토 공동체의 특징을 볼 때 슈미탈스의 주장은 유효하다. 바오로는 바로 이런 점에 직면하여 사태를 숙고하고 이를 교정시키고자 노력해야 했던 것이다.

---

14) G.Theissen, Die Starken und die Schwachen in Korinth. Soziologische Analyse eines theologischen streites. *EvTh* 35(1975) p.155-172.

4) 바오로의 신학적 여정

코린토 교회가 바오로에게 제기한 문제들은 그의 회개와 신학에 결정적인 형태를(갈라 1,13 이하; 필리 3,3 이하) 부여한 율법의 문제와 전혀 다른 것이었다. 비록 본문은 침묵하고 있지만, 바오로는 이처럼 상이한 코린토의 문제에 직면하여 자신의 핵심 사상을 새로운 상황에 적응시키기 위해 깊이 사색해야만 했을 것이다. 그리고 적어도 한 가지 사항에서 이런 작업이 직접적으로 감지된다. 그는 제사에 바쳐진 고기를 거리낌 없이 먹는 자들에 대해 일련의 답변을 연속적으로 제공한다(8,1-13; 10,1-22.23-11,1).

처음에 그는 이들이 마귀들의 식사에 참여함으로써 주님의 질투를 유발하는 가공할 만한 결과를 너무 가볍게 생각하고 있다고 나무랐다(10,14 이하). 그의 논증은 하느님 백성의 거룩함이라는 개념에 근거한다. 이어서 그는 이들이 그리스도인의 자유로부터 급진적인 결과들을 도출하는 것을 인정하는데, 그 결과에 대해서는 자신도 반대하지 않았다. 그러나 동시에 그는 이처럼 자유로운 행동 안에 숨어 있는 진정한 위험을 발견하였다. 그것은 강한 자들이 지성적이고 영적인 우월감으로 이 자유를 누리고 있다는 점이다. 그들은 허약하고 세심한 사람들의 양심에 자신들의 행동이 혼란을 일으키고 있다는 사실에 무감각해졌다. 그리하여 바오로는 입장을 완전히 바꿔 자유를 사랑이라는 기준에 종속시켰다.

이것이 바로 바오로가 보여준 변화의 표지이고, 이 점은 편지 C의 모든 부분에서 명백하게 드러난다. 크게 도식화해서 표현하면 지금까지 바오로는 유다-헬레니즘계 유형의 전통적인 가르침과 케리그마를 지니고 있다가, 특별히 이방계 그리스도인 교회에서 발생한 새로운 상황과 문제에 직면하여 새로운 언어를 배웠다고 말할 수 있겠다. 공동체의 편지가 제기하는 질문에 대해 바오로가 탁월한 솜씨로 광범위하게 답변한 내용들은 전혀 새로운 이방계 그리스도인들의 문제를 앞에 두고 그가 새로운 감수성을 획득하였음을 보여준다. 이제부터 그는 그리스도에 대한 자기 지식의 근원에서 분명하고도 정확하게 현실에 적용될 수 있는 특별한 가르침들을 이끌어내야 했다.

무엇보다 그에게 커다란 위험으로 나타난 현상들은 영신주의에서 비롯하였다. 그는 영신주의가 금욕주의나 자유방임으로 이끌고, 개인적인 열광주의나 교만한 영지주의로 인도하며, 인간이 스스로 자유와 해방에 도달하려는 온갖 수단과 방법으로 나아가게 한다고 보았다. 바오로는 스스로를 해방시켜야 하는 필연성으로부터 인간을 자유롭게 하고(7,17-24), 시간과 역사 및 자신의 몸과 교회의 몸 안에서 그 자유를 수행하도록 인간을 부르시는 하느님 소명의 은총을 다양한 방법으로 선포하면서 현실에 대처하였다(8장과 12장). 다른 곳에서는 중심 주제인 '의로움'의 개념이 코린토 1서에서는 매우 주변적으로만 나타난다. 바오로 신학의 실체가 변화되고 전이된 형태로 이 서간 곳곳에 드러나는 것이다.

이러한 변화는 편지 D(1-4장)에서 확연히 드러난다. 여기서 바오로는 전혀 새로운 방법으로 그리고 상황에 온전히 적응된 형식으로 십자가의 신학을 전개한다. 그의 십자가 신학은 유다인들의 율법주의에 상응하는 그리스 세계의 가장 특징적인 지혜(sophia)와 대결하는 가운데 은총의 복음을 가장 정교하고 가장 공격적인 방식으로 표현한다. 사도는 지혜를 십자가의 말씀과 대립시킨다(1,18). 십자가의 말씀은 지혜에 도전하고 지혜를 부인하는 어리석은 메시지이다. 그것은 율법의 마침이신 그리스도(로마 10,3-4)께서 유다인들 '스스로의 정의'에 도전하고 이를 부인한 것과 같다. 하느님께서 율법의 업적에 스스로 자만하는 자들을 율법의 저주받은 자를 통하여 구원하시는 것과 마찬가지로(갈라 3,13-14), 그분은 지혜를 믿는 자들을 그 지혜로는 도무지 알아들을 수 없는 메시지로 구원하신다.

이처럼 바오로는 '그리스인들'에게 동일한 메시지를 반복하지 않고 그 대신 자신의 메시지를 중심으로부터 다시 취해 재구성하였다. 이 재구성의 일관성은 한편으로 편지 C의 개요로서 1,26-31에서 전개된 교회론적인 사색과, 다른 한편으로 세상의 쓰레기로 표현한 사도 자신의 인격과 선포 스타일에 대한 사색이 무리 없이 통합되어 있다는 사실에서 잘 드러난다(2,1-5; 4,9-13).

여기서 주목해야 할 사항은 '교회-공동체(ekklēsia)'라는 단어가 코린토 1서에서 갖는 중요성이다. 이 단어는 코린토 1서에서 22번이나 나오는 데 비해 로마서 1-15장에서는 나타나지 않는다. 이런 현상의 원인을 소위 일반적인 방향에서 찾는다면 아무것도 이해할 수 없을 것이다. 그것은 무엇보다 그리고 오직 코린토 1서의 현실에서 이해되어야 한다. 교회에 대한 지속적인 언급은 코린토 상황의 주요한 특징으로 드러나는 개인적이고 비역사적인 영성에 필연적으로 관련되어 있다. 코린토에서 교회가 우선적인 사색의 대상이 된 것은 신학적인 필연에 따른 것이다. 교회는 신학적 교정이 완성되고 검증하는 장소로 드러나야 했다.

이처럼 코린토 1서는 수집된 편지들의 연속성과(코린토 1서의 내용을 계승하는 코린토 2서에서 수집된 편지들도 덧붙여서) 취급된 다양한 주제를 통하여 이미 그 중요성을 획득하였고, 따라서 테살로니카 1서에서 로마

서로 넘어가는 바오로의 신학적 여정에서 소중한 지표가 되었다. 물론 그것은 불완전한 지표이다. 왜냐하면 바오로는 에페소 체류 기간 중에 율법과 약속에 대한 성찰을 갈라티아서에서 표명하였고, 이 주제를 로마서에서 다시 언급하고 있지만 코린토 1서에는 이를 반영하지 않았기 때문이다.[15] 그러나 코린토 1서는 사도의 사상과 복음 선포의 역동성을 매우 분명하게 보여준다. 이 역동성은 한갓 기회주의적 상황주의가 아니라 구체적인 상황과 복음의 근본적인 특수성에 근거한 자유로운 성찰에서 비롯하였다.

5) 정경의 편집

1세기 말부터 코린토 1서는 로마에 알려져 있었다. 95년경 로마의 클레멘스 주교는 장로들에게 반기를 들었던 코린토 교회에 편지를 쓰면서 스스로의 잘못을 깨닫도록 "복되신 사도 바오로의 편지"를 다시금 읽으라고 호소하였다. "복음의 서두에서 그가 여러분에게 먼저 무어라고 썼는가? … 그동안 여러분은 음모를 꾸미고 있었는데"(1클레멘스 47,1-3). 클레멘스가 눈앞에 보고 있었던 본문에는 코린토 1서에서처럼 파벌의 문제가 첫 면에 등장하였다. 클레멘스가 코린토 1서의 다른 부분들(12,13,15장)을 인용한 대목들은 우리가 알고 있는 정경의 서간과 동일하다. 그러므로 코린토 1서의 편집 시기는 1세기 후반이겠고 그 뒤로 잠시

---

15) 물론 율법이라는 단어가 1코린 15,56에 나타나는 것이 사실이지만, 이 구절은 자신이 속한 문맥 안에서도 이상하리만큼 고립되어 있다.

휴지기를 거친 뒤 널리 퍼져 나갔다. 바오로의 다른 서간들에 대해서도 동일한 결론이 적용될 수 있다. 후대에 안티오키아의 이냐시오도 바오로의 편지 모음집을 알고 있었다. 그는 에페소의 그리스도인들에게 보내는 편지에서(이냐시오의 에페소서 12,2) 바오로가 편지마다 예수 그리스도 안에서 그들을 기억했다고 적었다. 물론 이것은 사실이 아니었다.[16]

서간들이 퍼져 나간 것은 공동체 간의 왕래 때문이라고 흔히 설명해 왔다. 편지를 받은 교회들은 자발적으로 또는 요구에 의하여 자매 교회들에게 편지를 전달하였다는 것이다(참조 콜로 4,16). 그러나 이것은 불충분한 설명이다. 이러한 조건에서는 편지들의 전승이 통일성을 갖기가 어렵기 때문이다. 더구나 이 서간들 중에는 다른 사람의 손에 의해 편집된 이차적인 산물인 것도 여럿이다.[17] 이렇게 편집된 서간들이 본래의 서간을 대체하고 또 아무런 문제 없이 수용될 수 있었다는 것은 서간이 오직 편집된 형태로 회람되었음을 말해준다. 이처럼 서간의 편집과 출간은 본래 서간을 가지고 있었던 공동체를 찾아가 이를 이해하도록 도와주고 다른 교회에도 소개해 준 사람들에 의해 이루어졌다.

그렇다면 이들은 누구였는가? 바오로의 편지를 모방하여 일련의 문헌을 만들고 사도의 권위에 의지하여 그의 이름으로 이를 공표한 사실은(테살로니카 2서, 콜로새서, 에페소서, 티모테오 1·2서, 티토서) 우리가 소위 '바오로 학파'라고 부를 수 있는 그룹이 존재했음을 방증한다. 이들

---

16) 2세기까지의 바오로 서간들의 운명과 정경화 과정에 대하여 참조. H.von Campenhausen, *La formation de la Bible chrétienne*, p.143-174.
17) 일찍이 코린토 2서의 통일성에 의문을 제기한 사람은 Semler(1776)였다. 얼마 전부터는 필리피서의 통일성도 문제시되었다. 예컨대 J.F.Collange, *L'épître de saint Paul aux Philippiens*(1973).

은 사도행전의 경우처럼 사도에 관한 기억과 전설을 품고 살아갔을 뿐 아니라 그의 신학적 유산과 서간들의 유일무이한 가치를 인지하고 있었던 사람들이었다. 무엇보다 소아시아(에페소)[18]에 존재했던 것으로 보이는 이 그룹은 사도의 문헌들을 집성하여 보급하기 쉬운 형태로 만들었을 뿐 아니라 특히 그리스도인 공동체의 교육과 건설을 위해 편리한 텍스트로 만든 당사자들이었다.

코린토 1서와 관련해서는 상대적으로 단순한 편집 작업이 있었음을 확인할 수 있다. 편집자는 바오로가 사용하여 이미 명망이 높아졌을 뿐 아니라 바오로 학파 안에서 사도적 가르침의 형태로써 탁월하다고 간주된 '편지 형식'을 존중하였다.[19] 그는 교육적인 목적을 위해 편지의 머리말과 맺음말 부분들을 살려서 편집의 틀을 만들었다. 자료의 배열은 비록 제사에 바쳐진 고기 문제에 관해서는 모호함이 있지만 전체적으로는 분명하고 설득력 있는 구성을 보여준다.[20] 편집자는 그리스도론과 구원론 그리고 교회론과 관련해서 가장 중요한 요소들을 포함하는 문헌을 앞부분에 배치하였다. 십자가에 달리신 분의 복음, 이것이 그리스도인 실존의 바탕이다(1-4장). 그 뒤로 결혼과 독신에 관해 코린토 공동체가 보낸 편지에 바오로가 처음으로 답변하는 문헌을 계기로 삼아 다

---

18) 에페소에 있었다는 주장에 대하여 참조. E.J.Goodspeed, Ephesians and the First Edition of Paul. *JBL* 70(1951) p.285-291. 그러나 W. 슈미탈스는 *Paulus und die Gnostiker*에서 에페소가 아니라 코린토였다고 생각한다. 이에 비해 H.M. 쉔크는 Das Weiterwirken des Paulus und die Pfhlege seines Erbes durch die Paulus-Schule. *NTST* 21(1975) p.505-518에서 코린토와 에페소를 함께 지적한다.
19) 교회 지도자들의 법령도 편지 형식을 취했다(티모테오 1서, 티토서)
20) 바이스, p.XLIII: "매우 능숙한 손이 서간 전체를 지배하였다…."

양한 윤리적 가르침을 한데 모았을 것이다(5-7장). 제사에 바쳐진 고기와 영적 은사에 관한 답변 다음에, 편집자는 "공동체와 예배"에 대해 풍부하게 언급하는 내용들을(8-14장) 다른 편지에서 오려다가 연결시켰다. 그리고 종결 부분은 마지막 일들에 관한 장, 즉 '죽은 이들의 부활'에 관한 장을 위해 남겨 두었다(15장). 서로 다른 문헌들이 이렇게 집성되어 하나의 책, 더 정확히 말하면 '그리스도인 삶의 지침서'가 되었다. 이제 이 지침서는 관점과 문제의 다양함으로 인해 더욱 소중해지고, 사도적 권위와 그의 가르침의 신학적인 수준으로 말미암아 한층 더 가치 있게 되었다.

편집자는 제한된 방법의 범위 내에서 가장 커다란 존경심으로 자료들의 자의성字意性을 다룬 것으로 보인다. 일치를 지향하는 다소 야릇한 형식의 1,2ㄴ이 편집자의 가필이 아닌지 의심하는 사람도 있었다. 이와 유사한 특성을 보여주는 구절들(특히 7,17ㄴ)도 역시 의심의 대상이 되었다. 13장의 위치도 편집자의 책임으로 돌려졌다. 12장과 14장을 이어주고 있지만 13장의 일부 구절들이 어색하게 보인다는 것이 그 이유이다. 그러나 이러한 의심들의 근거는 충분하지 않다. 유일하게 의심의 여지가 없는 가필은 '여인들은 침묵을 지켜야 한다'(14,33ㄴ-36)는 내용이다. 이 대목은 주제에서 이탈할 뿐 아니라 바오로의 입장보다는 1세기 말의 바오로 교회가 취했던 경직된 입장과 잘 어울린다.[21]

주석가에게 코린토 1서의 편집이 제기하는 문제는 공관 복음의 편

---

21) 이 외에도 편집자는 제사에 바쳐진 고기에 대한 바오로의 두 가지 답변을 한데 섞으면서 자신에게 위험하게 보였던 두 번째 답변을 첫 번째 답변으로 수정하려고 하지는 않았는지 질문할 수 있겠다.

집이 제기하는 문제와 본질적으로 다르다. 여기서 우리는 사도 자신이 쓴 본문을 만나기 때문이다. 단지 편집자가 편지의 첫머리와 끝부분을 제거함으로써 연대와 상황에 관한 정보가 누락되어 있을 뿐이다. 그러기에 혹자는 편집 이전의 본래의 문헌을 가지고 주석할 수도 있다. 그러나 본 주석서는 중간 입장을 취할 것이다. 실제적인 이유 때문에 본 주석서는 정경의 순서를 따를 것이고, 커다란 제목들(1,10; 5,1; 8,1; 15,1)이 '편집된 서간' 곧 우리가 사용하는 본문을 주제에 따라 구분할 것이다. 그리고 A, B, C, D로 분류된 문헌들은 이 큰 제목 안에 포함되고 그 안에서 작은 제목으로 다시 주제별로 구분되었다.

머리말 1,1-9 (D)

1) 인사 1,1-3

¹하느님의 뜻에 따라 그리스도 예수님의 사도로 부르심을 받은 바오로와 소스테네스 형제가 ²코린토에 있는 하느님의 교회에 인사합니다. 곧 그리스도 예수님 안에서 거룩하게 되어 다른 신자들이 사는곳이든 우리가 사는 곳이든 어디에서나 우리 주 예수 그리스도의 이름을 받들어 부르는 모든 이들과 함께 성도로 부르심을 받은 여러분에게 인사합니다. ³하느님 우리 아버지와 주 예수 그리스도에게서 은총과 평화가 여러분에게 내리기를 빕니다.

서간의 도입부는 근동 지방에서 사용되던 양식에서 비롯하였다. 그것은 발신인과 수신인을 거명하고 인사를 전하는 두 부분으로 이루어진다.[22] 이 형식은 야고보서를 제외한 신약성경의 모든 서간문에 공통적으로 나타난다.

1절: 바오로는 자신의 책무에 관련된 칭호를 사용하는 관행에 따라

---

[22] 앞서 인용한 로마이어의 논문에 따르면 3절은 아마도 예배의 시작 부분에서 사용되던 전례 양식이었다고 한다. 그러나 G.프리드리히는 이런 견해를 거부한다.

자신을 소개한다. 그는 그리스도 예수의 사도이다.[23] "부르심을 받은" (kletos)이라는 단어는 다마스쿠스로 가는 길에서 벌어진 사건을 암시한다(참조 9,1; 갈라 1,15-16; 사도 9,1 이하). 바오로의 경우에 부르시는 분은 늘 하느님이시다.[24] 그에게 발현한 분은 그리스도이지만 이 발현을 통해 그에게 소명을 주신 분은 하느님이시다. 그는 하느님의 뜻에 따라, 다시 말해 하느님의 탁월한 주권에 힘입어 사도가 되었다. 그의 권위는 자신의 예외적인 은사에도, 이전의 사도적 전통에도 근거하지 않는다. 다른 일체의 권위에 대하여 그가 누리는 사도적 자유는 하느님과 직접 맺은 관계에 의해 확인된다(참조 갈라 2,1-10). 소스테네스는 사도의 서간을 전달하는 일을 맡는다. 코린토 서간 전체를 통해 그는 여기에 단 한 번 언급된다. 아마도 그는 에페소의 그리스도인이었고 사도를 보좌하는 비서 역할을 수행했을 것이다.[25]

2절: 서간의 수신인은 코린토에 있는 하느님의 교회이다.[26] 하느님의 백성을 지칭하는 신약성경의 용어 중에서 교회는 자주 사용되는 말이 아니다. 이 용어가 공관 복음의 초기 전승에 나타나지 않는다는 사실을 염두에 두고 이 용어를 사용하는 신약성경 전승층의 특징을 살펴보면, 이 용어는 그리스어를 사용하는 그리스도인 공동체에서 사용되었던 것

---

23) "그리스도 예수"라고 순서를 바꾸어 표현한 것이 "그리스도" 칭호를 특별히 사용하는 방식은 아니다. 참조 W.Kramer, *Christos*, p.203-206.
24) K.L.Schmidt, kaleo, *ThW* III p.494. 사도 9,1 이하; 22,6 이하; 26,12 이하의 사화에서 부르시는 분은 주님이시다.
25) 리츠만은 소스테네스를 사도 18,17의 회당장과 동일시하는 것이 근거 없다고 평가한다.
26) 여러 사본들에 (예컨대 P⁴⁶ B) "그리스도 예수 안에서 거룩하게 되어(hēgiasmenois en X)"가 "코린토에 있는(tē ousē en K)" 앞에 위치하고 있는데 이는 필사가들의 실수이다.

으로 보인다.[27] 바오로는 지역 공동체뿐 아니라 전체 교회를 지칭하는 데 이 용어를 사용한다(갈라 1,22; 1코린 12,28). 이 양면성은 중요한 신학적 사실을 지적한다. 교회는 지역적 위치나 사회학적 구성 등의 인간적 현실에 의해 규정되지 않는다. 교회는 '종말론적인' 현실로서 하느님의 위업이다. 그분의 보편적인 계획은 지역 공동체의 존재를 통하여 드러난다. 지역교회 역시 몇몇 그룹과 그의 구성원들로 합쳐진 부가물이 아니다. 보편 교회는 지역 교회들이나 개별 교회들의 총합이 아니다.

코린토 1·2서에서만 "하느님의 교회"(ekklēsia tou theou)라는 장엄한 표현이 나타난다는 것은 흥미로운 일이다. 그것은 아마도 우연이 아니었을 것이다. 매우 개인주의화된 코린토 공동체에서 이 공동체가 한낱 평범한 종교 집단이 아니라 하느님 백성의 모임이라는 것을 상기시키는 것은 매우 중요했다.[28] "그리스도 예수님 안에서 거룩하게 되어"와 "성도로 부르심을 받은"은 같은 표현이 아니다. "성도로 부르심을 받은" 것은 소명에 기초하는 것으로서 하느님의 교회에 대한 주석이다. 교회는 그 기원을 하느님께 두고 있다. 그분은 부름을 통하여 교회를 일으키셨다. "그리스도 안에서 거룩하게 되어"라는 표현은 무엇보다 중개자의 임무를 가리키는데, 부르심을 받은 이들은 이 중개자의 업적을 통하여 하느님을 위한 적절한 봉사자가 된다. 그리고 이 표현은 아마도 세례를 통해 거룩하게 되었음을 가리키는 말이었을 것이다. 여기서 거룩하다는 것은

---

27) 당시의 헬레니즘계 그리스도인들은 히브리어 qahal(모임, 집회)을 ekklēsia로 번역한 70인역(LXX)의 용어를 취하여 사용했다고 일반적으로 인정하고 있다. 한편 W.Schrage는 교회라는 말이 유다인 회당과 그리스도인 공동체를 대립시키기 위하여 일반 그리스어에서 선택하여 빌어온 것임을 증명하고자 했다. *ZThK* 59(1963) p.178 이하.

28) Dahl, *Volk*, p.218.

도덕적 의미로 쓰인 말이 아니다. 하느님께서 책임지시고 당신을 섬기는 일로 불러 주셨기에 거룩한 것 또는 거룩한 사람(성도)이 된다는 뜻이다.

2ㄴ절의 교회일치에 관한 전망은 바오로의 인사말 가운데 유일하게 여기에만 나타난다. 바이스는 '바오로 서간집'의 편집자가 그 구절을 이 자리에 삽입했다고 본다. 2ㄴ절이 결국 코린토 1서를 여러 서간의 머리에 위치시키고 교회일치적인 의미를 부각시켰다는 것이다. 그러나 콘첼만은 본문의 의미를 너무 강요해서는 안 되며 바오로가 장황한 스타일로 교회의 보편성을 표현할 뿐이라고 설명한다. 하지만 1-4장은 이 호소가 얼마나 적절한 것인지 보여 준다. '우리 주님의 이름을 불러 간구하는 사람들은'(요엘 3,5) 그리스도인들이다(참조 사도 2,21; 9,14.21; 22,16; 로마 10,13).[29]

3절: 바오로는 유다인들의 통상적인 인사인 "평화"(eireēnē, shalom)에다 그의 구원론의 핵심 단어인 "은총"(charis)[30]을 덧붙였다. 평화는 구원의 시간에 맞갖는 행복과 번영의 상태이다. 이 단어는 "생명"과 연결되기도 하고(로마 8,6) "의로움"(dikaiosynē)과 "기쁨"(chara)이라는 말과 연결되어 쓰이기도 한다(로마 14,17; 참조 15,13). 먼저 언급된 은총이라는 말은 늘 평화를 유발시키는 원인으로 작용한다. 문법적으로 보아 주님은 속격으로 쓰여서 "주님의"(kyriou)로 되어 있는데, "우리의"라는 속격이

---

29) 2절에서 그리스어 본문은 '그들의(autōn)'와 '우리의(hēmōn)'라는 소유격 대명사를 두고 있는데 이들은 주님을 수식하지 않고 장소를 수식한다. 즉 그들의 주님과 우리의 주님이 아니라 '그들의 장소에서, 우리의 장소에서'라는 뜻으로, 이로써 그리스도 백성의 일치가 강조되고 있는 것이다. 리츠만에 의하면 이러한 표현은 유다인들의 전례양식과 일치한다.
30) 헤링에 의하면 charis는 그리스어 편지에서 안녕(chairein)이라는 인사를 연상시킨다.

아버지(우리 아버지)를 수식하는 것처럼 아버지를 수식할 수도 있다(주님의 아버지: 참조 로마 15,6; 2코린 1,3). 그러나 주님은 은총과 평화의 수여자이신 아버지와 함께 계신다(코린토 1서의 마지막 인사 참조). 하느님은 구원하시는 분으로서 우리의 아버지이시고 우리를 구원으로 부르신다. 예수 그리스도는 주님이시고 하느님은 그분을 통해 교회를 세우고 다스리신다.

2) 하느님께 드리는 감사 1,4-9

⁴나는 하느님께서 그리스도 예수님 안에서 여러분에게 베푸신 은총을 생각하며, 여러분을 두고 늘 나의 하느님께 감사를 드립니다. ⁵여러분은 그리스도 안에서 어느 모로나 풍요로워졌습니다. 어떠한 말에서나 어떠한 지식에서나 그렇습니다. ⁶그리스도에 관한 증언이 여러분 가운데에 튼튼히 자리를 잡은 것입니다. ⁷그리하여 여러분은 어떠한 은사도 부족함이 없이, 우리 주 예수 그리스도께서 나타나시기를 기다리고 있습니다. ⁸그분께서는 또한 여러분을 끝까지 굳세게 하시어, 우리 주 예수 그리스도의 날에 흠잡을 데가 없게 해 주실 것입니다. ⁹하느님은 성실(진실)하신 분이십니다. 그분께서 당신의 아드님 우리 주 예수 그리스도와 친교를 맺도록 여러분을 불러 주셨습니다.

감사는 바오로 편지의 원칙에 속한다.[31] 감사 형식은 대략 고정되어 있

---

31) 갈라티아서에서만 하느님께 드리는 감사가 없는데 여기에는 분명한 이유가 있다. 참조

지만 개별적인 내용은 수신하는 교회의 영적인 사정에 따라 달라진다. 분열로 갈등을 겪고 있는 공동체를 향하여 심각한 경고를 할 때 바오로는 1테살 1,2-10에서와 같이 신자들의 신앙과 인내에 감사드릴 수 없었다. 코린토 교회에 대해 그가 할 수 있는 것은 하느님께서 이 교회에 주신 풍요로운 은사들을 나열하는 것이고(4-7절) 이 교회가 하느님의 진실하심을 신뢰하도록 상기시켜 주는 일이다(8절).

4절: 4절 이하의 구조: 나는 감사를 드립니다(eucharistoō)[32]는 "여러분을 두고"(peri hymoōn)와 "은총을 생각하며"(epi tē chariti)란 두 개의 보어를 갖는다. 후자는 구체적인 설명을 이끄는 절(hoti)에 의해 그 내용이 전개된다. 여기서 은총이라는 말은 바오로 구원론의 전문 용어가 아니라 공동체가 선사받은 모든 좋은 것들, 곧 다양한 결과의 은총을 종합하는 말이다. 그럼에도 불구하고 사도가 은총이라는 말을 굳이 선택한 것은, 자신이 받은 은사를 이용하여 분열을 조장하는 그리스도인들에게 이 모든 은사가 하느님의 너그러우심의 결과임을 상기시켜 주고자 했기 때문일 것이다(참조 4,7). "베푸신"(dotheisē)이라는 분사는 "그리스도 안에서"(4-5절)와[33] 연결된다.

5절: 바오로가 말씀과 지식을 특별히 중요한 은사로 간주하여 언급하는 까닭은, 이것들이 하느님의 계획을 올바로 이해하고 선포하는 일에 관련되기 때문이다.[34] 그러나 바오로는 코린토인들이 이 은사를 사

P.Bonnard, *L'épitre de saint Paul aux Galates*, p.20.

32) 4절의 '나의 하느님께' 부분에서 B Sin에는 '나의'(mou)가 빠져서 단지 '하느님께'라고 되어 있는데 이는 분명히 오류이다. 참고 로마 1,8; 필리 1,3; 필레 1,4.

33) 그리스도 안에서(en christō): 전치사 en(안에서)은 여기서 도구적 의미를 지닌다.

34) E.Käsemann, *Exeg.* I p.268. 바오로는 확실히 신학에 대한 열정을 하나의 은사로 인정

용한 방법에 대해서는 나중에 엄격한 비판을 가한다.[35]

6절: kathōs는 '…하기 때문에'의 의미를 지닌 원인접속사다. 실로 복음이 이 모든 좋은 것의 원천이다. 그리스도의 증언이 여러분 안에서 확인되었다(ebebaiōthē en hymon)고 해서 복음이 코린토인들의 마음에 뿌리를 내렸음을 의미하는 것은 결코 아니다. 바오로는 이 공동체 안에서 너무나 모순되는 표징을 보고 있다. 그러나 자신과 다른 협조자들의 노력에 힘입어 복음이 그들 가운데 굳건히 발을 붙이고 있기 때문에 코린토인들에게 필요한 변화가 가능하게 된다. 이처럼 바오로는 독자들에게 그리스도와 그분의 업적이 그들 실존의 바탕을 이룬다는 것을 일깨우고자 고심한다.

7절: 5ㄱ절의 선언은 7ㄱ절에서 부정적인 형식으로 반복된다. hystereisthai(tinos) en tini는 '어떤 것에서 (누구보다) 열등하다'는 뜻이다. 여기서는 '부족하다', '결핍되어 있다'의 의미로 쓰였다. 카리스마(charisma)를 일반적으로 '영적 은사'로 번역하는데, 이는 그다지 적절한 번역으로 보이지 않는다. 왜냐하면 이 번역은 대체로 열광주의적인 유형의 은사만을 떠올리게 하기 때문이다. 그러나 실제로 카리스마는 하느님께서 교회에 주시는 모든 은사를 가리킨다.[36] 교회는 이 은사로 말미암아 자신의 소명에 충실하고 상호 봉사와 공동체의 건설, 그리고 증언을 할 수

했고, 이 점에 대하여 하느님께 감사드릴 수 있었다.

35) 말씀(logos)에 대한 논쟁은 1,17-25; 2,1-5에 나타난다. 이곳과 3,18 이하에서 지혜로서의 "지식"(gnosis)도 엄격한 비판을 받는다(참조 8,1-13).

36) 12-14장에 은사의 목록이 나온다. 특히 12,8-10; 12,28; 로마 12,4-8. 은사를 순전히 성령 운동의 차원에서 해석하는 문제에 대한 비판으로는 M.-A.Chevallier, *Esprit de Dieu*, p.164 참조.

있다. 따라서 카리스마를 '은총의 은사'라고 번역하는 것이 좋을 듯 하다. 하느님께서 코린토 교회를 충족시켜 주신 것은 이 교회가 자신의 사명을 수행할 수 있기 위함이다. 그 가운데 첫 번째 사명은 그리스도의 최종적인 계시[37]를 기다리는 가운데 살아가며 존재하는 백성, 그리하여 참된 교회가 되는 일이다. 그렇다고 이 기다림이 수동적인 정적靜寂주의를 지향하지는 않는다(참조 15,58; 1테살 5,1-11). 자신의 영적인 풍요로움에 자족하고 그 목표를 망각한 공동체에게 이러한 종말론적인 전망을 일깨우는 것은 유용한 일이었다.

8절: 관계대명사(hos)는 7절의 예수 그리스도에 걸리지 않고 4절의 하느님을 대상으로 한다.[38] 4-7절까지의 긴 절이 끝난 뒤에 hos가 4절의 "하느님 안에서"(en theō)를 다시 취하는 것은 하느님께 감사드리는 찬미가의 형식에 부합한다. 미래형 동사 "굳세게 하시어"(bebaiōsei)은 분명히 6절의 *튼튼하게 자리를 잡은*("확인되었다")으로 번역된 단순과거형 동사(ebebaiōthē)를 반향한다. 하느님께서는 당신이 시작한 일이 흔들리거나 사라지는 것을 허락하지 않으실 것이다. 오히려 그분은 이 일을 지켜보시고 좋은 목표로 이끄실 것이다. heōs telous를 흔히 형용사 '흠잡을 데가 없게'와 연결시켜 "완전히"라고 번역하는데 ("여러분이 완전히 흠잡을 데 없는 사람이 되도록", 알로의 번역) 이를 동사와 연결시켜서 '끝까지'

---

37) 계시(apokalypsis)라는 말은 바오로 서간에서 자주 나타나지 않고 그 의미도 다양하다. 영감 내지 예언적인 말씀이라는 의미로 쓰인 곳은 14,6.26; 2코린 12,1.7; 갈라 1,12; 2,2이고, 심판이나 구원의 최종 계시라는 뜻은 로마 2,5; 8,19에서 쓰였다. 파루시아와 관련해서는 1코린 1,7에서 사용되었다. 한편 '계시하다'는 동사는 바오로가 역사적인 계시를 말하는데 두 번 사용하였다.

38) 칼뱅, 콘첼만 등은 찬성하고, 리츠만, 바레트, 알로 등은 반대한다.

라고 번역하는 것이 바람직하다("여러분을 끝까지 굳세게 하시어"). 주님의 날이라는 표현은 이미 예언서에서 구원이나 멸망으로 하느님께서 정하신 날을 가리킬 수 있다.[39] 여기서 이 표현은 그리스도께서 최후의 심판을 위해 나타나실 날을 지칭한다(3,13; 5,5; 필립 1,6.10 등등).[40] 형용사 "흠 잡을 데 없는"(anegklētos)은 동사 고발하다(egkaleō)에서 파생되었다. 하느님에 의해 굳건하게 되고 그분에 의해 신앙의 근본과 원천으로 끊임없이 인도되는 코린토인들은 심판관 앞에서 능히 견디어 낼 수 있을 것이다(참조 2코린 5,10).

9절: *하느님은 성실하신 분*[41]: 오직 하느님께서 불러주심으로 말미암아 그들이 그리스도께 속하게 되었듯이, 믿는 이들이 최종적으로 구원받을 확실성도 하느님의 성실하심 외에는 다른 근거가 없다. 1테살 5,24에서처럼 그분의 *성실하심*은 단지 믿는 이들을 위한 것일 뿐 아니라 당신의 계획에 대한 것이기도 하다.[42] 코이노니아(koinonia, 친교)의 의미에 대하여 다소 망설임이 있을 수 있겠다. 알로(Allo)에 의하면 이 단어는 '그리스도와 함께하는 생활공동체'를 가리킨다. 그러나 바오로는 독자들에게 자신들이 받은 부르심에 힘입어 그리스도께 참여하고 있는 몫과 그리스도의 몸의 한 지체가 된 그들의 처지에 대하여 말하고 있다

---

39) 아모 5,18 이하; 이사 2,6 이하; 즈카 12,1 이하; von Rad, hēmera, *ThW* II p.946-949.
40) 주님의 날(hēmera) 대신에 주님의 재림(parousia)이라고 읽는 사본들(D,G,it)은 주석학적 설명이 붙은 이차적인 것이다. P^{46} B는 christou를 생략하고 있다. 참조 2코린 1,14.
41) 1코린 10,13; 1테살 5,24에서처럼 믿는 이들이 처한 유혹의 와중에서 그들을 구하는 것을 의미한다. 2코린 1,18에서 하느님의 성실하심은 인간적인 기획의 나약함과 반대된다.
42) 하느님을 수식하는 동작주 보어로서 di 'hou대신에 hypf 'hou를 기대하였을 것이다. 그러나 의미는 분명히 같다. 하느님은 중개자가 아니라 부르심의 주체이시다.

고 보는 것이 더 타당하다.[43]

하느님의 아들이라는 칭호는 바오로 서간에서 상대적으로 드물게 사용된다. 그리고 사도가 어떤 경우에, 왜 이 칭호를 사용하는지 설명하기란 쉽지 않다. 하느님이 구원의 시작이요 완성자이심을 강조하는 우리의 본문에서 하느님의 아들 칭호는 하느님께로부터 파견 받은 분(갈라 4,4)이신 그리스도와 하느님의 긴밀한 관계를 표현하고, 아울러 믿는 이들이 하느님의 아들로 입양되었음을 암시하는 것일 수 있다(참조 로마 8,29; 갈라 4,6-7).[44]

---

43) F.Hauck, koinōnia, *ThW* III p.804s; 퀴멜, 바레트.
44) 하느님의 아들 칭호가 바오로 서간에서 사용된 용례에 대하여 다음을 참조. W.Kramer, *Christos*, p.183-189; E.Schweizer, hyios, *ThW* VIII p.384-387; M.Hengel, *Jésus, Fils de Dieu*(1977), p.23-36.

I. 교회의 근거인 십자가의 복음 1,10-4,21

1-4장은 다양한 주제와 스타일을 지닌 복합 구성체이지만 하나의 전체를 이룬다. 각 장은 논증과 내용을 통하여 다른 장이나 전체와 유기적으로 연결되어 있다. 그리하여 1-4장은 처음부터 구별되는 하나의 편지(D)를 구성한다.

바오로는 교육적인 스타일로 토론의 주제인 코린토 공동체의 분열 문제를 다룬다(1,10-17). 이어서 그는 돌연히 신학적 성찰을 통하여 걸림돌이자 어리석음인 복음(1,18-25)의 내용과 형태에 대하여 말하기에 이른다. 복음의 내용과 형식은 한편으로는 코린토 공동체의 사회 구성을 반영하고 또 한편으로는 사도의 선포와 개인적인 스타일 안에 반영되어 나타난다(1,26-2,5). 복음이 자신의 지혜로 평가할 때는 어리석게 보이지만 새로 입문한 이들에게는 지혜를 가져다준다(2,6-16). 이어서 바오로는 분열 문제를 언급하고(3,1-23) 예상치 않은 방식으로 자신의 사도직을 옹호한다(4,1-13). 마지막으로 그는 공동체를 격려하고 티모테오의 방문과 자신의 방문을 예고한다.

1. 일치의 권고 1,10-17 (D)

¹⁰형제 여러분, 나는 우리 주 예수 그리스도의 이름으로 여러분에게 권고합니다. 모두 합심하여 여러분 가운데에 분열이 일어나지 않게 하십시오. ¹¹나의 형제 여러분, 여러분 가운데에 분쟁이 일어났다는 것을 클로에 집안 사람들이 나에게 알려 주었습니다. ¹²다름이 아니라, 여러분이 저마다 "나는 바오로 편이다", "나는 아폴로 편이다", "나는 케파 편이다", "나는 그리스도 편이다" 하고 말한다는 것입니다. ¹³그리스도께서 갈라지셨다는 말입니까? 바오로가 여러분을 위하여 십자가에 못박히기라도 하였습니까? 아니면 여러분이 바오로의 이름으로 세례를 받았하였습니까? 아니면 여러분이 바오로의 이름으로 세례를 받았습니까? ¹⁴나는 여러분 가운데 크리스포스와 가이오스 외에는 아무에게도 세례를 주지 않은 일을 두고 하느님께 감사를 드립니다. ¹⁵그러니 아무도 여러분이 내 이름으로 세례를 받았다고 말할 수 없습니다. ¹⁶내가 스테파나스 집안 사람들에게도 세례를 주기는 하였습니다. 그 밖에는 다른 누구에게도 세례를 준 기억이 없습니다. ¹⁷그리스도께서는 세례를 주라고 나를 보내신 것이 아니라 복음을 전하라고 보내셨습니다. 그리고 이 일을 말재주로 하라는 것이 아니었으니, 그리스도의 십자가가 헛되지 않게 하려는 것입니다.

10절: 사도가 매우 심각하게 질서를 호소하게 될 사람들을 향하여 "형제 여러분"이라고 부를 때에는 이 호칭이 단지 사랑스러움이나 예의를 갖춘 형식을 넘어선다. 바로 그들이 형제들이기 때문에 권고를 받아야 하고 또 권고를 받을 수 있는 것이다. 그들이 모두 속해 있는 주님의 이름을 간곡히 부르면서 사도는 더욱 힘있게 권고한다.[1] to auto legein 은 "같은 것을 말하다"는 뜻인데 여기서는 교리의 통일성을 의미하지 않는다. 교리의 통일성이 문제되고 있지 않기 때문이다. 바오로가 원하는 것은 공동체에 평화와 상호이해가 넘치는 것이다. 분열들(schismata)[2]은 후대에서처럼 아직 전문용어로 쓰이지 않고 있다. 공동체에 소요를 일으키는 여러 그룹 중에서 어느 누구도 분리를 꿈꾸고 있지 않다. 10ㄴ절은 10ㄱ절의 바람을 다른 형식으로 표현하고 있다. 정신(nous)과 생각(gnōmē) 간에는 의미상의 차이가 거의 없다. 정신 자세와 의지의 지향을 각각 지칭하는 것이다.

11절: 클로에: 코린토 사정을 알려줌으로써 바오로에게 걱정을 안겨준 클로에 집안 사람들이 누구인지 알 수 없다. 그들은 에페소의 그리스도인들이었을까? 아마도 코린토의 신자들이었을 것이다. 그들은 이 편지의 수신인들이 이미 알고 있는 사람들로 언급된다. 그들은 분명히 공식적인 사절로 바오로를 만나러 오지 않았다. 그러나 다른 이유로 (어쩌면 사업상의 이유로) 에페소에 머물면서 그들은 바오로를 방문하여 코린토에서 벌어지고 있는 좋지 않은 상황을 전해 주었다.[3]

12절: 이러저러한 영적 지도자들을 모시면서 경쟁 관계에 있는 그룹들은 바로 공동체의 내부에서 만들어졌다. 그들에 관한 정보는 매우 개

---

1) 유사한 표현으로는 로마 15,30; 2코린 10,1; 1테살 4,1; 2테살 3,12 참조
2) P^{46} 33 sa가 증언하는 단수보다 복수가 바람직하다.
3) 만일 코린토 1서가 한 번에 쓰인 것이라면, 바오로에게 소식을 전해준 자들은 모르는 자들이 아니라 16,17에서 바오로가 언급하는 공식 사절들이었을 것이다.

략적이어서 구체적인 내용에 대해서는 알 수 없다.

보충 설명: 코린토의 파벌들(1,12)

1. 공동체 내부에 다양한 그룹이 존재한 것은 그 자체로 놀라운 일이나 비난할 일이 아니다. 예컨대 에페소에도 아퀼라와 프리스퀼라를 따르는 그룹이 존재했다. 바로 아퀼라와 프리스퀼라는 바오로가 오기 전에 에페소에서 복음을 전했고 바오로는 이들을 불쾌하게 생각하지 않았다(1코린 16,19; 로마 16,5). 그렇다면 코린토에서 비정상적으로 이루어지고 있는 일은 무엇인가?

이들 그룹의 존재와 특징에 대하여 라이첸슈타인은 이방인들의 신비주의 공동체와 비교하면서 흥미로운 설명을 제시하였다.[4] 이들과 마찬가지로 그리스도인들 역시 자신들을 신비로 인도하는 존경할 만한 스승 하나씩을 내세우며 동아리(thiasoi)를 만들었다는 것이다. 이런 설명은 가능해 보인다. 13절 이하에서 바오로가 제기하는 질문이 당시의 이런 경향을 직접 표현하는 것은 아니라 하더라도, 그가 세례와 파벌을 연결시켜 말할 때 바로 이런 경향을 암시한 것이다.

그러나 이것으로 모든 것이 설명되지는 않는다. 이방인들의 신비주의 그룹은 배타적이거나 경쟁적이지 않았다. 이와 반대로 코린토 공동체에는 그룹들이 서로 경쟁하며 우쭐대고 있었다(4,6). 콘첼만은 이 현상이 무엇보다 코린토 교회의 강한 열광주의적 경향에서 비롯한다고 설명한다. 이 열광주의는 공동체를 무정부적인 개인주의로 분산시키고

---

4) R.Reitzenstein, *Mysterienreligionen*, p.40s. 333.

(12-14장) 경쟁적인 도당들로 만들었다. 콘첼만은 이런 주장에 근거하여 바오로가 특정 그룹을 다른 그룹과 비교하여 비난한 것이 아니라 전체 공동체를 대상으로 모든 이들의 정신 상태 그 자체를 비판했다고 보았다. 그럼에도 불구하고 분열의 좀 더 특별한 원인은 1-4장 안에 잘 드러나 있다. 교회의 일부 구성원들은 우월한 신학적 지식(sophia)에 사로잡혀 사도가 선포한 복음이 너무 초보적이어서 그들의 높은 열망을 채워주기에는 적절하지 않다고 평가했다. 이들이 바오로에게 가한 비판은 신자들 가운데 반대를 불러일으켰고 '바오로 편'에 속한 사람들은 서로 뭉쳐서 이런 공격에 대항했을 것이다. 마지막으로 또 다른 요인이 분열에 작용했을 것이다. 만일 바오로를 비방한 자들이 문화적인 엘리트 계층에 속했다면(참조 1,26) - 바오로의 스타일과 메시지에 대한 그들의 비판으로 비추어 볼 때 이는 충분히 가능한 일이다 - 사회적 격차가 이 반대를 더욱 심화시켰을 것이다.[5]

2. 12절에 언급된 그룹들의 특징은 무엇인가? 바오로 그룹 외에 세 그룹 중에서 어느 한 편이 다른 그룹보다 바오로를 더 반대했는가? 여러 가지 가설들이 제시되었지만 아직 어느 것도 확실한 가설로 부각되지 못했다.

아폴로는 바오로가 코린토를 떠난 뒤 이곳에 도착하여 복음을 전파

---

[5] 그러나 G.타이센은 앞의 책 217쪽에서 모든 것을 계급 간의 갈등과 봉급의 문제로 환원시킴으로써 본문에 무리를 가하고 마침내 본문을 왜곡하였다. 타이센에 의하면 각자가 특정 선교사를 지지하는 것은 그에게서 급료를 받기 때문이라는 것이다. 그리고 바오로가 배우고 경제력 있는 유산 계층에게 자신은 손으로 노동하는 자(4,12)임을 상기시킴으로서 그들을 당혹스럽게 했다는 것이다.

하였다. 그는 탁월한 웅변가였고 박식한 주석가였으며 게다가 알렉산드리아 출신이었기 때문에(사도 18,24) 어떤 의미로 '그리스도교의 필로'라고 할 만하였다(필로: 기원전·후 시기에 알렉산드리아에서 활동한 저명한 유다인 철학자–역주). 그리하여 그의 박식한 신학적인 사변은 의도적으로 소박한 바오로의 선포를 보잘것없는 것으로 치부할 수 있었다. 아마도 그의 제자들 중에는 지혜를 사모하는 자들이 모집되었을 것이다. 이런 추정은 가능할 뿐 아니라 개연성도 있어 보인다. 그러나 파벌이 등장하게 된 배경에 대해 우리는 부분적이고 가설적인 전망밖에는 가지지 않았으므로, 바이스처럼 지혜에 대한 바오로의 논쟁이 특별히 아폴로의 추종세력을 겨냥하고 있다고 자신있게 말하기는 어렵다.

사도행전은 베드로가 코린토에 머물렀는지에 대하여 아무 말도 하지 않는다. 바오로의 서신에도 이 점에 대한 언급은 없다.[6] 베드로를 으뜸으로 내세우는 사람들은 바오로가 떠나간 뒤 분명히 외부에서 온 유다계 그리스도인들이었을 것이다. 그들이 바오로를 반대했다면, 그것은 지혜에 관련해서가 아니라 그의 자유에 대한 비판이었다고 보아도 틀림이 없다. 그러나 코린토 1서에서 베드로파의 이러한 비판이 존재했다는 어떠한 전거도 발견할 수 없다. 그렇지만 필하우어는 베드로파의 반대를 보여 주는 다른 관점이 있다고 본다. 그들은 유다인의 모델을 근거로 이해한 교회의 일치와 교회의 근간인 베드로 중심의 교회론적 이데올로기를 수호하였다는 것이다. 이 경우 케파는 코린토에서 바오로에게 유일하게 심각한 적대자였을 것이다. 베드로가 로마로 간 것도 바로 코린

---

[6] 베드로가 코린토에서 활동했다고 주장하는 사람들은 리츠만, 바레트, 필하우어(앞의 논문, p.344)이다. 그러나 바이스, 알로, 큄멜, 콘첼만은 이를 부인했다.

토를 통해서였다는 것이다.[7] 이것은 흥미로운 주장이기는 하지만 지지받기 어려운 아주 단편적인 텍스트를 근거로 쌓아올린 이념의 구축물에 불과하다. 우리는 솔직히 모른다고 인정할 수밖에 없다.

그리스도의 편이라고 하는 사람들에 대해서는 과연 이런 그룹이 존재했는지 의문을 제기하는 사람들도 있다.[8] 바오로가 그리스도를 내세우는 자들을 비난할 수 없기 때문이며 더욱이 3,22에서는 더 이상 이 파벌이 거명되지 않는다는 것이 그 이유이다. 그리하여 "나는 그리스도 편"이라는 주장은 바오로에 대해 분개하는 외침이거나 또는 독자가 삽입한 구절, 또는 필사가가 실수로 본문에 포함시킨 구절이라고 해석한다. 그러나 이들의 논증은 거의 근거가 없다. 하나의 그룹이 파벌적이고 분파적인 정신 상태에서 그리스도를 내세우는 것은 평범한 일이기 때문이다. 그리고 "나는 그리스도 편"이라는 표현이 3,22에서 재검토되고 수정된 형태로 "여러분은 그리스도의 것"이라는 말로 나타난다는 것이다. 어쨌든 1,12의 마지막 부분, 즉 그리스도의 편이라는 말을 삭제하면 13절로 넘어가는 것이 어려워진다는 것을 확인할 수 있다(콘첼만).

그리스도의 편이라는 그룹의 이념과 입장에 대해 우리는 무엇인가를 알 수 있는가? 바우어[9]에 의하면 바오로는 유다화의 경향을 지닌 케파 그룹과 혼동했다는 것이다. 이 견해는 일부 사람들이 받아들였다가 (고데트 같은 이) 변화 과정을 거쳐 오늘날에는 사장되고 말았다. 슈미탈스는 사도적 전승과 "우리 밖에 있는 그리스도"를 내세우는 첫 세 그룹

---

7) P.Vielhauer, 앞의 논문, p.348-352.
8) Weiss, Héring: U.Wilkens, *Weisheit*, p.17, Vielhauer, 앞의 논문, p.343.
9) F.C.Baur, *Paulus*(1845) p.273.

과 그리스도 그룹을 대립시키고, 이 후자가 열광적인 영지주의 그룹이었다고 본다. 그리고 그는 "우리 안의 그리스도"를 주장하는 이 그룹이야말로 코린토 1서에서 격렬한 논쟁의 대상이 되고 있는 모든 이탈 현상에 책임이 있다고 주장한다.[10] 그러나 큄멜은 "그리스도의 편이라는 사람들"의 이념에 대해 우리는 아무것도 알지 못한다고 올바르게 지적하였다.

우리는 큄멜의 입장에 동조한다. 12절이 제기하는 질문들은 매우 부분적으로만 해결될 수 있다. 여하튼 12절에서 드러난 상황만으로도 바오로가 의도하는 메시지의 형태와 내용을 아는 데는 충분하다. 메시지가 상황 안에 있다는 것은 확실하다. 그러나 메시지는 그 자체로 일관되고 지속적이다.

13절: 바오로는 독자들에게 일련의 질문을 제기하면서 그들의 분열과 경쟁이 무엇을 의미하는가를 일깨워 준다. "그리스도께서 갈라지셨다는 말입니까?"(memeristai ho Christos). 이것은 사실의 확인이 아니다. 그들의 음모로 말미암아 그리스도께서 갈라지셨다고 확인하는 것이 아니다. 원문에 의문부호가 없다는 것이 이 문장을 더욱 신랄하게 만든다.[11] 교회가 그리스도의 몸이요 어떤 의미로 그리스도 자신이라는 것을 상기하면,[12] 이 표현은 완전한 의미를 지니게 된다. 그리스도의 몸은 하나이므로 그 몸을 갈라놓는다는 것은 불가능한 일이다. 다음에 이어

---

10) Schmithals, *Gnosis*, p.191-192. 알로의 견해도 이와 비슷하다.
11) P^{46} 326 등은 질문 다음에 의문부호를 보충한다.
12) 참조 1코린 12,12-13,27.

지는 두 개의 질문은 부정적인 답변을 요구하는 의문사(mē)를 사용하여 그 답변이 부정적임을 암시한다. 코린토의 그리스도인들이 바오로, 아폴로, 베드로를 내세울 때 그들은 자신의 존립 근거를 망각하고 있다. 그들은 더 이상 그리스도와 그분이 주시는 은사로 말미암아 살지 않고 자신들의 고유성에서 오는 명성으로 살아간다. 바오로는 자기 자신을 문제 삼으며 기민하게 논증을 전개한다. 이는 바오로가 다른 파들과 대결하면서 결국은 자기 자신을 선전하는 것이라는 오해를 피하기 위함이다. 그가 코린토 교회를 상대로 주장하는 것은 바로 그리스도를 위한 것이다. "여러분이 바오로의 이름으로 세례를 받았습니까?"라는 질문은 인간적인 집착에서 오는 어리석음을 비난하는 것으로, 세례와 교회의 일치가 밀접하게 연결되어 있다는 점에서 더욱 그 무게를 지닌다 (12,13; 갈라 3,27 이하). 나아가 이 질문은 코린토에 만연해 있던 세례 개념과 무관하지 않았을 것이다. 세례는 신비에 입문하는 것으로 이해되었고, 세례자 즉 신비 전수자와 영세자 간에 영적인 가족 관계를 형성하였다.[13] "…의 이름으로"(eis to onoma)는 세례 때에 예수 그리스도의 이름을 간곡히 부르는 것을 암시한다. 그리스도를 자신의 주님으로 인정하는 영세자는 바로 그분에 의해 보호받는 것이다.

14-16절: 바오로는 하느님께[14] 감사드리고 코린토에서 몇 사람에게만 세례 준 것에 만족한다. 세례로 말미암아 자신에게 미신적으로 집착할

---

[13] A.Oepke, baptisma, *ThW* I, p.541의 견해와는 반대로 우리는 세례의 신비적인 해석이 신약성경의 가장 후대의 전승에 국한된 것은 아니라고 본다. 바오로는 이 신비적인 해석을 매우 잘 알고 있었다. 로마 6장이 이를 잘 보여 준다.

[14] 일부 사본들은 나의 하느님께(tō theou mou)라고 말하고 있으나 B Sin 등의 사본이 지지하듯이 더 짧은 우리의 본문이 더욱 신빙성이 있다.

가능성은 이처럼 제거되었다(헤링).[15] 크리스포스는 유다인 회당의 책임자였다가 온 가족과 함께 그리스도인이 된 사람이다(사도 18,8). 로마 16,23에 나오는 것처럼 가이오스가 '바오로와 온 교회를 후대해 준 집주인'[16]과 동일 인물이 아니라면 그에 대해서 우리는 아무것도 아는 게 없다. 바오로가 잠시 잊고 있다가 16절에서 뒤늦게 언급하고 있는 스테파나스에 대해서는 그와 온 가족이 아카이아에서 첫 번째로 세례 받은 사람이라고 알려져 있다. 그는 코린토 공동체의 중요 책임자 가운데 한 사람이며 포르투나투스와 아카이코스와 함께 에페소에서 머물고 있던 바오로를 방문하였다(16,15 이하). 아마도 방문 시기는 바오로가 에페소에서 장기 체류를 시작하던 무렵이었을 것이다.

17절: 이 절은 앞의 내용을 결론지으면서 다음에 전개될 사항을 준비한다. 바오로는 왜 드물게 세례를 주었는지 그 이유를 설명한다. 그리스도께서 주신 사명은 세례가 아니다. 그의 사도직의 존재 이유는 "복음 선포"다. 그런데 그는 왜 이렇게 세례와 복음 선포를 대조적으로 말하는가? 그 이유로 바오로가 전례적 행위에 깊은 경멸감을 가졌기 때문이라고 설명하기도 했다. 그러나 바오로의 중요한 많은 본문들은 이런 주장이 그릇되었음을 보여준다. 결국 그 이유는 코린토 공동체의 문제 안에서 찾아내야 한다. 흔히 세례를 그 자체로 충족한 입문 의식으로 간주하고 이를 고립시키거나 과대평가하는 경향이 있었다. 바오로는 바로 이 점에 대항하였다. 그는 세례를 비신화화한다. 세례는 그 자체로

---

15) 가장 권위 있는 사본들이 증거하는 ebaptisthēte 대신에 코이네 D G 등은 ebaptisa(내가 세례를 주었다)라고 읽는다.
16) 로마 16장의 수신인이 누구라 하더라도 이 장은 다른 장들과 마찬가지로 코린토에서 쓰였다.

아무것도 아니며 복음과 연결될 때에만 복음의 표현으로서 또 복음에 대한 순종으로서 가치를 지닌다. 그리고 이 복음이 바로 십자가의 말씀이라고 바오로는 힘주어 강조한다.

17ㄱ절에서 17ㄴ절로 옮겨지는 것이 어떤 이들에게는 너무 갑작스러워서 17ㄴ절이 새로운 주제를 시작하는 것처럼 보일 것이다.[17] 그리고 소위 상이한 주제들이 계속적으로 개입되다가 3장의 끝 무렵에 이르면 결국 하나의 단일한 주제였음이 드러난다고 결론을 내릴 수도 있다. 그러나 콘첼만과 함께 좀 더 정확하게 말할 수 있는 것은 17ㄴ절과 더불어 논증이 한층 근본적인 수준으로 옮아가고 있다는 사실이다. 코린토에서 생긴 일련의 사건은 성사가 아니라 오직 신학적인 사유에 의해 해결될 수 있다.[18] 좀 더 보충 설명을 해 보자. 담론이 갑작스레 선회한 이유를 온전히 이해하기 위해서는 바오로의 필치의 대부분이 확연하게 반격의 양상을 띠고 있다는 점을 고려해야 한다. 그리고 클로에 집안 사람들이 바오로에게 공동체의 분열뿐 아니라 그를 개인적으로 반대하여 일어난 소요에 대해서도 이야기했다는 점도 염두에 두어야 한다. 바오로는 이 두 가지가 서로 연계되어 있다고 파악했고 자신을 겨냥한 공격이 더욱 위험한 것이라고 느꼈다. 자신을 통하여 근본적으로 복음 자체가

---

17) Schmithals, *Gnosis*, p.129: "앞의 내용과는 전적으로 무관하다." 그럼에도 불구하고 바오로는 "지혜"의 추구와 공동체의 분열간에 존재하는 관계를 의식하고 있었다고 슈미탈스는 말한다. 그러기에 바오로는 3장에서도 매우 부자연스러운 방식으로 그 첫 번째 주제로 돌아갈 수 있었다.

18) H.Schlier, Kerygma und Sophia. In: *Die Zeit der Kirche*, p.206s: 바오로는 일종의 영감을 통하여 성사적 논증이 효과가 없음을 발견하였다. 왜냐하면 악은 그 뿌리에 내재해 있기 때문이다. 복음 자체가 인정받지 못하고 애매하게 되었던 것이다.

비판을 받고 위협을 당하고 있기 때문이다.

위험은 sophia(지혜, 지식)라는 말을 통해 드러난다. 자주 등장하게 될 이 단어는 바오로의 반대자들이 그의 복음과 선포 스타일에 대립되는 용어로 사용하였을 것이다. sophia logou는 독특하며 그 의미를 정확히 말하기가 어렵다. '말씀의 지혜', 다른 말로 '수다스러운 지혜'?[19] 지혜가 웅변적으로 드러난다(참조 2,1.4)는 의미로 보면 차라리 '언변의 지혜'가 나을 것이다. 마지막 문장, "…그리스도의 십자가가 헛되지 않게 하려는 것입니다"는 잠정적으로 보아 상당히 수수께끼 같다. 이 문장은 그리스도의 십자가를 지혜에 대립시키면서 다음에 전개될 주제를 언표하고 있다.

---

19) Bauer, *sophia*, 1.

2. 하느님이 세상의 지혜에 던지신 도전 1,18-2,5

내용은 세 단계로 전개된다. 먼저 바오로는 구원의 복음이 어찌하여 십자가의 선포일 수밖에 없는지(1,18-25)를 보여 주고, 이어서 하느님의 방법이라고 부를 수 있는 것에 대해 두 가지 예증을 제공한다. 코린토 공동체의 사회적인 구성(1,26-31), 바오로의 인격과 선포(2,1-5)가 그것이다.

1) 십자가의 어리석은 선포 1,18-25

[18]멸망할 자들에게는 십자가에 관한 말씀이 어리석은 것이지만, 구원을 받을 우리에게는 하느님의 힘입니다. [19]사실 성경에도 이렇게 기록되어 있습니다. "나는 지혜롭다는 자들의 지혜를 부수어 버리고 슬기롭다는 자들의 슬기를 치워 버리리라." [20]지혜로운 자가 어디에 있습니까? 율법 학자가 어디에 있습니까? 이 세상의 논객이 어디에 있습니까? 하느님께서 세상의 지혜를 어리석은 것으로 만들어 버리지 않으셨습니까? [21]사실 세상은 하느님의 지혜를 보면서도 자기의 지혜로는 하느님을 알아보지 못하였습니다. 그래서 그분께서는 복음 선포의 어리석음을 통하여 믿는 이들을 구원하기로 작정하셨습니다. [22]유다인들은 표징을 요구하고 그리스인들은 지혜를 찾습니다. [23]그러나 우리는 십자가에 못박히신 그리스도를 선포합니다. 그리스도는 유다인

들에게는 걸림돌이고 다른 민족에게는 어리석음입니다. ²⁴그렇지만 유다인이든 그리스인이든 부르심을 받은 이들에게 그리스도는 하느님의 힘이시며 하느님의 지혜이십니다. ²⁵하느님의 어리석음이 사람보다 더 지혜롭고 하느님의 약함이 사람보다 더 강하기 때문입니다.

18절: 이 절은 주제를 진술하고 있다. 그리스도의 십자가는 어떤 대가를 치르더라도 복음의 내용으로 남아 있어야 한다. 바로 십자가의 말씀 안에서 하느님의 능력이 드러나기 때문이다. "십자가의 말씀"(logos tou staurou)이라는 표현은 바오로의 전형적인 표현이다. 이것은 그리스도인 메시지의 여럿 가운데(예컨대 육화와 부활 등) 한 요소가 아니라 복음 그 자체이다(2,2; 갈라 3,1). 복음은 십자가의 말씀으로서의 복음이요 우리의 실존을 향한 하느님의 결정적인 개입이다.

"멸망할 자들에게"와 "구원을 받을 우리에게"라는 두 개의 여격을 단지 주관적인 의미로 이해해서는 안 된다. 바오로는 십자가의 말씀이 경우에 따라 어떤 이들에게는 어리석음으로, 또 어떤 이들에게는 하느님의 능력으로 나타난다는 것을 의미하고자 하지 않는다. 이것은 객관적으로 그렇다는 것이다. 복음은 분명히 어리석다. 하느님께서 그렇게 원하셨다(21절). 하느님의 능력이 드러나는 것은 복음의 어리석음이 중단되어서가 아니다. 복음은 어리석음으로써 하느님의 능력으로 작용하고 복음은 어리석음으로써 믿는 이들에 의해[20] 하느님의 지혜로 인정받는다(24절).[21] 멸망되다(apollusthai)와 구원되다(sōzesthai)라는 두 동사는

---

20) G it 등의 사본이 hēmin을 생략한 것은 우연한 것이다.
21) G.Bertram, mōros, *ThW* IV p.850-852.

심판 때에 멸망과 구원이 결정되리라는 종말론의 용어에 속한다. 그런데 이 동사들이 왜 현재분사형으로 쓰였는가? 왜냐하면 복음은 현재를 결정짓고 마지막에는 각자의 미래를 결정짓는 현실이기 때문이다. 십자가의 말씀 안에 현존하는 그리스도를 받아들이느냐 아니면 거부하느냐에 따라 구원과 멸망이 결정된다.

19절: 바오로는 분명히 기억에 의존하여 칠십인역 이사 29,14를 인용한다.[22] 이 예언서의 본문은 이스라엘의 지혜로운 자들을 단죄한다. 바오로는 지혜로 말미암아 눈이 멀고 하느님의 행위에 무감각해진 인간 일반을 향한 하느님의 심판을 선포하기 위하여 이 구절을 사용한다.

20절: 이 절은 이사야서의 여러 부분(33,18; 19,11 이하)을 반향시키는 가운데 성서적 암시와 회상으로 가득하다. 네 개의 풍자적인 질문을 통해 사도는 하느님께서 당신이 예고하셨던 대로 인간적인 지혜를 물리치는 일을 이제 시행하셨다고 확인시킨다(19절). 20절에 등장하는 용어에서 소포스(sophos)는 넓은 의미에서 현자 내지 학자를 가리키고, 그라마테우스(grammateus)는 성서전문가인 율사 내지 율법 학자 또는 라삐를 말한다. 시제테테스(syzētētēs)는 논객을 지칭하는데 이방인 철학의 스승(참조 유다인들-그리스인들, 22절)을 가리키는 다소 경멸 섞인 용어이다. 그러나 이 세 가지 용어의 구별은 그렇게 중요하지 않다. 20ㄴ절에서 세상의 지혜라는 표현이 20ㄱ절의 세 가지 용어를 이어받아 신학적이건 철학적이건 모든 교만한 능력들을 뭉뚱그려 집약해 주고 있기 때문이다. 20ㄱ절의 *이 시대의*(tou aiōnos toutou)나 20ㄴ절의 "세상의"(tou kosmou)는

---

22) krypsō(내가 숨길 것이다) 대신에 더 강한 표현인 athetēsō(나는 배척할 것이다)를 사용하면서 바오로는 아마도 시편 32,10(칠십인역)을 회상하였을 것이다.

의미가 같다. *이 시대*라는 말은 유다교 묵시주의에 속하고 "오는 시대"와 반대된다. "세상"이라는 말은 히브리어에서 상응어가 없는데, 헬레니즘의 이원론에 속하면서 악의 세력에 의해 지배되는 '아래로부터의' 세상을 가리킨다.[23] 단순과거 emōranen은 역사적인 사건을 상기시킨다. 하느님은 지혜에 대해 단지 가치판단을 내리는 것에 만족하지 않으신다. 그분은 지혜에 도전하시고 십자가의 사건과 선포라는 무능력한 행위를 통하여 지혜를 내리치신다.

그런데 하느님께서는 왜 지혜에 대해 선전포고를 하셨는가?

21절: 바오로는 극도로 압축시킨 하나의 문장으로 이 점에 대해 설명한다. 이 문장은 20ㄱ절과 20ㄴ절이 서로 연결되고 또 아주 엄격하게 용어마다 서로 반대되는 대당명제로 이루어졌다. 이리하여 21절은 한편으로는 하느님에 대한 인간의 태도를 묘사하고 다른 한편으로는 인간의 태도에 대한 하느님의 반응을 그려준다.

21절의 전반부는 어렵다. *하느님의 지혜 안에서*(en tēsophia tou theou)라는 말을 어떻게 이해할까? 세 가지 중요한 해석이 제기되었다.

1. 문제성 많은 이 표현은 "하느님의 지혜로운 계획에 따라"를 의미한다고 보는 입장이 있다(예컨대 바레트). 그리스도가 재림할 때까지 하느님은 지혜에 이르는 지식의 길을 차단하셨다. 그리고 이 지혜는 타락으로 말미암아 이미 왜곡되었다. 그러므로 인간이 지금까지 하느님을 알지 못했던 것은 하느님이 그렇게 정하셨기 때문이었다. 하느님께서는 인간으로 하여금 하느님을 아는 지식을 불가능하게 만드셨으나 지혜가 아니라 신앙에 의하여 이 지식에 이르는 방법을 보여 주셨다(20ㄴ절). 그

---

23) 참조 Bultmann, *Theol. NT*, p.258. H. Sasse, kosmos, *ThW* III p.889-894.

러나 우리는 이 해석을 받아들일 수 없다고 믿는다. 20ㄱ절의 주어는 세상(kosmos)이다. 이 주어는 20ㄴ절의 주어인 하느님과 대립된다. 이런 사실만으로도 20ㄱ절을 하느님 계획의 진술로 보는 해석은 개연성이 없다. 더욱이 epeidē가 늘 원인의 의미[24]를 지니고 있는 점을 생각하면 위의 해석에 이의를 제기할 수밖에 없다.

    2. 다른 이들에게 "*하느님의 지혜 안에서*"는 구원 역사의 한 시대를 가리킨다(리츠만). 그리스도께서 오실 때까지 하느님은 인간의 지성과 이성에 걸맞은 언어를 사용하셨다. 그러나 철학은 계시를 이용할 줄 몰랐으므로 하느님은 언어를 바꾸기로 결정하셨다. 그런데 과연 바오로는 역사의 두 단계를 하느님의 첫 번째 시도가 실패하는 시대와 두 번째 시도가 성공하는 시대로 나누고 이들을 서로 대립시켰는가? 이 해석은 나중에 개선되어 발표되기도 했다. 큄멜은 하느님의 지혜가 여기서 그분의 지혜의 발현인 창조주의 업적을 가리키고 이 업적을 통하여 하느님을 알 수 있게 되었다고 생각한다. 그의 생각은 나쁘지 않으나, 어찌하여 그는 이유도 없고 효과도 없이 계시의 두 시대를 주장하는가?

    3. 바오로는 실제로 창조 안에서의 하느님 계시의 시대와 그리스도 안에서의 하느님 계시의 시대로 두 시대를 구분하지 않는다. 그는 "인간의 죄"와 "구원을 위한 하느님의 계획"을 대립시킨다. "*하느님의 지혜 안에서*"라는 표현은 어떤 의미로 하느님과 인간이 관계를 맺는 장소나 공간을 가리키며, 이 공간 안에서 하느님이 알려진다(슐리어).[25] 인간은 피조계의 한복판에 위치한 피조물이다. 그러므로 인간이 하느님을

---

24) Bl-Debr. § 455.1.
25) H.Schlier, 앞의 논문, p.210; 참조 U.Wilckens, *Weisheit*, p.32-34.

알지 못한다는 것은 불가능하다(참조 로마 1,18 이하). 그럼에도 불구하고 인간이 하느님을 몰랐다면 그것은 인간이 원하지 않아서이다(로마 1,21). 그것은 인간의 나약함이 아니라 인간의 반역이다.

이제 *지혜를 통하여*(dia tēs sophias)라는 말의 의미를 살펴보자. 흔히 지혜라는 말에 경멸적인 어감을 부여하곤 했다. 지혜는 왜곡되어 참된 지식을 알기에 부적절해졌으므로 인간은 하느님을 아는 지식에 이를 수 없게 되었다(벤트란트). 그러나 본문은 이런 말을 하지 않는다. 실제로 인간은 그가 바로 피조물이기에(알로) 지혜를 소유하고 있으나 하느님을 알지 못했고 정확히 말하면 하느님을 인정하지 않았다고 본문은 말한다. 인간은 하느님을 아는데 필요한 모든 것을 가졌으나 그분을 아는 것을 거부한 것이다.

아는 능력으로서의 지혜는 이제 자신의 첫 번째이자 본질적인 목표에서 이탈하였다. 지혜는 바로 이런 상태로 남아 있다. 그러면서 하느님과 갈라진 인간의 지식 수단으로 하느님을 거부하는 데 쓰이는 모든 힘을 가지고 있다. 바로 그 때문에 하느님이 깨어진 관계를 회복시키고자 하신다면 그분은 지혜에 호소하실 수 없고 다만 지혜 밖에서 지혜를 반대하여 하실 수밖에 없다.[26] 바로 이것이 21ㄴ절이 말하는 바이다.

복음은 코린토에서 사람들이 원하는 바와 같이 매력적인 지혜로(17절) 선포될 수 없다. 인간은 경멸의 자세로 하느님께 등을 돌렸는데, 만일 그 하느님과 복음이 형식과 내용면에서 닮지 않는다면 그래도 복음은 하느님의 말씀으로서 인간에게 영향을 미칠 수 있을까? 그러기에 하

---

[26] 마찬가지로 로마 7,7-25에 의하면 하느님은 더 이상 인간의 자유에 호소하실 수가 없다. 왜냐하면 이 자유는 이미 자기 자신의 지배자가 되었기 때문이다.

느님은 복음이 어리석은 것(mōria)이 되도록 결정하셨다. 이처럼 지혜에 심취한 인간은 하느님의 목소리로부터 자신을 보호하기 위하여 스스로 발설한 말 중의 하나로 복음을 받아들일 위험이 없게 되었다. 인간은 복음을 자신에게 주어진 말씀으로 받아들일 수 있을 뿐이다. 이처럼 복음은 인간이 자신에게 부여한 안전함들의 위험한 사슬을 끊어버리고 바로 거기서부터 통교를 이끌어낸다.[27]

한 가지 더 밝혀야 할 것은 eudokēsen(그것이 하느님의 마음에 흡족하였다)이 호의에 찬 의지보다는 하느님의 탁월한 자유를 드러낸다는 점이다. 단어의 순서는 구원의 의지보다는 선택된 수단에 강조점이 있음을 보여 주고 본문이 이를 확인해준다. 21ㄱ절의 세상(kosmos)과 21ㄴ절의 믿는 이들(tous pisteuntas)이 서로 대조를 보이지만, 이 사실이 하느님께서 일부 사람들에게만 구원을 유보시킨다는 것을 의미하지 않는다. 아울러 하느님께서 신앙이라는 보충적인 조건을 부과하여 세상의 반역에 벌을 주시는 것을 의미하지도 않는다. 신앙은 급여가 아니다.[28] mōria(어리석음)는 신앙을 어렵게 만들기 위해서가 아니라 오히려 신앙을 가능하게 하기 위하여 개입한다.[29] mōria가 일종의 선택적인 효과를 지닌다면 그것은 모리아가 각자에게 구원을 제공하면서 결단을 요구하기 때문이다.

---

27) 놀라운 유비는 로마 9,33에서 발견된다. 여기서 '부딪치는 바위'는 인간에게 유일하게 견고한 토대를 제공한다. 그러나 성경은 이와 같은 유비들로 가득하다.
28) 사회학적인 모델에 따라 하느님과 인간의 관계를 형식화하는 과정을 통할 때만 신앙은 급여가 된다. 여기에는 하느님의 신성이 망각되어 있다.
29) 신앙과 지성의 희생을 혼동하는 것은 일부 정통주의의 오류이다.

22-24절³⁰⁾은 21절에 대한 설명이다. 이 절들은 십자가에 달리신 그리스도의 선포가 어찌하여 그리고 어떻게 구원을 주는 적절하고도 효과적인 형태인지를 보여준다.

22절: 지혜와 어리석음의 반대 명제가 지배하는 21절은 특별히 코린토의 상황을 겨냥한다. 22절은 세상을 유다인들과 그리스인들(또는 다른 민족, 23절)이라는 두 용어로 대체하고 일반화시킨다. 반역적이고 맹목적인 "세상"은 유다인 선교사들이 주장하듯이 단지 다른 민족의 세상만이 아니고 유다교의 세상이기도 하다. 이스라엘을 선민으로 택한 결과 유다인들과 다른 민족들이 무한한 거리로 떨어져 있는 것이 아니다. 그들은 하느님에 대해 근본적으로 동일한 자세를 취함으로서 서로 연계되어 있다.³¹⁾

그들의 행동을 기본적인 특성으로 환원시키면 모두 거부의 표현으로 드러난다. 유다인들은 복음을 합당하게 해주는 표징, 곧 기적을 요구한다(참조 마르 8,11; 루카 11,16). 하느님이 개입하시는 곳에 표징이 주어진다는 점에서 그들의 주장은 분명히 일리가 있다. 그러나 그들이 선포를 듣는 대신 표징을 요구한다면 - 이것은 분명히 유다인들이 바오

---

30) 이 긴 문장의 구조는 불분명하다. 문법적으로 23절은 de(그러나) 때문에 22절의 원인절이 의존하는 주절이 아니다. 바이스와 헤링은 epeidē(왜냐하면)를 "결국"으로 약화시켜 문장을 일관성 있게 만든다. 물론 epeidē는 21절에서도 원인 접속사의 의미를 지니고 있다. 콘첼만은 de를 설명적 의미로 해석하여 21절과 유사한 구조를 만든다. 이 불일치의 가장 훌륭한 해석은 바오로가 시작한 원인문이 구술 과정에서 부주의로 말미암아 men de의 구문으로 대체되었다고 보는 입장이다. 그러나 번역은 거의 비슷할 수밖에 없다.
31) 이중적인 kai는 정확하지 않으나(P⁴⁶ G는 이를 생략한다) 아마도 단언의 효과를 부각시키는 역할을 할 것이다. 참조 "모든 사람이 죄를 지었습니다"(로마 3,22-23; 11,32).

로의 선포에 대해 흔히 보인 반응이었다 – 그들은 복음을 자신들의 진리 기준에 종속시키고 하느님을 반대하기 위하여 하느님께 대한 자신의 지식을 사용하고 있는 것이다. 그처럼 다르다는 그리스인들은 그러면 무엇을 하는가? 그들은 지혜를 찾고 자신들의 지적 세계를 건설하되 살아 계신 하느님께 대해서는 알레르기적인 반응을 보인다. 하느님이 역사의 우연한 사건들 안에서 당신을 드러내시기 때문이다.[32]

23절: 22절이 원인의 의미를 제공한다는 것을 고려하면, 23절은 다음의 의미만을 지닌다. 십자가에 달리신 그리스도의 선포는 유다인들과 그리스인들이 각자 자기 방식으로 하느님을 거슬러 세운 성벽을 하느님께서 흔들기 위하여 선택하신 수단이다. 십자가의 선포는 걸림돌이요 어리석음이어야 하고 또 실제로 그러하다. 십자가에 달리신 그리스도를 선포하는 행위는 율법을 따르는 자들로서는(참조 갈라 3,13)[33] 받아들일 수 없는 선동이고 나아가 하느님께 대한 모욕이다. 그리고 이런 모욕은 질책받아 마땅하다. 이방인들의 경우[34] 그들이 이 선포 안에서 어리석은 이야기 외에 무엇을 발견할 수 있겠는가?[35] 무방비 상태로 거부와 경멸에 노출된 이 선포는 오직 하나의 목표를 갖고 있다. 하느님으로부터

---

32) N.A.Dahl, Volk, p.239. 그는 이들의 잘못의 원인이 유다인들과 이방인들이 지은 큰 죄가 아니라 바로 인간적인 기준에서 그들이 가진 장점들이었다고 지적한다.
33) 참조 H.Weder, *Das Kreuz Jesu bei Paulus. Ein Versuch, über den Geschichtsbezug des christlichen Glaubens nachzudenken*. FRLANT 125, 1981 p.92: "정당한 징표 요구는 거부되지 않을 것이다. 그것은 십자가의 반反징표를 통해서 드러난다."
34) 코이네의 Ellpsin(그리스인들을 위하여) 독법은 22절과 조화를 위한 것이다.
35) 기원후 2세기의 이방인 수사학자인 사모사타의 루키아노스는 어리석게도 말뚝에 박혀 죽은 우스꽝스러운 궤변론자를 신으로 숭배하는 그리스도인들을 조롱하였다(*De morte Peregrim* 13).

스스로 떨어져나간 자들에게 다가가는 길을 하느님께 열어드리는 것이다.

24절: 부름받은 이들(klētoi)이 확인할 수 있는 내용은 이것이다. 즉 그들에게 십자가에 달리신 그리스도는 걸림돌도, 어리석음도 아니다. 왜냐하면 그들에게 이 메시지의 공격은 하느님의 구원에 대한 공격이기 때문이다. 바오로는 여기서 21ㄴ절의 "믿는 이들"이라는 말을 사용할 수 있었으나 부르심의 개념과 함께 예정의 개념도 도입하기를 원하였다. 결국 유다인들과 그리스인들은 각자 자신의 처지에서 예수의 역운逆運 안에 나타난 하느님의 개입을 어떻게 인정할 수 있을까? 자신들이 가진 믿음의 자유를 그들은 받아들여진 자유로 이해할 수밖에 없다.[36]

마찬가지로 그리스어 본문에서 두 번에 걸쳐 "하느님의"(theou)라는 속격을 통해 하느님의 능력과 지혜가 강조되어 있음도 주목할 만하다. 아울러 분명히 밝혀야 할 것은 하나의 종교 철학이나 신학만을 고집하는 지지자들은 하느님의 이 능력과 지혜를 결코 이해하거나 느낄 수 없다는 점이다. 신앙도 이 능력과 지혜를 소유할 수는 없다. "여러분 가운데 자기가 이 세상에서 지혜로운 이라고 생각하는 사람이 있으면, 그가 지혜롭게 되기 위해서는 어리석은 이가 되어야 합니다"(3,18). 말씀을 듣고 이에 응답하는 믿음의 상황은 믿는 이들에게는 지나가버린 과거의 상황이 결코 아니다(콘첼만).

25절: 이 절은 승리에 찬 결론이다. 하느님께서 인간을 거슬러 행동

---

36) 바레트: "중요한 것은 이들이 신앙을 가지고 있다는 점이지만 더 근본적인 진리는 하느님께서 그들을 불러주셨다는 사실이다. 그분이 주도적으로 이끄신 것이다. 그러나 하느님께서 자의적으로 다른 이들을 부르지 않으시고 거부하셨음을 의미하지는 않는다."

하신 것은 합당했다. 이것은 인간에게 기회이기도 하다. 명사화된 형용사들, to mōron(어리석음), to asthenes(약함)은 부조리하면서도 승리에 찬 도전이었던 십자가 사건을 다시 한번 상기시킨다. 그럼에도 불구하고 25절은 단지 요약한 결론만은 아니다. 요약과 함께 인간과 하느님의 관계를 해결하는 법칙을 선언하고 있다. 그 법칙은 교회의 사회적 특성들(16-31절)이나 사도 직무의 인간적인 약점(2,1-5) 등 모든 상황을 통해 드러난다.

보충 설명: 십자가에 대한 바오로의 특별한 해석(1,25)

1. 1코린 1,18 이하에 나타난 십자가의 기능은 전통적인 교리가 구원론의 중심에 놓는 그리스도의 죽음의 기능과 매우 다르다. 더욱 주목할 만한 것은 바오로가 제시하는 해석은 전승이 그에게 시사할 수 있었던 해석을 전혀 포함하고 있지 않다는 점이다. 더욱 의미심장한 것은 사도가 자신이 쓴 서간들의 다른 여러 곳에서 이 전승에 의존하거나 명백하게 이를 인용하고 있다는 사실이다.[37] 그가 예수의 죽음에 대해 말하지 않고 십자가에 대해 말하고 있다면 이 용어의 선택이 이미 신학적 차이의 표지임을 의미한다. 예수의 죽음에 집중된 구원론이라 해서 무엇이나 다 '십자가의 신학'이라고 부른다면, 그것은 분명히 용어의 남용이다.

분명히 바오로는 전통적인 해석들을 결코 부인하지 않는다. 단지 그

---

37) 속죄의 죽음 이해는 1코린 8,11; 15,3; 로마 5,8에 나타난다. 계약을 새롭게 하는 제사는 로마 3,24-25에, 그리고 선재하시는 이의 비움은 필리 2,7에 등장한다. 믿는 이를 '신비'로 이끄는 죽음에 대해서는 로마 6,3; 2코린 5,14-15 등이다.

는 다른 해석을 제시하는데 거기서 예수의 죽음은 그 자체로 의미를 지니지 않는다. 십자가가 의미 있는 현실이 되는 것은 바로 선포를 통해서이다. 십자가는 선포의 유일한 주제인 단절의 말씀을 구성하고 이로써 통교를 새로 일으키는 말씀이 된다.[38]

구속의 개념을 대신하는 것은 잘못된 것이다. 만일 십자가가 어리석음이요 걸림돌이라면, 십자가가 죄인에게 용서를 제공하고 그를 비굴하게 만들기 때문에 그런 것은 결코 아니다. 오히려 십자가가 유다인들이나 이방인들의 진리에 대한 종교적 지식의 구조물을 무너뜨렸기 때문에 그런 것이다.

2. 바오로가 '부활'에 대해 아무런 암시도 하지 않았다는 것은 참으로 놀라운 일이다. 부활이 너무 자명한 사실이라 사도와 공동체 간에 아무런 이견이 없어서 그런 것인가?(콘첼만). 아니면 전통적인 형식들이 다양한 방식으로 부활에 부여해 온 기능이 바오로의 십자가 이해와 조화를 이룰 수 없기 때문이었을까? 십자가는 그 자체로 하느님의 능력이요 지혜이다. 따라서 부활은 여전히 필요한 보조물 형태로 십자가 옆에 나타날

---

[38] 갈라 2,19와 특히 갈라 3,10-14에서 십자가는 희생적인 의미를 나타내는 전치사 "hyper"(위하여)와 연결되어 있다. 그러나 아직은 이것에서 손쉬운 조화를 찾아볼수 없다. 매우 바오로적인 주제인 율법에 관한 문제에서 제기된 이 성찰은 이미 하나의 경고를 발한다. 1코린 1,18 이하와 갈라 3,10 사이에 일종의 유비가 존재한다. 그리스도는 율법의 저주에서 인간을 해방시키신다. 이것은 그리스도께서 율법에 의해 고발된 우리의 죄를 위하여 값을 지불했다는 것을 의미하지 않는다. 그것은 율법이 그분에게 몰아세운 저주가 오히려 율법을 의문시하고 율법 위에 자신의 의로움을 정립하려는 자들을 문제로 여겼음을 의미한다.

수 있는 것이 아니다.[39] 그렇다고 부활 사건의 결정적인 중요성을 부인하는 것은 아니다. 부활 없이는 "십자가의 말씀"도 없었을 것이다. 그러나 바오로는 부활하신 주님을 선포하는 데서가 아니라, 역설적이게도 바로 십자가의 말씀 안에서 사람들이 하느님의 능력과 지혜를 인정하기를 바란다. 바오로가 '사도적 약함'에 대해 전개한 중요한 성찰들은 바로 여기에서부터 비로소 이해될 수 있다(2,1-5; 4,9-13; 2코린 4,7-12; 6,4-10; 12,5-10).

3. 갈라티아서와 로마서의 중심 주제인 '의화' 문제는 코린토 1·2서에서 매우 주변적인 주제로 나타날 뿐이다. 그렇다면 의화 문제는 바오로의 신학에서 불가결한 부분은 아니라는 말인가? "의로움"이라는 말이 코린토 1서에서 단 한 번(1,30) 등장하는데, 그것은 바로 신앙과 업적의 문제를 언급하는 부분 앞에 놓여 있다. 물론 이 문제는 코린토인들에게 해당되지 않는다. 그러나 참된 이유는 다른 데 있다. 코린토 1서에는 의화와 같은 기능을 하는 용어들이 따로 있다. 실제로 은총의 복음에 의한 율법의 폐지가 십자가의 선포로 나타나고, 자기 의로움의 추구가 지혜의 추구로 나타나며, 불의한 자의 의화는 존재하지 않는 자(아무것도 아닌 자)의 선택으로 드러나고(1,28), 신앙은 "주님 안에서 자랑"(1,31)으로 나타난다.

---

39) 알로는 부당하게 조화를 꾀한다: "능력은 하느님의 분명한 방기放棄와 치욕스런 죽음 이후에 특히 그리스도의 부활 안에서 터져 나왔다." 이는 바오로가 의도하는 바가 전혀 아니다. 바오로가 그리스도의 죽음이 아니라 십자가를 이야기할 때 부활에 대해 언급하지 않은 이유에 대해서는 다음 참조 G.Friedrich, Die Verkündigung des Todes Jesu im Neuen Testament, BThSt 6, 1982 p.136. G.Bornkamm, Paulus, p.168.

2) 공동체의 사회적 구성 1,26-31

²⁶형제 여러분, 여러분이 부르심을 받았을 때를 생각해 보십시오. 속된 기준으로 보아 지혜로운 이가 많지 않았고 유력한 이도 많이 않았으며 가문이 좋은 사람도 많지 않았습니다. ²⁷그런데 하느님께서는 지혜로운 자들을 부끄럽게 하시려고 이 세상의 어리석은 것을 선택하셨습니다. 그리고 하느님께서는 강한 것을 부끄럽게 하시려고 이 세상의 약한 것을 선택하셨습니다. ²⁸하느님께서는 있는 것을 무력하게 만드시려고 이 세상의 비천한 것과 천대받는 것 곧 없는 것을 선택하셨습니다. ²⁹그리하여 어떠한 인간(살)도 하느님 앞에서 자랑하지 못하게 하셨습니다. ³⁰그러나 하느님께서는 여러분을 그리스도 예수님 안에 살게 해 주셨습니다. 그리스도께서는 우리에게 하느님에게서 오는 지혜가 되시고, 의로움과 거룩함과 속량이 되셨습니다. ³¹그래서 성경에도 "자랑하려는 자는 주님 안에서 자랑하라"고 기록되어 있습니다.

바오로는 십자가의 말씀과 코린토의 그리스도인들 간에 어떤 관계를 정립하고자 하는가?[40] 그는 선포의 내용이 공동체의 형태를 결정한다는 것을 보여 주고자 한다(콘첼만). 그는 하느님께서 당신 백성으로 모으신 특별한 엘리트가 코린토 교회에 얼마나 있는지 독자들의 관심을 유도한다. 아무것도 아닌 사람으로 이루어진 공동체(28절)야말로 하느님께서

---

40) gar 대신에 D G는 oun이라고 읽는다. 이는 의심스러운 개선이다. gar는 명령법을 강화시키거나(바우어 ad voc. 3) 바오로가 방금 자신이 말한 것을 재차 확인하게 될 것임을 가리킨다.

선택하신 구원의 길을 웅변으로 보여 주는 예증이다. 바오로는 여기서 구약성경의 언어들(선택하다, 무력하게 만들다, 살)을 자주 사용하는데, 이는 결코 우연이 아니다. 그는 이스라엘의 선택에 대한 예언자들의 중요한 언명(아모 9,7; 에제 16,3 이하; 신명 7,7-8)을 이 엄한 가르침 안에서 다시금 수용하고 있지 않는가?

26절: 코린토인들은 22-25절의 역설을 단지 헛된 수사학으로 간주해서는 안 된다. 그들은 공동체가 어떻게 구성되어 있는가를 보고 그 진실을 받아들여야 한다. 부르심(klēsis)은 여기서 특별한 의미를 갖는다. 확실히 이 단어는 일반적으로 하느님이 부르시는 행위를 의미하지만, 여기서는 문맥이 보여 주듯이 하느님께서 공동체를 모으시는 방법을 가리킨다.[41] hoti는 '말하자면'의 의미를 지닌 설명적 접속사이다. 세 개의 명사적 형용사 중 첫 번째 것인 sophoi(지혜로운 이들, 학자들)는 '*살에 따라*'(kata sarka)[42] 즉 '인간적으로'라는 보충어로 설명된다. 이 현자들의 지혜는 위에서 언급된 하느님의 지혜가 아니고 인간들 사이에서 존경받는 지혜이다. 유력한 이들은 사업가들이나 정치인들을 말하고 가문이 좋은 이들은 영향력 있는 오래된 가문 출신을 말한다. 이 엘리트들은 공동체에서 소수에 불과한데 이것은 우연한 일이 아니다. "세상"의 가치와 기준을 철폐하는 복음에 하느님이 주관하시는 선택의 정치가 상응하고 있는 것이다.

---

41) 바이스: "마치 여러분에게 부르심이 막혀버렸듯이" K.L.Schmidt는 klēsis, *ThW* III p.492 에서 "여러분의 부르심의 상황을…"이라고 해석하였으나 이는 동사의 의미를 무시한 것으로 거부되어 마땅하다.

42) 명사를 수반하고 있는 이 표현은 언제나 반드시 경멸적인 의미로 사용되지는 않는다. 이것은 지상의 현실을 가리키는 표현일 뿐이다. E.Schweizer, sarx, *ThW* VII p.125-128.

27-28절: 26절의 세 번의 부정 뒤에 alla(*그러나*)는 매우 강한 반대 명제를 도입한다. 동사 eklegesthai(선택하다)는 바오로 서간에서 매우 드물게 사용되는데(바오로 친서 중에는 여기가 유일하다), 과거의 역사에서 이루어진 자의적 선택의 개념을 포함하지 않는다. 오히려 그것은 역사 안에서 자유롭고 탁월한 주권으로 행사되는 하느님 은총의 개입을 의미한다(참조 로마 9,11-12: 선택은 업적에 달려 있지 않고 부르시는 분에게 달려 있다). 이 은총의 개입이 이제 부르심의 행위를 통해 드러난다(26절). 바오로는 코린토의 부르심을 받은 이들에게 어떠한 존귀함도 어떠한 자격도 없이 이러한 호의가 베풀어졌다고 모질게 말한다.[43] 하느님의 이런 선택을 사회적인 동기로 설명하는 것은 그릇된 것임을 지적할 필요가 있다. 본문은 작고 멸시받는 이들에 대한 하느님의 특별한 배려에 대해 아무런 언급도 하지 않는다. 그분의 선택은 27-28절에서 hina로 시작하는 3개의 목적절로 표현된 의도에 의해서 이루어진 것이다. 특히 hopōs로 시작하는 마지막 목적절에서(29절) 자부심을 가졌던 모든 것이 하느님 앞에서 아무것도 아님이[44] 드러나면서 모든 것이 종합되고 있다. 바오로는 28ㄴ절의 존재하지 않는 것(ta mēonta)과 존재하는 것(ta onta)의 대비를 통해 다음과 같이 말하고자 한다. 하느님은 존재하지 않는 것,

---

43) ta mora(어리석은 것들)라는 중성 복수가 직접 사람들을 표현하는 것이라면 의외이다. 리츠만에 의하면 바오로는 직접적으로 어리석은 자들이라는 표현을 사용하기를 피했다. Wilckens, 앞의 책, p.41에 의하면 중성은 형용사가 갖는 무뚝뚝한 의미를 완화시킨다. Masson(참조 Bl-Debr. § 138,1)과 함께 바오로는 개인들을 가리키기보다는 이 단어들로 사회에서 이들이 평가되는 바를 표현했다고 말하는 것이 자연스럽다고 하겠다.
44) 동사 kataischynein은 여기서 부끄러움의 감정을 느끼게 하는 것을 의미하기보다는 기각하는 것을 의미한다. Bultmann, aischynō, *ThW* I p.189.

즉 아무것도 아닌 것(참조 로마 4,17)에서 선택하신다.

29절: 하느님께서 존재하지 않는 것을 선택하실 때 그 목표는 모든 인간적인 영화를 무력화시키는 것이다.[45] 코린토 교회는 자신을 돌아보면서 십자가의 복음의 교훈을 자기 몸 안에 새기게 될 것이다. 그러나 이 모든 부정성 안에 숨겨진 긍정적인 의도를 착각해서는 안 된다. 우리는 무로 환원되고 우리 자신의 영광을 상실하였으나 하느님은 선택과 부르심의 창조적인 행위를 통하여 우리에게 참된 존재를 부여하신다.

30절: 29절의 하느님 앞에서(enōpion tou theou)를 이어받아 *그분으로부터*(ex autou)라는 표현이 이 절의 맨 앞에 위치하면서 그 의미가 매우 강조되고 있다. 바로 하느님께서 당신의 선택과 부르심을 통하여 구원의 기원과 원인이 되셨다. 그리고 그분의 계획을 통하여 *여러분은 그리스도 예수 안에 있습니다.*[46] 단순과거형 동사 egenēthē(이루어졌다)[47]는 역사적인 사건들을 상기시킨다. 하느님에게서(apo theou)는 현재의 위치

---

45) Bultmann, kauchaomai, *ThW* III p.646 ss. 동사 kauchasthai(스스로 자랑하다)와 여기서 파생된 명사들은 신뢰와 확신의 의미를 표현한다. 이들은 그 자체로는 부정적인 의미를 지니지 않는다. 다만 그 대상이 정당한가 아닌가에 따라 자신의 영광이 나쁜 것이거나(로마 3,27; 1코린 1,29; 3,21; 갈라 6,13) 좋은 것일 수 있다(로마 5,11; 갈라 6,14; 필리 3,3). kauchasthai와 그 파생어들이 "은총과 신앙만으로(sola gratia-sola fide)"를 강조하는 신학자인 바오로 서간에서 중요한 신학적 용어가 된 것은 결코 우연이 아니다.

46) 바레트는 "그리스도 안에서"를 강조한다. "그리스도 안에서 여러분은 하느님과 연결되어 있습니다." 그러나 전체 단락은 바오로가 하느님의 주도권을 강조하고 있음을 보여준다. 이 점은 30절의 두 번째 부분(하느님에게서 오는 지혜)이 확인하는 바이기도 하다.

47) 중간태 egeneto와 수동태 egenēthē의 구별에 대해서는 참조 Bl-Debr. § 78.

에서 동사에 걸리지 않고[48] 지혜(sophia)에 걸린다. 그리스도는 우리의 지혜가 아니라 우리를 위한 지혜이고 우리의 구원을 위한 하느님의 지혜이다(참조 24절).

세 가지 구원론적인 개념(의로움, 성화와 속량)들은 지혜에 대한 설명이라고 볼 수도 있다(알로, 빌켄스). 그러나 바오로가 코린토의 교회에 특별히 관련되는 사항을 먼저 말한 뒤에 모든 믿는 이들을 위해 그리스도가 베푼 것들을 찬미의 양식과 전통적인 용어로 열거한다고 보는 것이 더욱 자연스럽다. 구속이 로마 8,23에서처럼 최종적인 해방을 가리킨다면, 이 구원론적인 개념들이 소개된 순서는 시간적으로나 논리적으로 옳다. 그러나 구속이 최종적인 해방을 가리키는지는 확실하지 않고(참조 로마 3,25) 단순과거형 동사로 말미암아 그 개연성이 없어졌다. 의로움은 의화의 행위이자 선물인데, 이를 통해 하느님께서는 반역적인 인간과 화해하신다(로마 5,6-11). 성화에 대해서는 1,2을 참조할 수 있겠다.

31절: 인용된 성경말씀은 예레 9,22을 압축시킨 것이다. 믿는 이는 자신의 업적이든, 지혜이든, 또는 하느님에 관한 지식이든 모든 것을 하느님께로부터 받고 있으므로 그분 앞에서 자랑할 것이 없다. 그저 주님 안에서(en kyriō)[49] 자랑할 수 있을 뿐이다.

---

48) 사실 헬레니즘의 그리스어에서는 apo가 hypo(Bl-Debr. § 210,2)를 대체할 수 있다. 그러나 apo theou가 동작주도 보어가 되기에는 동사로부터 너무 멀리 떨어져 있다.

49) en kyriō(주님 안에서) 대신에 P^{46}과 테르툴리아누스는 en theō(하느님 안에서)라고 읽는다. 이 독법은 이차적이지만 고대 주석에는 걸맞는다. 오늘날 일반적으로 주님은 여기서 그리스도를 가리킨다고 본다. 그러나 이러한 동일시가 너무 도식적으로 이루어진 것은 아닌지 의문을 제기할 수 있겠다. 그 이유는 다음과 같다. 1. 바오로가 매우 분명히 인용하는 인용문의 정확한 의미를 잊고 있다는 것이 과연 가능하겠는가? 2. 이 단락의 일반적인 경향은 고대 주석에 더욱 가깝다. 3. 1,31과 2,5의 병행은 이러한 주석을

3) 바오로의 인격과 선포 2,1-5

¹형제 여러분, 나도 여러분에게 갔을 때에, 뛰어난 말이나 지혜로 하느님의 신비를 선포하려고 가지 않았습니다. ²나는 여러분 가운데에 있으면서 예수 그리스도 곧 십자가에 못 박히신 분 외에는 아무것도 생각하지 않기로 결심하였습니다. ³사실 여러분에게 갔을 때에 나는 약했으며, 두렵고 또 무척 떨렸습니다. ⁴나의 말과 나의 복음 선포는 지혜롭고 설득력 있는 언변으로 이루어진 것이 아니라, 성령의 힘을 드러내는 것으로 이루어졌습니다. ⁵여러분의 믿음이 인간의 지혜가 아니라 하느님의 힘에 바탕을 두게 하려는 것이었습니다.

1절: 바오로는 1,26 이하의 예증에 이어 하나 내지 어쩌면 두 개의 내용을 덧붙인다.[50] 하느님의 방법은 한편으로 바오로의 선포 스타일과 내용에 의하여 설명되고 다른 한편으로는 사도가 코린토에 왔을 때 보여준 초라한 모습으로 예증된다. 바오로는 복음을 선포할 때 달변도[51] 지혜도 과시하지 않는다. 복음의 진리와 인간적 설득 수단을 혼동하는 것은 불가능하다(4-5절).[52]

옹호한다. 4. 전치사 en(안에서)은 30절의 en Christō와 가깝게 놓여 있음에도 불구하고 현대 주석을 옹호하는 표지가 될 수 없다. 참조 로마 5,11.
50) 1절과 3절의 kagō(그리고 내가)는 앞의 절들의 "여러분"과 대조를 이룬다.
51) 콘첼만은 이 대목을 1코린 1,6과 비교한다. logos는 sophia와 동의어일 것이다. 같은 입장으로는 Wilckens, 앞의 책, p.48.
52) 2코린 10,10; 11,6에 의하면 바오로는 달변이 아니었다. 그렇다면 그가 달변을 포기한 것은 그가 이 결핍 속에서 신학적인 필연성을 인정한 그러한 의미로 이해될 수 있다. 칼뱅은 "지혜의 이러한 도움이 결핍되어 있음을 고백함으로써 바오로는 하느님의 능력이

선포의 대상은 하느님의 신비(mystērion)[53]다. 이 용어는 인간의 구원과 그 구원이 실현되는 역사를 위하여 하느님께서 품으신 계획을 가리킨다.

2절: 바오로가 달변이나 신학적인 지식을 통하여 깊은 인상을 주는 것을 포기했을 때 그는 자신이 한 일을 잘 알고 있었다. 지적인 허영심에 아부하는 잘 꾸며진 선포는 자신의 목표인 "십자가에 달리신 그리스도"와 조화를 이룰 수 없었다. "십자가에 못 박히신 예수 그리스도 외에는 아무것도 생각하지 않기로 했다"는 말은 놀라움을 줄 수 있다. 실제로 바오로는 다른 글에서 독자들에게 그리스도의 부활의 메시지를 전하였음을 상기시키면서 이 메시지의 결정적인 중요성을 강조한 바 있다(15,1-5). 바오로가 현재의 상황에서 과거의 선포를 이런 식으로 소개하는 것은 사실이지만, 그렇다고 그가 과거의 사실을 이해할 만한 수준에서 왜곡하고 있다고 보는 것은 잘못이다. 다른 어떤 그리스도인 선교사와 마찬가지로 바오로 역시 부활 없는 그리스도를 선포할 수 없었다. 부활 없는 복음은 복음이 아니기 때문이다(15,12-19). 그러나 부활은 그 자체로는 의미가 없다. 더욱이 부활은 그리스도의 죽음을 무효화하는 것이 아니다. 이와 반대로 부활은 그의 죽음의 효과와 그 진정한 차원을 계시하는 것이다. 그것은 하느님이 인간 역사 안으로 개입하신 것이다.

바이스가 주장한 이후로 흔히 사도는 아테네에서 다분히 철학적인 논증으로 설복시키려 했으나(참조 사도 17,16-34) 사실상 실패했고, 이 경

이러한 도움을 대신하여 그의 사도직 안에 더욱 발휘되었다고 추론한다"고 지적하였다.

53) mystērion대신에 Sin^c B D G 등은 martyrion(증언)으로 읽는다. 알로, 콘첼만, 바레트는 이 독법을 선호한다. P^{46} Sin A C 등이 전하는 mystērion을 선호하는 이들은 리츠만, 보른캄, mystērion, *ThW* IV p.825, n.141, 알란트, *Greec NT*.

힘의 영향으로 십자가에 달리신 그리스도에 집중하기로 결심했다고 말
한다. 그러나 벤트란트가 말하였듯이 이런 가설은 우화의 세계로 유배
를 보내야 한다. 실제로 아테네에서 바오로가 한 연설은 바오로다운 특
성을 전혀 보이지 않고 그리스도의 죽음도 여기서 아무런 역할을 하지
않는다. 이것은 사도행전의 다른 설교들처럼 루카가 구성한 것이다.[54]

3절: 바오로는 선포뿐만 아니라 인격 역시 명성을 얻지 못했다.
astheneia(약함)라는 단어는 병약한 상태를 의미할 수 있으나 여기서는
두려움, 떨림 등의 문맥으로 보아 차라리 '용기를 잃음'과 '기(氣)죽음'으로
이해할 수 있다. 그 이유가 어디 있든 바오로는 복음의 가치를 돋보이는
데에 유용한 상황이 자신에게 발생하였음을 인정한다. 하느님께서는 사
도에게서 모든 명성을 잃게 하고 그가 책임진 선포에 부합하도록 그를
외적으로나 내적으로나 바꾸어 버렸다(콘첼만).

4절: 이 절은 1절의 선언을 다시 취하고 긍정적인 반대 급부를 첨가
한다.[55] "성령의 힘을 드러내다"는 표현은 다양한 해석을 가져왔다.

1. 리츠만은 영의 예외적인 드러남, 특히 기적을 생각한다(참조 2코린
12,12). 그러나 여기서 바오로는 2코린 12장에서처럼 기적(dynameis)에 대

---

54) 바오로의 선포는 아테네와 코린토 이전에 이미 갈라티아에서 "십자가에 달리신 예수 그
   리스도"에 집중되었다(갈라 3,1). 사도행전에 나타난 설교들에 대해서는 참조 U.Wilckens,
   Die Missionsreden der Apostelgeschichte, WMANT 5(1961).
55) 본문이 불확실하여 세 그룹의 독법이 있다. a) en peithois (anthrōpinēs A C Koïné)
   sophias logois B Sin D (인간적인) 지혜의 설득력 있는 말씀으로, b) en peithoi
   (anthrōpinēs, Ambr) sophias (logou d) g (인간적인) 지혜의 설득을 통하여, c) en
   peithois sophias P[46] G. 세 번째(c) 독법은 의미가 없다. 두 번째 독법은 올바르나 지지
   하는 사본들이 매우 적다. 첫 번째 독법은 많은 사본들이 지지한다. 형용사 peithos는
   정상적인 형태를 가지고 있지만 특이점이 있다. 그럼에도 불구하고 그 의미는 분명하다.

해 말하지 않을 뿐 아니라 1,22에 의거할 때 그가 이곳에서 기적-증표를 말한다는 것은 논리적으로 모순이다(슈발리에).

2. 알로는 속격을 목적격으로 간주한다. 바오로는 자신이 영을 받았고 회개시킬 능력이 있음을 보여 주었다는 것이다. 그러나 바오로는 자신의 인격에 대해 관심 갖기를 원하지 않으며 단지 자신의 메시지에 능력을 주었던 요인을 숙고하고 있다.

3. 결국 헤링이나 다른 이들과 더불어 속격을 주격으로 간주하는 것이 바람직해 보인다. 영과 능력은 선포에 진리의 힘을 실어주는 역할을 수행하였다.[56] 아무런 매력도 없고 어떠한 아첨도 거부하면서 사도의 말씀은 자신의 역할을 다하였다. 그것은 하느님의 행위에 빈자리를 내어 드리는 것이다. 다음 절들이 이를 확인시켜 준다.

5절: 마지막 절의 내용이 사도가 먼저 스스로에게 부여한 목표를 제시한 것으로 보아서는 안 된다. 교회의 사회적인 구성처럼(1,26 이하) 사도의 선포 형태와 그 내용 그리고 그의 볼품없는 외관까지 이 모든 것이 하느님 의도의 징표들이다. 이 점은 1,31과 2,5를 비교할 때 더욱 분명해진다. 이 두 절은 신학적으로 동등한 결론을 제시하고 있다.

하느님은 코린토인들의 신앙이 굳건한 기초 위에 서 있기를 원하셨다. 바오로는 신앙이 하느님 능력의 복음(1,18.24)이 아니라 한 인간의 설득력과 지식에 기초해서 발생하는 방식으로 그리스도를 선포할 수 있었다. 그러나 이런 선포는 가장 정교하게 꾸며진 속임수에 불과하다. 하느

---

56) 알로, 헤링, 불트만. Theol. NT. p.158은 en pneuma kai dynamis를 정당하게 중언법重言法으로 보고 "영의 능력"으로 해석한다. 벤트란트는 "영과 능력은 같은 것을 말한다"고 지적한다.

님에 의해 십자가에 부합하도록 변화된 사도와 그의 선포는 멸망시키기도 하고 구원하기도 하시는 하느님 앞에 청중을 내세운다. 1,17의 놀랍고도 수수께끼 같은 선언은 바로 여기서 분명한 설명을 만난다.

3. 하느님의 숨겨진 지혜 2,6-16

⁶성숙한 이들 가운데에서는 우리도 지혜를 말합니다. 그러나 그 지혜는 이 세상의 것도 아니고 파멸하게 되어 있는 이 세상 우두머리들의 것도 아닙니다. ⁷우리는 하느님의 신비롭고 또 감추어져 있던 지혜를 말합니다. 그것은 세상이 시작되기 전, 하느님께서 우리의 영광을 위하여 미리 정하신 지혜입니다. ⁸이 세상 우두머리들은 아무도 그 지혜를 깨닫지 못하였습니다. 그들이 깨달았더라면 영광의 주님을 십자가에 못 박지 않았을 것입니다. ⁹그러나 성경에 기록된 그대로 되었습니다. "어떠한 눈도 본 적이 없고 어떠한 귀도 들은 적이 없으며 사람의 마음에도 떠오른 적이 없는 것들을 하느님께서는 당신을 사랑하는 이들을 위하여 마련해 두셨다."

¹⁰하느님께서는 성령을 통하여 그것들을 바로 우리에게 계시해 주셨습니다. 성령께서는 모든 것을, 그리고 하느님의 깊은 비밀까지도 통찰하십니다. ¹¹그 사람 속에 있는 영이 아니고서야, 어떤 사람이 그 사람의 생각을 알 수 있겠습니까? 마찬가지로, 하느님의 영이 아니고서는 아무도 하느님의 생각을 깨닫지 못합니다. ¹²우리는 세상의 영이 아니라, 하느님에게서 오시는 영을 받았습니다. 그래서 하느님께서 우리에게 주신 선물을 알아보게 되었습니다. ¹³우리는 이 선물에 관하여, 인간의 지혜가 가르쳐 준 것이 아니라 성령께서 가르쳐 주신 말로 이야기합니다. 영적인 것을 영적인 표현으로 설명하는 것입니다. ¹⁴그러나 현세적 인간은 하느님의 영에서 오는 것을 받아들이지 않습니다. 그

러한 사람에게는 그것이 어리석음이기 때문입니다. 그것은 영적으로만 판단할 수 있기에 그러한 사람은 그것을 깨닫지 못합니다. ¹⁵영적인 사람은 모든 것을 판단할 수 있지만, 그 자신은 아무에게도 판단받지 않습니다. ¹⁶"누가 주님의 마음을 알아 그분을 가르칠 수 있겠습니까?" 그러나 우리는 그리스도의 마음을 지니고 있습니다.

2,6-16은 1,18-2,5의 경우처럼 공동체의 분열에 대해 직접적으로 관계가 없다. 그러나 사도는 이 문제를 망각하지 않았다. 3,3에서 명백하게 이 문제로 되돌아오기 때문이다. 그러나 이 문제를 더욱 광범위하게 다루기 전에, 그는 더 중요한 점을 한 가지 첨부함으로써 자신의 선포를 비판하는 사람들에 대한 답변을 다시금 보완해야 한다. 그는 복음이 왜 인간의 마음이 원하는 그런 지혜일 수 없는지 그리고 하느님의 능력을 보여 주기 위하여 왜 복음이 지혜가 아니어야 하는지를 그들에게 보여 주었다(1,18; 2,5). 그러면 복음은 인간의 사고와 지성을 비非활동성과 정신적인 불모로 단죄하는가? 자신의 가장 중요한 지식과 신념을 쓰레기로 여김으로써(필리 3,7-8) 활동적이고 풍부한 사고와 성찰을 탄생시켰던 사도는 자신이 아무것도 아님을 알고 있다. 확실히 이러한 개화가 가능하기 위해서는 인간은 무엇보다 자신의 것을 완전히 비워야 한다. 그런 다음에 비로소 그의 모든 능력은 *그리스도의 생각*(16절)을 자유롭게 받아들이고 섬기는 데 활용될 것이다.

그러나 이것은 까다로운 기획이다. 바오로는 복음이 하나의 지혜일 수 없다고 말했다. 그러나 지금은 비판에 자극을 받고 또 자신의 확신 때문에 복음이 하나의 지혜요 자신 또한 지혜의 스승이라고 소개하려는 것이다. 어떻게 자가당착에 빠지지 않으면서 이런 주장을 할 수 있을까? 사람들은 바오로의 선포가 기본적인 수준에 미달한다고 비난하였다(참조 3,2). 그럼에도 불구하고 그 선포의 내용은 바로 복음이었다. 이제 바오로는 자신의 가르침이 아직 완성되지 않았다고 말하려 한다. 자신의 입장을 스스로 부인한다는 인상을 주지 않으면서 어떻게 이것을 해낼 수 있을까?

이 단락은 다음과 같이 구성되었다.
    6-10ㄱ절: 두 가지 지혜
    10ㄴ-12절: 하느님을 믿는 이들에게 충만하고 완전한 지식이 주어진다.
    13-16절: 바오로는 목표를 이루기 위하여 강력한 언어로써 선포하면서 자신에 대한 비판에는 개의치 않는다.

6ㄱ절: 자신의 가르침을 비판한 사람들에게 바오로는 자신이 지금까지 견지해 온 수준을 높여 가르칠 수 있다고 답변한다. 그는 성숙한 사람들을 상대로 지혜를 가르치고 사람들이 그에게 요구하는 지식을 전할 줄 안다. 완전한 사람들 또는 성숙한 사람들을 의미하는 teleioi는 신비종교의 언어에 속하는 용어로서, 비밀스런 교의를 완전히 습득하고 입문 의식을 마친 입교자들을 가리킨다.[57] 유비적으로 보아 이 용어는

---

57) R.Reitzenstein, *Mysterienreligionen*, p.338 ss. 그는 teleios와 psychikos 그리고 pneumatikos(14-15절)가 신비종교 및 영지주의 용어들과 연관됨을 보여 주었다. 예컨대 Corp.Herm. IV 3-5에 의하면, 모든 이는 하느님으로부터 이성(logos)을 받았다. 그러나 하느님은 값을 지불할 준비가 되어 있는 엘리트들에게만 Nous(생각)를 허용하셨다. 바로 이들이 지식(gnosis)에 참여하고 완전한 이들이(teleioi) 된다. 참조 히브 5,11-

사도의 서간에서 영세자들을 가리킬 것으로 예상되나 여기서는 전혀 그렇지 않다. 왜냐하면 교회의 구성원들이 다 영세자들이기 때문이다. 바오로는 기본적인 가르침에 머물러 있는 단순한 신자들과 한층 높은 수준의 가르침을 받을 수 있는 영적인 사람들로 그리스도인들을 구별하고 있는가? 그렇다면 10-12절이 말하는 완전한 계시는 이 엘리트들에게 유보된 한층 충만한 것이고, 여기서 엘리트들을 가리키는 "우리"는 완전한 지식에 다가갈 능력이 없는 14절의 자연적인 인간들과 대치된다. 그리고 바오로는 다음과 같이 대응하여 자신을 중상하는 자들을 만족시켰을 것이다. 즉 그들의 주장이 정당하고 따라서 기초적인 내용에 이어서 더 깊고 현학적인 가르침이 제공될 수 있고 제공되어야 함을 그가 인정하는 것처럼 보이게 하는 것이다.

그러나 실제로 바오로는 다른 것을 말하고 있다. 분명히 그는 어떤 의미로 자신을 비판하는 사람들을 인정한다. 그는 이를 어떻게 인정하는가? 6ㄴ절부터 하느님의 지혜와 세상의 지혜를 근본적으로 대립시키면서, 그는 지혜를 주장하는 공동체의 여러 견해들에 대해 통렬히 비판하는 1,18 이하의 내용을 다시금 취한다. 14절에서 묘사하고 있는 자연적인 인간은 이방인도 아니고 기초적인 가르침에 만족하는 단순한 신자들도 아니다. 십자가의 말씀이 자신에게 합당하지 않다고 판단하는 공동체의 구성원들, 그들이 바로 자연적인 인간들이다. 이들은 한층 심오한 지식을 열망하는 엘리트들과는 거리가 멀며 영이 가르치는 것을 수용하지도 못하면서 어리석음만을 보는 자들이다(14절). 이들은 복음의 진리 안에서 하느님의 영이 자신 안에 솟구치게 하는 심오한 지식을 배

6,6에서는 teleiotēs(완전함)는 logos tēs archēs(시초의 말씀)와 대조를 이룬다.

울 수 있는 대상이 도무지 아닌 것이다.

그러면 바오로가 받아들일 능력이 있는 사람들을 위해 준비해 둔 것이 있다고 말한 그 가르침은 어떤 종류의 것인가? 복음이 어떤 형식이든 간에 늘 십자가의 말씀이라는 관점에서 출발하여, 바르트는 일견 납득할 만한 대답을 제시하였다.[58] 바오로가 성숙한 자들에게 가르치는 지혜는 한층 높은 수준의 보충적인 지식이 아니다. 영이 조명하여 가르친 것은 그 기초적인 수준 안에서도 지식의 모든 풍요로움을 다 포함하게 된다(참조 1,24). 한 가지 중요한 사안에서 바르트의 말에는 확실히 일리가 있다. 사도는 십자가의 말씀을 제쳐 놓고 사변을 펼칠 수 없다. 십자가의 말씀이 중심이 되지 않은 하느님의 지식은 하느님의 지식이 아닐 것이다. 그럼에도 불구하고 의심할 수 없는 것은 사도가 코린토의 그리스도인들에게 아직 전하지 않은 가르침에 대해 말하고 있다는 사실이다(참조 3,2). 흔히 가정해 왔듯이 8절이 이 가르침에 대한 하나의 견본이라고 간주될 수 있다면, 여기에서 적어도 그 내용에 대한 시사점을 얻을 수 있을 것이다. 예컨대 하느님의 계획에 대한 다소 사변적인 가르침, 구원의 우주적인 차원과 묵시주의적인 사건들이 그것이다.

6ㄴ-7절: 실제로 바오로는 우리의 호기심을 충족시키지 않는다. 단지 그는 "성숙한 사람들"이 그에게서 여전히 많은 것을 배울 수 있다고 말할 뿐이다. 진정 그가 염려하는 주제는 지혜를 주장하는 사람들 가운데 그가 선포한 복음을 경멸하는 자가 나타났다는 점이다. 이제 중요한 것은 그가 이미 가르친 것에 무엇인가를 덧붙이는 것이 아니라 1,18 이하의 주제로 되돌아와서 이 시대의 지혜와 하느님의 지혜를 구분하고

---

58) K.Barth, *Die Auferstehung der Toten*, p.9-10.

자신에 대한 비판을 참된 질문과 결단 앞에 놓아두는 일이다.

이 시대의 지혜는 하느님을 거슬러 반역하는(참조 1,19) 구태의연한 인간의 지혜로서 이 시대의 통치자들의 지혜이다(8절). 이 시대의 통치자들이란 표현은 매우 다양하게 해석되었다. 어떤 이들에 의하면 이들은 예수의 죽음에 책임이 있는 정치 지도자들과 종교 지도자들을 뜻한다. 그러나 바오로가 보기에 이들이 과연 어떤 의미로 지혜의 소유자로 비춰졌을까? 한편 다른 이들은 1,19 이하를 참고하면서 복음에 순종하지 않는 인간성을 지적으로 다스리는 철학자 같은 이들이라고 생각한다. 그러나 바오로가 "통치자"라는 말로 철학자와 같은 이들을 가리킨다는 것은 거의 신빙성이 없어 보인다. 통치자들은 우주적인 세력들 특히 별들의 세력을 말한다. 당시 유다인들이나 이방인들의 영역에 널리 퍼져 있던 관념에 의하면, 이들은 세상을 불길한 속박 아래 두고 있는 "이 시대의 신"(2코린 4,4)의 질서를 따르는 악한 영이다.[59] 현재분사 katargoumenōn(멸망할)은 그들의 지배가 비록 지속된다 하더라도 청산까지 얼마 남지 않았음을 의미한다(참조 15,24-25).

이 세상의 지혜는 하느님의 지혜에 반대하는 맹목적인 것이다. en mystēriō는 하느님의 지혜의 첫 번째 특성을 드러낸다. '신비스러운'이라는 번역은 너무 통념적이어서 그 의미를 제대로 표현하기에 적절하지 않다. 신비는 하느님의 계획인데, 이것이 비밀스러운 이유는 그 계획이 오직 하느님께만 속해 있고 오직 그분에 의해서만 실현되기 때문이다.[60]

---

59) U.Wilckens, *Weisheit*, p.60-64 참조. 바오로는 통치자들을 '세상의 원소들'(갈라 4,3.9), 주권들(로마 8,38), 권위들과 세력들(1코린 15,24)이라고 부른다. 이들에 대한 실존적인 해석으로는 H.Jonas, *Gnosis* I p.98-100, 122-126.

60) 신비는 묵시주의 문학에 자주 등장하는 용어이다(G.Bornkamm, mystērion, *ThW* IV

apokekrymmenē(숨겨진)이란 단어가 다소 비슷한 의미를 지닌다. 하느님께서 보유하신 지혜는 그분 계획의 비밀이어서 인간의 능력을 훨씬 벗어나 있다. 그 지혜는 하느님이 정해놓으신 시점에서 계시를 통해서만 접근이 가능하다. 이로써 7ㄴ절의 예정주의가 표명되고 있다. 그것은 하느님 은총의 절대적인 자유(로마 8,29-30; 참조 에페 1,5.11)와 이를 받아들이고 감사할 수밖에 없는 인간의 의존성을 드러낸다. "영광"은 초자연적인 현실의 빛나는 영역이다. 이 단어는 재창조되어 다가오는 세상에 참여할 인간 존재를 가리킨다.

8-10절은 맹목적인 통치자들과(8절) 영감을 주시는 하느님을 대립시키면서(9-10절) 6-7절의 진술을 다른 형태로 표현한다.

8절: 바오로는 통치자들이 거의 다스리지 않는다고 비판한다. 그들은 단지 멸망에 이르는 일을 할 뿐이다. 이 세상에 종속되어 있는 권력자들이 세운 소외적인 정권은 아무것도 일관성이 없어 보인다. 그러나 그들은 유일하게 일관된 현실 즉 하느님의 계획을 떠나서, 아니면 오히려 이를 거슬러서 권력을 세웠기 때문에 그들의 권력과 행동은 결국 모순에 빠지고 만다. 이를 증명해 주는 것은 바로 이들이 영광의 주님을 십자가에 처형했다는 사실이다.[61] 디벨리우스[62]에 이어서 주석가들은 흥미로운 8절의 배후에 묵시주의와 영지주의 문헌에 흔히 등장하는 신화가 놓여 있는 것이 아니냐고 의심해 왔다. 하늘에서 지상으로 내려온 구속주가 그의 길목에 세력들이 설치한 연속적인 방어선들을 아무도

---

p.821-822). 쿰란 문헌 중에는 예컨대 1QS III 23, IX 18; 1QH I 21, II 13 등이 있다.
61) 야고보의 첫째 묵시록(나그 함마디 문헌 V 31,21-31)에 의하면 예루살렘을 정부 소재지로 만든 통치자들이 예수 죽음의 책임자였다.
62) M.Dibelius, *Die Geisterwelt im Glauben des Paulus*, p.93 ss.

모르게(oudeis … egnōken) 통과한다는 것이 그것이다.[63] 그러나 본문에는 이 신화를 배경으로 하고 있다는 어떠한 구체적인 내용도 드러나지 않는다. 이 본문이 아무도 모르게 하늘에서 내려온 구속주를 암시한다고 인정한다면 이런 논리는 거의 이해될 수 없다. 통치자들이 주님을 알아보지 못하였다면 그들은 무슨 이유로 그분을 십자가형에 처했을까? 주님이 땅 위에 도착한 뒤에 그들은 그분을 알아보지 않았을까? 실제로 바오로는 그들이 주님을 알아보지 못하였다고 말하지 않는다. 그들이 못 알아본 것은 바로 하느님의 지혜였다. 그러므로 바오로의 입장은 다음과 같다. 통치자들은 확실히 예수가 자신들의 적수임을 알아보았다. 그들은 하느님의 계획을 이해하지 못하고(참조 1,21-24) 그분의 사자를 죽임으로써 하느님의 계획을 좌절시켰다고 믿었다. 그러나 그들은 자신들의 이런 행동으로 말미암아 오히려 하느님의 계획을 실현시키고 자신의 지배에 종언을 초래한다는 것을 보지 못하였다. 이처럼 기이하고도 심오한 방법으로 하느님의 지혜와 이 세상의 지혜 간에 근본적인 대립이 분명하게 드러났다.[64]

9-10ㄱ절: 이 절의 구성은 불확실하다.[65] 인용문의 출처도 모호하다.

---

63) 예컨대 이사야의 묵시록 10; 사도들의 편지 13; 필립보의 복음 26.
64) E. Käsemann, 앞의 책, p.271.
65) 이 때문에 10ㄱ절에 대해 de Sin A C 와 gar P⁴⁶ B 간에 결정하기가 쉽지 않다. 알로에 의하면 9절의 관계절들은 7절과 8절의 관계절들의 뒤를 잇고 laloumen에 종속된다. 그러나 더 개연성이 있는 것은 9절의 "그러나"를 새로운 문장의 시작으로 보는 관점이다. 그리하여 두 가지 가능성이 제기되었다. 바흐만과 다른 이들은 10ㄱ절을 9절의 관계절이 종속되는 주절로 간주한다. 이것도 가능하기는 하나 10ㄱ절은 9절을 다시금 취하여 요약하는 것으로 보는 것이 더욱 타당하다. 리츠만과 함께 우리는 관계대명사의 선행사가 생략되었다고 보고 "당신을 사랑하는 이들" 앞에 문장이 중단되었다고 이해하고자

기록되었다라는 형식에도 불구하고 이는 구약성경에서 인용되지 않았다. 가장 근접한 본문은 이사 64,3인데 그나마 유비적인 수준이다. 오리게네스는 엘리야 묵시록에 이 인용문이 있다고 말했으나 오늘날 이 묵시록은 전해지지 않는다.[66]

9절은 7절의 내용 이외의 것을 말하지 않는다. 인간 능력의 총체적인 무능과 하느님의 탁월한 은총이 그것이다. 예정론의 개념이 다시금 등장한다. 하느님은 당신의 사람들을 위해 예정된 좋은 몫을 준비해 놓고 계신다. agapōntes auton(그를 사랑하는 사람들)이라는 표현은 로마 8,28(참조 1코린 8,3)에서도 나타나는데, 바오로에게는 믿는 이들을 가리키는 말이다.[67]

10ㄱ절의 "계시하다"라는 동사에는 직접목적어가 없다. 이것은 부정확하게 문장이 구성된데다 9절의 관계대명사(ha)와 가깝게 걸려 있어서 일어난 현상이라고 설명할 수 있다. 결국 "우리에게"(hymin)가 간접목적어 구실을 하고, 9절의 마지막 단어들이 직접목적어 역할을 한다. "우리에게"는 문장의 첫머리에 위치하면서 다음 사항을 크게 강조한다. 믿는 이들은 세상에 반대되고 세상의 통치자들과 반대된다. 그리고 신비는 이 세상의 통치자들에게 감추어져 있다. 여기서 "우리"라는 표현은 하느님께서 특별한 계시를 제공하셔서 - 사도 자신도 포함되는 - 특별히 앞

한다. 실제로 9절과 10ㄱ절은 7절을 정확히 다시금 취한다.
66) E.v.Nordheim은 출처가 콥트어로 된 야곱의 유언에 있다고 믿었다. 그러나 O.Hofius는 이 유언이 신약성경에 의존한 그리스도인의 작품임을 보여 주었다. 그러나 사도가 어떤 문헌을 인용한 것은 분명하다. P.Prigent과 A.Feuillet는 바오로가 내용의 유사함 때문에 회당의 전례문을 이사 64,3과 혼동한 것으로 생각한다.
67) J.B.Bauer, "Tois agapōsin auton, Rm 8,28," ZNW 50(1959) p.108-112.

서 나가는 그리스도인을 가리키는 범주가 아니다. "우리"는 코린토의 불만 많은 자들까지 포함하여 모든 믿는 이들을 포괄한다. 여기서 말하는 이는 목자로서의 바오로이다. 믿는 이들에게 당신 계획의 놀라운 비밀을 알게 해주신 하느님의 관대하심을 찬양하면서 그는 한 가지 소망을 피력한다. 그것은 복음이 간직한 모든 풍요로움에 대해 알지 못하는 사람들과 그 밖의 모든 독자들에게 복음이야말로 믿는 이들에게 마르지 않는 지식의 샘이라는 것을 분명히 납득시키는 일이다.[68]

10ㄴ-12절은 10ㄱ절을 발전적으로 전개한 부분이다. 영만이 홀로 신적인 현실에 관한 완전한 지식으로 이끌어 줌을 힘주어 강조한다. 또한 자신의 힘에 의지하는 사람들에게는 접근이 허용되지 않음을 말하고 있다. 이를 바탕으로 13-16절의 어조는 결정적으로 논전의 형태를 띠게 된다.

10ㄴ절: 계시의 신적 수단(10ㄱ절)인 영은 믿는 이들 안에서 작용한다. 그것은 마치 신앙에 내재한 앎의 능력과 같다. 이 지식의 심오함은 동사 ereunan(살피다, 탐구하다)[69]으로 표현된다. bathos(심오함, 깊이)는 본래 이스라엘의 지혜문학과 묵시문학에 기원을 두고 있으며 나중에 영지주의로 옮아가게 된다.[70] 여기서 바오로가 자신의 영지주의적 반대자

---

68) G.Bornkamm, mystērion, *ThW* IV p.826.
69) 고전 그리스어에서는 '과학적이거나 철학적인 심오한 연구를 하다'(플라톤)를 의미한다. 종교적인 영역에서 핀다로스는 단편 61에서 "인간의 죽을 본성의 감각으로는 신들의 계획을 꿰뚫어 볼 수 없다"고 말한다. 신약성경 로마 8,27; 묵시 2,23에서 하느님은 인간의 마음을 헤아려 보신다. 요한 5,39; 7,52는 성서를 탐구한다는 의미로 이 단어를 사용한다. 1베드 1,11에서는 하느님의 계획을 밝혀준다는 의미로 사용된다. 참조 G.Delling, ereunaō, *ThW* II p.653-654.
70) 욥 12,22(참조 11,8); 코헬렛 7,24; 다니 2,22; 1QS 11,18-19: "오 하느님, 당신의 거룩한

들에게서 이 용어를 빌어 왔다고 굳이 볼 이유는 없다. 사람들은 흔히 이 문맥의 강한 영지주의적 채색을 지적해 왔다. 특히 13-16절의 경우는 더욱 그러했다. 바오로가 영지주의의 용어를 사용하면서도 그 함정에 빠지지 않은 것은 이 용어에 친숙하기 때문일 것이다. 그렇기 때문에 그는 영지주의로부터 유혹받는 그리스도인들을 바로 영지주의의 용어로 만날 수 있었고, 그들이 무시하는 복음의 지식을 그들에게 이해시킬 수 있었다.

11절: 이 지식에 접근하려면 영을 받아야 한다. 하느님의 영만이 ta tou theou(하느님으로부터 오는 것, 참조 16절: 그분의 생각)을 알게 해준다. 바오로는 "동일한 것만이 동일한 것을 안다"[71]는 잘 알려진 개념에 근거하여 이 점을 보여준다. 11ㄱ절의 진술은 복잡하지만[72] 그 내용은 명백하다. 한 사람의 생각은 자신의 생각으로만 이해가 가능하다. 마찬가지로 대칭성이 요구된다. 하느님 안에 계신 그분의 영만이 하느님의 생각을 깨닫는다. 하느님만이 하느님의 생각을 알 뿐이고 다른 이들에게는 그것이 불가능하다. 하느님을 본 사람은 아무도 없다(요한 1,18). 그러나 계시의 기적을 통하여 이 배타적인 원칙은 동시에 확인되고 무너진다. "우리"는 하느님의 일을 안다. 왜냐하면 우리를 당신의 영에 참여케 하시

생각을 이해하고 당신 신비의 깊이를 이해할 수 있는 이는 당신 외에 아무도 없나이다." 묵시 2,24가 말하는 "사탄의 깊은 비밀"이란 표현은 분명 영지주의적인 조어일 것이다.

71) B.E. Gärtner, 앞의 논문. 이 개념은 철학자들뿐 아니라 신비주의자들이나 영지주의자들에게서 발견된다. 예컨대 Corp.Herm. XI 20. 필립보의 복음 44는 "누군가가 고정된 사물들과 나름대로 유사하지 않으면 이들을 보는 것이 불가능하다"고 말한다(R.Kasser, RThPh 1970 p.32).

72) 글자 그대로는 "사람들 가운데 누가 아는가." A 33은 이것을 생략한다.

는 것이 하느님의 기쁨이기 때문이다.

12절: 다시 등장하는 "우리"라는 표현은 믿는 이들 가운데 어떤 구별도 하지 않는다.[73] 어떤 이들은 "세상의 영"(pneuma tou kosmou)을 통치자들에게서 나오는 악마적인 영감이라고 글자 그대로 해석하였다.[74] 이는 분명히 무리한 해석이다. 왜냐하면 그것은 단지 "하느님의 영"과 강한 대비를 보여 주려고 만든 표현이기 때문이다. 12절을 이와 매우 유사한 형식을 지닌 로마 8,15과 비교하면 납득할 수 있을 것이다. 한 가지 정교한 표현을 지적해 보자. 바오로는 '하느님의 영'이라 하지 않고 '하느님에게서 오는 영'을 우리가 받았다고 말한다. 그는 영으로 말미암아 하느님과 우리 사이에 일종의 본질적인 공통점이 있다고 보지 않는다. 왜냐하면 하느님은 탁월한 주권을 지닌 수여자로 계시고 인간은 신앙에 의존하여 영을 받기 때문이다. 접속사 hina(…하기 위하여)는 바오로 서간에서 흔히 하느님의 의도를 표현한다(예컨대 1,27.29; 로마4,16; 8,4; 갈라 3,14). 지식의 대상은 하느님께서 우리에게 주신 은사들이다. "은총을 베푸신"이라는 말에서 동사의 단순과거형 시제가 근본적인 역사적 사실을 상기시킨다. 하느님은 이 역사적 사실을 통하여 우리 편에서 행동하셨고 영은 이에 대한 모든 것을 알도록 해준다. 이 지식은 단지 하느님의 선물에 대한 인간의 응답으로서의 신앙이 아니다. 그렇다고 신앙을 뒷전으로 놓아두는 영지도 아니다. 이를테면 그 지식은 자신이 믿는 것을 생각하는 신앙이고 신앙 안에서 발전하는 지식이며 신앙이 표현되는

---

73) R.Baumann, *Mitte*, p.238: "바오로는 코린토인들을 얻기 위하여 그들을 자신과 결합시킨다."
74) 바이스, E.E. 엘리스, 앞의 논문, p.133.

실존적인 지식의 성격을 간직한다.[75]

13-16절에서 바오로는 다시금 논쟁적으로 바뀐다. 13절의 "우리"는 공격을 받고 스스로를 방어하고 있는 사도 자신이다. 바오로는 선포하는 방식이 하느님이 계시하는 방법과 일치해야 함을 보여 준다(13절). 그리고 청중이 선포를 잘 수용하거나 못하는 것도 하느님의 계시 방식과 관련 있다.

13절의 kai(또한)는 결과적인 의미를 지닌다. 하느님의 업적에 대한 지식이 영의 은사라면 여기에서 이루어진 진술도 역시 영적인 것이어야 한다(참조 2,1-5).

13절은 두 가지 번역의 문제를 제기한다. 13ㄱ절에서 속격으로 쓰인 anthrōpinēs sophias(인간적 지혜)는 어디에 걸리는 것일까? 이것을 logois(말들, 참조 2,4)에 연결시킬 수 있다. 이런 경우 *배운*이라는 말이 공중에 뜨고 만다. 따라서 "인간의 지혜"가 *배운*에 걸리도록 해야 올바로 의미가 파악된다(*인간의 지혜로 배운 말들*). 여기에 13ㄴ절에서는 *영으로부터 배운*이라는 대조가 생긴다.[76] 13ㄴ절에서 더욱 어려운 말은 pneumatikois[77] pneumatika sygkrinontes(영적인 것을 영적인 말로 설명하다)이다. sygkrinein에 대해 세 가지 번역이 제시되었다.

---

75) R.Bultmann, *Theol. NT*, p.328.
76) logois를 제거하여 어려움을 없애려는 시도가 이따금 있었다. Bl-Debr. § 183. 헤링. 두 개의 didaktois는 명사화된 형용사가 되었다: "우리는 배운 사람들 가운데 인간적인 지혜로 말하지 않고 영에 의해 가르쳐진 사람들 가운데 말한다." 이는 6절의 배경과 잘 어우러질 수도 있다. 그렇다면 14절에서 de보다는 gar가 기대되었을 것이다.
77) B 33은 pneumatikōs(영적으로)라고 읽는데 그렇다고 의미가 달라지지는 않는다.

1. 다시 연결하다: 바오로는 영적인 것을 영적인 것에 연결하고 자신의 선포가 알려야 하는 현실에 선포를 일치시킨다.

2. 비교하다: 바오로는 자신이 한 선포의 내용과 형식을 계시된 현실과 비교하여 부적절한 모든 것을 제거한다(참조 2,4 이하).

3. 해석하다[78]: 사도는 신적인 진리를 변질시키지 않고 전하는 진실한 해석자다. 이 번역이 아마도 가장 나은 것으로 보인다. 이 번역은 사도 기능의 중요성을 조명해 준다.[79]

14절: 여기서 핵심적인 주제에 돌입한다. 선포는 계시에 충실한 해석일 때에만 올바로 이해된다. 바오로는 지식과 분별력을 갖춘 영적인 인간(pneumatikos)과, 하느님의 영[80]에서 오는 것을 받아들이지 않을 뿐 아니라 이를 이해할 능력이 없는[81] 자연적(psychikos)[82] 인간을 순전히 영지주의적인 스타일로 대조시킨다. 이것은 그가 보기에 단지 어리석음(moria)일 뿐이다. 1,18 이하의 내용과 유사하기도 하지만 다른 점도 있다. 1,18 이하에서 선포는 어리석음이다. 왜냐하면 그것이 바로 하느님의 뜻이기 때문이다. 역설적으로 그 어리석음이 바로 지혜이다. 그런데 여기서 선포는 지혜이지만 바로 하느님의 지혜이기 때문에 인간적 기준에 따라 판단하는 자연적 인간에게는 어리석음이다. 그에게는 하느님으로부

---

78) 이 의미는 일반 그리스어에서 매우 드물게 쓰인다. 칠십인역: 꿈들을 해석하다, 창세 40,8.16.22; 다니 5,7.12 등등.
79) pneumatikois는 남성형으로 간주될 수도 있다. "영적인 사람들을 위하여 해석하면서" 참조 R.Baumann, *Mitte*, p.247-249.
80) 클레멘스와 오리게네스 그리고 몇몇 사본들은 tou theou를 생략한다. 리츠만은 문장을 좀 더 간결하고 힘 있게 하는 이 독법을 선호한다.
81) 참조 로마 8,7-8.
82) 이 자연적 인간은 육적인 인간과 동의어이다. 참조 1코린 3,1.3; 15,44.

터 오는 것을 이해하는 능력이 없기 때문이다.

15절: 영적인 인간은 하느님의 영이 비추는 그의 지적 능력으로 모든 것[83]을 판단한다. 그는 모든 것의 의미를 이해하고 그가 세상에서 통찰하지 못하는 것은 아무것도 없다(참조 10절). 그는 이것을 권위 있게 행한다. 그가 아는 것에 대해 그리고 자신의 존재에 대해, 어느 누구의 판단에도 종속되지 않는다. 그는 조언을 구할 일이 없고 누구에게도 변명할 일이 없다.

이것은 영적 인간에 대한 놀라운 묘사가 아닐 수 없다. 이 묘사는 영지주의자들의 교만한 선언을 연상시킨다.[84] 그러나 그리스도교적인 '영적' 인간의 지식과 자유는 '자신 안에 있는 신'에게서 오는 것이 아니다. 그는 십자가에 달리신 분 안에 자신의 근원을 두고 있다. 자신이 지닌 지식의 열쇠와 모든 진리의 기준도 그분 안에 가지고 있다.

분명히 바오로는 순전히 교육적인 목적으로만 자연적 인간(psychikos anthrōpos)과 영적 인간(ho pneumatikos)의 초상을 그리고 있지는 않다. 그의 필치는 너무 단순하고 너무 논쟁적이라고 비난을 받기도 한다. 영적 인간은 사실 사도 자신이기도 하다. 스스로 엘리트 그룹의 그리스도인이라고 생각하는 일부 사람들은 사도의 인격과 가르침을 비판했으나, 사도는 자신이 받은 계시와 자신이 선포하는 복음의 가치를 확신하

---

83) 단순한 panta 대신에 P⁴⁶ A C D는 ta panta라고 함으로서 사물들의 보편성을 드러낸다.
84) 예컨대 Corp.Herm. XI 20: "그대를 불멸의 존재로 존중하라. 그리고 모든 것을 이해하고, 모든 예술, 모든 지식, 모든 생명 있는 존재들의 특성을 이해할 능력이 있는 그대 자신을 존중하라. 모든 높이보다 높이 올라가고 모든 깊이보다 더 깊이 내려가라. 그대가 생각으로 시간, 장소, 실체, 성질, 수량들을 동시에 끌어 안으면 그대는 하느님을 이해할 수 있으리라."

고 모든 형태의 아부를 거부한다. 그리하여 지식과 자유의 참된 근원을 무시하는 지혜를 향해 사도가 쏟아내는 실로 열정적인 거부는 과도한 오만으로도 보일 수 있다.[85]

16절: 바오로는 기억으로 이사 40,13을 인용하면서 자신의 권리와 자신의 비타협성을 정당화한다.

이 절에서 nous의 올바른 의미는 무엇인가? 라이첸슈타인[86] 이래로 nous는 적어도 16절에서는 pneuma(영)[87]과 같은 의미를 지닌다고 지적되었다. 우리는 그리스도의 생각 즉 그리스도의 영을 지니고 있다는 것이다. 그러나 구별할 것이 있다. 이 단락에서 영은 무엇보다 하느님과 연결되어 있다는 점이다. 그리고 nous의 일반적인 번역인 *생각*("마음")이라는 단어는 매우 훌륭한 의미를 제공한다. 16ㄱ절에서 nous kyriou(*주님의 생각*)은 당신의 구원 계획에 대해 누구에게도 조언을 구하시지 않으며(참조 1,21) 비밀스럽게 작용하시는 하느님의 생각을 말한다. 바오로에 의하면 *그리스도의 생각*[88]을 가진 참된 영적 인간이 아니면 아무도 주님의 생각을 알아낼 수 없다. 이는 단순히 동어 반복이 아니다. 실제로,

---

85) 바오로가 영지주의적인 언어와 수사학을 사용할 수 있었다면 바오로의 신앙과 영지사 이에 일종의 유비가 존재하기 때문이다. 양자는 열정과 자유를 함께 알고 있었다. 바리사이파 출신의 바오로가 "은총만으로(sola gratia)"에서 발견한 것은 일종의 해방 체험이었고, 그는 이것을 그리스도께 복종하는 자유의 공간에 투사했다. 이 행위가 그에게 독립을 제공했고 그의 신학이 이를 가장 웅변적으로 증언한다.
86) R.Reitzenstein, *Mysterienreligionen*, p.337-338. 리츠만, 콘첼만 등등.
87) 칠십인역이 nous로 번역한 히브리어는 rouah이고 이는 흔히 영으로 번역된다. 그럼에도 불구하고 nous는 지혜의 성격을 지닌 본문 안에서 특별한 의미를 갖고 의지와 가까운 뜻을 지닌다.
88) B D G it은 kyriou(주님의)라고 읽는다. 이는 16ㄱ절과 조화를 이루기 위한 것이다.

그리스도(christos)는 일반적으로 바오로 서간에서 십자가에 달리신 분을 가리키는데(1,17.23 이하; 1,30; 2,2; 15,3; 로마 5,6.8; 6,3.8 등)[89] 사도는 여기서 다음과 같은 것을 말하고 싶어한다. 하느님의 생각 곧 그분 계획의 비밀을 알고자 하면 반드시 그리스도의 생각을 가져야 하는데, 이는 십자가의 어리석은 선포 안에서 지혜를 인정하는 신앙을 가져야 함을 의미한다.

---

89) W.Kramer, *Christos*, p.1-60. G. Bornkamm, *Ges.Aufs.I*, p.40. U.Wilckens, *Weisheit*, p.95.

4. 공동체의 분열과 참된 지혜 3,1-23

1) 파벌 정신은 미성숙의 표지 3,1-4

> [1]형제 여러분, 여러분에게 이야기할 때, 나는 여러분을 영적이 아니라 육적인 사람, 곧 그리스도 안에서는 어린아이와 같은 사람으로 대할 수밖에 없었습니다. [2]나는 여러분에게 젖만 먹였을 뿐 단단한 음식은 먹이지 않았습니다. 여러분이 그것을 받아들일 수 없었기 때문입니다. 사실은 지금도 받아들이지 못합니다. [3]여러분은 아직도 육적인 사람입니다. 여러분 가운데에서 시기와 싸움이 일고 있는데, 여러분을 육적인 사람이 아니라고, 인간의 방식대로 살아가는 사람이 아니라고 할 수 있습니까? [4]어떤 이는 "나는 바오로 편이다" 하고 어떤 이는 "나는 아폴로 편이다" 하고 있으니, 여러분을 속된 사람이 아니라고 할 수 있습니까?

바오로는 자신이 가르치지 않았다고 사람들이 비난했던 높은 수준의 가르침에 대한 문제를 다시 한 번(참조 2,6) 제기한다. 그러나 방향과 어조는 동일하지 않다. 앞의 절에서 그는 심오한 지식에 목말라하면서 매우 불만스러워했던 그룹을 대상으로 했다. 그들에게 세상의 지혜와 하느님의 지혜 가운데 하나를 선택하도록 요구하였다. 그들이 복음 안에서 어리석음만을 본다면 바로 자연적 인간들이기 때문이다. 이제 사도는 지혜를 사랑한다면서 공동체를 분열시키는 자들의 싸움에(1,10-17)

말려들어간 코린토 교회 전체를 향해 말을 건넨다. 그는 자신의 가르침에 불만스러워하는 자들에게 했던 것처럼 이들에게 근본적인 대안을 상기시키지 않는다. 물론 코린토 공동체는 왜 자신들이 기초적인 가르침만을 받을 수밖에 없었는지 그 이유를 알아야 한다. 훌륭한 교육자인 사도는 처음부터 시작하고 참으로 확실한 기초부터 다져 나간다.

1절: 형제 여러분(adelphoi)이라는 호격에서 이미 어조의 변화가 드러난다.

일부 사람들이 생각하듯이 sarkinos(육의)가 sarkikos(육적인)보다 덜 부정적인 의미를 지닌다면 이 변화는 sarkinos의 사용에서도 나타난다.[90] 그러나 무엇보다 nēpioi en christō(그리스도 안의 어린아이)[91]라는 표현이 sarkinos를 부드럽게 만들어주는 것으로 보인다. 바오로는 코린토에 머물렀을 때(사도 18장) 갓 시작한 그리스도인[92], 신앙의 신생아들이 있었음을 상기시킨다. 그렇다면 바오로가 어떻게 그들 앞에서 신앙의 모든 지식을 개진할 수 있었겠는가?[93]

---

90) sarkinos는 인간의 자연적인 연약함을 지적한다. 로마 7,14에서 sarkinos는 "죄의 종으로 팔린 몸으로" 표현된다. E.Schweizer, sarx, *ThW* VII p.144-145. 코이네 G는 sarkinois 대신에 sarkikois라고 읽는다.

91) 이것도 하나의 표현이지만 강조점은 당연히 nēpiois에 주어져 있다. 성장의 교리교육적 위치에 대해 W.Grundmann, 앞의 논문, 참조 에페 4,12 이하; 1베드 2,2.

92) Bultmann, *Theol. NT*, p.329-330: en Christō(en kyriō)는 아직 사용되지 않은 "그리스도인의"라는 형용사에 해당한다. 로마 16,7; 2코린 2,17; 갈라 1,22 등등.

93) Baumann, 앞의 책, p.267. 그는 우리의 본문과 2,1-5 간의 불일치를 정당하게 지적한다. 후자에서 바오로는 자신이 선포한 내용과 형태를 복음의 본질과 도달해야 할 목표에 비추어 정당화한다.

2ㄱ절: 바오로는 nēpioi(어린아이)의 이미지를 개발하고 적용시킨다. 사도는 갓 태어난 그리스도인들에게 brōma(단단한 음식)를 줄 수 없었다. 그들에게 전혀 선익을 가져다주지 않기 때문이다. 좀 더 수준 있는 가르침은 이미 성장하여 굳건해진 그리스도인들에게만 유익하다. 단지 신앙상의 나이를 고려하여 사도는 갓 태어난 그들에게 십자가에 달리신 그리스도의 복음(2,1-2)의 우유(gala)를 준 것이다.[94]

2ㄴ-3절: 이제 코린토인들은 참으로 성숙한 상태여야 한다. 그러나 예상하였지만 당시의 장애는 사라지지 않았다. 장애는 그 본질이 바뀌면서 오히려 더욱 심각해졌다. 초심자들이 잘못되었고 기본적인 가르침이 어느 때보다도 더욱 필요해졌다. 바오로는 그들의 행동양식으로 보아 단단한 음식을 준다는 것은 전혀 생각할 수 없는 것임을 그들에게 솔직히 말했다. 그들은 이 음식을 소화하지 못할 것이기 때문이다.[95]

여기서 육과 영을 대비시키는 다분히 바오로적인 방식을 지적할 필요가 있다. 영은 무엇보다 현학적인 사색과 황홀경을 통하여 영광스러운 초월로 인도하는 그런 것이 전혀 아니다. 영은 일상의 삶에서 순종과 사랑의 새로운 행동 양식(peripatein)을 가능케 하는 능력이다. 사랑이 없는 곳에서는 황홀경과 영지(8,1-3; 13,1-2; 갈라 5,16.25)에도 불구하고 육이 지배한다. 경쟁적인 그룹들이 서로 대립할 때 코린토인들은 영적인 사람들일 수 없다. 그들은 영을 따르지 않고 인간적으로(kata anthropon,

---

94) 바오로가 이런 비교를 창안한 것은 아닐 것이다. 당대의 철학자들도 이런 비교를 즐겨 사용하였다. 참조 Schlier, gala, *ThW* I, p.644. Lietzmann 같은 곳. 참조 히브 5,11 이하; 1베드 2,2.

95) ou de eti nyn(아직 지금은 아닌)은 코이네 등의 독법으로 eti nyn 과 P[46] B의 oude nyn 을 혼합한 것이다.

또는 속된 사람으로) 행동하기 때문이다.

4절: 앞에서 언급한 네 개의 파벌 중에서(1,12) 바오로는 두 개만 예를 들어 언급한다.[96] "여러분을 속된 사람이 아니라고 할 수 있습니까?"라는 질문은 3절의 "여러분을 육적인 사람이 아니라고 할 수 있습니까?"와 특별한 의미의 차이가 없는 유사한 질문이다.[97]

2) 사도들과 교회 3,5-17

⁵도대체 아폴로가 무엇입니까? 바오로가 무엇입니까? 아폴로와 나는 주님께서 우리 각자에게 정해 주신 대로, 여러분을 믿음으로 이끈 일꾼일 따름입니다. ⁶나는 심고 아폴로는 물을 주었습니다. 그러나 자라게 하신 분은 하느님이십니다. ⁷그러니 심는 이나 물을 주는 이는 아무것도 아닙니다. 오로지 자라게 하시는 하느님만이 중요합니다. ⁸심는 이나 물을 주는 이나 같은 일을 하여, 저마다 수고한 만큼 자기 삯을 받을 뿐입니다. ⁹우리는 하느님의 협력자고, 여러분은 하느님의 밭이며 하느님의 건물입니다. ¹⁰나는 하느님께서 베푸신 은총에 따라 지혜로운 건축가로서 기초를 놓았고, 다른 사람은 집을 짓고 있습니다. 그러나 어떻게 집을 지을지 저마다 잘 살펴야 합니다. ¹¹아무도 이미 놓인

---

96) 참조 4,6. 흔히 이 두 그룹 간의 적대관계가 가장 심각하였다고 지적한다. 이런 해석은 불가능하지는 않으나 그렇다고 입증된 것도 아니다.
97) R.Reitzenstein, Mysterienreligionen, p.341. 그에 의하면 바오로는 이와 같은 표현 양식을 통하여 인간적인 모든 우연성을 극복한 초인으로 자신을 간주하는 코린토의 "영신주의자들"을 특별히 겨냥하여 말하고 있다는 것이다.

기초 외에 다른 기초를 놓을 수 없기 때문입니다. 그 기초는 예수 그리스도이십니다. ¹²그 기초 위에 어떤 이가 금이나 은이나 보석이나 나무나 풀이나 짚으로 집을 짓는다면, ¹³심판 날에 모든 것이 드러나기 때문에 저마다 한 일도 명백해질 것입니다. 그날은 불로 나타날 것입니다. 그리고 저마다 한 일이 어떤 것인지 그 불이 가려낼 것입니다. ¹⁴어떤 이가 그 기초 위에 지은 건물이 그대로 남으면 그는 삯을 받게 되고, ¹⁵어떤 이가 그 기초 위에 지은 건물이 타 버리면 그는 손해를 입게 됩니다. 그 자신은 구원을 받겠지만 불 속에서 겨우 목숨을 건지듯 할 것입니다. ¹⁶여러분이 하느님의 성전이고 하느님의 영께서 여러분 안에 계시다는 사실을 여러분은 모릅니까? ¹⁷누구든지 하느님의 성전을 파괴하면 하느님께서도 그자를 파멸시키실 것입니다. 하느님의 성전은 거룩하기 때문입니다. 여러분이 바로 하느님의 성전입니다.

5절: 코린토에서 사람들은 사도들의 기능과 공동체와의 관계에 대해 착각하고 있었다. 추종자들이 이들 사도들을 편애하고 숭배하는 현상에 직면하여, 바오로는 그들이 과연 누구냐(ti oun)고 묻는다. 그는 그들이 *봉사자*(diakonoi)라고 답한다. 그들은 공동체의 우두머리 역할에 대비되는 의미에서의 공동체의 봉사자가 아니라 하느님이나 그리스도의 봉사자이다.[98] 그들은 스스로를 통하여 또는 스스로를 위하여 그런 역할을 하는 것도 아니고 또 그렇게 하려고도 하지 않는다. 그들은 다른

---

98) 불가타: "Ministri eius cui credistis(여러분이 믿었던 분의 봉사자들)." 4,1에서는 그리스도의 관리인(일꾼, hyperetai Christou), 2코린 11,23에서는 그리스도의 봉사자, 2코린 6,4에서는 하느님의 봉사자들(일꾼)이라고 말한다.

분의 의지. 자신들이 중개자로(di ōn) 섬기는 분의 의지를 실행하고 있다. *봉사자*는 중요할 뿐 아니라 대체할 수 없는 역할이다. 이 봉사자들이 없으면 선포도 신앙도 없다(로마 10,14 이하; 2코린 5,20). 5절의 마지막 문장은[99] 앞의 내용을 분명히 규정하면서 다음의 내용을 준비한다. 봉사자는 자신의 일도 자신의 방법도 선택하지 않는다. 주님께서 결정하시기 때문이다. 바로 이런 이유 때문에 갖가지 비교나 온갖 편애는 빗나간 것이다.

하느님의 백성에 관한 성찰에서 전통적인 소재인 나무 심기(6-9절)와 건축(10-15절)의 이미지를 내세우면서 바오로는 사도의 직능을 신학적으로 정의한다. 교회가 하느님의 성전이라는 세 번째 이미지는 경쟁 관계를 통해 공동체를 망치는 자들에게 보내는 경고를 뒷받침하는 구실을 한다(16-17절).

6-7절: 사도들이 부름받은 봉사는 다양하지만 상호 보완적이며 필요성에 있어서도 서로 동등하다.[100] 누가 먼저 시작하고 누가 나중에 뒤를 이었는지는 중요하지 않다. 봉사가 어떤 가치와 필요성 그리고 어떤 형태를 지니건 간에 하느님의 업적에 비하면 이차적일 뿐이다. 그분이 봉사자에 앞서서 그들을 세우셨으며 그들과 함께 하시며 그들에게 구체적인 효과를 제공하시기 때문이다.[101]

---

99) hekastos hōs ho kyrios edōken autō가 여격의 견인으로 hekasto hōs ho kyrios edōken이 되었다.
100) 이 점에 대해서는 바오로가 영의 은사에 대해 말하는 12,4 이하의 내용과 비교하는 것이 좋겠다. 그러나 각자의 역할을 너무 자구적으로 해석하지는 말아야 하며 마치 아폴로가 심지 않았던 것처럼 이해할 필요는 없다.
101) 두 개의 아오리스트 동사에 뒤이어 나오는 미완료 ēuxanen(자라게 하였다)은 하느님

alla(그러나)는 ho theos(하느님)를 egō(나)와 apollōs(아폴로)에 강하게 대립시킨다. 하느님의 기능과 인간의 기능 간의 차이가 워낙 커서 인간의 기능들 간의 차이는 의미가 없을 정도다. 분명히 인간은 하느님의 공동협력자(theou synergoi)이나 스스로는 아무것도 아니다. 그들은 자신들이 수행하도록 짜여진 입문 안내자와 중개자의 역할을 받아들이든지 또는 거부할 수 있을 뿐이다. 이 문장의 마지막에 위치한 theos(하느님)에게 모든 강조점이 주어진다. 하느님만이 중요하다.

8절: 바오로와 아폴로는 그들을 처분하시는 분의 의지에 따라 도구가 되었을 뿐 스스로는 아무것도 아닌 자이기에, 서로를 반대하고 험담해서는 안 된다. 자신에게 맡겨진 자리에서 동일한 계획의 실현을 위해 함께 일하는 그들은 하나인 것이다.[102]

8ㄴ절은 얼핏 보아 본론을 이탈한 것 같다. 바오로는 봉사자들이 공동체를 위하여 하나라고 하더라도 각자는 하느님 앞에서 자기 역할에 책임을 져야 한다고 말하고자 하는가? 아니면 그들이 자격은 없다 하더라도 각자가 책임 맡은 부분의 비중에 따라 상급을 기대할 수 있다고 말하고자 하는가? 4,1-5에서 이야기될 내용을 여기서 간략히 묘사하는 것이 바람직할 것 같다. 그것은 사도의 항의이다. 상급은 정의定義상 하느님께서 수여해 주시는 것이다. 그런데 코린토인들은 복음 전파자들의 공로를 자신들이 평가하겠다는 것인가? 그리고 이 평가가 자신들에게 달려 있으므로 평가해 준 것을 고맙게 생각해야 한다고 그들은 자처하

행위의 지속성과 항구함을 표현한다.
102) 콘첼만: 바오로는 이들의 만장일치를 먼저 염두에 두고 말하는 것은 아니다. 그는 교회의 건설이라는 하나의 공동과제 안에 연결된 각 책임들의 일치를 생각하고 있다.

고 있는가? 얼마나 커다란 착각인가? 봉사자들은 하느님에게 속해 있고 또 그분께 책임을 져야 하기에 각자의 수고(kopos)에 대한 몫을 정하는 것도 오직 그분이 하실 일이다.

9절: 봉사자들의 일치와 독립성, 공동체내 모든 경쟁의 부질없음은 하느님이 당신의 이름으로 이 모든 일을 시작하고 주관하시는 주인이라는 사실에서 비롯한다. "하느님의(theou)"라는 속격이 세 번 사용되어 7절 끝에 나오는 하느님의 역할을 더욱 강조하며 완성한다. 사도들과 교회는 오직 하느님을 통해서만 존재한다. 하느님은 이들을 통해서 또 이들 안에서 당신의 계획을 실현하신다. 그러므로 그들은 독자적으로 고유한 중요성을 갖지 않는다.

바오로는 사도들을 하느님의 협력자[103]라고 일컬으면서 그들의 존엄성과 큰 중요성을 인정하고 있으나, 그들이 동반자는 아님을 암시한다. 사도들은 봉사자로서 협력자이다(5절). 이 점은 공동체도 마찬가지다. 공동체는 하느님 당신 업적의 모든 존엄함을 지니지만, 그것은 오직 하느님의 창조적인 주도권에 온전히 의존하는 존엄함일 뿐이다.[104]

---

103) 협력이라는 단어가 불러일으킬 수 있는 오해를 불식시키기 위하여 때로 "하느님을 위한 봉사에 있어서의 동료 일꾼"이라고 풀어서 번역하기도 한다. V.P. Furnish, "Fellow Workers in God's Service", *JBL* 80(1961) p.364-370. 그러나 이것은 언어를 거슬러 해석하는 것이다. Bertram, synergos, *ThW* VII p.872는 synergoi가 5절의 diakonoi를 받는다고 지적한다. 1테살 3,2에서 몇몇 사본들은 synergon 대신에 diakonon이라고 읽는다.
104) 구약성경에서 이미 식목과 건설의 이미지는 결합되어 나타난다. 예레1,10; 31,27-28; 에제 36,36은 하느님께서 이스라엘의 역사에 개입하시는 행위를 묘사하기 위하여 이 두 이미지를 사용한다. 쿰란 문헌에서도 이 이미지들은 뽑힌 자들의 공동체를 설명하기 위해 사용된다. 1QS 8,5; 11,8-9; 1QH 6,15-16; 8,4-11.

9절의 마지막 단어들은 10-15절에서 전개될 건축의 이미지를 도입한다.

10절: 바오로는 11-15절에서 길게 전개할 내용을 10절에서 간략하게 시작한다. 얼핏 보아 그는 앞 절들의 이미지들을 연장하고 적용하는 것 외에는 다른 의도가 없어 보인다. 그러나 어조가 바뀌어서 더욱 논쟁적이 되고 마침내 위협적인 억양을 지니게 된다(16절 이하). 그것은 사도가 코린토에서 자신의 뒤를 이은 자들에게 보내는 주의와 경고이다.

사도는 자신과 관련하여 자신은 하느님의 은총으로 사도가 되었음을 강조한다.[105] 또 그분의 은총이 자신에게 권위를 부여하였고 그 은총으로 말미암아 자신에게 주어진 일, 다시 말해 기초[106] 놓는 일을 신의와 능력을 다해 완성할 수 있었다고 말한다. 자신은 이 모든 일의 원인이 아니다. 여기서 언급된 allos(다른 이)는 확실히 아폴로는 아니고 코린토에서 활동하였고 지금 활동하고 있는 사람들을 의도적으로 모호하게 가리키고 있다.[107]

11절: 몇몇 주석가들은 11절로부터 바오로가 실제로 "다른 기초"[108]를 놓고자 원하는 적대자들을 대상으로 맞서고 있다고 추정한다. 그러

---

105) 참조 15,9-10; 갈라 1,15-16.
106) 참조 1,6. 기초는 흔히 기초적인 가르침을 가리킨다. 에픽테토스, II 15,8; 필로, *Somn*. II 8; 참조 히브 6,1. 쿰란 문헌에서는 공동체가 기초이다. 1QS V 5; VIII 7-9; 1QSa I 12. 그러나 우리의 본문에서 기초는 공동체도 아니고 가르침도 아니다.
107) Friedrichsen, 앞의 논문, p.316-317.
108) 바레트는 이것이 바오로를 거슬러 마태 16,18의 로기온을 주장했던 케파의 추종자들을 가리킨다고 생각한다. 이와 같은 견해로는 Ph.Vielhauer, "Paulus und die Kephaspartei in Korinth", *NTSt* 21(1975) p.348. 콘첼만은 바오로가 여기서 자신을 기초로 간주하는 바오로의 추종자들을 반대한다고 본다.

나 우리가 보기에 문맥상 이런 해석이 어울리지 않는다. oudeis dunatai (아무도 할 수 없다)는 글자 그대로 엄격하게 해석해야 한다. 여기서 바오로는 세워진 기초가 결정적인 동시에 참된 것임을 말한다. 교회는 이 기초 위에 근거하고 있고 인간의 어떠한 기획이나 잘못도 이를 변경시키거나 타격을 입힐 수 없다. 위협받는 것은 앞으로 보겠지만, 오직 인간들의 업적이다. 그리고 이 기초는 예수 그리스도 자신이다.

keimenon(놓여진)은 10절의 "나는 … 기초를 놓았고"라는 표현을 다시금 취하는 듯 보인다. 이제 "내가 기초를 놓은 것"에 대해 다음과 같이 이해할 수 있겠다. 그것은 사도가 한 말이 아니다. 기초가 바로 예수 그리스도임이 드러나면서부터, 지금껏 이미지였던 것이 이미지 이상으로 된다. 사도의 역할이 기초자임에도 불구하고 이 기초는 그가 놓은 것이 아니다. 바로 하느님께서 기초를 놓으셨다. 그분은 사도의 역할 이전에 이미 그리고 그 과정에서 기초자이시다. 이는 완료 분사(keimenon)를 통해서 표명되고 있다.

12-13절: de*(그러나)*는 하느님의 공략할 수 없는 업적과, 실수와 시험에 종속되는 인간의 업적을 대비시킨다.[109] 9절에서 하느님의 손으로 이루어진 건축물인 교회는 이미지의 새로운 전개를 통하여 하느님이 놓으신 기초 위에 인간이 올려놓은 건축물이 된다. 여기서 이 두 가지 개념을 서로 대립시킬 필요는 없다. 바오로는 건축물의 다양한 소재들을 열

---

109) ei de tis … hekastou to argon은 잘 구성되지 않은 문장이다. Friedrichsen, 앞의 논문처럼 ei de tis 이하를 phaneron genēsetai에 종속되는 의문문의 종속절로 볼 수도 있다. 이것도 가능한 구문이기는 하나 바오로의 스타일에 맞지 않는다. 바오로는 10절의 blepetō를 다시 취하려는 의도로 문장을 시작했으나 불에 의한 재료의 선택이라는 개념이 떠오르면서 문장을 다른 방향으로 이끌었다.

거하면서 어떻게(pōs)라는 질문을 다시 제기한다. 그는 무엇보다 이 소재들의 가치를 비교하고, 불을 통한 검증의 개념이 지배적일 때에는 그 소재들의 저항력을 비교한다. 여기서 이미지들이 다소 일관되지 못한 점이 드러난다. 바오로는 심판 때에 각자의 업적의 견고함과 허약함을 강조하기 위하여 일관성과 개연성을 무시한다.[110] 그는 좀더 일반적으로 확인하는 형식을 통해 자신의 일을 계승한 다양한 후속 주자들에게 심각하게 경고한다.

13ㄴ절: 구약성경의 일부 대목에서 그러하듯이(아모 5,18; 말라 3,19) 여기서 날(hemera)은 심판의 날을 뜻한다. 바오로 서간에서 심판관은 늘 그리스도이시다.[111] 불은 여기서 불경한 자들에게 벌로 내리는 불도 아니고 정화의 불도 아니다.[112] 그것은 소재들을 선별하는 기능의 불이다.[113]

ergon(*작품, 업적*)이라는 말로 알아들어야 하는 것은, 슐래터에 의하면, 훌륭한 일꾼이나 불량한 일꾼이 공동체에 끌어들인 좋은 자질의 구성원 내지 또는 나쁜 자질의 구성원들이라는 것이다. 그러나 불량한 일꾼은(15ㄴ절) 단죄에서 벗어나고, 그의 작품 즉 불량한 구성원은 멸망한다는 것이 이상하지 않은가? 큄멜에 의하면 작품은 건축물이거나 각자

---

110) 콘첼만에 의하면 바오로는 자신의 업적 또한 불의 시련을 받을 것임을 암시한다. 그는 어떠한 특권도 주장하지 않는다. 그러나 이 해석은 10ㄱ절과 잘 맞지 않는다.
111) 1,9; 5,5; 2코린 5,10; 필리 1,6.10. 공관복음 전승도 예수를 유다 묵시주의 종말론의 심판관 – 구원자와 동일시한다. 마르 8,38; 14,62; 마태 25,31 이하.
112) 벌의 의미로는 이사 66,24; 마르 9,48; 마태 25,41; 1QS II 15; 1QH 17,13. 정화의 의미로는 말라 3,2-3.
113) 선별의 개념은 이란 종교에서 비롯한다. Lang, pyr, *ThW* VI p.932-933. 선별 개념은 말라 3,18-19에 나타나는데 여기서는 업적이 아니라 사람들이 선별된다.

가 여기에 기여한 몫이다. 그러나 이것도 분명하게 뜻을 밝혀 주지 못한다. 콘첼만의 해석에 일리가 있다. 그에 의하면 여기서 이미지와 현실 간에 정확한 일치를 찾아서는 안 된다는 것이다. 비교는 사라지고 바오로가 말하고자 하는 것은 결국 이것이다. 심판은 누가 훌륭한 일꾼이었고 누가 불량한 일꾼이었는지를 오류 없이 밝혀내리라는 것이다.

14-15ㄱ절: 두 개의 병행 구절은 불의 시련을 마친 뒤에 나타날 결과들을 묘사한다. zēmia는 벌이나 손해를 의미할 수 있는데, zēmiōthēsetai에 어떤 의미를 부여할지가 쉽지 않은 문제다. 불량한 일꾼은 벌 또는 손해를 받게 될까? "손해를 보게 된다"고 해석하는 사람들은 – 그들이 보기에 – 벌의 개념을 배제하는 15ㄴ절에 의거한다. 왜냐하면 이 구절은 불량한 일꾼도 최종적으로는 버려지지 않고 구원받을 것이라고 말하기 때문이다. 나아가 단죄의 개념, 즉 업적에 의한 심판의 개념은 바오로의 구원론과 부합하지 않는다고 그들은 본다.[114]

이러한 논증이 유효하기 위해 다음의 사항이 요구된다.

1. zēmia가 최종적인 벌, 곧 멸망을 의미해야 하고,
2. 구원이나 멸망이 인간의 업적에 대한 보상이어야 한다.[115]

그러나 바오로는 이 중 어느 것에 대해서도 말하지 않는다. 여기서

---

114) Bultmann, *Theol. NT*, p.78: 바오로가 오직 신앙에 의한 의화 교리를 주장했음에도 불구하고 일견 이것과 모순되어 보이는 업적에 의한 심판에 대해서도 말한다는 것은 (1코린 3,13-15; 4,5; 2코린 5,10; 로마 2,5 이하; 14,10), 그가 초대 교회의 관행적인 선포에 얼마나 의존하고 있는가를 보여준다.

115) W.G.Kümmel, *Die Theologie des Neuen Testaments*, p.204. 그는 바오로가 복수의 업적들과 단수의 업적 간의 차이를 구별했음을 지적한다. 전자는 인간의 자율적인 행위를 가리키는데, 이것으로는 인간이 하느님의 승인을 받을 수 없다. 후자는 은총으로 의롭게 된 인간의 그리스도인다운 행위를 가리킨다.

벌이 문제되는 것은 의심할 여지가 없다. 보어도 없이 "품삯을 받는다"와 반대되는 이 동사(zēmiōthēsetai)는 벌 이외에 다른 것을 의미할 수 없다. 이 점은 심판에 대해 언급한 가까운 문맥과 2코린 5,10(우리 모두 … 저마다 좋은 것이든 나쁜 것이든, 이 몸으로 한 일에 따라 갚음을 받게 됩니다)과 병행을 이루는 본문을 통하여 확인된다. 그러나 이 zēmia는 최종적인 벌이 아니다(참조 15ㄴ절).

한편 보상과 은총의 신학 사이에 모순이 존재하는 것처럼 보이나, 이는 사실 모순이 아니다. 은총이 품삯-보상을 배제하지 않듯이 벌도 배제하지 않는다.[116] 믿는 이는 분명히 "율법 아래" 있지 않다. 그렇다고 해서 그가 율법의 요구와 무관해지는 것은 아니다. 은총은 순종을 면제해주지 않고 오히려 가능하게 해준다.[117] 믿는 이는 그러기에 하느님이 선사하신 자유를 어떻게 사용했는지 설명해야 한다.

15ㄴ절: *불을 거쳐서 가듯 가까스로 구원을 받는다.* 사도가 이런 표현으로 경고의 엄격함을 누그러뜨리려 한다고 생각한다면, 이는 분명히 오류이다. 이런 위기 상황에서 누가 경솔하게 행동하려 하겠는가? 그럼에도 불구하고 무엇이 사도로 하여금 이 놀라운 선언을 하게 했는지 묻지 않을 수 없다. 의심할 여지 없이 그것은 은총에 대한 그의 이해에서 나온 것이다. 사도는 그리스도께서 일단 책임진 사람을 멸망하도록 내버려두신다고 생각하지 않았다. 인간의 잘못이 그리스도께서 주도적으로 맺어주시고 세례로 봉인한 그 인연을 파괴하지 못한다. 여기서 바오로가 확인시키고자 하는 것은 벌을 거쳐 가는 와중에서조차 하느님께

---

116) G.Bornkamm, Der Lohngedanke im Neuen Testament, In: *Ges. Aufs.* II p.69-92.
117) 로마 8,3-4; 12,2; 갈라 5,13.25.

서 자유롭게 수여해주시는 은총의 우위이다.[118] 이 대목을 기초로 연옥의 이론을 정립하려는 것은 잘못이다. 심판과 구원 사이에 40번의 속죄의 제사가 필요하다는 개념은 이 본문과는 전혀 관계가 없다.[119]

16절: 사도는 이제 공동체를 향해 매우 직접적이고 절박하게 가상假想 대화법(diatribe)[120]으로 호소한다. 어조는 이제 협박조로 바뀐다. 이미지도 다시 한번 변형된다. 이제는 건축의 이미지가 아니라 묵시주의에서 빌어온 마지막 시간의 새 성전의 이미지로 바뀐다. 그리고 이 새 성전이 교회와 동일시된다.[121] 바오로는 공동체에게 자신이 누구인지를 강하게 상기시킨다. "여러분은 …이다"(este)라는 표현이 16ㄱ절과 17ㄴ절에 나타난다. 이러한 와중에도 바오로는 1-4절에서 언급되었던 자신의 삶에 대한 비판을 망각하지 않는다. 복음이 굳건히 정착되었다는 표지로 (1,6) 하느님의 영이 교회에 거주한다는 것이 교회가 자신의 소명에 충실한 결과는 아니다. 그것은 모두 하느님 은총의 업적이기에, 사도는 코린토인들이 이 은총을 기억하도록 간청한다.

17절: 17ㄱ절의 엄격한 대칭성은 성전 파괴자들에 대해 불가피하게 닥칠 심판의 엄격함을 표현한다.[122] 미래형 동사 phtherei(그분이 파멸시

---

118) E.Käsemann, Anliegen und Eigenart der paulinischen Abendmahlslehre, *Exeg.* I p.27. 그는 정당하게 3,15ㄴ을 5,5과 비교한다.
119) 연옥 개념은 라삐들에게서 기원후 2세기부터 나타난다. F.Lang, pyr, *ThW* VI p.938.
120) ouk oidate(여러분은 모릅니까?) 참조 5,6; 6,2.9.15.16; 로마 11,2.
121) 이사 28,16-17; 에티오피아의 에녹 90,29; 91,13. 종말론적 공동체를 가리키는 이미지로는 1QSV 6; VIII 5-10; IX 6; 2코린 6,16; 1베드 2,5; 참조 마르 14,58.
122) E. Käsemann, Sätze heiligen Rechtes im Neuen Testament, *Exeg.* II p.69-82. 바흐만은 잘못 건설하는 것과(12-15절) 파괴하다(17절) 간의 경계가 매우 좁아서 정의하기가 어렵다고 옳게 지적한다. 특정 상황에서 불완전한 것이 다른 상황에서는 파멸적인

키리라)[123]는 현재형 동사 phtheirei에 상응하는 것으로서 당연히 최후의 심판을 가리킨다. 15ㄴ절의 완화된 표현 다음에 나오는 완전 파멸에 대한 위협이 놀랍게 느껴질 수 있다. 그럼에도 불구하고 이 위협은 은총이 은총을 우롱하는 자유를 주지 않음을 상기시켜준다. 사도적 권고를 가볍게 받아들이기 위하여 15ㄴ절을 지나치게 강조하는 사람은 자신의 구원을 상대로 게임을 하고 있음을 알아야 한다. 17ㄴ절은 무엇보다도 경고이다. 코린토에서 벌어지고 있는 무질서를 참으로 심각하게 만드는 것은 하느님의 영역인 성전에 피해를 주고 하느님 자신에게 타격을 가하고 있다는 점이다. 그러나 격려의 말씀도 있다. 여러분은 놀라운 은총의 대상이요, 세상 안에 나타난 하느님 계획의 표현이다. 정신을 차리시오! 당신의 올바른 처지로 돌아가시오!

3) 은총으로 살아가기 3,18-23

[18]아무도 자신을 속여서는 안 됩니다. 여러분 가운데 자기가 이 세상에서 지혜로운 이라고 생각하는 사람이 있으면, 그가 지혜롭게 되기 위해서는 어리석은 이가 되어야 합니다. [19]이 세상의 지혜가 하느님께는 어리석음이기 때문입니다. 성경에 이렇게 기록되어 있습니다. "그분께서는 지혜롭다는 자들을 그들의 꾀로 붙잡으신다." [20]또 이렇게 기록되어 있습니다. "주님께서는 지혜롭다는 자들의 생각을 아신다. 그

변질이 될 것이다.
123) D G h 등은 phtheirei라고 읽는다. 문맥상 이 독법은 맞지 않는다.

것이 허황됨을 아신다." ²¹그러므로 아무도 인간을 두고 자랑해서는 안 됩니다. 사실 모든 것이 다 여러분의 것입니다. ²²바오로도 아폴로도 케파도, 세상도 생명도 죽음도, 현재도 미래도 다 여러분의 것입니다. ²³그리고 여러분은 그리스도의 것이고 그리스도는 하느님의 것입니다.

18-23절은 1,18-25의 주제와 용어들을 다시금 취하여 강력하고 간략한 결론을 제시함으로서 토론의 원점으로 되돌아온다.

18절: 자신을 속여서는 안 됩니다. 사도는 다시금 가상 대화법[124]으로 공동체와 각 구성원에게 호소한다. "여러분 가운데"(en hymin)는 문장의 현재 위치에서 뒤의 동사와 연결되어 "여러분 가운데 지혜로운 자가 되려는…" 의미로 해석된다. 그리고 en tōaiōni toutō(이 시대에)는 다음의 단어에 걸린다고 볼 수도 있다. 그럴 경우 "누군가가 지혜로운 자로 여러분 가운데에서 (교회 안에서) 인정받고자 하면, 그는 이 세상의 기준에 따라, 어리석은 자가 되어야 한다"(바이스)라고 해석된다. 그러나 tōaiōni toutō를 앞의 단어들과 연결시키면 그 의미가 더욱 강해진다. 이 시대에 사람들이 지혜로운 자라고 부르는 그런 의미로 자신을 지혜로운 자라고 생각한다면, 그것은 자신을 속이는 것이다. 자신이 진실로 지혜로운 자가 되고 싶으면 어리석은 자가 되어야 한다. 그에게는 십자가의 말씀이 지혜이다(참조 1,24).

---

[124] 불트만, Diatribe, p.32. 참조 6,9; 15,33; 갈라 6,7; 야고 1,6. D는 에페 5,6의 영향을 받아 kenois logois를 덧붙인다.

19절: 이 이하는 1,19 이하와 매우 유사하다. 바오로는 칠십인역으로부터 기억에 의존하여 욥 5,12-13과 시편 93,11을 인용하되 "사람들" 대신에 "지혜로운 자들"을 대체하여 상황에 적용시킨다. 이 세상의 지혜와 신앙이 인정하는 하느님의 지혜 사이에 근본적인 대립관계가 있다. 여기서 거부되는 것은 지적인 능력 그 자체가 아니라 자신의 고유한 목적을 위하여 그 지적 능력을 사용하는 지혜이다. 바오로는 *지성의 희생*을 선전하는 사람이 아니다. 비이성적인 것의 종교적인 가치를 설교하는 사람도 아니다. 이 세상의 지혜는 헛된 것이며 dialogismoi mataioi(헛된 추리)의 덩어리로서 진리에 도달하기가 부적절하다. 왜냐하면 세상의 지혜는 사고이거나 성찰이 아니라, 하느님을 거부하는 인간의 간계함(panourgia)의 표현이자 도구이기 때문이다(1,21).

21절: ōste(그러므로)[125]: 바오로는 파벌들을 순서대로 다시 언급하면서 18-20절에서 그 결과를 도출한다. 지혜의 탐구와 인간적인 경쟁 간에 그가 간파하고 주목한 관계가 이제 좀 더 분명하게 드러난다. 만일 누군가 자신이 존경하는 한 스승의 명성으로 자신을 과시하려고 그의 편이 되었고 그러기 때문에 코린토 교회가 분열되었다면, 그것은 지혜를 사랑하는 자들의 열기로 교회가 전염되었기 때문이다. 그런데 그 지혜란 다름 아니라 자신이 위대해지기 위하여, 모든 자기주장의 거부인 복음을 이용하는 지혜인 것이다. 경쟁적인 그룹들의 충성 서약에 바오로는 panta hymin estin(모든 것이 여러분의 것이다)이라는 말을 정면으로 대립시킨다. 여러분은 모든 것을 소유했으면서도 누군가에게 복종하여 그의 명성에서 존재와 소유의 여분을 얻어 보겠다고 하니, 이 얼마나 부

---

125) 고전 작가들의 작품에서 ōste는 독립절 안에서 자주 사용된다. Bl-Debr. § 391,2.

질없는 짓인가? 여러분은 하느님께서 부여하신 자유를 욕되게 하고 있음을 알지 못하는가?[126]

이처럼 바오로는 끝에 가서 자유라는 말로 파벌과 지혜의 문제를 제기하고 자유의 심오한 의미를 설명한다. 인간이 이러저러한 방법으로 자신의 구원을 추구할 때 늘 관계되는 것은 결국 자유의 문제가 아니겠는가? 코린토에서 위험에 처해진 것은 사도의 영예도 아니고 바오로의 복음도 아니며 교회의 일치도 아니다. 그것은 하느님이 부여하신 자유 그 자체임이 최종적으로 드러난다.

22절: 바로 이런 전망 안에서 22절의 의미가 온전해진다. 21ㄴ절의 모든 것을 설명하는 데 8개의 용어가 동원되지만, 바오로와 아폴로 그리고 케파와 그리스도(23절)의 이름만이 1,10-12에서 개시된 토론을 종결하는 데 필요한 것으로 보인다. 다른 다섯 개의 언급은 담론의 웅변적 폭발의 결과인데, 그렇다고 여기서 언어 표현상의 비약만을 보는 것은 주의해야 한다. 분열의 문제는 토론하는 과정에서 참된 지혜의 문제가 되고, 나아가 그리스도인 자유의 문제로 전개되면서 심화되었다. 그리고 이 모든 것이 결론에서 종합된다.

명성을 둘러싼 투쟁과 지혜의 추구를 통하여 코린토인들은 굳건함을 갖추고 존재로 자신을 높이고자 했으나, 이런 것은 정작 쓸데없는 일이었다. 그들은 모든 것의 행복한 주인으로서 더 이상 가질 것도 정복할 것도 없기 때문이다. 그들이 독점하면서 서로를 대립시키는 사도들

---

126) 참조 불트만, *Theol. NT*, p.244. 이 대목을 갈라 2,15 이하와 비교할 수 있다. 복음의 어리석음에 의해 해방된 다음에도 자유를 추구하는 그리스적 전망에서 지혜에 의한 해방을 다시금 꿈꾼다는 것은, 그리스도에 의해 해방된 자가 의로움을 추구하는 유다적 전망에서 다시금 율법으로 회귀하는 것과 같이 자가당착적인 일이다.

은 정작 자신들의 고유한 책무와 다양하고도 보완적인 자질을 가진 이들이다. 이들은 하느님께서 당신의 계획에 따라 활용하시는 부요함인 것이다. 세상 전체가 그들에게 주어졌다. 아무것도 그들에게 부족함이 없고 아무도 그들을 제어하지 못한다. 두 개의 짝말인 생명과 죽음 그리고 현재와 미래가 세상(kosmos)으로 대표되는 전체를 펼쳐 보인다. 시간과 공간 안에 있는 모든 피조물이 그리고 시간 자체가 십자가의 자유의 말씀을 듣고 이를 받아들이는 사람들에게 주어졌다. 그들에게는 죽음조차도 더 이상 한계가 아니다(15장). 그들은 모든 두려움과 모든 체념에서 해방되었다.

23절: 이러한 것이 어떻게 가능한가? 그것은 그들이 지혜를 통하여 이 모든 현실을 장악했기 때문도 아니고 신비주의의 단계를 거쳐 최종적으로 만물 위에 고양되었기 때문도 아니다. 그것은 그들이 여전히 지혜에 사로잡혀 있기는 해도 더 이상 그들 자신에 속하지 않고 그리스도께 속하기 때문이다. 그리스도 역시 하느님께 속하면서 그들을 위하여 그분의 계획을 계시하셨던 것이다.[127]

---

127) 참조 로마 8,31-39. 불트만, *Theol. NT*, p.333. 그는 타당하게 1코린 3,21-23이 자유의 효과적인 표현이라고 말한다.

5. 사도, 십자가에 달리신 분의 봉사자 4,1-13

3장의 마지막은 하나의 결론이다. 그러면 다음에 이어지는 내용의 기능은 무엇일까? 4,1-13은 공동체와 사도의 관계를 설명하기 위해 쓰인 3장의 결론에 대한 일종의 주석으로 보기도 한다.[128] 그러나 실제로는 그 이상의 것이 들어 있고 또 다른 내용도 있다. 사도는 자신의 인격과 메시지를 노리는 공격에 대해 한 번 더 답변해야 하는 시점에서 다시금 방어적이고 공격적인 자세를 취한다. 1,17과 2,1-5에서 시작한 개념을 발전시키면서 바오로는 사도적 직무와 십자가에 달리신 분을 섬기는 자신의 봉사직에 대한 변론을 펼쳐나간다.

1) 사도의 충실성과 자유 4,1-5

¹그러므로 누구든지 우리를 그리스도의 시종으로, 하느님의 신비를 맡은 관리인으로 생각해야 합니다. ²무릇 관리인에게 요구되는 바는 그가 성실한 사람으로 드러나는 것입니다. ³그러나 내가 여러분에게 심판을 받든지 세상 법정에서 심판을 받든지, 나에게는 조금도 문제가 되지 않습니다. 나도 나 자신을 심판하지 않습니다. ⁴나는 잘못한 것이 없음을 압니다. 그렇다고 내가 무죄 선고를 받았다는 말은 아닙니다.

---

128) 바흐만은 4,1-5을 앞의 절들과 긴밀하게 연결시키고 5절과 6절 사이를 분리시킨다.

나를 심판하시는 분은 주님이십니다. ⁵그러므로 주님께서 오실 때까지 미리 심판하지 마십시오. 그분께서 어둠 속에 숨겨진 것을 밝히시고 마음속 생각을 드러내실 것입니다. 그때에 저마다 하느님께 칭찬을 받을 것입니다.

1절: 얼핏 보면 여기서 바오로는 3,5 이하에서 이미 그러했던 것처럼 코린토인들에게 사도들의 기능을 올바로 이해시키는 것을 목표로 하는 것 같다. 즉 사도들은 단지 봉사자들이라는 것이다. 그러나 3,5 이하에서 이미 사도들의 독립성 보호라는 또 다른 염려가 표출되었다. 이 염려가 지금은 주요 관심사가 된다. 그리스도의 봉사자로서 그들은 오직 그리스도에게만 자신의 활동을 보고할 뿐이다. 그들은 오직 그분에게만 복종하고 그분에게서 빚진 것을 교회에 갚아야 한다.

일꾼("시종", hypēretēs)이라는 겸손한 칭호는 역설적으로 자신의 권리주장을 위한 표현으로 나타나게 된다. 바오로에게서 christos 즉 그리스도가 십자가에 달리신 구원자 칭호와 연계될 때 일꾼 칭호는 온전한 의미를 갖는다. 관리인(oikonomos) 칭호는 충실성의 관념과 연결되어 선택되었다. 하느님의 신비는 그리스도의 업적과 선포 안에서 드러난 그분의 계획, 바로 그것이다. 그리스도께서 관리하시는 재산 – 하느님 자신의 재산 – 의 본질이 그러하므로, 그로 인해 사도는 인간적인 남용에서 벗어나게 된다.

2절: 1절과 2절의 관계는 구체적으로 설명하기 어렵지만[129] 그 일반

---

129) 사본학자들과 주석가들은 ho de loipon 대신에 B 사본 등의 한층 어려운 독법인 hōde loipon을 취한다. 이는 분명히 전환의 형식이다(그리하여, 결과적으로). "사도들이 관

적인 의미는 불분명하지 않다. 바오로는 사도의 기능을 명시하고 이에 적용되는 규정[130]을 언급하면서 독립선언을 준비한다. 관리자는 자신에게 책무를 맡긴 사람에게 충실해야 한다. 책무를 맡긴 사람만이 권리주장을 행사할 수 있고 완성된 일에 대해 판단할 수 있다.

3ㄱㄴ절: emoi de*(나로 말하면)*. 이 표현으로 바오로는 일반 규정에 대한 언급에서 개인적인 적용으로 넘어간다. 그는 자신의 인격 안에서 문제시된 복음에 대해 다소 예민한 반응과 함께 무엇보다 걱정스러운 태도를 보인다. 그런 태도를 반영하듯, 그는 돌발적이면서 거친 필치로 자신의 직무에 대한 모든 평가 내지 모든 비판을 분명히 거절한다.[131] 그가 공동체의 일부 주장(웅변, 심오한 사변)에 양보하고 그들의 비판에 영향을 받았다면, 그는 충실함을 포기한 것이 된다. 그는 그리스도에게서 사명을 받은 뒤에는 비판에 흔들리지 않고 공동체나 그 밖의 누구에게서 오는 인정에 대해서도 영향을 받지 않는다.[132]

3ㄷ-4절: 이 점은 너무도 확고하여 자신의 양심이 내린 판단도 권위가 없다. 이 양심마저 인간의 법정일 뿐이다. 그는 자신의 업적을 평가

리인라는 사실에서 이 규정이 그들에게 적용되기에 이른다."
130) 이 규정은 3절의 선언을 정당화시킬 것이다. Sin A C 등의 zēteite 대신에 B latt sy의 독법에 따라 zēteitai라고 읽어야 한다.
131) hina에 의해 도입된 절은 주어 부정사에 해당된다. Bl-Debr. § 393,6. Anakrinein은 '판단하다'뿐 아니라 '조사하다'를 의미한다.
132) hēmera는 여기서 심판을 가리킨다. 심판은 정해진 날에 행해지기 때문이다(참조 사도 17,31). 갈라 2,2에서 바오로는 이와 반대로 자신의 사도직의 정당성을 dokountes(지도층 인사들)의 승인에 의존하는 것처럼 보인다. 그러나 실제로 바오로가 갈라 2,2에서 표명하는 것은 자신의 사도직의 정당성과 자신의 메시지에 대한 불확실성이 전혀 아니다. 그는 자기가 부인당함으로써 초래될 예루살렘과 이방인 공동체 간의 결별을 두려워했고, 이로 말미암아 그가 해온 일의 미래가 위험에 떨어지는 것을 염려했다.

하는 것을 삼가한다. 왜냐하면 자신의 양심에 비추어 나무랄 데 없다고 선언하더라도 – 실제로 양심은 아무것도 비난하지 않지만 – 자신을 흠이 없다고 스스로 평가하는 것은 근거가 없기 때문이다.[133] 사도의 업적을 평가하는 일은 오직 주님에게만 속한 것이다.[134]

5절: 소송에 대한 심의는 오직 주님의 일이라고 말하는 것은 종말의 시간에 닥칠 자신의 심판을 기다려야 한다는 뜻이다. 사도를 심판함으로써 코린토인들은 시간을 앞당기고 또 주님의 자리를 차지한 것이다. 모든 심판은 때 이른 것이며, 때가 이르렀을 때 주님은 그 일을 맡으셔서 심판을 통해 모든 것을 밝히실 것이다.

hos kai … kardiōn(주님은 어둠 속에 숨겨진 것을 밝히실 것이며 마음속의 생각들을 드러내실 것입니다)은 병행어법으로 찬가의 형식을 띠고 있는데, 어쩌면 하나의 인용문일 수 있다. skotos(어둠)는 흔히 악한 세력의 영역과 그 효과를 가리킨다(로마 13,12; 2코린 6,14; 1티모 5,4 등). 어둠의 비밀은 숨겨진 잘못들이다.[135] 마음(kardia)은 인격의 중심이고 인간의 의지나 계획(boulai)의 중추이다.[136] "여기서 우리는 인간의 내면을 하느님께서 알고 계신다는 옛 가르침을 종말론적으로 적용시킨 사례를 보고 있다"(콘첼만). apo tou theou(하느님으로부터)는 강조점을 지니고 있

---

133) dikaiousthai(의롭게 되다)은 여기서 바오로 의화 교리의 전문용어가 아니다.
134) 분사 anakrinōn에 미래의 의미를 부여하여 "나를 심판할 분"으로 번역하는 것은 잘못이다. 사도는 자신의 일에 대한 현재의 판단을 말하는 것일 뿐 자신도 그 결과를 최후의 심판 때에야 알 것이다.
135) 흔히 "어둠 속에 숨겨진 것"이라고 번역한다. 악의 개념은 "숨겨진"이라는 말에 담겨 있다. 악이 숨겨지기를 바라는 개념에 대하여는 요한 3,20 참조.
136) J. Behm, kardia, *ThW* III p.614.

다. 심판은 주님이 하시는데 그분은 바로 하느님의 이름으로 심판을 주재하고 칭찬을 해주신다. 코린토에서는 자신들이 칭찬과 비난을 할 수 있다고 생각하였다. 그러나 하느님께서 주시는 칭찬과 비난만이 유일하게 중요하다는 것을 기억해야 하고, 또한 이 점에 대해 개인적으로[137] 주의를 기울여야 한다.

2) 십자가에 달리신 분의 사도 4,6-13

[6]형제 여러분, 나는 여러분을 위하여 이 모든 것을 나 자신과 아폴로에게 적용시켜 이야기하였습니다. 여러분이 '기록된 것에서 벗어나지 마라' 한 가르침을 우리에게 배워, 저마다 한쪽은 얕보고 다른 쪽은 편들면서 우쭐거리는 일이 없게 하려는 것입니다. [7]누가 그대를 남다르게 보아 줍니까? 그대가 가진 것 가운데에서 받지 않은 것이 어디 있습니까? 모두 받은 것이라면 왜 받지 않은 것인 양 자랑합니까? [8]여러분은 벌써 배가 불렀습니다. 벌써 부자가 되었습니다. 여러분은 우리를 제쳐 두고 이미 임금이 되었습니다. 여러분이 정말 임금이 되었으면 좋겠습니다. 우리도 여러분과 함께 임금이 될 수 있게 말입니다. [9]내가 생각하기에, 하느님께서는 우리 사도들을 사형 선고를 받은 자처럼 가장 보잘것없는 사람으로 세우셨습니다. 그래서 우리가 세상과 천사들과 사람들에게 구경거리가 된 것입니다. [10]우리는 그리스도 때

---

137) 흔히 제기되는 질문인 hekastos가 일반적으로 각자를 가리키는 것인지 아니면 사도들 각자를 가리키는 것인지는 아무런 의미가 없다.

문에 어리석은 사람이 되고, 여러분은 그리스도 안에서 슬기로운 사람이 되었습니다. 우리는 약하고 여러분은 강합니다. 여러분은 명예를 누리고 우리는 멸시를 받습니다. [11]지금 이 시간까지도, 우리는 주리고 목마르고 헐벗고 매 맞고 집 없이 떠돌아다니고 [12]우리 손으로 애써 일합니다. 사람들이 욕을 하면 축복해 주고 박해를 하면 견디어 내고 [13]중상을 하면 좋은 말로 응답합니다. 우리는 세상의 쓰레기처럼, 만민의 찌꺼기처럼 되었습니다. 지금도 그렇습니다.

바오로는 3,5-8의 연장선상에서 한 번 더 결론을 내리려 한다. 어느 한 봉사자를 얕보고 다른 봉사자의 편을 들어 행동하는 것은 어리석은 일이다(6절). 그러나 담론은 다시 한 번 새롭게 전개된다. 바오로가 공동체 안에서 확인한 자기만족과 포만감은 그가 결정적인 사항으로 다시금 돌아갈 기회를 제공한다. 사도적 직무를 제대로 이해하지 못하는 것은 사실 그리스도를 이해하지 못하는 것이다. 마지막 말은 (14-21절의 권고와 호소 이전) 그리스도 때문에 허약하고 어리석은 자가 된 사도의 역설적인 자기변증이다.

6절: metaschēmatizein은 일반적으로 "변형시키다"를 의미한다(1코린 11,14; 필리 3,21). 그러나 여기서 이 단어의 의미는 모호한데, 어쩌면 3,5 이하의 이미지들을 암시하는 것일까?[138] 혹은 바오로가 공동체에 비난을 가하기보다는 하나의 행동양식을 지시하기 위하여 우회적인 방법

---

138) M.D.Hooker, 앞의 논문.

으로 사도들을 모범적인 사례로 삼고자 하는 것일까?[139)] 혹은 일반적으로 수긍해 왔듯이 단순히 그는 해야 할 말을 사도 가운데 대표로 아폴로와 자기 자신에게 적용한 것일까?

to mēhyper ha gegraptai(쓰여 있는 것 이상은 하지 마라)는 이해하기 어려운 표현이다. 사람들은 이것을 후대에 삽입된 부분으로 보고자 했다. 그러나 이를 바오로 자신의 문장으로 본다면, 다음과 같은 몇 가지 해석을 추측할 수 있다.[140)]

1. 바오로는 자신이 인용한 본문(3,19-20)을 암시하고 사람들이 이를 지켜가기를 바라고 있다.
2. 사도는 모종의 영신주의적인 구호에 대항하고 있다. 그것은 "성경을 넘어서 가자"는 주장일 터인데, 쓰인 것 즉 성경과 영의 영감을 대립시키는 구호일 것이다.
3. 그는 독자들이 잘 아는 격언 하나를 인용하고 이처럼 준수해야 할 규정들이 존재함을 상기시키고자 한다.

두 번째 절의 "여러분이 배우도록"도 그렇게 분명하지 않다. 코린토인들이 어느 한 사도를 얕보고 다른 사도 편이 되면서 교만해지거나 또는 어느 한 사도를 등에 업고 서로 경쟁 관계에 들어가서는 안 된다는

---

139) J.Schneider, metaschēmatizō, *ThW* III p.958-959.
140) J.M.S.Baljon, NT *Graece*(1898) 그의 입장은 Héring, W.Schmithals, *Gnosis*, p.115, A.Legault, 앞의 눈문 등에 의해 계승되었다. 필사가가 두 번째 목적절의 mē를 생략한 다음, 교정자가 hina의 a 위에 mē를 다시금 복구시키고 "mē는 a 위에 적혀 있다"는 설명을 덧붙였다. 이렇게 a 위에 덧붙여진 mē가 나중에 실수로 본문에 삽입되었다. 바이스는 이 설명을 일러 거의 농담 수준이라고 평가하였다.

의미인가?[141]

7절: 사도들에 대한 어리석은 비교를 비판한 다음에 바오로는 세 가지 질문을 통하여 영적 교만을 드러내는 사람들을 신랄한 반어법으로 몰아붙인다.

1. 그대는 자신을 특별한 존재로 여기는가 ? 그러면 누가 그대에게 이러한 우월함을 인정하는지 내게 말해보게나 ?

   대답: 아무도.

2. 내가 인정하마. 그대는 영적 재산을 소유하고 있네. 그렇다면 그대는 이것을 얻기 위해 무엇을 했는가 ?

   대답: 아무것도.

3. 그대가 가진 모든 것과 그대의 존재 자체가 은총의 선물이요 업적이라면,[142] 어떻게 그대가 우쭐거릴 수 있는가?[143]

8절: 반어법은 가혹한 풍자가 된다. 8ㄱ절[144]의 세 가지 명제는 자신들이 의존하는 은총을 망각하고 앞으로 받아야 할 것을 지각하지 못하면서 스스로를 과신하는 공동체 구성원들의 마음 상태를 묘사해준다. 그들은 배가 불러서[145] 어떤 부족함도 느끼지 않는다. 그들은 모든 것을

---

141) 바오로의 친서 중에서 physiousthai(우쭐대다)라는 동사는 코린토 1서에만 등장한다 (4,6.18.19; 5,2; 8,1; 13,4.; 참조 콜로 2,18). G. Bornkamm, *Ges.Aufs.* I, p.144, n.14에 의하면 바오로는 코린토의 영지주의자들의 자가당착적인 영적인 충만을 조롱하기 위해 이 동사를 사용했다고 한다.

142) ei de 다음에 나오는 kai는 가정적인 현실을 강조한다(알로).

143) 1,26-31과 비교할 때 4,7은 일종의 요약이다. kauchasai(자랑하다)는 kaucha에 대한 헬레니즘적인 표현이다. 참조 로마 2,17.23. Bl-Debr. § 37

144) 이것을 바흐만과 큄멜은 질문으로, 대다수의 주석가들은 확인으로 본다.

145) 완료형은 지속적인 상태를 나타낸다.

수용하도록 호소하는 복음을 가지고 과연 무엇을 할 것인가? 가여운 사도가 이들에게 무엇을 더 줄 수 있을까? 동사 ploutein은 "부요하다"는 뜻을 지닌다(루카 1,53; 12,21; 로마 10,12). 동사의 단순과거형은 움직임이 시작되었음을 뜻한다. "여러분은 영적 자본주의자로서 이미 부요하게 살기 시작하였습니다."[146] 세 번째 동사가 두 개의 명제에 신학적 해설을 부여하면서 풍자를 강조하고 심화한다. 그는 다가오는 시대에 의인들이 하느님과 함께 다스리는 것을 상기시킨다.[147] 코린토인들은 이 상태에 이미 도달했다고 스스로 생각하고 있는 것이다.[148]

"우리를 제쳐 두고"의 의미는 여러 가지로 해석된다. 먼저 우리의 선포는 여러분의 행동으로 보아 아무것도 아님을 의미한다고 볼 수도 있고(벤트란트), 여러분은 우리 비천한 사람들의 봉사를 필요로 하지 않다고 볼 수도 있다(바레트). 아니면 문맥(8ㄴ절)에 가장 잘 어울리는 것으로, 여러분은 영광스럽게도 우리를 앞지르고 있습니다(리츠만)라고 해석할 수도 있다.

그러나 바오로는 곧 풍자를 그만둔다. 8ㄱ절의 두 번에 걸친 "벌써"에 그는 사도의 약함이 나타난 "현재"(10,13절)를 대비시킨다. 하느님과 세상이 충돌하는 위험한 노선에서 그리스도의 사도로 살아온 자신의 삶을 생각하며(9-13절) 그는 미래의 세기가 이미 현실화되기만을 열망하지[149] 않을 수 없다.

---

146) 1,5에서는 타동사 ploutizein(부요하게 하다)의 수동태가 은총의 강복을 표현한다.
147) 마태 5,3.10; 루카 12,32; 묵시 5,10.
148) 은사들의 열광주의적인 개념을 비판하는 내용에 대해서는 13,8 이하 참조.
149) Ophelon은 불확실한 동사 형태다. Bl-Debr. §67,2; 359에 의하면 이것은 불가능한 것을 기대하는 소사小辭가 된 단순과거 분사이다.

9절: 그러나 사도의 험난한 삶을 묘사하는 이유는 8ㄴ절의 열망을 정당화하기 위해서만은 아니다. "그리스도 때문에"(10절)라는 징표하에서 사도가 겪는 시련과 노고를 길게 열거하는 것은 인간적인 영광을 누리는 자들 앞에서(7절) 진정한 영광을 역설적으로 주장하는 방법으로 드러난다. "어리석은", "약한" 등 1,18 이하에서 사용된 지배적인 용어들을 자신에게 적용하면서, 바오로는 배부른 자들이 비판하는 자기 사도직의 불구성이야말로 하느님의 약함(1,25)의 불가결한 연장延長이자 결과이며 자신의 진정한 사도직을 보장하는 봉인임을 드러낸다.[150]

하느님은 사도들에게[151] 불가능한 상황을 만드셨다. 그들은 모든 사람들 중 가장 보잘것없는 사람, 마치 사형수처럼 내놓아졌다. 매우 강한 이 표현은 바오로가 겪는 분명히 위험한 삶에 대한 주관적인 평가만이 아니라 하나의 신학적인 판단이기도 하다. 십자가에 달리신 분을 위하여 봉사하도록 하느님께 부름받아 참여하는 사도는 십자가에 달리신 분의 뒤를 따르는 유사한 상황에 처해 있는 것이다. 그는 하느님에 의해 죽음의 처지에까지 이르고, 또 원형경기장에서 마치 검투사처럼 싸워야 하는 신세와 비슷하게 그분에 의해 세상의 구경거리가 되는 것이다. 그가 천사들과 인간들에게 보이는 투쟁은 우주적인 차원을 지닌다. 그 투쟁은 하느님과 세상 사이에서 하느님을 선택하는 지속적인 과정이며, 여기에 구원과 멸망이 달려 있다.

---

150) 참조 2코린 4,7 이하; 6,4 이하.
151) 바오로는 자신의 역운逆運에서 사도의 역운을 본다. 그러나 결정적인 것은 전기傳記적인 정보가 아니라 십자가를 기준으로 하는 신학적 해석이다. 사도가 자신에 대해 말하는 것은 그의 극적인 역운에도 불구하고 그리스도의 모든 사자使者들에게 적용될 수 있다(콘첼만).

10절: 10절과 2코린 4,11 이하, 그리고 2코린 13,9을 두루 연결시키면서 사람들은 그 풍자적인 의도가 무엇인지 물어볼 수 있을 것이다. 다른 이들이 그리스도 안에서 영리하고, 강하고 영예롭기 위하여 사도 자신은 어려운 조건을 감수하고 있다는 말인가? 그렇다면 코린토인들의 배은망덕을 비난하는 것이 바오로가 풍자하는 의도일 것이다. 그러나 8절의 문맥으로 보면, 이렇게 해석할 가능성은 사라진다. 사도는 자신의 영적 야망을 위해 그리스도를 이용하여 스스로를 높이 올려 세운 자들을 풍자적으로 경하해 마지않는다. 그는 그리스도 때문에 비참해진 자신의 처지를 이들과 대립시키고, 비록 말은 하지 않지만 이 비참한 처지야말로 자신의 가장 진정한 품위라고 간주한다.

11-12ㄱ절: 코린토인들이 이미 목표에 도달했다면(8절), 사도들은 이 시간에도 헐벗고 매맞으며[152] 십자가의 복음을 내쫓는 세상에서 정처없이 헤매는 처지에 있다. 바오로는 이 이야기를 통해 자신의 처지를 말하고자 하는가? 그는 자신의 사도적 활동이 인정받지 못하고 보상받지 못하여 이런 처지에 떨어지게 되었다고 말하고 싶은 걸까?[153]

12ㄴ-13ㄱ절: 세 개의 반대 명제는 문맥과 잘 조화되지 않는다. 왜냐하면 연설문의 강조가 이 구절이 요구하는 것처럼 첫 번째 동사에 놓여 있지 않고 두 번째 동사에 놓여 있기 때문이다. 어쩌면 이 대목은 그리스도의 증인들이 겪는 시련과 인내를 설명하는 전통적인 로기온(단절어)을 인용하는 것일 수도 있다.[154]

---

152) kolaphizein은 본시 "모욕하다"를 의미하였는데 "매 맞다"라는 뜻으로 확대되었다. 참조 2코린 12,7. K.L.Schmidt, kolaphizō, *ThW* III p.818-821.
153) 그러나 다른 설명으로는 참조 9,6 이하; 1테살 2,9.
154) B D 코이네는 dysphēmoumenoi(비방을 당하며)를 더 널리 통용되는 blasphēmoumenoi

13ㄴ절: perikatharmata와 peripsēma는 동의어로서 청소하고 난 다음에 나오는 쓰레기와 찌꺼기를 가리킨다. 둘 다 인간의 희생제물을 가리킬 수 있다. 그리스 일부 도시의 관행에 의하면 대중적인 재난이 닥쳤을 때 재앙의 원인이 된 오염으로부터 백성을 구하기 위하여 인간 생명을 희생시켰다.[155] 프랑스어에서도 그러하듯이 이 단어들은 통상적으로 경멸과 모욕의 용어로 쓰이기도 한다. 문맥상 이 단어들은 바로 그러한 의미로 사용되었다.[156] 자신을 업신여기는 사람들에게 바오로는 그리스도 때문에 쓰레기가 되었음을 알리고 있다. 그는 그리스도를 대리하고 있고 사도의 인격과 실존 안에 십자가를 현재의 것으로 만들고 있는 것이다. 바로 이렇게 그리스도 때문에 위신을 잃고, 그가 선포한 그리스도 덕분에 존재하고 있는 공동체로부터 멸시를 당하면서도, 그는 세상과 교회를 위해 구원의 진리를 전달하는 자인 것이다.

(모욕을 당하며)로 바꾸어 놓았다. parakalein은 여기서 "좋은 마음으로 말하다"를 의미한다. 한편 사도 16,39에서 이 동사가 "용서를 구하다"를 뜻한다.

155) F.Hauck, *ThW* III p.434와 G.Stälin, *ThW* VI 84 ss. 이들은 이 용어들이 이런 희생주의적인 의미에서 사용되었다고 본다. 그러나 바이스는 "바오로가 세상 전체를 위해 희생의 역할을 자임했다고 보는 것은 있음직하지 않다"고 정당하게 지적한다. 다른 이들은 사도가 교회를 위해 대리 고난을 받는다고 해석한다. 예컨대 N.A.Dahl, *Volk*, p.233. 그러나 우리는 이런 해석이 본문이 암시할 수 있는 것 이상을 말한다고 여긴다.

156) 에픽테토스 III 22,78: "프리암은 오십 개의 쓰레기(perikatharmata)를 만들어내어 누구에게나 무익하였다." 필로, *Virt*. 173-174: 거만한 자는 다른 이들을 "가난하고 무의미하며(adoksoi) 경멸스럽고(atimoi) 불의한, 배은망덕한 인간 쓰레기(katharmata)로 간주한다.

6. 권고와 방문 예고 4,14-21

¹⁴나는 여러분을 부끄럽게 하려고 이런 말을 쓰는 것이 아닙니다. 여러분을 나의 사랑하는 자녀로서 타이르려는 것입니다. ¹⁵여러분을 그리스도 안에서 이끌어 주는 인도자가 수없이 많다 하여도 아버지는 많지 않습니다. 그리스도 예수님 안에서 내가 복음을 통하여 여러분의 아버지가 되었습니다. ¹⁶그래서 내가 여러분에게 권고합니다. 나를 본받는 사람이 되십시오. ¹⁷이러한 연유로 내가 티모테오를 여러분에게 보냈습니다. 그는 내가 주님 안에서 사랑하는 나의 성실한 아들입니다. 내가 어디에 가든지 모든 교회에서 가르치는 그대로, 그리스도 예수님 안에서 지켜야 하는 나의 원칙들을 그가 여러분에게 상기시켜 줄 것입니다. ¹⁸그런데 어떤 이들은 내가 여러분에게 가지 않을 것으로 여겨 우쭐거리고 있습니다. ¹⁹주님께서 원하시면 나는 여러분에게 곧 갈 것입니다. 그리고 그 우쭐거리는 이들의 말이 아니라 힘을 확인해 보겠습니다. ²⁰하느님의 나라는 말이 아니라 힘에 있기 때문입니다. ²¹여러분은 어느 것을 원합니까? 내가 여러분에게 매를 들고 가는 것입니까? 아니면, 사랑과 온유한 마음으로 가는 것입니까?

14절: 편지는 좀 더 친근하고 부드러워진 어조로[157] 끝난다.[158] 그러

---

157) 이 같은 어조의 변화는 2코린 10-13장에도 나타난다.
158) 참조 입문 19-20쪽.

나 entrepeō(부끄럽게 하다)와 noutheteō(경고하다, 타이르다) 사이에 바오로가 보여 주고자 하는 중요한 차이를 알아듣는 데는 어려움이 있다. 바오로가 원하는 조정의 의사는 차라리 "사랑하는 자녀"라는 말에서 더 잘 드러난다.[159]

15절: 14절이 어진 아버지의 사랑을 일깨우는 반면, 15절은 코린토에서 사도의 뒤를 이은 교사들의 권리보다 우월한 자신의 권리를 강조한다.[160] 그들의 역할도 분명히 불가결한 것이지만 사도의 역할에 의해(참조 3,10) 조정되어야 하며, 특히 공동체가 위기의 상황에 처해 있을 때는 누구보다도 사도의 말을 들어야 할 의무가 있다. 이것은 사도가 코린토인들에게 단순히 자신을 인정해 줄 것을 호소하는 내용이 아니다. 그들의 아버지로서 사도는[161] 그들을 나무랄 권한이 있다. 그의 권한은 단지 공동체에 준 선익에만 기초하는 것이 아니라 그가 그리스도 안에서(en Christō), 그리스도의 대리자로 행동한 사실에 근거하고 있다. 여기서 다음에 이어지는 권고의 힘이 나오는 것이다.

16절: 본받음이라는 주제는 헬레니즘 시대에 이방인 철학자나 종교인, 유다인 철학자나 종교인 모두에게 친숙한 것이다.[162] 바오로도 이 주

---

159) 콘첼만의 지적처럼 부끄럽게 하는 것은 교사의 일이요 타이르는 것은 아버지의 역할이라고 해석할 수 있을까?
160) 그렇다고 사도가 자신의 후계자들을 과소평가하는 것은 아니다. 참조 G.Bertram, paideuō, *ThW* V p.599, 617, n.139.
161) 이것은 단순한 이미지 그 이상이다. 사도는 그들에게 복음을 전해 줌으로써 진정 그들을 낳은 것이다. 참조 갈라 4,12-20; 필레 1,10. 신비 종교에서 신비가는 입문자의 아버지였다. 참조 G.Schrenk, patēr, *ThW* V p.953-954.
162) 구체적인 사례에 대해서는 참조 콘첼만, ad loc. note 16.

제를 기꺼이 사용한다.[163] 그는 9-13절에서 자신에게 부여했던 이미지를 배경으로 활용하고 있음이 분명하다. 그의 권고에서 일반적으로 겸손과 순종에 대한 호소만을 보는데 이는 충분치 않다.[164] 바오로는 코린토인들이 자신의 사도적 약점을 멸시하는 대신에 자신이 그러했던 것처럼 그들의 실존을 십자가의 복음에 정합시키기를 원한다(참조 3,18-23).[165]

17절: dia touto auto*(이러한 연유로)*는 앞의 사건과 관련된다.[166] 즉 티모테오의 파견과 그가 코린토에서 수행할 사명은 코린토인들이 사도의 호소에 응답하도록 도와줄 것임이 분명하다.[167] "내 사랑하는 자녀"라는 말은 14절의 표현과 같은 의미다.[168] 바오로에게서 pistos는 일반적으로 '충실한'의 의미를 지니는데, 여기서도 마찬가지다.[169] en kyriō(주님 안에서)는 pistos보다는 teknon mou(나의 자녀)에 걸린다. 바오로의 선포에 의해 신앙으로 태어난 티모테오는 주님 안에서 사도의 자녀이고 그

---

163) 11,1; 필리 3,17; 1테살 1,6; 2,14; 참조 갈라 4,12.
164) W.Michaelis, mimeomai, *ThW* IV p.670.
165) 일부 소문자 사본들은 kathōs kagō Christou(11,1)를 첨가하고 있다. 이는 주석학적으로는 정당하나 사본학적으로는 거부되어야 한다.
166) P⁴⁶ B C는 auto를 생략한다. dia touto가 관계절 hos … anamnēsei를 가리키는 것일 수도 있다.
167) "내가 티모테오를 보낸 것도 이 때문입니다." 티모테오는 분명히 (마케도니아의 교회들을 방문하기 위하여) 육로를 통해 에페소에서 이미 코린토로 가는 중이었다. 해로를 통해 보낸 편지는 그보다 먼저 도착할 것이다. "보냈다"라는 단순과거가 여기서 편지형식에 고유한 것이라면(벤트란트, 바레트) 그것은 현재형에 해당할 것이고(필리 2,28) 티모테오는 편지의 전달자였을 것이다. 그러나 이 점에 관해서는 16,10-11에서 재론할 것이다.
168) 사도행전의 저자는 이 점을 모르는 것 같다. 사도 16,2-3.
169) pistos가 믿는 이를 의미하는 갈라 3,9가 유일한 예외이다.

가 확실히 믿을 수 있는 대변인이다. 사도의 hodoi(원칙, 길들, 도리)는 여기서 그의 가르침을 말한다(17ㄹ절).[170] 그는 코린토에서 다른 교회와 다른 복음을 선포하지 않았다. 그는 코린토 청중의 자존심을 상하게 하지도 않았고 그들을 골려주지도 않았다. 또 그는 자신을 비판하는 자들에게 환심을 사려고 복음을 그들의 구미에 맞게 조정하지도 않았다.

18절: 티모테오는 코린토를 방문해야 한다. 왜냐하면 바오로가 에페소에서 좀 더 머물기로 결정하였고 오래 전부터 약속해 온(16,5) 코린토 방문을 연기했기 때문이다. 그런데 클로에 집안 사람들이(1,11) 사도에게 와서 일부 사람들이 그의 방문 연기를 허약함의 징표로 보는 불쾌한 생각을 가지고 있음을 알려주었다. 그들에 의하면 사도는 사람들 앞에 나서기를 두려워했을지도 모른다. 왜냐하면 그는 사람들에게 권위를 인정받을 자신이 없기 때문이다.[171] 이렇게 생각하는 사람들은 티모테오의 파견을 보고 자신들의 추측이 옳았음을 확인하려 하지 않았을까?

19절: 그들은 각성해야 한다. 그는 결심을 굳혔고 그곳에 신속하게 갈 것이다.[172] 그는 거기서 이들의 주장이 과연 어떤 가치를 지니는지 볼 것이다. 사도는 이들을 pephysiōmenoi(교만한 자들)이라고 부른다. 말(logos)에 대립되는 능력(dynamis)은 영의 능력을 특별히 의미하는지 아

---

170) 이것은 도덕적인 원리가 아니다(헤링, 바레트) 그리스도인 실존의 근본이 코린토에서 위협받고 있다. 물론 hodoi가 가르침의 의미로 사용된 용법이 놀랍다. 그러나 바오로는 자신의 가르침과 그의 사도적 삶의 스타일 간에 존재하는 극도로 밀접한 관계 때문에 이 용어를 선택할 수 있었다.
171) Hōs와 절대 속격: Bl-Debr. § 425-3. 참조 2코린 5,20; 1베드 4,12.
172) 그러나 이러한 서두름이 16,5 이하에는 발견되지 않는다: 바오로는 에페소에서 몇 개월 동안 더 일해야 한다. 코린토와의 관계는 정상적이고 평화롭다.

니면 좀 더 일반적인 뜻에서 구체적인 사례를 통해 입증되는 능력을 의미하는지 확실하지 않다.[173]

20절: 바오로가 말하고자 하는 것은, 하느님 나라의 일은 담론이 아니라 능력이 넘치는 현실이기에 중요한 것은 말이 아니라 약동하는 현실이라는 점이다. 이 기준에 근거하여 사도는 반대자들을 판단할 것이다.[174] 단도직입적인 이 선언은 당연히 하느님 나라에 대한 정의定義가 아니다. 이에 관하여 신학적 분석을 시도하는 것은 헛된 일이 될 것이다.[175]

21절: 바오로는 자식들에게 말하는 아버지의 심정으로 호소한다. 사랑과 온유의 마음[176]으로 코린토에 가는 것보다 더 나은 것은 없다. 그러나 그는 공동체가 정신을 차리지 않으면 엄격하게 다루기 위하여 매를 들고 가는 것을 망설이지 않을 것이다. 그들은 무엇을 원하는가? 선택은 그들의 몫이다.[177]

---

173) 말과 능력의 대조가 1테살 1,5에도 나타난다.
174) 하느님의 나라는 바오로 신학에서 중요한 개념이 아니다. 이 표현은 "하느님 나라를 상속받다"라는 형식으로 6,9; 15,50; 갈라 5,21에 나타난다. 4,20; 로마 14,17에서는 고정된 도식의 변형된 형태로 나타나고 1테살 2,12에서는 "하느님의 영광"에 연결되어 있다. 하느님 나라에 해당하는 바오로의 개념은 영원한 생명이다. Bultmann, *Theol. NT*, p.79.
175) 바오로에게 하느님 나라의 현실이 현재인지 미래인지의 질문은 여기서 답변이 주어지지 않는다.
176) 여기서 마음으로 번역된 pneuma는 영, 영의 경향을 뜻한다. 시편 51,14은 좋은 의지의 영을, 즈카 13,2은 더러움의 영을, 1QS III 8은 올곧음과 겸손의 영을 말한다.
177) 1-4장이 코린토 1서에서 가장 후대의 문헌이라면 그 다음 편지는 코린토 2서에서, 아마도 2코린 2,14-7,4에서 이어질 것이다. 참조 G.Bornkamm, Die Vorgeschichte des sogenannten zweiten Korintherbriefes. In: *Ges.Aufs*. IV p.162-194.

II. 그리스도인의 도덕 문제 5,1–7,40

1. 근친상간의 경우 5,1–13 (B)

1) 공동체의 거룩함 5,1–8

¹사실은 여러분 가운데에서 불륜이 저질러진다는 소문이 들립니다. 이교인들에게서도 볼 수 없는 그런 불륜입니다. 곧 자기 아버지의 아내를 데리고 산다는 것입니다. ²그런데도 여러분은 여전히 우쭐거립니다. 여러분은 오히려 슬퍼하며, 그러한 일을 저지른 자를 여러분 가운데에서 제거해야 하지 않겠습니까? ³나는 비록 몸으로는 떨어져 있지만 영으로는 여러분과 함께 있습니다. 그래서 내가 여러분과 함께 있는 것과 다름없이, 그러한 짓을 한 자에게 벌써 판결을 내렸습니다. ⁴우리 주 예수님의 이름으로 그렇게 하였습니다. 이제 여러분과 나의 영이 우리 주 예수님의 권능을 가지고 함께 모일 때, ⁵그러한 자를 사탄에게 넘겨 그 육체는 파멸하게 하고 그 영은 주님의 날에 구원을 받게 한다는 것입니다.

⁶여러분의 자만은 좋지 않습니다. 적은 누룩이 온 반죽을 부풀린다는 것을 모릅니까? ⁷묵은 누룩을 깨끗이 치우고 새 반죽이 되십시오. 여러분은 누룩 없는 빵입니다. 우리의 파스카 양이신 그리스도께서 희생되셨기 때문입니다. ⁸그러므로 묵은 누룩, 곧 악의와 사악이라는 누룩이 아니라, 순결과 진실이라는 누룩 없는 빵을 가지고 축제를 지냅시다.

1절: 4,21과 5,1 사이에 문장론의 연관성, 그리고 의미 내지 상황의 연관성을 찾는 일은 헛수고일 것이다. 문장 첫머리에 나오는 holōs(*한마디로*)는 비난의 구체적 내용이나 이전의 협박 동기를 소개하는 것이 아니라 갑작스럽게 전혀 새로운 주제를 끌어들이고 있다.¹⁾ 소문을 들었다(akouetai)는 표현은 이 정보의 근원지에 대해 알려주는 바가 없다.²⁾ porneia는 엄밀히 말해서 매춘을 의미하는데 여기 문맥에는 적합하지 않은 번역이다. 이 용어는 흔히 신약성경이나 라삐 문헌에서 쓰인 것처럼 간음, 불법적인 결합, 비자연적인 성행위 등 성적 영역에서 벌어지는 온갖 무질서를 가리킨다.³⁾ 아버지의 처는 어머니가 아니라 아버지의 두 번째 부인이다. 그녀는 분명히 아버지와 이혼했거나 과부가 된 경우인데, 이 그리스도인은 로마법과 유다법이 모두 금지하는데도 그녀와 불법적

---

1) 편집자는 전통적인 도식에 따라 근본 주제를 다루는 1-4장에 윤리적 성격의 지침들(5-7장)을 연결시킨다.
2) 참조 akouō 11,18. 바오로가 익명으로 말하는 이들은 코린토에서 그가 신뢰하는 사람들일 것이다.
3) F.Hauck, S.Schulz, pornē, *ThW* VI p.587-595. B.Malina, "Does Porneia mean Fornication?" *NT* 14(1972) p.10-17.

으로 함께 사는 것이다.[4] en hymin(여러분 가운데)라는 표현은 사도가 단지 도덕군자의 입장에서 말하는 것이 아님을 보여 주고, 아울러 그의 비난이 문제의 범법자를 대상으로 하는 것이 아니라 하느님 백성(참조 7절)의 존엄성을 망각하고 이런 자를 수수방관한 공동체를 대상으로 함을 지시해준다.

이렇게 심각한 도덕적 탈선에 대해 사람들은 놀라워한다(참조 6,12-20). 이런 현상을 널리 알려진 코린토인들의 비행 풍속으로 설명해야 할까? 어쩌면 이 비행자는 영을 소지했으니 도덕적 요구로부터 해방되어 자신의 육체가 원하는 바를 자유롭게 행할 수 있다고 믿는 일종의 영지주의자가 아니었을까?[5] 또는 일부 사람들이 이 원리의 이름으로 이 비행자를 승인하고 변호하였는가?

2절: "여러분은 우쭐거립니다"(참조 kauchema 6절)라는 말은 공동체(비록 일부이지만)가 이러한 비행을 영적인 자유의 표현으로 간주하며 허영을 부리고 있음을 암시한다.[6] ouchi … epenthēsate(여러분은 통탄하지 않았습니다)는 현재형이 아니라 단순과거형으로 쓰여 있다. 왜냐하면 바오로는 공동체가 마땅히 겪었어야 했던 감정만을 말하는 것이 아니라 비행자를 "여러분 가운데에서 제거"(참조 13절)하는 행동을 한 후에 그들이 가져야 할 의식에 대해서도 말하기 때문이다. 바오로의 일차적인 관심사는 비행자의 개과천선이 아니라 공동체의 정화이다(콘첼만).

---

4) Caius, Comment. Instit. I 63: "Item eam (uxorem ducere non licet) quae mihi quondam … noverca fuit(마찬가지로 과거에 계모였던 여자와 혼인하는 것은 허용되지 않는다)." 레위 18,8; 신명 23,1; 라삐 문헌은 Billerbeck, III p.347-350 .

5) W.슈미탈스, *Gnosis*, p.224.

6) 참조 6,12; 10,23: "(나에게는) 모든 것이 허용됩니다."

3-5절: 이 절은 너무 길고 복잡하다. 대다수의 주석가들은 egō … kekrima … paradounai(나는 이미 넘겨주기로 결심했다)라고 문장을 분석한다. 다른 이들은 krinein에 심판하다는 의미를 부여하고, 부정사 paradounai(넘기다)를 "내가 심판했다"에 포함된 선언의 설명으로 간주한다. '나는 판결을 내렸습니다: 이 사람을 넘기기로.'[7)]

공동체가 모두 소집되어야 한다. 바오로의 영(pneuma)이 함께할 것이다.[8)] 어떻게? 그 방법은 말할 수 없으나 그가 명령한 내용이 그의 권위하에 실행될 것이다. 그의 권위는 실제로 주님의 권위이다. 왜냐하면 그들은 주님의 이름으로 소집되고 그분의 능력이 공동체의 집회에 함께하여 단죄에 효력을 부여할 것이다.[9)]

우리는 이미 2절에서 사도의 목표는 비행자의 구원이 아니라고 지적한 바 있다. 이 절차는 죄인을 공동체에서 제거함으로써 공동체를 순화시키고자 한다.[10)] 그럼에도 불구하고 5절에서 죄인의 구원이 목표로 제시된다. 이 두 가지 목표는 서로를 배제하지 않으나, 양자 간에 어떠한 논리적이고 신학적인 연관성이 정립되지 않는다. 구성원의 제거를 통해 교회의 거룩함을 회복시키는 일이야말로 더욱 중요한 과제이다.

5절이 묘사하는 행위는 우리에게 매우 이상하게 보인다. 사탄에게

---

7) 바흐만, 벤트란트: 주님의 이름으로(4ㄱ절)와 우리 주님의 권능으로(4ㄴ절)라는 단어들을 synachthentōn과 paradounai, 그리고 "신들에게" 중에서 어디에 연결시켜야 하는지도 모호한 점이다.
8) 바오로는 "생각으로" 공동체와 함께 할 것이라고 말하지 않는다. 그는 실제로 효과적으로 공동체와 함께할 것이다.
9) J.Schneider, 앞의 논문. Bultmann, *Theol. NT*, p.129.
10) 레위기와 신명기는 이런 유형의 죄인에게 사형을 명한다. 레위 18,19-20; 20,2-7; 신명 13,13-19; 17,2-7.

넘긴다는 표현은 하나의 효과적인 의식을 연상시킨다. 장엄한 저주를 통해 죄인은 사탄에게 넘겨지고 그의 힘 앞에 떨어진다. 그 결과는 육의 멸망(olethros tēs sarkos)인데 다른 말로 하면 죽음이다.[11] 그러나 이 죽음이 죄인의 완전한 파멸은 아니다. 고구엘의 말처럼 그는 교회에서 배척당하지 않고 적어도 구원이 배제되어 있지 않다. 왜냐하면 세례 때 받은 영이 세례자를 그리스도의 몸에 통합시키는데, 바로 이 영이 죄인에게서 떠나지 않기 때문이다.[12] 그리하여 이 영은 구원을 받을 것이다. 영이라는 말을 우리는 일찍이 그리스도께서 책임지신 인간으로 알아들어야 한다. 그의 육은, 즉 죄의 세력에 다시금 떨어진 그의 육체적인 존재는 멸망할 것이다. 이처럼 그는 최후의 심판의 벌을 앞당겨 받게 되고 심판관 앞에 정화되어 나타날 수 있게 될 것이다.[13]

당연히 우리는 이 구절을 충분히 이해하지는 못할 것이다. 그러나 우리는 다음의 몇 가지 점을 아울러 지적할 수 있겠다.

1. 바오로가 라삐들(참조 6,18)과 마찬가지로, 성에 관한 범죄를 특히 무겁게 여겼음을 잊지 말아야 한다.
2. 바오로는 동시대인들과 함께 묵시주의적 종말이 곧 오리라고 확신했는데, 그것이 이처럼 신속하고도 급진적인 처방을 내리게 만든 배경으로 이해할 수 있다.

---

11) J.Cambier, 앞의 논문, p 231-232. 그는 이것이 회개를 목표로 한 육체의 고행일 것이라고 보는데, 이런 해석은 신빙성이 없다.
12) E.Schweizer, pneuma, *ThW* VI p.434, n.691.
13) M.Goguel, 앞의 책, p.224. 그는 11,27-30과 비교하면서 "주님은 우리가 세상과 함께 심판받지 않게 하기 위하여 벌하신다"고 해석한다. 한편 K.P.Donfried는 "구원받을 영은 죄인의 영이 아니라 공동체의 영이다"라고 말하지만, 이는 지지받을 수 없는 해석이다.

3. 무상無償의 구원을 선포하는 사도는 이 죄인이 행복한 결말을 맞으리라는 희망과 확신을 가지고 있음을 강조해야 한다. 이 죄인도 그리스도에게 속해 있고 영세자로 머물러 있는 것이다. 그는 대가를 치루지만 은총은 그것보다 우월하다.

다음 구절들에서도 교회의 정화에 대한 염려가 다시금 지배적인 단독 주제로 나타난다.

6절: kauchēma(자만)에 대해서는 2절의 내용을 참조. ouk oidate(여러분은 모르십니까?)라는 말로써 바오로는 각자가 납득해야 하는 진리를 도입한다. 그것은 관용된 악이 확장될 위험이 있다는 개념이 아니라 한 사람의 잘못이 공동체 전체의 온전함을 손상시킨다는 것이다.[14]

7절: 바오로는 잠언에서 부활을 상기시킨다. 교회는 누룩 없는 빵이고 그리스도는 파스카 양이다.[15] 동사 ekkatharate는 제거(ek)와 정화(kathaireō)를 적절하게 결합시킨 것이다. 묵은 누룩을 깨끗이 제거함으로써(참조 13절) 공동체가 정화될 것이다.[16] 형용사 "묵은"은 지금 세상의 질서를 수식하고 "새로운"은 교회 안에 이미 드러나고 있는(참조 로마 7,6; 2코린 5,17) 다가올 세상의 질서를 꾸민다. 교회가 새로운 반죽을 위하여 묵은 누룩을 치우도록 불렸다면, 실제로 교회는 하느님께 받은 소명에

---

14) D. 이레네오, 마르치온이 전하는 다른 본문 holoi는 5절의 도덕주의적인 해석을 반영하는 이차적인 것이다.
15) J.K.Howard, "Christ our Passover: a Study of the Passover-Exodus Theme in 1 Cor." Ev Quart. 41(1969) p.97-108. 그는 탈출기 유형이 바오로에게 그리스도의 업적을 해석하는 기본 틀이라고 주장하지만, 이는 부당한 일반론이다.
16) 이 이미지는 완전하게 들어맞지 않는다. 축제를 위하여 청소해야 할 대상은 빵이 아니라 집이다. 탈출 12,15.19; 13,7.

힘입어 이미 새로운 반죽이다.[17] 권면의 명령법은 은총의 직설법(여러분은 누룩 없는 빵입니다)에 기초하고 성화의 소명은 거룩함의 은사 위에 기초한다(참조 1,2). 순종과 새로운 삶은 그리스도께서 신자들을 죄의 지배에서 해방시켰기에 가능하다.[18] 이것이 바로 7ㄷ절이 의미하는 바다. 여기서 바오로는 이미지를 발전시켜 자신의 피로 이스라엘에게 생명을 보장하는 파스카 양과 그리스도를 비교한다.[19]

8절: 결론 부분이다. 바오로는 누룩의 이미지를 계속 활용하여 공동체와 각 구성원이 품위 있게 축제를 거행하고 해방되고 거룩해진 삶을 살아가도록 촉구한다.[20] 그는 비행과 악습[21]의 묵은 누룩과 순결과 진실의 새 누룩을 대비시킨다. 공동체의 행동양식은 그 안에서 살아가도록 주어진 새로운 존재양식에 타협 없이 부응해야 한다.

2) 강조점과 결론 5,9-13

[9]나는 전에 써 보낸 편지에서 불륜을 저지르는 자들과 상종하지 말라

---

17) 여기서 kathōs는 자주 그러하듯이 원인의 의미를 지닌다.
18) 로마 6,11-14; 갈라 5,1.13. 참조 Bultmann, Das Problem der Ethik bei Paulus. In
 : *Exegetica*, p.36-54.
19) 탈출 12,21 이하. 여기서는 성찬례가 암시되지 않는다. 왜냐하면 신자들이 누룩 없는 빵(azymoi)으로 비유되기 때문이다. 대신 성금요일의 사건이 암시된다. 10,1 이하에서는 이와 반대로 광야 유형론 안에서 성찬례를 상기시키되 파스카 양은 암시하지 않는다.
20) K.Galley, *Altes und neues Heilsgeschehen*, p.10.
21) ponērias 대신에 G는 porneias(참조 1절)로 읽는다. 필사가가 문맥의 영향을 받아 오류를 범한 것이다.

고 하였습니다. ¹⁰물론 불륜을 저지르는 이 세상 사람들이나 탐욕을 부리는 자들, 그리고 강도들이나 우상 숭배자들과 전혀 상종하지 말라는 것이 아닙니다. 그렇다면 여러분이 아예 이 세상 밖으로 나가야 할 것입니다. ¹¹내가 그렇게 쓴 뜻은, 교우라고 하는 사람이 불륜을 저지르는 자거나 탐욕을 부리는 자거나 우상 숭배자거나 중상꾼이거나 주정꾼이거나 강도면 상종하지 말라는 것입니다. 그런 자와는 식사도 함께하지 마십시오. ¹²바깥 사람들을 심판하는 것은 내 일이 아니지 않습니까? 여러분이 심판할 사람들은 안에 있는 이들이 아닙니까? ¹³바깥 사람들은 하느님께서 심판하실 것입니다. "여러분은 여러분 가운데에서 그 악인을 제거해 버리십시오."

9절: 바오로는 앞의 편지에서 그리스도인들이 음행하는 자들과 상종하는 것을 금지했다. 이에 사람들은 편지나 구두 형식으로 걱정이나 빈정거림을 섞어 반대했을 것이다. 그대가 아는 이 세상에서 우리가 어떻게 이들과의 교제를 피할 수 있겠는가라고.[22]

10절: 그는 몇 가지 점을 명확히 밝힌다. 그의 의도는 비그리스도인들과의 관계를 포함하여 신자들의 모든 인간관계를 해결하는 데 있지 않다. 이 세상의 음행하는 자들과 만나지 않고 일반적으로 행동거지가 비난받아 마땅한 이방인들과 상종하지 않으려면 세상 밖으로 나가야

---

22) 지금까지의 편지 내용 안에서는 이처럼 명백하게 언명된 금지사항을 어디서도 발견할 수 없다. 그것은 아마도 가까이 있는 6,12-20 안에서 찾아볼 수 있을 것이다. 또 2코린 6,14-7,1과 비교되기도 하는데, 이 대목은 분명히 현재의 문맥으로 자리를 옮긴 특이한 단편이고, 어쩌면 1코린 5장보다 오래된 것일 수 있다.

할 것이다.[23]

11절: 현실적으로[24] 그의 금지령은 교회 내부의 관계에만 국한된다. 그가 요구하는 것은 이름만 교우인 자들과 상종하지 말라는 것이다. 왜냐하면 그들은 이방인들처럼 행동하고 그들의 존재가 하느님 백성의 거룩함(참조 2,6)을 해치기 때문이다. "그런 자와는 식사도 함께하지 마십시오." 이는 단지 성찬례의 식사에만 해당되지 않는다. 이것은 개인적이고 사회적인 모든 관계를 단절하는 것에 해당하는 매우 가혹한 조치이다.[25] 11절에 열거된 수많은 악덕으로부터 코린토 교회의 도덕적 상태를 묘사하는 정확한 결론을 이끌어내는 것은 바람직하지 않을 것이다. 이런 목록은 이방인 도덕가들이나 유다인 저자들, 그리고 그리스도인 저자들이 논쟁하거나 교육을 시킬 때 즐겨 사용하는 하나의 문학 형식일 뿐이다.[26]

12절: 당연히 나(moi)와 여러분(hymeis)을 대립시켜서는 안 되고 바깥 사람들(tous exō)과 안에 있는 사람들(tous esō)을 대립시켜야 한다.[27] 바

---

23) 바오로는 광야로 나갈 것을 진지하게 생각하고 있지 않다. 콘첼만은 이 대목을 너무 부풀려서 금욕주의의 이상과 이 세상의 현실 안에서 살아가는 바오로적인 자유 개념 간의 대립을 여기서 찾으려고 한다. 그러나 바오로는 사람들이 그에게 말한 내용이 부조리하다는 것을 단순히 선언하고 있다.
24) nyn de는 여기서 논리적인 의미를 지닌다. 바오로는 지금 쓰는 내용과 이미 쓴 내용을 대조시키지 않는다.
25) 일체의 교육적인 의도가 없음도 또한 지적할 수 있다.
26) 예컨대 신약성경에서는 로마 1,29-31; 갈라 5,19-21; 1티모 1,9-10. S.Wibbing, Die Tugend und Lasterkataloge im NT (1959); E.Kamlah, Die Form der katalogischen Paränese im NT (1964).
27) 바깥 사람들은 비그리스도인들이다(마르 4,11; 1테살 4,12; 콜로 4,9). "안에 있는 사람들"이라는 표현은 오직 이곳에서만 나오는데 바오로가 만든 말이다.

오로는 자신의 역할이 바깥 사람들을 감독하는 것이 아님을 천명한다. 그가 책임지고 있는 것은 교회의 순결함이다. 이어서 그는 공동체도 그와 함께 이런 자질과 책임감을 나누어야 한다고 호소한다.[28] 비그리스도인들에 관해서는 하느님께서 판단하실 것이다.[29] 사도는 결론으로 신명 17,7을 인용한다. 죄인과 결별함으로써 자신의 거룩함을 수호하는 것이 공동체의 의무인 것이다.

---

28) P^{46}의 독법인 "안에 있는 여러분은 판단하시오"는 12ㄱ절과 12ㄴ절의 미묘한 관계를 변질시킨다.
29) L D의 독법인 krinei는 거부되어야 한다. 여기서는 최후의 심판이 관건이기 때문이다.

2. 이방인 법정에서의 송사 6,1-11 (A)

^{1}여러분 가운데 누가 다른 사람과 문제가 있을 때, 어찌 성도들에게 가지 않고 이교도들에게 가서 심판을 받으려고 한다는 말입니까? ^{2}여러분은 성도들이 이 세상을 심판하리라는 것을 모릅니까? 세상이 여러분에게 심판을 받아야 할 터인데, 여러분은 아주 사소한 송사도 처리할 능력이 없다는 말입니까? ^{3}우리가 천사들을 심판하리라는 것을 모릅니까? 하물며 일상의 일이야 더 말할 나위가 없지 않습니까? ^{4}그런데 이런 일상의 송사가 일어날 경우에도, 여러분은 교회에서 업신여기는 자들을 재판관으로 앉힌다는 말입니까? ^{5}나는 여러분을 부끄럽게 하려고 이 말을 합니다. 여러분 가운데에는 형제들 사이에서 시비를 가려 줄 만큼 지혜로운 이가 하나도 없습니까? ^{6}그래서 형제가 형제에게, 그것도 불신자들 앞에서 재판을 겁니까? ^{7}그러므로(도대체) 여러분이 서로 고소한다는 것부터가 이미 그릇된 일입니다. 왜 차라리 불의를 그냥 받아들이지 않습니까? 왜 차라리 그냥 속아 주지 않습니까? ^{8}여러분은 도리어 스스로 불의를 저지르고 또 속입니다. 그것도 형제들을 말입니다. ^{9}불의한 자들은 하느님의 나라를 차지하지 못하리라는 것을 모릅니까? 착각하지 마십시오. 불륜을 저지르는 자도 우상숭배자도 간음하는 자도 남창도 비역하는 자도, ^{10}도둑도 탐욕을 부리는 자도 주정꾼도 중상꾼도 강도도 하느님의 나라를 차지하지 못합니다. ^{11}여러분 가운데에도 이런 자들이 더러 있었습니다. 그러나 여러분은 주 예수 그리스도의 이름과 우리 하느님의 영으로 깨끗이 씻겼습

니다. 그리고 거룩하게 되었고 또 의롭게 되었습니다.

1절: 바오로는 훈계의 대상을 명시한다. 그리스도인들이 이방인들의 법정에서 그들의 송사를 벌인다는 것이다.[30] 동사 tolman(감히 하다)는 강한 분노를 표출한다. "불의한 자들(adikoi)에게 가서 정의를 얻으려 한다"는 것은 일종의 말놀이로서, 바오로는 이들 행동의 부조리함을 일시에 폭로한다. 그럼에도 불구하고 분명히 할 것은 그가 이런 용어를 쓴다 하여 재판관들의 공명성을 의문시하는 것은 아니다. 불의한 자들은 성도들과 대조되고 6절에서 안 믿는 사람들(apistoi)로 나타나는 비그리스도인 재판관들을 지칭한다. 정작 비난의 화살은 로마의 재판권 – 그 기능의 시시비비를 가리는 것은 중요하지 않다 – 에 굴복하는 공동체에 떨어진다. 이 그리스도인들이 그리스도를 주님으로 모시는 교회를 우롱하였기 때문이다.[31]

헬레니즘 세계의 유다인 회당은 고유한 재판권을 가지고 있어서 하느님이 주신 법에만 순종하는 선민과 이방인들을 철저히 분리시키는 제도를 지켜 나갔다. 바오로는 이와 유사한 원칙이 그리스도인들에게도

---

30) E.Dinkler,앞의 논문. W.Schmithals, *Gnosis*, p.272. 이들이 볼 때, 코린토인들이 이방인들의 법정에 쉽게 호소하는 이유는 그들의 영지주의적인 정신주의로 설명된다. 영과 세상 일은 서로 다르다는 것이다. 그러나 왜 모든 것을 이렇게 영지로만 설명해야 하는가?
31) A.Stein, 앞의 논문에 의하면 그리스도인들은 로마 법정에 소송을 낸 것이 아니라 회당의 라삐들의 재판에 소송을 제기하였다. 로마 13장에서 통치자들에게 커다란 존경을 표시하는 사도가 그들에게 이처럼 무시하는 언사를 사용할 수 없다는 것이다. 그러므로 소송인들은 유다계 그리스도인일 수밖에 없다고 본다. 그렇다면 바오로는 무슨 이유로 회당과 그의 재판관들을 무시했겠는가?

지켜지기를 바랐던 것이다.[32]

2절: "여러분은 모릅니까?" 바오로는 그리스도인들이 몰라서는 안 되는 진리를 진술하고자 한다. 묵시주의 그룹이나 유다교의 파벌 중에는 선택된 자들이 마지막 때에 이방 백성들과 이스라엘의 배교자들을 심판하도록 부름받게 될 것이라고 생각하는 사람들이 있었다.[33] 초대 교회 역시 이런 견해를 나름대로 수용하였다.[34]

계속되는 질문은 신랄한 풍자로 가득하다. 하느님을 반대하는 세상을 심판할 최후의 거대한 재판에서 재판관인 여러분이 대수롭지 않은 일을 가지고 이방인 재판관에게 달려갈 때 여러분은 스스로 권한을 저버리는 것을 모릅니까? 다음 절에서 논증은 더욱 힘있게 전개된다.

3절: 천사들조차 교회의 법정에 출두할 것이다.[35] biōtika는 특히 돈

---

32) Billerbeck III p.362-363이 인용하는 라삐 문헌들은 회당의 고유한 재판권이 유다인 형제들 간의 갈등이라는 비건설적인 모습을 이방인들에게 보이지 않기 위해서가 아니었음을 보여 준다. 마찬가지로 이런 것이 6절에서 바오로가 보여 준 염려는 아니었다.
33) 다니 7,22(LXX); 에티오피아의 에녹 38,5; 48,9; 1QH IV 26-27; 1Q pHab V 4-5. 일부 라삐들도 유사한 개념들을 발전시켰다. Billerbeck IV/2 p.1103-1104.
34) 마태 19,28; 루카 22,29-30은 동일한 전승에 속한다.
35) 이 천사들은 타락한 천사들로서 유다인들이 묵시주의 문학에서 광범위하게 생각하고 다룬 대상이었다(창세 6,1-2). 에티오피아의 에녹 6-36장의 천사론에 의하면 그들의 수효는 이백이었다. 그들은 인간에게 무기 제조법과 제철 작업, 눈 화장품 제조법, 마술과 점성술을 가르쳐 주었다(8,1-4). 그들의 아들들은 거인으로서 폭력적인 죽음으로 사망하였고 이제 땅 위를 떠도는 귀신들이 되었다(15,8). 에녹 90,24에 의하면 최후의 심판은 그들에 의해 시작될 것이다. 헬레니즘 시대에는 칼데아인(바빌로니아인)들의 영향으로 이 천사들이 신적인 권능을 참칭하고 세상을 자신들에게 종속시키는 천체의 세력들 곧 귀신들과 동일시되었다. 신약성경에는 이 사악한 영들을 가리키는 표현이 여럿 등장한다: 천사, 주권들, 통치자들, 세력들, 옥좌들, 주님들(1코린 15,24; 로마 8,38; 에페 1,21; 콜로 1,16). 신약성경 중에 후대에 나온 두 작품도 역시 천사들의 심판에 대해

에 관련된 일상사를 가리킨다.[36]

4-5ㄱ절: 네스틀레(Nestle)와 여러 주석가들의 생각과는 반대로 4절은 질문이 아니라 분노의 탄성이다. "업신여기는 자들"은 1절의 불의한 자들이며 이방인 재판관들이다. 이 표현은 매우 거칠지만 하느님의 백성과 세상을 분리시키는 거리를 강조하고 있다. 이 표현은 공동체를 향한 비난을 더욱 예리하게 하고자 한다. kathizein은 글자 그대로는 "세우다", "앉히다"를 의미하지만, 바오로가 말하고자 하는 것은 소송인들이 이방인 재판관들에게 소송을 의뢰함으로써 이 재판관들을 그들이 인정하는 권위자로 만들고 있다는 사실이다.[37] 그들은 참으로 자신들의 존엄성을 상실하였다. 그들은 반성해야 한다![38]

5ㄴ절: 바오로는 공동체의 빈곤을 확인한다. 여기서 지혜로운 사람(sophos)이란 1-4장의 토론 주제였던 "지혜를 가졌다고 주장하는 사람"과는 무관하다. 이 단어는 유다인 재판관에게 기꺼이 부여한 하캄(hakam)과 동등한 칭호다.[39] 사도는 교우 사이에 시비를 가릴 만큼 사

말한다(유다 1,6; 2베드 2,4). 교회가 이 천사들을 심판할 것이라는 개념은 1코린 6,3에만 나온다.

36) 리츠만, Mê ti ge는 posō mallon과 대등하다. Bl-Debr. § 427,3.
37) 매우 색다른 해석이 일찍이 불가타 성경에 의해 제기된 바 있다. 여기서는 katizete가 "구성하시오"라는 명령법으로 이해되었다. 바오로는 교회 안에서 눈에 띄지 않는 보잘것없는 존재들을 코린토인들에게 그들의 분쟁을 해결하는 재판관으로 삼으라고 반어적으로 권고하고 있다는 것이다. "여러분 중의 가장 작은 자가 이러한 일을 하는 데 충분합니다"(칼뱅, 알로). 그러나 이런 해석이 배격되는 이유는 첫째로 4절에서 절정을 이루는 논증과 부합하지 않고, 둘째로 분명히 바오로는 교회의 보잘것없는 이들을 이처럼 멸시어린 용어로 가리키지 않았기 때문이다.
38) 동일한 표현이 15,34에도 나온다.
39) E.Dinkler, 앞의 논문, p.208.

려 깊고 통찰력 있는 사람이 코린토 교회에는 아무도 없다고 결론을 내려야만 하겠느냐고 묻는다.[40]

6-7ㄱ절: alla(그래서, 그러나)로 시작되는 6절은 질문이 아니라 1절의 항의 내용을 반복하고 있다. 그러나 강조점이 바뀌었다. 앞에서 바오로는 유다인 회당의 관점을 수용하여 공식적인 사법기관에 송사하는 것을 비판하였는데, 이런 전망에서는 교회 구성원들 간의 갈등 자체가 비판의 대상은 아니었다. 이 방향을 계속 추구한다면 바오로는 그리스도인들로 구성된 중재위원회를 설치하도록 명령했어야 했다. 그러나 그에게 친숙한 사고의 전환이 일어나면서 그는 이 문제에 근본적으로 접근한다. 비신자들 앞에 가서 송사하는 행위는 사태를 심각하게 하는 주변 요인일 뿐이며, 갈등 자체가 본질적인 질책의 대상이 된다. 그뿐 아니라 권리의 차원에서 갈등을 해결하는 방식 자체가 문제시된다(7ㄴ-8절). 물론 그렇다고 교회 내부의 사법권 개념이 포기되는 것은 아니다. 이 점에서 사도는 매우 현실적이다. 그러나 질문은 심화되어 다음과 같이 제기된다. 교회 안에서 갈등을 오직 사법적인 방식으로만 해결하고자 하는 행위를 받아들일 수 있는가? 권리가 공동체 생활의 기본인가?

Edē men oun[41] holōs(도대체): 바오로는 첫 번째 항의에 이어 두 번째 것보다 더 심각한 항의를 덧붙인다. 그것은 갈등이 그리스도인을 그

---

40) 문장의 마지막이 부정확하다. 필사가의 잘못인가? f g sy^p y는 kai tou adelphou를 덧붙여서 이를 개선시킨다.
41) men oun은 "아무 의심 없이"를 의미한다. P^{46} Sin 33 등의 사본들은 oun을 생략한다. 이런 경우 de가 수반되지 않는 men이 있었을 것이다. 8절과 7ㄴ절을 대조시키는 alla는 올 수 없기 때문이다.

리스도인에게 대립시킨다는 사실 그 자체이다.[42]

7ㄴ-8절: 나아가 권리와 법적 조치에 호소하는 것이 과연 진정한 해결을 가져다주는가? 놀랍게도 바오로는 먼저 피해자를 나무라고 그 다음에야 비로소 가해자를 질책한다. 법정에 호소하는 사람은 당연히 피해자이기 때문에 이것은 논리적이라고 말할 수 있다. 그러나 이런 설명은 충분치 않다. 진정한 이유는, 다시 말해 더 심오한 이유는 이것이다. 누군가가 손해를 입은 상황에서 질서의 회복을 위해 먼저 손을 쓸 사람은 피해자다. 그런데 이 질서는 법의 질서가 아니고 법을 넘어선다. 바오로는 가해자를 옹호할 생각이 당연히 추호도 없다. 특별히 강조되어 있는 8절의 "여러분"(hymeis)은 불의를 저지른 자와 불의의 피해를 본 자를 대립시키지 않고 교회 안에서 이런 방식으로 행동하는 것 자체가 불미스러운 일임을 강조한다. 간단히 말해서 성화되고 의화된(11절) 백성인 그리스도인 공동체 안에서, 마치 이방인들처럼 행동하고 반응하는 것이 문제인 것이다.

보충 설명: 권리와 비저항(6,8)

1. 우리는 바오로가 복음에 입각한 방식으로 가해자에게 대응하지 못한 피해자의 잘못을 먼저 나무라고 있음을 지적하였다. 손해 본 재물을 되찾거나 수선하기 위하여 정의에 호소하는 경우, 피해자는 당연히 가해자와 동등한 처지에 있지 않다. 법률적으로는 피해자가 유리한 처지에 있지만 정의를 근본적으로 회복시킬 수는 없다. 정의는 법률이 보장

---

42) hēttēma는 자구적으로 "열등함", "실패"를 의미한다.

할 수 있고 또 보장해야 하는 것과는 다른 것이며 또 그 이상의 것이다. 피해자는 자신의 권리를 포기함으로써 불의에 의해 야기된 상황을 근본적으로 바꿀 수 있다. 바오로가 보기에 악에 대한 비저항이 중요성을 획득하는 것도 바로 이 때문이다. 비저항은 결국 근본적인 유일한 해결책인 것이다(마태 5,38-42).

2. 그러나 분명히 말해야 할 것이 있다. 율법과 사법적 처분은 사회적 삶의 토대가 분명히 아니다. 그러나 그것들은 불가결한 것이기도 하다. 바오로는 그리스도인들끼리 권리에 호소하는 것이 필연적이어서는 안 된다고 생각하면서도, 갈등을 공평하게 해결할 수 있는 지혜로운 자들이 필요하다고 인정한다. 한편으로 권리는 사랑을 위해 포기될 수도 있으나, 이웃의 권리에 대한 주장이 이웃 사랑의 정당하고도 필요한 표현임은 분명하다. 그리스도인에게도 자기 권리의 포기를 하나의 율법으로 만들 수는 없으며, 자신의 권리를 포기하는 것 역시 상황을 개선시키기는커녕 악화시키는 무책임한 행동일 수 있음을 잊어서는 안 될 것이다. 권리의 포기는 도덕적 행동이어야 한다. 그것은 권리가 보장할 수 있는 정의보다 낮은 수준이 아니라 높은 수준을 목표로 해야 하고 하느님 은총의 이미지를 닮은 참된 자유의 창조적 행위여야 한다.

〔산상설교의 급진적인 요구가 지닌 비원칙적이면서도 구체적이고 현실적인 특성에 관한 참고 문헌: H.Braun, *Radikalismus* II p.7-14, 92 각주 1; P.Bonnard, *L'Evangile selon saint Matthieu*, 마태 5,38-42. 권리와 윤리의 관계에 대한 간편한 참고서: E.Wolf, Recht, *RGG* V col. 818s.〕

9-10절: 비난에 이어서 주로 악습의 목록(참고 5,11)으로 구성된 경고

가 나온다. 도입문(9ㄱ절)은 바오로가 썼지만 9ㄴ-10절의 형태와 용어는 전통적인 것이다. 경고는 모든 이를 대상으로 하지만 형제에게 손해를 끼치고 등쳐 먹은 자가 자연히 주된 대상이다(8절). 악습의 목록은 5,11의 그것과 상당히 흡사하나 성적인 방종 부분에서 더 다양한 사례가 제시되어 있다. 이 주제는 유다인 회당에서 이방인을 반대하여 논쟁할 때 언제나 특별한 비난의 대상이었다. 동성애는(malakoi는 수동적인 역할을 하는 자이고 arsenokoitai 능동적인 역할을 하는 자를 말한다) 이방인들의 악덕 중에서 가장 혐오스러운 것으로 간주되었다.[43]

11절: 방종한 삶의 열거는 당시의 타락한 세상을 상기시켜 주는데, 코린토의 그리스도인들은 얼마 전에 바로 이런 세상에 있었다. 적어도 그들의 일부는 목록에 나타난 이러저러한 인물들처럼 살아 왔던 것이다. 그들은 주의해야 한다. 정신 차리지 않으면 그들은 과거의 악습에 다시금 사로잡힐 것이다. 그러나 바오로의 목표는 과거를 상기시킴으로서 그들에게 굴욕감을 주려는 것이 아니다. 그렇다고 그들에게 도덕적 훈계를 주려는 것도 아니다. 그는 지금 그들에게 과거를 환기시키고 있다. "여러분은 …이었다"(ête)라고 말함으로써 그는 그들에게 과거에 대해 말하는데, 자신이 말하는 것을 알고 있다. 그가 그들에게 거룩하게 살라고 권면할 수 있다면 그것은 과거가 그들에 대한 권리를 실제로 상실했기 때문이다.

이제 그들은 자신들을 과거로부터 해방시킨 그리스도께 속해 있다. 세례는 그들에게 새로운 삶의 출발점이었다. 세 개의 동사가 세례의 의

---

[43] 참조 로마 1,26-27. 레위 20,13에 의하면 동성애자들은 죽음의 벌을 받아야 한다. 산헤드린 7,4도 이들을 돌로 치도록 명한다. Billerbeck III p.70ss.

미와 결과를 일러준다. apelousasthe⁴⁴⁾(여러분은 씻겼습니다)는 글자 그대로 여러분은 세례, 곧 정화욕으로 씻겼음을 의미한다. 그때까지 지은 죄로부터 그들은 해방되었다.⁴⁵⁾ hēgiasthēte(여러분은 거룩하게 되었습니다)는 그들이 허물 없는 완전한 상태에 도달했음을 의미하지 않는다. 하느님께서 그들에게 주신 소명을 통하여 그들을 받아주시고 그들이 당신께 봉사하는 데 적합하도록 만들어 주셨음을 뜻한다. edikaiōthēte(여러분은 의롭게 되었습니다)는 바오로 복음의 근본 명제인데, 다음의 내용을 핵심으로 함축한다. 즉 의화는 단지 용서와 사면만을 가리키지 않는다. 의화는 인간을 죄에서뿐만 아니라 그가 속박당한 죄의 권능으로부터 해방시키는 은총의 창조적 행위이다. 의화를 통하여 인간은 이제 자기 자신으로부터 자유로워져서 하느님과 사랑을 위해 자유로워진 새로운 피조물(2코린 5,17)이 된다.⁴⁶⁾

11ㄴ절의 두 개의 전치사 en(안에서)은 도구적 의미를 지닌다. 이름과 영은 믿는 이의 새로운 신분의 원인이자 근거를 이루는 두 개의 객관적인 요인이다(바이스). 영세자를 위해 간곡히 부르는 이름은 그를 책임져 주시는 주님의 이름이다. 여기서 영은 영세자가 받는 은사를 가리키기

---

44) 중간태 단순과거 "여러분은 씻겼습니다"(참조 10,2)는 뜻밖이다. 그래서 일반적으로 수동태로 번역한다. 이는 어쩌면 세례를 받는 행위를 암시하는 것인지도 모른다. 참조 사도 22,16.

45) 로마 6,3 이하에는 헬레니즘 세계의 신비의식에 영향을 받아 형성된 세례에 대한 전혀 다른 해석이 나타난다. 영세자는 죽으시고 부활하신 그리스도와 성사적으로 일치한다. 예컨대 큄멜, *Die Theologie des NTs*, p.189-190. 서로 다른 이 두 가지 개념은 언제나 평화롭게 공존한 것이 분명하다.

46) 참조 콘첼만, *Thēlogiedu NT*, § 25

보다는 복음을 통해 활동하시는 하느님의 창조적인 능력을 가리킨다.[47] 이처럼 하느님에 의해 해방되고 영을 통해 재창조된 코린토인들은 자신들의 이교도적인 과거와 단절하고, 자신들의 상호 관계를 위하여 그들이 받은 거룩함과 자유에 부합하는 삶의 형태를 발견할 수 있고 또 발견해야 한다.

---

47) 신앙과 의화 그리고 세례의 관계에 대해서는 참조 E.Lohse, "Taufe und Rechtfertigung bei Paulus," *KuD* 11(1965) p.308-324. 큄멜, *Die Theologie des NTs*, p.189-193.

3. 탕녀들과의 교제 6,12-20 (A)

[12]"나에게는 모든 것이 허용된다." 하지만, 모든 것이 유익하지는 않습니다. "나에게는 모든 것이 허용됩니다." 그러나 나는 아무것도 나를 좌우하지 못하게 하겠습니다. [13]"음식은 배를 위하여 있고 배는 음식을 위하여 있다." 하지만, 하느님께서는 이것도 저것도 다 없애 버리실 것입니다. 몸은 불륜이 아니라 주님을 위하여 있습니다. 그리고 몸을 위해 주시는 분은 주님이십니다. [14]하느님께서 주님을 다시 일으키셨으니, 우리도 당신의 힘으로 다시 일으키실 것입니다. [15]여러분의 몸이 그리스도의 지체라는 것을 모릅니까? 그런데 그리스도의 지체를 떼어다가 탕녀의 지체로 만들 수 있겠습니까? 결코 그럴 수 없습니다.

[16]아니면, 탕녀와 결합하는 자는 그와 한 몸이 된다는 것을 모릅니까? "둘이 한 몸이 된다"는 말씀이 있습니다. [17]그러나 주님과 결합하는 이는 그분과 한 영이 됩니다. [18]불륜을 멀리하십시오. 사람이 짓는 다른 모든 죄는 몸 밖에서 이루어지지만, 불륜을 저지르는 자는 자기 몸에 죄를 짓는 것입니다. [19]여러분의 몸이 여러분 안에 계시는 성령의 성전임을 모릅니까? 그 성령을 여러분이 하느님에게서 받았고, 또 여러분은 여러분 자신의 것이 아님을 모릅니까? [20]하느님께서 값을 치르고 여러분을 속량해 주셨습니다. 그러니 여러분의 몸으로 하느님을 영광스럽게 하십시오.

이 본문은 어렵기도 하고 상당히 당황스럽게도 한다. 코린토에서 성행하는 방종에 대해 바오로는 자연의 법칙과 다양한 가치에 근거한 논증들을 연속적으로 전개한다.

1. 자유를 남용하면 자유를 잃는 상황에 떨어진다(12절).
2. 배와 몸을 구별해야 한다(13절 이하).
3. 그리스도와 탕녀에게 동시에 속할 수는 없다(15-17절).
4. 몸 밖에 짓는 죄와 몸 안에 짓는 죄를 구별해야 한다(18절).
5. 믿는 이들은 하느님께 속하므로 하느님께 온전히 헌신할 의무가 있다(19-20절).

바오로는 특별한 논증을 모색하고 추구하는 듯하다. 여기에는 여러 가지 이유가 있다. 그는 복음을 선포한 이방인 영역에서 분명히 주변 환경의 영향에 기인한, 이처럼 심각한 탈선을 아마도 처음으로 대면하고 있다. 나아가 바오로에게 정보를 제공해 준 이들은 일부 사람들의 도덕적 해이에 대해 염려하는 바를 전해 주었지만 그들이 왜 그렇게 행동하는지 근본적인 이유를 설명하지 못했다. 그리하여 바오로는 어느 정도 함정에 빠져 있음을 느꼈을 것이다. "모든 것이 나에게 허용되어 있다"는 그네들의 주장은 평소 바오로가 선포한 내용으로 미루어 보아 분명히 대담한 표현이면서도 정당하고 아니면 적어도 가능한 언명으로 비춰지기 때문이다.[48] 그는 질서를 회복시켜야 했다. 그러나 이러한 조건에서 어떻게 모든 점에서 사리에 맞는 논증을 찾아 낼 수 있을까?

12절: panta moi eksestin(나에게는 모든 것이 허용된다)는 놀라운 언명

---

48) 리츠만은 이것이 사도 자신이 유다적인 율법주의와 논쟁하는 가운데 사용한 형식이 아닌가라고 묻는다.

은 구체적인 이유도 없이 갑작스레 이 자리에 떠오른 것이 아니다. 아마도 바로 이런 구호를 바탕으로 코린토의 일부 신자들은 porneia, 곧 탕녀들의 집에 드나드는 간음 행위를 변명하고 심지어 정당화했던 것이다. 그리스 사상에 친숙한 이원론적인 인간학에 물들어 있던 코린토의 열광주의자들 내지 영지주의 경향자들은 복음이 가져다준 자유를 지금까지 물질에 사로잡혀 있던 영적인 원리의 해방으로 해석하였다. 그들이 몸에다 하는 행위는 이제 무관심(adiaphoria)이며, 심지어 새롭게 획득한 "영적" 자유를 선동적 방법으로 과시하는 데 몸을 사용할 수 있다고 결론지었다.

바오로는 예상과 달리 이 구호에 즉시 분개하며 대응하지 않는다. 구호 자체가 그를 불쾌하게 하지 않는다. 지금 필요한 것은 자유를 적절하게 활용하는 법을 보여주는 것이다. 첫 번째 all'ou(그러나 … 아니다)는 자유가 그 자유의 유익을 찾는 것과 분리될 수 없음을 보여 준다. 이 점에서 유익은 자유의 한계이다. 그러나 한계는 축소가 아니다. 한계가 자유를 정의한다. 자유는 유익한 것을 찾고 실행하는 한에서만 참된 자유이다. 두 번째 all'ou 역시 매우 중요한데 같은 말을 다른 방식으로 한다. 잘 이해된 자유는 그 자체로 한계가 있다. 자유로운 인간은 자유의 함정을 피하면서 자신의 자유를 지키고 드러낸다. 그는 자유를 잃어버릴 수밖에 없는 일에 어리석게 자유를 행사하거나 그 자유를 드러내지도 않는다.[49]

---

49) 그러기에 스토아 학파의 현자는 선동에 대응하기를 피하려고 한다. 그가 휘말린 분쟁은 그를 타인의 의지에 묶어 놓는다. 그는 "자신의 의지에 종속된 일에 관련된 투쟁에만" 참여한다(에픽테토스, *Entretiens* III 6,7). "모든 것이 허용되어 있다"에 대한 바오로의 비판은 도덕적 금기의 폐지와 자유를 혼동하는 오늘날의 경향에도 적용된다.

너무나 적절한 성찰이 아닐 수 없다. 그러나 여기에도 결함이 있다. 순전히 형식적으로 보아서 이 성찰은 어떤 개념의 자유에도 적합하다. 코린토의 영신주의자들이 왜 이런 성찰에 수긍하지 않았는지 이해할 필요가 있다. 자신의 성찰이 구체적인 상황에 적용되기 위해서 바오로는 빗나간 자들에게 그들이 이해한 자유가 참된 자유가 아니고 단지 스스로를 멸망시키는 것임을 보여주었더라면 좋았을 것이다. 그는 자신의 자유를 그들의 자유와 대립시키고, 어찌하여 그리고 어떻게 자신의 자유가 파멸을 초래하는 모든 탈선을 거슬러 자신의 원칙 그 자체에 의해 보호받는 것인가를 드러내 보여야 했다. 그리고 여기에 이르기 위해서 바오로는 상대편의 입장에 대해 분명한 개념부터 가져야 했다. 그런데 그는 매우 색다른 논증에 호소하고자 한다.[50]

13-14절: 13ㄱㄴ절과 13ㄷ-14절이 엄격하게 대칭을 이루는 가운데 바오로는 "나에게는 모든 것이 허용된다"가 porneia(간음)에 적용될 수 없음을 보여주고자 한다. 이 목적을 위하여 그는 배와 몸 간의 상당히 이상한 구별을 시도한다. 이런 구별은 방종주의자들로부터 암시받은 것일까? 그들은 스스로의 행위를 정당화하기 위하여 바오로가 가르친 내용을 이용할 수 있었을 것인데, 음식물 금지 규정의 폐지가 그것이다.[51] 위胃에 좋은 것을 왜 성性에는 적용시키지 않는가?

바오로는 음식물 영역만큼이나 성의 영역도[52] 주님의 요구를 벗어날 수 없고 인간은 전체적으로 거룩해야 한다고 답변할 수 있었을 것이다.

---

50) 자유의 문제는 특히 19절 이하에서 매우 다른 용어로 다시금 등장한다.
51) 음식물 금지 규정은 유다교에만 고유한 것이 아니다. 참조 로마 14,13-23.
52) 참조 6,10에서 주정꾼은 불륜을 저지르는 자와 함께 단죄받고 있고, 갈라 5,21에서는 폭음이 폭식과 함께 육의 행실로 거론된다.

그는 음식물에 관해 토론하기를 회피하고자 했는가? 그는 수정 없이 위장의 자유를 인정하고서는, 성적 방종의 금지를 정당화하기 위해 불가피하게 위장(배)과 몸을 약하게나마 구별하지 않을 수 없었다.[53]

이렇게 구별되어 받아들여지면 이어지는 논증은 완전한 일관성을 지니게 된다. 배는 사라질 운명에 처한 현 세상에 속한다. 배에 대해 하는 일은 미래도 구원도 가져오지 못한다.[54] 반대로 몸은 구원의 대상인 인간 자체이다. 몸은 예수 그리스도 안에서 이루어진 하느님의 개입에 의하여 이미 미래 세계의 힘의 중추가 되었고(참고 19절), 예수 그리스도의 부활은 몸의 부활[55]을 약속한다. 이처럼 주님이 책임지시는 몸은 도래할 세기의 삶을 향하고 있는 만큼 방탕에 자신을 맡겨서는 안 되고 주님의 처분에 맡겨야 한다.

15절: 앞의 내용을 보완하는 새로운 논증은 그리스도께 대한 귀속이 다른 모든 것을 배제한다는 것이다. 그리스도와 믿는 이들을 연결하는 밀접한 유대는 melē christou(그리스도의 지체)라는 말로 표현된다. 문

---

53) 대부분의 주석가들은 koilia(필리 3,19; 로마 16,18)가 '배의 죄들'을 가리킨다고 보는데 여기에는 성적 방종도 물론 포함된다. G.Friedrich, *Die kleinern Briefe des Apostels Paulus*, NTD 8; O.Michel, *Der Brief an die Römer*; F.Leenhardt, *L'épitre de saint Paul aux Romains*. 그러나 G.Delling, koilia, *ThW* III p.788 그리고 다른 이들은 아마도 바오로가 스스로 모순에 빠지는 것을 피하기 위하여 이에 이의를 제기한다고 본다.

54) 참조 8,8. 바오로는 음식물 금지를 반대하는 자신의 논증의 일부를 여기서 취하고 있는 것 같다. 이러한 제한된 전망 안에서 이 논증은 다른 논증들로 보완될 때 타당성을 지닌다. 주석가들은 기꺼이 배와 몸의 구별을 정당화하고, 그 근거로 인간은 다른 어떤 기능보다도 성적인 관계를 통하여 한층 전체적이고 좀 더 인격적으로 참여한다는 점을 지적한다. 참조 E.Schweizer, sōma, *ThW* VII p.1060. 이것은 의문의 여지 없이 분명하다. 그러나 음식이 몸(sōma)과 관련 없음이 증명되었다고 말할 수 있을까?

55) 그리스도의 부활과 죽은 이들의 부활 1코린 15장; 1테살 4,14; 로마 8,9-11.

맥상 이 표현에서 이미지 이상의 것을 보게 된다. 믿는 이들이 그리스도 자신의 지체이듯이 탕녀와 결합하는 남자 역시 그녀와 한 몸을 이룬다(16절). 바오로는 다른 상황에서 "여러분은 그리스도의 지체입니다"라고 말할 것을, 여기서는 "여러분의 몸이 그리스도의 지체입니다"라고 말한다. 여기서 토론의 대상은 생명에서 몸이 지니는 육체적 측면이다. 바오로가 모든 이에게 상기시키고자 하는 것은 이 영역에서도 역시 믿는 이들과 그리스도의 결합은[56] 현실적이어야 하고 그 배타적인 특성을 드러내야 한다는 사실이다. 그러기에 탕녀와의 결합은 전혀 받아들여질 수 없는 것이다.[57]

16절: 지금까지 한 말을 뒷받침하기 위하여 바오로는 창세 2,24을 인용한다.[58] 여기서 살과 몸이 같은 뜻으로 쓰였음을 지적할 수 있겠다.

---

56) 이 단락의 몸의 다양한 의미에 대해서는 불트만, *Theol. NT* p.196 참조. 15절에 교회를 그리스도의 몸으로 보는 바오로 고유의 개념이 숨어 있다고 보는 사람들도 있다. Dahl, *Volk*, p.222; Käsemann, *Exeg.* I p.277-288; E.Schweizer, sōma, *ThW* VII p.1068. 12,12과 27절을 비교하는 것은 물론 자연스럽다. 그럼에도 불구하고 1. 그리스도의 몸이라는 표현이 6,12 이하에 나타나지 않고, 바오로는 교회의 개념을 직접적으로나 간접적으로나 전혀 활용하지 않는다. 2. 분명히 지체는 몸을 전제한다. 그러나 이 몸은 그리스도께서 몸 안에 구성한 교회(참조 12장)가 아니고 그리스도 자신도 아니다. 각 신앙인은 그리스도-몸에 개인적으로 연결되어 있다. 슈바이처가 지적한 "개인이 아니라 공동체가 그리스도의 몸"이라는 사실은 우리의 본문과 직접적인 관계가 없다. 3. 신앙인들은 자신의 행위로 말미암아 위험에 처해진 몸의 지체로서 질문을 받은 것이 아니라 각자 자신의 몸에 책임을 지는 그리스도인으로서 질문을 받고 있다.

57) aras(들어높이고) 대신에 G P는 ara(그러므로)로 읽는다. 바이스와 헤링도 이렇게 읽고자 한다. 그들은 poiēsō가 복수 melē와 조화를 이룰 수 없다고 보고 이를 삼인칭 복수 poiēsomen으로 대체한다. 그러나 aras,···poiēsō가 광범위하게 지지를 받고 있으며 모호할 것도 없는 까닭에 원문에 더 가까운 것으로 유지되어야 한다.

58) 동사 kollasthai는 '합하다', '강하게 결합하다'를 뜻하는데 그 자체로는 성적 결합이란

"둘이 한 살이 되리라." 즉 그들은 한 몸이 되리라. 그 결합은 너무나 밀접하여 다른 모든 결합을 불가능하게 만든다.[59] 탕녀와 결합하는 자는 그리스도로부터 분리되는 것이다.

17절: 이 절은 16ㄱ절에 따라 형성되었다. 그러나 예상되던 hen sōma(한 몸)대신에 바오로는 hen pneuma(한 영)이라고 말한다. 이처럼 영과 살을 대립시키면서 그는 탕녀와의 결합을 육적인 것으로 소급해서 비하시킨다. 한 영이라는 말은 그리스도와의 결합을 통하여 새로운 피조물이 되었음을 의미한다.[60]

18절: 네 번째 논증으로 바오로는 몸에 관련해서 일종의 유비를 제시한다(참조 13절). 이번에는 몸 밖에 짓는 죄와 자신의 몸 안에 짓는 죄를 구분하여 porneia(간음)야말로 다른 어떤 죄보다 더 무겁다는 것을 코린토인들에게 납득시키고자 한다. 이런 구별은 몸과 배의 구별만큼이나 놀랍거니와, 주석가들은 오래 전부터 명민함을 발휘하여 이 구별을 정당화하거나 적어도 설명하고자 노력해 왔다.

1. 이미 오래된 설명으로, 성적 방종이 특별히 무거운 이유는 그리스도의 지체인 몸, 그러니까 곧 그리스도 자신에게 해를 끼치기 때문이라는 해석이 있다.[61] 그러나 우리는 이런 해석을 반대한다. 이것이 바오

의미를 갖지 않는다. 참조 루카 10,11; 15,15; 사도 9,26; 로마 12,9.
59) 창세 2,24에 대한 인증은 어려움을 야기한다. 성적 결합이 배타적이라면, 혼인은 주님과의 일치도 또한 배제한다. 물론 이것은 바오로의 의견이 아니다. 창세기 인용은 그리스도(주님)와 탕녀를 대조시키는 문맥의 범위 안에서만 작용되어야 한다.
60) 콘첼만은 15-16절의 현실주의가 혼합 내지 신비적인 동일시의 모든 개념을 배제한다고 지적한다.
61) 성 아우구스티노, 알로, 헤링, F.고데트 등.

로의 생각이었다면, 그는 좀 더 분명하게 자신의 생각을 설명하였을 것이다. 두 번째로 지적할 수 있는 것은 "자기 자신의 몸"에다 죄를 짓는다는 표현 자체가 이런 해석을 거부한다는 점이다.

2. 인간은 성적 관계를 통하여 다른 무엇보다 인격적이고 전체적인 관계를 맺는다는 점을 강조한다(참조 3절 이하).[62] 그리하여 다른 죄들과 porneia(간음)를 구별하는 죄로 몸 밖에다 짓는 죄를 설명하고자 한다.[63] 그러나 주석가들은 죄의 대상이 갖는 성격을 통해 이 해석을 정당화하지 못한 채 주변 상황에서 설명을 찾고자 한 것이다. 그리하여 다음과 같은 견해가 표명되었다.

3. 바오로는 너무 분주해서 당시에 다른 죄들을 생각하지 않았고 실제로 그가 특별히 투쟁을 할 만큼 긴급한 죄도 없었다. 이것은 그 자체로 불가능한 해석은 아니다. 그러나 18ㄴ절의 구성 형식이 너무 자세하여 부주의나 분주함으로 설명되기에는 불충분하다. 그리하여 다음과 같은 해석이 제안되었다.

4. 18ㄴ절의 몸 밖에 짓는 죄는 아마도 코린토의 영신주의자들이 부르짖는 구호였을 것이고, 바오로는 그것이 porneia(간음)에 해당되지 않는다고 답했을 것이다.[64] 그러나 이 가설은 논란의 여지가 많다. 왜냐하면 영신주의자들은 몸에 대해 무관심하기 때문이다. 그리하여 가장 그럴 듯한 설명은 다음과 같은 것이다.

5. 바오로는 라삐들이 성적 방종에 대해 사용하던 "몸과 함께 짓는

---

62) 바흐만, 바이스, 벤트란트 등등.
63) 이미 칼뱅은 모든 죄가 몸에 영향을 미치기에 '더 많고 더 적음'만을 말할 수밖에 없다고 지적하였다.
64) C.F.D.Moule; R.Kempthorne, 앞의 논문, p.571-572.

죄"[65]라는 표현을 취하고 이를 가다듬었을 것이다. 여하튼 이 논증도 그 자체로는 거의 가치가 없다. 다만 문맥 안에서 무게를 지니고 견고한 논증의 효과를 가져다주긴 한다. porneia(간음)가 특히 해로운 까닭은 "몸에 대해 짓는 죄이기 때문이다"라는 점을 확인시키면서 바오로는 19절 이하를 효과적으로 준비한다.

19절: "여러분은 모릅니까?"라는 표현이 다시 등장하여 15-17절과 유사한 다섯 번째 논증을 도입한다. 믿는 이들의 몸은 성령의 성전이다. 3,16에서 공동체에 적용된 성전의 은유가 여기서는 거의 동일한 용어로 믿는 이의 개별적인 몸에 적용되었다.[66] 그의 몸은 성령의 거처로 하느님에 의해 새로워지고 그분을 위해 봉사하도록 요구받는다. 그런 몸이 음행에 내맡겨질 수 없다. "여러분이 하느님으로부터 받아 모신"이라는 관계대명사절은 수식적인 것과는 거리가 멀다. 영을 받는다는 것은 영예로운 자율성을 획득하는 것이 아니라 인간이 하느님 앞에서 책임져야 하는 짐을 받아들이는 것이다. 사도는 바로 이 점을 영신주의자들에게 상기시키고자 한다.

20절: 그리스도인들은 왜 서로가 서로에게 속하지 않는가? 이에 대한 설명이 노예를 사는 이미지로 주어진다. 여기서 사용된 이미지는 노예 해방이 아니라 노예를 사들이는 것임을 문맥이 보여 준다. 인간이 죄라는 다른 주인에게 속해 있다가 해방되었다는 사실은 강조되지 않는다.[67] 그리스도인들은 그리스도가 정상적으로 사들인 사람들이다. 따라

---

65) Billerbeck III p.366-367; Bultmann, *Theol. NT*, p.196.
66) 단수인 to sōma hymōn보다 L 33 69의 독법인 복수 "여러분의 몸들"이 더 정확하게 보일 수도 있다. 그러나 기본 개념은 각자의 몸을 가리킨다.
67) agorazein은 '사다'를 의미하지 '몸값을 지불하고 해방시키다'(eksagorazein, 갈라 3,13;

서 그들은 그리스도나 하느님께 전적으로 빚을 지고 있으며, 소중히 다루어져야 할 몸은 하느님께 적합한 영광의 자리요 도구인 것이다.[68]

보충 설명: 몸과 자유(6,20)

코린토에서 제기된 자유에 대한 질문에 바오로가 제시한 답변은 다양한 가치와 특징을 지닌 요소들로 구성되어 다소 일관성이 부족하다. 12절에서 자유의 개념을 문제 삼으며 전개한 논리는, 토론의 상대자들이 인정할 수밖에 없는 방식으로 이루어진 탁월한 출발점이었다. 그러나 논증은 합의에 이른 이 출발점에서 전개되지 않는다. 독자는 무엇보다 성적 방종의 문제를 해결하는 데 골몰하는 바오로가 상대편을 복종시키기 위하여 자신의 논증을 뒤섞어 놓았다는 인상을 받을 수 있다. 이런 인상은 피상적일 뿐이다. 확실히 바오로는 12절에서 불러일으킨 기대를 실망시키고 영신주의자들의 자유가 왜 스스로의 자유를 파괴하는지 그 이유를 설명하지 않는다. 아울러 그의 논증의 어떤 것은 설득력도 약하다. 그럼에도 불구하고 13-20절은 일관된 신학적 입장을 투명하게 드러낸다. 바오로는 상대편의 입장을 반박하기보다 자신의 생각을

4,5)를 의미하지 않는다. 값의 속격(timēs)은 하느님이나 그리스도께서 지불한 값(예컨대 로마 5,6-8)을 상기시킨다. 그러나 이 값은 종을 자유롭게 하는 값이라기보다는 주인에게 완전한 소유권을 제공하는 값이다. 7,23에서처럼 "그리스도인들은 자유로운 인간이 아니라 종으로 표상된다." F.Büchsel, agorazein, *ThW* I p.126. 한편 '사다'라는 말이 노예 해방 예식의 용어일 것이라는 다이스만의 주장은 오늘날 일반적으로 거부된다. A.Deissmann, *Licht vom Osten*, p.271ss.

[68] "여러분의 몸" 앞에 P Ψ 코이네 등의 여러 사본들이 "…그리고 하느님께 속한 여러분의 영 안에"를 덧붙인다. 이것은 결론에 흠집을 내는 전례적인 형태의 주석이라고 하겠다.

전개한다. 이로써 상대편의 입장이 의문시되고 하나의 행동 지침이 선명하게 그어지는 것이다.

13-20절의 네 가지 논증 가운데 몸은 중심적인 역할을 한다. 이 논증들이 전제하는 인간학과 구원론은 영신주의자들의 그것과 완전히 다르다. 인간은 몸이지 몸 안에 있는 영이 아니다. 인간은 근본에 있어 육체적으로나 역사적으로 제한된 구체적인 몸의 존재인 것이다. 영적 인간도 이 점에서는 마찬가지다. 그런데 이 구체적이고 제한된 인간이 복음을 듣고 약속(14절)과 미래의 삶의 시작(19절)을 받아들인다. 그러나 그는 하나의 몸을 가지고 있으며 이 몸을 통하여 자기 자신 및 타인과의 관계를 형성한다. 몸은 이 모든 관계의 가능성과 한계를 동시에 지닌 장소이다. 이 몸과 더불어 인간은 그리스도의 지체이고(15절), 이 몸으로 하느님을 영광스럽게 해드릴 수 있다(20절).

이러한 전망 안에서 영신주의자들에게 대처하는 하나의 자유 개념이 그려진다. 자유의 개념은 음식물 규정이나 그 밖의 다른 규정의 준수를 폐지하는 것과 같이 부정적이거나 논쟁적인 특징을 띠지 않는다. 사실 규정 준수의 폐지로 영신주의자들은 점차 이완주의로 빠지고 율법주의적 입장은 불가피하게 수정되었을 것이다(13.18절). 그러나 자유의 개념은 해방자(7,17-24)이시고 정당한 주인에게 인간-몸(sōma)을 되돌려 주는 것을 특징으로 한다. 이리하여 인간-몸은 자기 자신과 사물들에 대한 온전하고 정당한 사용을 재발견하고 비로소 다음과 같이 말할 수 있다. "모든 것이 나에게 허용되어 있습니다"('모든 것이 여러분의 것입니다': 3,21-23 참조). 참으로 모든 것이 허용되나 그것은 이 자유 자체의 조건 안에서이고(15절), 그러기에 외부로부터 강요되는 어떠한 제한도 배제된다(13.18절). 여기서 외부란 몸에 관련한 것을 제외한 모든 것을 말한다. 이제 몸 자체가 자유를 행사하는 도구의 자리로 나타난다. 이 자유는 몸의(somatique) 자유이지 영신주의적인 자유가 아니다. 그리스도에 의해 온전히 보장되고 바로 이런 의미로 그 한계를 갖는 자유는 해방적 권위에 순종하는 자유이기에, 실로 자신의 자유를 잃는 것과 같다(16절; 참조 7,23). 의심할 여지 없이 바로 이것이 바오로가 말하고자 하는 바였다. 그러나 그는 온전히 일관된 방법으로 여기에까지 이르지는 못했고, 그래서 12절의 명제를 보완하는 설명이 필요했던 것이다.

〔바오로의 몸의 개념에 대한 참고 문헌: Bultmann, *Theologie du NT* § 17, Conzelmann, *Theologie du NT* § 21, E.Schweizer, sōma, *ThW* VII p.1057-1064, K.A.Bauer, *Leiblichkeit, das Ende aller Werke Gottes*(1971)〕

4. 혼인과 독신 7,1-40 (C)

1) 일반 지침 7,1-7

¹이제 여러분이 써 보낸 것들에 관하여 말하겠습니다. "남자는 여자와 관계를 맺지 않는 것이 좋다." 하지만, ²불륜의 위험이 있으니 모든 남자는 아내를 두고 모든 여자는 남편을 두십시오. ³남편은 아내에게 의무를 이행하고, 마찬가지로 아내는 남편에게 의무를 이행해야 합니다. ⁴아내의 몸은 아내가 아니라 남편의 것이고, 마찬가지로 남편의 몸은 남편이 아니라 아내의 것입니다. ⁵서로 상대방의 요구를 물리치지 마십시오. 다만 기도에 전념하려고 얼마 동안 합의한 경우는 예외입니다. 그 뒤에 다시 합치십시오. 여러분이 절제하지 못하는 틈을 타 사탄이 여러분을 유혹할 수 있기 때문입니다. ⁶그러나 그렇게 합의하여도 괜찮다는 뜻이지 명령하는 것은 아닙니다. ⁷나는 모든 사람이 나와 같아지기를 바랍니다. 그러나 이 사람은 이런 은사, 저 사람은 저런 은사, 저마다 하느님에게서 고유한 은사를 받습니다.

1절: 코린토 교회의 지도자들은 혼인에 관한 문제를 위시하여 골치 아픈 현안들을 해결하기 위해 에페소를 방문하여 사도의 의견을 듣는 대신 서둘러서 편지를 보냈다.[69] 이들이 사도에게 혼인과 독신에 관한 원칙뿐 아니라 구체적이고 실제적인 질문들을 제기하였음을 7장은 보여 주고 있다.

사도의 답변을 통하여 이런 질문들이 나오게 된 제반 환경을 분명히 파악하기란 쉽지 않다. 다만 사도가 성에 대한 자제(1.7.8.27.38.40절)를 더욱 강조하는 것으로 미루어보아, 영지주의 경향의 신자들 가운데에 자유분방한 행위가 만연되어 있었다고 결론을 내릴 수도 있을 것이다.[70] 그러나 성생활에 대한 죄의식으로부터 사람들을 해방시키려는 선언이 7장 도처에 나타나는 이유는 무엇일까?(7ㄴ.28.36.39절). 그리고 본능을 억압할 때 야기되는 위험을 절박하게 경고하는 이유는 또 무엇인가?(2.5.8.36절).

이것은 공동체 내부에 세심주의적 경향, 심지어 금욕주의적 경향이 존재했음을 인정할 때 비로소 설명이 가능해진다. 성생활은 믿는 이들이 획득한 거룩함과 병행될 수 있는가? 절제가 바람직한 것이 아닐까? 혼인해야 하나? 그리고 혼인했다면 어떤 방식으로 함께 사는 것이 좋은가? 극도로 다양한 외부의 영향에 노출되어 있는 공동체 안에 이런 여러 경향이 공존하고 있다는 것은 그리 놀라운 일이 아니다. 헬레니즘 세계에서 육적인 삶에 대한 멸시는 예외적인 현상이 아니었다. 나아가 바오로의 선포가 제대로 이해되었을 때 이런 경향이 오히려 장려되었다고 보는 것도 불가능하지 않다. 이 점은 7장에서 때로 이해하기 어려운 사

---

69) peri de 형식으로 도입된 부분들은 7.1.25; 8.1; 12.1; 16.1.12.
70) 예컨대 슈미탈스, *Gnosis*, p.221-224. 그는 40ㄴ절에 의거하여 사도가 영신주의자들의 공격에 응수하고 있다고 본다.

도의 입장과 그의 답변 안에 깔린 모종의 복잡함을 부분적으로나마 설명해 줄 수 있을 것이다.

바오로는 구체적인 질문에 답변하면서 성적 절제가 결과적으로 바람직하다고 선언한다. 그것은 절제 그 자체가 좋다는 것인가 아니면 25-31절이 암시할 수 있듯이 가까운 종말 때문에 그런 것인가? 사도는 이 점에 대해 구체적으로 이야기하지 않는다. 그것은 의심의 여지 없이 그가 첫 번째 설명을 더욱 선호한다는 표지다.[71] 그럼에도 불구하고 사도는 절제의 실천가들에게 강한 경고를 보낸다.

2절: 바오로는 그 자체로 소망스러운 것과 필요한 것을 대립시킨다. 명령법 exetō(각자는 가지시오)는 예외 없이 모든 이를 대상으로 여자는 남편을, 남자는 아내를 두라고 말한다. 바오로는 남자가 여자와 접촉하지 않는 "바람직한"(1절) 상태가 독자들에게 가능하다고 믿지도 않거니와 모든 이에게 적용되기에는 위험하다고 생각한다.[72] 금욕을 시도하는 이들에게 그는 온갖 형태의 성적 방종인 porneiai(음행)가 너무나 현실적인 위협으로 다가와 절제를 선택하기가 어렵다고 답변한다.[73] 늘 위협적인 무질서에 대해서는 혼인이 유일한 치유책이다.[74]

---

71) 참조 7절과 32-35절. 그런데 26-28절을 이 장의 독서를 위한 유일한 열쇠로 삼고 조화를 꾀하는 일은 삼가야 한다. 이 점에서 Baltensweiler, 앞의 책, p.167, E. Kähler, 앞의 책, p.22의 입장은 거부되어야 한다.

72) 사도는 여기서 일반적인 규정을 언급하고 있음을 잊지 말아야 한다. 9절과 36절 특히 32-35절은 그리스도인이 이러한 바람직한 상태에 도달할 수 있다는 것을 사도가 배제하지 않을 뿐 아니라, 이것을 여전히 바람직하다고 평가하고 있음을 보여 준다.

73) 모든 이에게 타당한 규정을 언급하는 2-5절과 바오로가 하나의 명령으로 제시하는 것을 스스로 거부하는 6절을 완벽하게 조화시키기란 불가능하다.

74) 이것이 또한 라삐들의 견해이기도 했다. Billerbeck III p.368. 물론 바오로는 여기서 혼

3절: 일반적으로 유효한 방책을 언명한 뒤에, 곧 이어서 바오로는 혼인한 사람들에게 – 이들이 그에게 일차적인 관심의 대상으로 비쳐진 것은 타당하다 – 준수해야 할 행동 지침을 제시한다(3-5절). 이 가르침은 매우 분명하고 아울러 사목적 지혜의 흔적이 묻어난다. 분명히 바오로는 절제가 그 자체로는 바람직하다고 확신한다. 그럼에도 불구하고 여기서는 하나의 원칙을 높이 평가하는 것보다, 구체적인 사례에서 믿는 이들의 참된 이익을 보호하는 것이 더욱 중요하다.[75] 3-4절은 대칭형의 문장 구조를 통하여 부부간의 권리와 의무의 완전한 동등성을 표현하고 있다(참조 5절).[76]

4절: sōma(몸)라는 말은 여기서 인격을 의미하는 것으로 알아들어야 한다. 여자(남자)는 자기 자신을 마음대로 하지 못한다. 여기서 몸은 성생활의 중추로 이해되고 있는가?[77] 일단 혼인을 하면 부부는 각각 상대방에게 속한다. 만일 신념이나 세심증에 이끌려 성적으로 절제하고자

인에 대한 자신의 생각을 모두 표명하지는 않았다. 사랑과 혼인 생활을 통한 인격의 개화 같은 근대적인 개념들을 그에게 부여하는 것은 아마도 무모한 일일 것이다. 그러나 그는 혼인하지 않고도 혼인이 부도덕함을 저지하는 장벽과는 또 다른 것임을 인정할 수 있었다. 1코린 7장은 혼인에 관한 논설이 아니다. 그 목표는 제한되어 있다. 그것은 금욕의 함정을 경고하고 세심한 이들을 안심시키는 일이다. 이 제한된 전망 안에서 바오로의 답변은 다소 거친 현실주의이지만 여전히 적절하다. 참조 1테살 4,3-5.

75) 동일한 행동 양식이 8,7-13; 9,19-22에도 언급된다.
76) 부부 생활에 관련하여 적용된 tēn opheilēn apodidonai(의무를 다하다)라는 표현은 아마도 라삐적인 양식일 것이다. Billerbeck III p.369-370. 코이네의 여러 사본들과 시리아 역본들은 딱딱하고 어색한 이 표현을 완화시킨다: tēn opfeilomenēn eunoian(그녀가 그에게 빚진 호의).
77) 불트만, *Theol. NT*, p.195. "idion(자기)은 가끔 그러하듯이 소유형용사와 동등하다."

하더라도, 상대방이 자신의 인격에 대해 갖는 권리를 제한할 수 없다.[78]

5절: 4절의 결과를 도출해 내면서 사도는 3절에서 주어진 명령을 금지의 형태로 반복한다. "서로 상대방의 요구를 물리치지 마십시오." 그는 하나의 예외만을 인정한다. 부부가 기도에 전념하고자 하는 경우가 그것이다.[79] 그러나 그는 매우 구체적인 가르침을 통하여 이런 경우의 범위도 제한하는 배려를 한다.

1. 절제는 ek symphōnou(합의에 의해서) 결정되어야 하고, 한 배우자가 일방적으로 상대방에게 강요할 수 없다(4절).
2. 절제는 또한 pros kairon(제한된 시간 동안) 지켜져야 한다.
3. 기도의 시간이 지난 뒤에는 부부 관계를 다시금 계속해야 한다.[80]

세 번째 제안은 2절의 내용을 다시 취한 것이다. 자신의 본능을 억제하지 못하는 성적 비행(akrasia) 때문에 (그들이 혼인한 것도 이 본능 때문이다) 절제가 계속되면 부부들은 유혹과 추락의 희생자가 될 수 있다.

바오로는 자신이 인정하고 바라는 바를 분명하게 지시하는 방식으

---

78) K.A.Bauer, *Leiblichkeit*, p.83. 그는 바오로가 영지주의자들이 즐겨 쓰는 동사 exousiazein(마음대로 하다)을 사용하여 일부일처제의 원리를 반대하고 완전한 자유 (6,12)를 주장한다고 상상한다. 그러나 문맥에서 이러한 상상은 가능하지 않다. 나아가 6,12 이하와 7,1 이하의 내용은 서로 유사성이 거의 없고 서로 다른 시간에 속한다. 한편 Ph.H.Menoud는 7,4과 6,15를 결합시켜서 당치 않은 결론을 도출한다. "창녀와의 결합이 그리스도로부터 분리시킨다면 합법적인 배우자와의 결합은 그리스도와의 통교를 보존하고 강화한다!"

79) scholazein과 여격은 여기서 '…할 여유가 있다'가 아니라 흔히 그러하듯이 '전념하다, 헌신하다'를 의미한다. Bauer, ad voc.

80) 이것은 일상적이고 정규적인 기도를 말하지 않는다. 그렇지 않으면 절제가 늘 지속되어야 하기 때문이다. 드 베테는 특별한 기도, 곧 부부가 함께 준수하기로 결심한 피정의 시간이라고 본다.

로 행동 원칙을 구성하였다. 그가 개인적으로 인정하는 일시적인 절제는 혼인한 사람들에게 구체적인 조건에서나 허용되는 것이다. 그리고 그것은 정상적인 부부 생활을 다시 시작하는 의무를 갖는다.

그런데 그는 왜 기도와 절제를 연결시키는가? 성적 절제가 신적인 세계로 쉽게 접근할 수 있게 한다는 개념은 당시에 이방인 세계와 유다인 세계에 널리 펴져 있었다. 라삐들이 토라 연구에 몰두하기 위해 일정 기간 절제하는 것은 허용되었다. 바오로는 분명히 이 관습에 근거하여 판단했을 것이다.[81]

6절: 이 절에 대한 해석은 매우 다양하다. "괜찮다는 뜻이지 명령하는 것은 아닙니다"라는 말은 무슨 의미인가? 독자들이 절제의 은사를 갖지 못했음을 암시하는 7절에 비추어 보아, 아마도 바오로는 그들에게 절제의 시간을 명령하는 것을 자제하고 단지 그 시간을 허용하는 것이라고 결론을 내릴 수 있겠다.[82] 이 해석은 2-5절의 명령법의 문맥에 잘 들어맞는다. 그러나 1절부터의 전반적인 방향은 다른 곳을 향하고 있다. 그동안 제기되었던 다양한 해결책 중에서 가장 나은 것은 사도가 2-5절의 가르침을 제시하는 데 바탕이 되었던 정신을 좀 더 구체화한 것이 6절이라고 보는 입장이다. 그는 1절에서 표명한 확신을 부정할 뜻이 없

---

81) 참조 탈출 19,15; 레위 15,18 등등. 라삐 문헌에 대해서는 참조 Billerbeck III p.371-372. 납달리의 유언 8,8-9에 1코린 7,5과 유사한 구절이 발견된다: "여인과 함께할 시간(kairos)이 있는가 하면 기도를 위하여 절제(egkrateias)해야 할 시간이 있다. 이 두 가지 실행은 모두 하느님으로부터 왔다. 이 두 가지가 질서에 따라(en tē taksei) 실천되지 않으면, 이 둘은 인간에게 매우 중대한 죄의 원인이 된다."
82) 헤링: 7절의 de는 양보의 의미를 가져와야 한다. 같은 입장으로는 Baltensweiler, 같은 책, p.162.

다. 그는 필요하다고 판단했기 때문에 가르침을 준 것이다. 그것은 어디까지나 허용 내지 무방하다는 차원에서일 뿐이고, 그는 독자들이 절제의 삶을 살아가도록 용기를 북돋아 줄 수 있기를 더 원했을 것이다. 아마도 그는 독자들 가운데 방종에 빠지지 않으면서 절제를 선택할 수 있는 이들이 있기를 희망하고 이 바람을 여운으로 남기고 있다. 이런 이들이야말로 자유롭게 절제의 길을 따를 수 있을 것이다.

7절: alla(그러나)에 이어 thelō(나는 원한다)는 실현되기 어려운 소망을 피력한다. 그는 hōs kai emauton(나처럼), 홀로 지내기를 바란다. 독신자는 자기 본능을 통제할 수 있는 사람이기 때문이다.[83] 바오로는 1절에서 말한 것을 반복한다. 그러나 절제가 모든 이에게 가능하지 않음을 그는 잘 알고 있다. 절제는 카리스마로서 하느님의 특별한 선물이기에, 각자에게 요구하는 것 자체가 아마도 잘못일 것이다. 그리하여 그는 이 은사를 받지 않은 이들에게 개인의 상황에 부합하는 순종의 길을 보여줌으로써 해야 할 일을 한 것이다. 이런 이들은 단연코 혼인해서 살아야 하고, 세심증에서 자유로워지고 완전성에 대한 환상도 갖지 말 것이다. 더욱이 그들은 이런 환상 때문에 서로 다투어서는 안 된다. 그들에게 이런 은사가 거부되었다면 그들은 분명히 다른 은사를 받은 것이다.

여러 주석가들이 7ㄴ절에 대해 실로 매우 다른 설명을 제시하였다. 바오로가 여기서 절제의 은사와 혼인의 은사를 대립시키고 있다는 것이다.[84] 그들이 바오로에게서 혼인에 대한 긍정적 평가를 발견하고자 하

---

83) 참조 37절. Ph.H.Menoud, 앞의 논문, p.320. 그는 이 구절을 다음과 같이 해석한다. "나는 혼인을 했든 하지 않았든 모든 방종에서 멀어져서 모든 이가 자기 자신의 주인이 되기를 바랍니다." 그러나 이와 반대로 본문은 이렇게 해석을 경계하고 있다.
84) W.Michaelis, 앞의 논문, J.-J.von Allmen, *Maris et femmes d'après Saint Paul*(1951)

는 원의는 이해할 만하다. 그러나 그들의 설명은 너무나 명백하게 문장의 뜻을 왜곡하고 7장의 전반적인 경향을 무시하는 처사다. 바오로는 혼인을 하나의 은사로 간주하지 않고 절제의 은사가 주어지지 않은 이들에게만 가능한 제도로 간주하기 때문이다.

2) 특별한 경우들: 독신자와 과부, 기혼자, 혼종혼 7,8-16

[8]혼자 사는 이들과 과부들에게 말합니다. 그들은 나처럼 그냥 지내는 것이 좋습니다. [9]그러나 자제할 수 없으면 혼인하십시오. 욕정에 불타는 것보다 혼인하는 편이 낫습니다. [10]혼인한 이들에게 분부합니다. 내가 아니라 주님께서 분부하시는 것입니다. 아내는 남편과 헤어져서는 안 됩니다. [11]— 만일 헤어졌으면 혼자 지내든가 남편과 화해해야 합니다 — 그리고 남편은 아내를 버려서는 안 됩니다.
[12]그 밖의 사람들에게는 주님이 아니라 내가 말합니다. 어떤 형제에게 신자 아닌 아내가 있는데 그 아내가 계속 남편과 함께 살기를 원하면, 그 아내를 버려서는 안 됩니다. [13]또 어떤 부인에게 신자 아닌 남편이 있는데 그가 계속 아내와 함께 살기를 원하면, 그 남편을 버려서는 안 됩니다. [14]신자 아닌 남편은 아내로 말미암아 거룩해졌고, 신자 아닌 아내는 그 남편으로 말미암아 거룩해졌기 때문입니다. 그렇지 않으면 여러분의 자녀도 더러울 터이지만, 사실은 그들도 거룩합니다. [15]그러나 신자 아닌 쪽에서 헤어지겠다면 헤어지십시오. 그러한 경우에는 형

---

p.60; K.Barth, *Kirchliche Dogmatik* III/4 p.160.

제나 자매가 속박을 받지 않습니다. 하느님께서는 여러분을 평화롭게 살라고 부르셨습니다. ¹⁶아내 된 이여, 그대가 남편을 구원할 수 있을지 혹시 압니까? 그리고 남편 된 이여, 그대가 아내를 구원할 수 있을지 혹시 압니까?

8-9절: 특별한 경우 중에서 사도가 첫 번째로 관심을 보인 대상은 독신자들과 과부들의 경우다.[85] 그들은 혼인이나 재혼을 해야만 하고 또 그렇게 할 수 있는가? 그 답변은 1-7절의 내용을 고려하여 주어진다. 바오로는 거의 동일한 용어로 1절과 7ㄱ절에서 한 말을 이 그룹에게 다시 말한다.[86] kalon(좋다)은 앞에서 그렇듯이 모든 사람이 복종해야 하는 하나의 법이 아니다. 그것은 절제의 은사를 받은 이들만이 할 수 있고 또 그렇게 해야 하는 "그 자체로 좋은" 선택이다. 이 은사를 받지 않은 이들에게 절제하도록 권고할 수도 없는 것이, 절제는 수련을 통해 획득될 수 있는 덕이 아니기 때문이다. 이런 이들에게는 절제를 오히려 만류하고 혼인하도록 권고해야 한다. 그들은 스스로에게 절제를 강요함으로써 욕정에 불타오르게 되고 주체할 수 없이 죄스런 생각과 욕망에 사로잡히게 된다. 바오로는 여기서도 자신의 신학적 원리에 충실하다. 인간은 자신의 가능성과 한계를 지닌 그대로 하느님께 불림을 받고 받

---

85) agamoi: 독신자들은 남자와 여자를 다 포함한다. 참조 32-34절. chērai: 혹자는 이 단어가 홀아비와 과부들을 포함한다고 추측하였으나 불필요한 상상일 뿐이다. 이 단어는 과부들만을 가리킨다. 과부는 (고아와 함께) 전통적으로 의지할 사람이 없는 이로서 (탈출 22,21-22; 야고 1,27) 자연히 좀 더 안정된 상황을 갈망한다. 바오로는 과부에 대하여 39-40절에서 다시 언급한다.
86) 바흐만은 legō가 "나는 선언한다"라는 강한 의미를 지닌다고 지적한다.

아들여진다. 그리고 그는 한계를 가진 그대로의 처지에서 하느님을 섬길 수 있고 또 그렇게 해야 한다(참조 6,20; 7,17-24; 8,7-13).

10-11절: 10절 이하는 정확하게 어떤 질문에 답변하는 것인가? 이혼이 허용되느냐고 일반적인 방식으로 바오로에게 질문하고 있는 것인가? 이혼은 그 자체로 불가능한 것은 아니다. 그는 초대 교회에서 이미 시행 중이고 복음서에서도 다양한 형태로 확인되는 이혼 금지 규정을 공동체에게 마치 처음으로 가르쳐주듯이 답변한다고 볼 수 있다.[87] 그러나 좀 더 개연성이 높은 설명에 의하면 다음과 같다. 바오로는 혼인한 사람들이 헤어지는 것은 바람직한 것이 아니지 않느냐고 물어보는 세심한 이들에게 답변하고 있다. 그는 불건전한 경향에 종지부를 찍기 위해 주님의 말씀을 인용한다.[88] 여기서 한 가지 지적할 수 있는 것은 예수께서 유다 관습에 따라 남자에게만 한 말씀이 바오로와 마르 10,11-12에서는 남편과 함께 아내에게도 적용되고 있다는 점이다.[89] 마르코와 루카처럼 바오로도 모호함이나 제한 없이 예수의 계명을 단언한다.[90] 11ㄱ절의 괄호 부분은 주님의 말씀들(즉 10절과 11ㄴ절) 사이에 끼어들어가

---

[87] 마르 10,1-12; 루카 16,18; 마태 5,32; 19,9.
[88] 종교적인 세심증 때문에 이혼한 사람에게 바오로는 어찌하여 화해(11ㄱ절)를 권고하는가? 오직 여인만이 이혼을 원했기 때문이었는가?
[89] 남녀에 대한 동등한 언급을 반드시 복음의 승리라고 볼 수는 없다. 혼인 분야에서 여자의 권리를 온전히 인정했던 헬레니즘 영역의 영향이 아마도 결정적이었을 것이다. H.Baltensweiler, 앞의 책, p.190.
[90] 마태오의 조건부 이혼(5,32; 19,9)은 다양하게 해석되었다. H.Baltensweiler, 앞의 책, p.87-102는 porneia가 레위 18,6-18이 규정하는 불법적인 결합을 가리키는 것이고 따라서 이런 경우는 이혼해야 한다라고 해석하였다. 대부분의 주석가들은 마태오가 부부간의 갈등 상황에 직면하여 불가결한 경우에만 이혼을 허용하는 사목적 배려를 모색한 것이라고 본다.

있는데, 이는 바오로가 주님의 계명을 해석하고 구체적인 상황에 적용한 사례이다. ean chōristhē(만일 그녀가 헤어졌다면), 이 조건문은 엄밀하게 현재형으로 번역되면 좋을 것이다(만일 그녀가 헤어진다면). 그러나 논리적으로는 "헤어졌다면"이라고 완료형이 필요하다. 바오로가 이혼을 금지하면서 동시에 이혼의 가능성을 고려하며 말할 수 없기 때문이다. 분명히 그는 자신의 답변에서 사람들이 즉시 결정을 내리고자 함을 염두에 두고 말한 것이리라.

바오로는 10-11절에서 왜 단 한 번(11ㄱ절) 오직 여자에게만 말을 건네고 있는가? 바로 그녀들이 세심한 자들에게서 괴롭힘을 당한 여인들인가? 다른 질문은 이것이다. 11ㄱ절의 규정은 종교적으로 세심한 자가 원해서 이루어진 이혼의 경우에만 유효한가 아니면 어떤 이유로든 발생한 모든 이혼에 해당하는가?[91]

12-13절: 바오로는 "그 밖의 사람들"이라는 말로써 배우자가 여전히 이방인으로 남아 있는 혼종혼混宗婚의 경우에 속하는 사람들을 지칭한다.

"주님이 아니라 내가"라는 말로, 바오로는 앞의 선언들처럼 주님의 권위를 가지고 말하는 것이 아님을 보여 주려고 한다. 그러나 그는 자

---

91) 11ㄱ절이 이혼자들의 재혼에 관한 성찰에서 중요한 역할을 차지하고 있음을 볼 때, 주석의 불확실성을 염두에 둘 필요가 있다. 아울러 사도가 제시한 가르침의 역사적인 우연성의 문제도 고려해야 한다. 그리고 과부가 재혼하지 않은 채로 남아 있으라는 명령과 7장 여러 곳에서 혼인하지 않은 것이 좋다는 대목들을 비교하는 것도 빼놓을 수 없다. 아울러 이 명령이 동일한 전제들(26-28절; 32-35절)과 어느 정도까지 관련되는지도 숙고해야 한다. 11ㄱ절에서 재혼에 대한 무시간적이고 절대적인 원칙을 도출할 수는 없다.

신이 수신자들에게 줄 가르침이 그들에 의해 평가받게끔 방치하지 않는다. 그는 자신의 고유한 책임하에 사도의 권위를 가지고 해석하는 것이다(25절 참조).

그는 상호 관련된 두 가지 질문에 답변해야 한다. 첫 번째 질문은 종교적 세심증과 배우자의 이교異敎에 전염될 것을 두려워하는 마음으로부터 제기된 것이다(12ㄴ-14절). 다른 질문은 신자 아닌 배우자가 그리스도인과 함께 사는 것을 거부하고 이혼을 요구하는 경우에 발생한다(15-16절). 그가 제시하는 두 답변은 모두 주님의 말씀에 기초하고 있으나 법처럼 적용되는 것이 아니라 그리스도인의 삶을 보호하고 실제 상황을 고려한 것으로 이해되어야 한다(12,15절).

만일 신자 아닌 배우자가 부부 관계를 유지하고자 하면, 그리스도인 배우자는 이혼을 생각해서는 안 되고 주님의 말씀에 따라야 한다. mē apfietō(버리지 마시오). 종교적 세심주의자들에 대해서 사도는 그들의 태도가 근거 없음을 보여 준다.

14절: 이 절의 전반적인 의미는 매우 분명하다.[92] 그리스도인 배우자는 신자 아닌 배우자에 대해 아무것도 두려워할 것이 없다. 그러나 이 절은 병행구절도 없고 다분히 우연한 것이어서 그 세부 내용을 이해하기가 어렵다.[93]

14ㄱ절에 숨어 있는 거룩함의 개념은 바오로의 본문에서 의외이다.

---

92) D G와 같은 일부 사본들은 gynaiki 다음에 tē pistē를 첨가하여 대칭성을 강조한다.
93) 칼뱅: "이 성화는 불신자에게 아무런 혜택도 주지 않고 단지 신자에게만 해당된다. 신자는 혼인 생활로 더럽혀지지 않았으며 그 혼인도 또한 속된 것으로 변질되지 않았다." 여기에 덧붙여서 그의 신자 아닌 배우자도 자신이 한 동의(syneudokei, 13절) 덕분에 나름대로 교회 영역에 포함된다고 말할 수 있지 않을까?

신자 아닌 배우자가 신앙인이 되지 않고도 그리스도인 배우자를 통하여 거룩해지고 교회에 통합된다는 것이다. 신앙인의 거룩함이 외부적인 접촉을 통하여 마치 하나의 물건처럼 비신앙인에게 신체적으로 전달된다. 이런 언어는 레위인들의 의식에 나오는 언어이다.[94] 그러나 여기서 멈출 일은 아니다. 이 말은 어떤 메시지를 전하고 있는가? 여기서 사도가 말하고자 하는 것은 의심할 여지 없이 다음의 내용이다. 즉 그리스도인과 비그리스도인의 결합에서 그리스도의 세력과 이방세계의 세력이 마주치는데, 그리스도의 세력이 우세하다. 그리스도께서 세력들의 주인이시기 때문이다. 따라서 이교도 배우자는 원하지 않아도 그리스도의 세력범위에 포함되는 것이니, 그리스도께 속하는 이는 아무것도 두려울 것이 없다.

14ㄴ절에서 거룩함에 대한 같은 개념이 발견된다. 14ㄴ절의 기능은 쉽게 파악된다. 바오로는 모든 이에게 분명한 사실을 통하여 그리스도인 배우자의 마지막 두려움들을 해소시키고자 한다.[95]

사실 그의 논증은 우리에게 전혀 분명하지 않다. 바오로가 여러분의 자녀들이라고 할 때, 그는 여기서 그리스도인과 비그리스도인 부부를 대상으로 하는가 아니면 그리스도인 부부를 대상으로 하는가? 여기서 말하는 자녀들은 이교도들의 회개 이전에 태어난 자녀들인가 아니면 회개 이후에 태어난 자녀들인가? 여전히 이교도로 남아 있어서 세례를 받지 않은 다 큰 자녀들을 말하는가 아니면 아직 어린 자녀들을 말하

---

94) F.Hauck, akathartos, *ThW* III p.432.
95) 문장론: epei ara(Bl-Debr. § 360,2)는 약식 구문에서 비현실적인 가정을 도입한다. 현재형 estin 대신에 ēn이 기대될 수 있었다.

는가? 모든 추론들이 제기되고 토론되었으나, 우리가 믿기에는 두 가지 가능성 중에 첫 번째 것이 질문의 취지에 부합하고 유용한 것 같다.

대부분의 주석가들은 사도가 종교가 다른 부부간의 결합에서 태어난 자녀를 말한다고 본다. 이 결합이 부정하다면 이 자녀들도 부정할 것이다. 사실(nun de) 그들은 거룩하다. 그 결합 역시 거룩하다. 이러한 논증이 악순환에 빠지지 않기 위해서는 적어도 사도가 보기에 자녀들의 거룩함이 분명히 인정되어야 한다. 사도의 이러한 견해는 어린이들이 "계약에 포함된다"고 보는 "유다교의 확신"에 근거한 것은 아닐까?(바레트).

그러나 그리스도인 부부의 자녀들과 관련될 때 논증은 더욱 강해진다. 이 경우에 논증은 유비에 기초한다. 그리스도인 부모들은 그리스도인 배우자가 자신의 신자 아닌 배우자에 관하여 제기하는 질문을 자신의 자녀들에게 동일하게 제기할 수 있을 것이다. 사도는 "여러분의 자녀들"이라고 이인칭으로 말함으로써, 공동체 전체를 대상으로 이야기하고 공동체 전체를 증인으로 삼는다. 어떤 그리스도인 부부도 자신의 자녀들이 부모와 동일한 자격으로 교회의 구성원이 아니라는 이유 때문에 그들을 부정하게 보고자 하지 않을 것이다. 그것은 그리스도인의 신자 아닌 배우자에게도 마찬가지로 적용된다.[96]

---

96) 1코린 7,14는 유아세례에 대한 토론에서 중요한 역할을 한다. 몇 가지 사례를 들어보자. H.Schlier, Zur kirchlichen Lehre von der Taufe(1947; in: *Die Zeit der Kirche* p.107-129). 그는 유아세례가 신약성경에 언급되어 있지 않음을 인정한다. 그러나 1코린 7,14에 의거하여 그리스도인 부모의 자녀들은 비록 신앙인은 아니어도 세례에 관해 긍정적인 경향을 가지고 있다고 평가한다. 왜냐하면 이들은 객관적으로 "거룩해지도록" 예정된 성도들이기 때문이다. 이렇게 예정되어 있으므로 그 목표에 이르는 세례가 요청된다

15절: 사도는 신자 아닌 배우자가 이혼을 원하는 경우를 다룬다. 그리스도인 배우자는 그를 만류할 아무런 법적 수단을 가지고 있지 못하며 신자 아닌 배우자로 하여금 주님의 계명을 받아들이게 할 수도 없다. 그럼에도 불구하고 그리스도인 배우자는 이혼을 거부하라는 주님께 순종하여 상대방이 더 이상 원하지 않는 결합을 유지해야 하는가? 사도는 아니라고 답한다. 그리스도인 배우자는 이런 경우에 이혼에 동의할 수 있다. 바오로는 모든 장애를 넘어서서 그리스도인이 자신의 배우자와 무조건적으로 연결되어 있는 것은 아님을 말하고자 하는 것인가? 실로 주님의 계명이 율법주의적 엄격함으로 이런 상황에 적용된다면,

---

(p.124). 그는 아우구스티노를 인용하면서 유아세례는 늘 교회 안에서 실행되었다고 결론 내렸다(p.129). 한편 J.예레미아스는 *Hat die älteste Christenheit die Kindertaufe geübt?*(1938) p.22-23에서 바오로가 개종자들의 세례에 관한 유다인들의 규정에 영향을 받았다고 믿는다. 이 규정에 의하면 세례 받은 여자 개종자의 자녀는 더 이상 세례를 받을 필요가 없다. 자녀에게는 어머니의 세례가 중요하기 때문이다. 그는 초대교회에서 적어도 매우 이른 시기에는 부모의 개종 이전에 출생한 자녀들만이 세례를 받았다고 결론한다. 그럼에도 불구하고 그는 1코린 7,14가 모든 어린이들의 세례를 가정하고 있다고 생각한다. O.쿨만은 *Le baptême des enfants*(1948)에서 1코린 7,14가 유아세례나 성인세례를 명시적으로 증언하지 않음을 인정한다. 그러나 그는 "거룩함의 집단적인 개념" 안에서 그리스도의 몸으로 용인되는 것이 개인적인 결정에 달려 있지 않음을 의미한다고 이해한다(p.37). 그리하여 슐리어처럼 유아세례의 실천과 정당성을 인정한다(p.55). 큄멜은 바오로의 선언이 개종 이전에 출생한 자녀들과 개종 이후에 출생한 자녀들을 구분하는 라삐들의 방식을 따르지 않는다고 지적한다. 바오로는 개종자들의 권리에 대한 유다의 규정을 생각하고 있지 않기 때문에 유아세례의 정당성을 여기서 결론 내릴 수는 없다는 것이 큄멜의 입장이다. 바이스는 당시에 유아세례가 아직 시행되지 않았다면 이런 논증은 아무 의미도 없다고 옳게 지적하였다. 실제로 어린이들이 세례를 받음으로써 거룩해진다면 그들의 경우는 증명해야 할 것을 증명하지 못하는 셈이다. 그리고 그들이 거룩하기 때문에 세례를 받았다면 그 배우자도 세례를 받을 수 있고 또 받아야 한다.

그 계명은 속박의 사슬이 되고 말 것이다.[97]

"평화롭게…"라는 마지막 문장은 그 의미가 불확실하다. de의 의미가 불확실하기 때문이다. 원인의 의미로(왜냐하면…) 앞 문장과 연결시키고 있는가? 이런 경우에 15ㄷ절은 15ㄱㄴ절을 뒷받침한다. "그럼에도 불구하고"라고 반대의 의미로 해석하는 경우에는 인내하며 평화를 만들어 가는 것을 장려하는 뜻이 된다. 16절은 둘 중에서 어떤 해석이 적절한지를 결정하지 않는다. 왜냐하면 16절 역시 두 가지 반대되는 해석을 수용하기 때문이다. 그러나 12-16절을 전반적으로 검토할 때 "왜냐하면"을 선택하는 것으로 기울어진다.

16절: ti hoidas … ei는 경우에 따라 "…이 확실하지 않다" 내지 "…이 가능하다"의 의미로 번역될 수 있다. 과거의 여러 주석가들이 제안했던 두 번째 번역은 근대에 와서 일반적으로 거부되었다가 최근에 일부 사람들에 의해 다소 성공적으로 재수용되었다.[98] 이 견해를 받아들이면 15절은 여담이 되고 16절은 새로운 논증을 덧붙여 12ㄴ-14절을 연장하는 것이 된다. 신자 아닌 배우자가 언젠가 그리스도 신앙을 가지게 될

---

97) 콘첼만과 바레트에 의하면 바오로는 재혼의 가능성에 대하여 입장을 표명하고 있는 것이 아니다. 이 질문은 그에게 제기되지 않았다. Baltensweiler, 앞의 책, p.193 n.115는 바오로가 재혼을 승인하였는지는 확실하지 않다고 지적한다. 그러나 "아내는 남편이 살아 있는 동안에만 매여 있다는" 7,39ㄱ의 규정이 이 같은 동기를 가진 이혼에는 해당될 수 없다고 본다.

98) J.Jeremias, 앞의 논문. 칠십인역(2사무 12,12; 요엘 2,14; 요나 3,9; 에스 4,14)에서 ti oiden ei…는 체념을 표현하지 않고 약한 희망을 드러낸다. 유사한 표현이 에픽테토스, *Entretiens* II 20,30 pothen oidas ei, …하지 않을지 그대가 어떻게 아는가. C.Burchard. 앞의 논문은 이 예들 중의 어느 것도 바오로의 형식과 정확히 일치하는 것은 없으나 '아마도'의 의미는 분명히 가능하다고 지적한다.

가능성을 배제할 수 없기 때문에, 너무 성급하게 이혼함으로써 이런 기회 자체를 박탈하는 것을 피해야 하기 때문이다.

이런 해석을 절대적으로 배제하지는 않지만 그러나 다음과 같은 반론을 제기할 수 있을 것이다.

1. 바오로는 12절부터 이교도 배우자의 요청을 동의하거나 거부하는 두 가지 가능성을 분명히 염두에 두고 (ei tis … ei de, 12, 15절) 12ㄱ-14절과 15-16절을 통하여 각각의 경우에 따라 가르침을 제시하였다.

2. 만일 15ㄴ절이 단지 여담에 불과하다면, 15ㄱ절의 명령법은 12절과 13절의 경우와는 반대로 그 정당성이 충분히 입증되지 않는다.

3. 이혼을 준비 중인 부부에게 이혼하지 말라는 권고는 15ㄱ절의 (헤어지겠다면 헤어지십시오) 말씀과 맞지 않는다. 그러므로 이혼을 강요하는 신자 아닌 배우자에게 동의해 주면서 그리스도인 배우자가 죄책감을 느끼지 말라고 이야기하는 것이 더욱 자연스러운 애덕의 행위이다. 신앙인을 평화로 불러주신 하느님은 그가 고통스러운 갈등 속에 사는 것을 원치 않으신다. 아울러 그리스도인 배우자는 이혼을 요구하는 상대방이 언젠가 신앙을 가지게 될 가능성을 과대평가하지 말아야 한다.

3) 소명과 자유 7,17-24

[17]아무튼 주님께서 각자에게 정해 주신 대로, 하느님께서 각자를 부르셨을 때의 상태대로 살아가십시오. 이것이 내가 모든 교회에 내리는 지시입니다. [18]누가 할례 받은 몸으로 부르심을 받았습니까? 할례 받은 흔적을 없애려고 하지 마십시오. 누가 할례 받지 않은 몸으로 부르

심을 받았습니까? 할례를 받으려고 하지 마십시오. [19]할례를 받았느냐 받지 않았느냐는 대수롭지 않습니다. 하느님의 계명을 지키는 일만이 중요합니다. [20]저마다 부르심을 받았을 때의 상태대로 지내십시오. [21]그대가 부르심을 받았을 때에 종이었습니까? 그것에 마음을 쓰지 마십시오. 자유인이 될 수 있다 하여도 오히려 지금의 상태를 잘 이용하십시오. [22]주님 안에서 부르심을 받은 종은 이미 주님 안에서 해방된 자유인입니다. 마찬가지로 부르심을 받은 자유인은 그리스도의 종입니다. [23]하느님께서 값을 치르고 여러분을 속량해 주셨습니다. 사람의 종이 되지 마십시오. [24]형제 여러분, 저마다 부르심을 받았을 때의 상태대로 하느님과 함께 지내십시오.

두 개의 구체적이고 실제적인 지침들로 구성된 17-24절은 보충 설명의 형태를 띤다. 구문론적으로 보아 이 단락은 문맥에 거의 연결되지 않기에, 설혹 이 단락이 사라졌다 하더라도 독서에는 아무런 어려움을 주지 않는다. 이 단락에 혼인에 대한 언급이 전혀 없다는 사실 때문에, 7장에서 이 단락이 어떤 기능을 차지하는지 눈에 들어오지 않는다. 그럼에도 불구하고 실제적인 관련성은 존재한다.

바오로는 구체적인 질문에 구체적인 지침으로 답변하면서 안심시킨다. 타고난 신학자인 그는 사목적인 지혜의 충고와 명령을 주는 것으로 만족할 수 없어, 자신에게 제기된 질문들의 근본 동기에 대해 깊이 생각하고 근본적인 답변을 찾는다. 그리고 그 답변의 빛으로 부분적이고 구체적인 답변에서 온전한 의미와 온전한 진리를 발견하도록 이끈다. 그는 세심주의자들의 질문을 심각한 오해의 산물로 여긴다. 그들은 하느님이 주신 소명의 이유와 그 실현 방법을 모르고 있다.[99] 그래서 그는 구체적이고 특별한 인간적인 상황에서 그들에게 전달된 이 소명을 설명하고, 그들이 바로 이런 인간적인 조건 안에서 하느님께 속하도록 촉구한다(17.20.24절).

17절: ei mē(다만)와 ei mē가 이끄는 전이의 의미는 불확실하다. 그것은 아마도 plēn이나 alla(그러나)와 같은 의미를 지니고 결의론에서 근본적인 진술로 넘어가는 가교 역할을 하는 것 같다. 7절에 표명된 생각을 일반화하면서 사도는 주님이 각자에게 주신 몫(merizein)과 하느님께로부터 받은 소명(kalein)에 따라 그리스도인은 자신의 삶을 살아가야 한다고 가르친다.[100] 주님이 주신 몫은 은총이 각자에게 주어지는 특별한 형태이며 각 그리스도인의 삶에 그 내용과 스타일을 제공한다. 바오로가 은사라고도 이름 붙일 수 있는 이 몫은 자의적으로 주어지는 선물이 아니다. hōs keklēken ho theos는 글자 그대로 "하느님께서 부르셨던 대로"인데, 하느님의 부르심은 추상적인 인간을 대상으로 허공에 메아리치는 것이 아님을 밝힌다. 그것은 자신의 역사와 고유한 상황을 가진 구체적인 인간을 향해 전달된다. 그것은 개인적인 상황의 다양성에 따라 구체화되고 다양해진다. 몫이 다양할 수밖에 없는 이유는 인간이 다양하기 때문이다. 한 인간이 주님께 받은 몫은 결국 자신의 고유한 능

---

99) kalein은 이 절에서 8회, klēsis는 1회 사용되었다.
100) Ekastō hōs … ekaston hōs … houtōs peripateitō: 단축된 구문으로서 hakastos는 주동사의 주어이다. 코이네는 kyrios와 theos의 순서를 바꾼다. 이는 잘못된 것이 바오로 서간에서 부르시는 분은 늘 하느님이시다(로마 4,17; 8,30; 1코린 1,9; 갈라 1,15; 1테살 2,12 등).

력과 한계를 가진 사회적이고 역사적인 존재인 그 사람 자체이지 다른 무엇이 아니다. 하느님은 이런 인간을 불러주셨고, 사람은 또 그분의 부르심에 의해 그런 모습으로(hoshoutōs) 받아들여지고 새로운 삶을 위하여 동원된 것이다.[101]

소명은 인간을 그의 처지에서 있는 그대로의 모습으로 만난다. 그러기에 소명은 "오직 은총(sola gratia)인 것이다". 바로 이 때문에 사도는 있는 그대로 자신의 처지에서(houtōs peripateitō) 각자의 길을 가라고 명령한다. 이것은 '오직 신앙만으로(sola fide)'의 또 다른 표현이다. 더욱 거룩해지고 더욱 순화되기 위하여 성性을 억압하거나, 자신을 형성한 과거의 흔적(예컨대 할례)을 지워버리거나, 또는 사회적 신분을 변화시키는 것이 자신이 해야 할 일이라고 생각하는 사람은 소명의 은총도, 약속된 자유도 이해하지 못한 것이다. 그는 자신에게 이미 주어진 것을 행위로 얻고자 하지만, 이는 현재의 자신이 그리스도에 의해 인정받고 해방되었음을 망각하는 것이다.[102] 그리스도는 각자에게 주어진 것을 바탕으로 일하시기에, 그분에 의해 해방된 인간은 새로운 미래를 향하여 나아가야 한다.

여기서 일종의 오해 하나를 불식시키는 것도 유익하리라. 앞에서 이야기한 것을 기초로 바오로가 코린토 공동체나 모든 교회에(17ㄴ절) 획일적인 행동강령이나 법령을 강요하거나(바이스), 사회적인 모든 변화를 제어하려는 암울한 계획을 주입하려는 의지를 가지고 있다고 말하는 것

---

101) E. 케제만, Amt und Gemeinde im NT. In: Exeg. I p.116. 그는 소명에 힘입어 나의 처지가 어떤 면으로는 나의 "은사"가 된다. 참조 1코린 12,28.
102) 유다계 그리스도인들은 그리스도의 은총에 율법의 업적을 덧붙인다. 갈라 2,15-20. P.Bonnard, *L'épitre de saint Paul aux Galates*, ad loc.

은 어불성설이다. 그가 원하는 것은 다른 곳에서처럼 코린토에서도 은총의 절대성과 신앙의 순종과 자유를 보존하는 일이다.[103]

18절: 바오로는 할례(18-19절)와 노예제도(21-23절)라는 두 가지 예를 통하여 자신이 제시한 규정을 설명하고 정당화한다.[104] 이 예들이 더욱 의미심장한 이유는 이것이 이스라엘인과 이방인, 또 자유인과 노예라는 고대 세계에서 가장 대조적인 인간적, 종교적, 사회적 조건들과 관계되기 때문이다.

은총의 복음을 받아들인 유다인이 – 이 복음에 힘입어 더 이상 유다인도 그리스인도 없다(갈라 3,28) – 유다 민족의 일원으로서 율법 아래 살아갔던 지나간 삶의 외적 표지였던 할례를 자신의 몸으로부터 제거하는 방법으로[105] 복음에 온전히 일치하고자 한다면, 유다인으로서 받아들인 은총을 은폐하는 것이요 유다인의 과거와 함께 그리스도께 속하도록 불림받은 자유를 거부하는 것이다. 할례를 받아 자신의 이방

---

103) 참조 로마 12,3. 여기서 metron pisteōs(믿음의 몫)는 신앙의 크고 작음의 크기에 따른 몫이 아니다. 로마 12,4 이하가 보여 주듯이 그 몫은 믿는 이 각자에게 그의 특별한 은사가 구성하는 한계이고 그 범위 안에서 그의 믿음이 발휘되어야 한다. O.Michel, *Der Brief an die Römer*, ad loc.

104) 바오로는 이 장의 주제와는 거리가 먼 두 가지 예를 선택한다. 콘첼만은 "사도가 남자와 여자를 예로 들 수 없었다"고 설명한다. 실제로 종이 자유인이 될 수 있지만, 남자는 여자가 될 수 없고 여자 또한 남자가 될 수 없다. 그는 혼인한 사람과 혼인하지 않은 사람을 예로 들 수도 있었다. 게다가 그것은 그의 사고의 연장선상에 있는 것이었다. 그러나 그는 각자가 자신의 처지에도(houtōs peripateitō) 불구하고 어찌하여 혼인하기를 바랄 수 있고 또 헤어지는 것을 받아들일 수 있는지를 설명해야 했다.

105) 살라미스의 에피파네스는 자신의 성서백과 《계량과 무게》 16,1에서 이 수술의 고통스러움을 묘사한다. 마카베오 상권은 안티오쿠스 에피파네스(기원전 175-164)가 유다 지방에 그리스 문화를 강요하던 시절에 이러한 수술이 행해졌음을 증언한다.

적 기원을 말소하고 하느님이 불러주시고 거룩하게 해주신 본래의 자신이 아닌 자가 되고자 하는 이방인 역시 동일한 오류를 범하는 것이다.

19절: 할례를 받았거나 받지 않았거나 또는 이스라엘인이거나 이방인이거나 하는 것은 전혀 중요하지 않다. 이런 조건들은 하느님의 개입에도 영향을 주지 않으며(참조 로마 3,30), 신앙의 개화와 그리스도인의 삶의 성숙에도 영향을 주지 않는다. 그러나 이 조건들은 그리스도인의 삶의 자리다. 유다인은 유다인으로 남아 있어야 하고 이방인은 이방인으로 남아 있어야 한다. 각자는 유다인이나 이방인의 처지에서 새로운 삶의 법도를 준수하며 받아들인 자유를 살아가야 하는 것이다.[106]

20절: 바오로는 17절의 명령을 다른 형태로 일반화하고 반복하면서 결론을 내린다. "저마다 부르심을 받았을 때의 상태대로[107] 머물러 있으시오." klēsis는 부름의 행위를 말한다. 동사 eklēthē 앞에 위치한 이 단어는 동사적인 의미를 간직하고 있다. 여기서 이 단어는 각자가 부름을 받았을 때의 상황을 가리킨다. 그러나 부르심이 한번 울려 퍼지면 그 상황 자체가 부르심이 된다. 상황은 부름받은 이가 그리스도인의 삶에 참여하는 구체적인 형태를 결정짓기 때문이다.

21절: 21-23절은 종을 두 번째 예로 들어 17절과 20절의 규범을 적용시킨다. 여기서 논증은 대칭성이 덜 잡혀 있다. 왜냐하면 바오로는 종이 자신의 신분에서 벗어나기 위하여 온갖 시도를 다 해보는 것이 자연스럽다고 판단하지, 자유로운 인간이 종으로 되기를 바란다고는 상상하고 있지 않기 때문이다. 분명히 그는 자유가 그 자체로 인간적인 가치임

---

106) 이와 유사한 표현으로는 갈라 5,6; 6,5.
107) P^{15} 독법 en hē는 주석학적으로 옳다. 참조 24절: en hō eklēthē.

을 모르지 않는다. 그러나 부르심의 신학에 충실한 그는 종에게 자신의 조건에 대해 근심하지 말라고[108] 권고하고(21ㄱ절), 더 나아가 자유인이 될 수 있는 기회가 주어졌다 하더라도 이를 활용하지 말라고 요구한다 (21ㄴ절).

21ㄴ절의 의미는 언제나 논쟁거리가 되었다. 무엇보다 두 가지 질문에 대해 답변이 주어져야 한다. ei kai의 의미는 무엇인가? 명령법 chrē-sai(활용)의 숨겨진 목적 보어는 무엇인가? 여기에는 두 가지 서로 반대되는 답변이 있다. 어떤 이들은 ei와 kai를 분리시킨다. 그럴 경우 "그러나 네가 (한편으로) 자유로워질 수 있다면…"에서 숨겨진 보어는 "…로부터"이다. 즉 "이것을 활용하는 것, 기회를 활용하는 것으로부터 자유로울 수 있다면"을 의미하게 된다. 바오로는 20절의 "저마다 부르심을 받았을 때의 상태대로 지내십시오"라는 내용을 부드럽게 만든다.[109] 그것은 그리스도인 종이 자유에 대한 정당한 욕구를 억압하도록 강요하는 율법이 아니다. 한편 다른 이들은 ei kai를 관행대로 양보의 의미로 이해한다. "비록 그대가 … 자유롭게 될 수 있다 하더라도." 여기서 보충해야 할 보어는 "종의 상태"이며, 바오로는 종이 여기서 그리스도인의 순종의 자리를 만들기를 바라는 것이다.

---

108) meletō의 함축된 주어는 doulon einai이다.
109) 칼뱅: "자유가 여러분에게 왔다 하더라도 그 자유를 사용하지 말라고 나는 여러분을 제한하지 않습니다." 같은 주장으로 고데트, 슐래터, Rengstorf, doulos, ThW II p.274 참조. 최근에 P.Trummer, 앞의 논문은 이 해석을 세밀한 언어학적 연구를 통해 정당화하고자 시도하였다. 결정적으로 ei kai에 대한 토론에서 그의 논증은 설득력이 없다. 그가 논거로 인용하는 구절들(1코린 4,7; 7,11.28; 2코린 4,3)의 ei de kai는 양보절이 아니다. ei de kai는 만일을 강조하는 것이지 ei kai가 아니다.

우리는 이 두 번째 해석을 선호하는데 그 이유를 요약하자면

1. ei kai는 보통 양보의 의미를 지니며[110]
2. mallon(더욱, 차라리)이 21ㄴ절이 21ㄱ절을 한술 더 떠 말할 때에만 의미가 있기 때문이다. 그러나 무엇보다도
3. 17.20.24절이 지배하는 단락 전체가 이런 해석을 요구한다.

바오로가 의도하는 것은 개인의 사회적 지위의 향상 내지 사회적 신분의 보장이 아니라 어떠한 인간적인 상황, 심지어는 종의 상황 안에서도 누리는 그리스도인의 자유를 드러내는 일이다.

22절: 이 절은 "종도 자유인도 없다"는 갈라 3,28에 대한 일종의 주석으로서 앞 절의 내용을 강화한다. 사도는 22절의 두 개의 모티브를 수사학적으로 효과가 있는 대칭방법을 사용하여 부름받은 종과 부름받은 자유인 사이의 근본적인 유사성을 강조한다. 이 유사성은 종 – 주님의 해방된 자, 자유인 – 그리스도의 종이라는 반대되는 용어를 겹쳐 사용함으로써 표현되는 역설적인 닮은꼴이다.

En kyriō klētheis는 주님을 부르심의 주체로 지칭하지 않는다. 부르시는 분은 바로 하느님이시다. 종은 그리스도인으로 부름을 받고 그 부름을 통하여 주님 안에 있다. 속격인 '주님의'(kyriou)는 소속을 의미할 수 있기에 이 맥락에서는 주님을 해방의 주역으로 가리키고 있다. 이렇게 해방된 종은 사회적으로는 여전히 종으로 남아 있다. 이 지위 상승은 존재에 관한 것이지 사회적인 차원이 아니다. 그것이 종의 상태를 교체해 주거나 대신해 주지 않는다. 그러나 그것은 종의 상태를 넘어서서 그의 첫 번째 결핍을 제거해 준다. 자유인도 마찬가지로 사회적으로는

---

110) 루카 11,8; 18,4; 2코린 4,16; 7,8; 12,11; 필리 2,17. 참조 Bl-Debr. § 374.

자신의 본래 처지에 머무르지만, 그의 지위 상승은 그를 하느님의 종으로 만든다는 의미에서 오히려 신분 격하를 초래한다. 그의 존재를 결정하는 것은 더 이상 사회적인 지위가 아니다. 그는 그리스도의 종이 된 것이다.

여기서 한 가지 주목할 것이 있다. 22절은 전적으로 객관성에 입각하여 만들어진 확인 그 이상이라는 점이다. 만일 종이 부르심에 충실함으로써 종으로 남아 있어야 하는 처지이지만, 그는 위로와 격려를 받는다. 반면에 자유인은 여전히 특권을 가진 자로 남아 있지만, 그 역시 간접적으로 호소하는 목소리를 듣게 된다. 종과 자유인은 회중 가운데서 사도의 편지를 읽고 그의 가르침을 알게 되며 또 그 가르침의 조명하에 서로를 알게 된다. 각자의 사회적인 조건은 변하지 않지만 종과 자유인의 관계에 근본적인 변화가 일어난다. 그리고 이 변화는 구체적인 행동 안에서 드러날 수 있고 또 그렇게 되어야 한다.

23절: 값을 치르고 사들인 종이라는 표현으로 판단할 때 23절은 21-22절의 결론이라고 하겠다. 종들에게 "사람의 종이 되지 마시오"라고 말하는 것은 불쾌감을 안겨주는 역설일지도 모른다. 실로 22절과 23절 사이에는 일종의 괴리가 존재한다. 바오로는 더 이상 종의 경우에 대해 말하지 않는다. 그는 공동체 전체를 상대로 종의 매매 이미지를 이용하여 권고한다. 하느님이 부르시고 그리스도가 사들여서 해방된 이들이 세상의 가치와 규정을 준거틀로 삼는다면 자유를 상실하고 말 것이다.[111]

24절: 이 절은 20절을 거의 그대로 반복하고 있다. 사도는 이 모든

---

111) 불트만, *Theol. NT*, p.232.344-345. 벤트란트.

것을 말한 뒤에 각자의 출신, 개인 역사, 사회적 처지 등이 지시하는 한계를 넘어 도피하려는 모든 시도에 대해 자신이 극력 반대하고 있음을 분명히 밝히고자 한다. 그렇다고 그는 기존의 질서를 인정하는 어떠한 형태의 사도적 승인도 제공하지 않는다. 기존의 질서는 물론이고 이를 대체할 어떤 질서도 그 자체로 절대적인 가치를 지니고 있지 않다. 그것이 중요성을 지닌다면, 그것은 오직 각자에게 자기 소명의 구체적인 소여所與를 규정해 주기 때문이다. 각자는 자신의 처지에 머물러 있어야 하지만 이는 타협주의나 자포자기의 결과가 아니다. 그것은 오로지 하느님 앞에(para theō) 서 있는 자로서 하느님의 부르심에 의해 자신의 실존 안에 형성된 전면적인 변화를 깊이 자각하는 데서 오는 결과인 것이다.[112]

보충 설명: 바오로의 사회적 보수주의(7,24)

바오로가 위에서 제시한 지침들의 신학적 동기를 우리가 비록 유보 없이 받아들이고 그것이 또한 '업적 없는' 구원과 은총 교리의 실제적인 적용임을 인정한다 하더라도, 노예제도라는 사회 문제에 대해 바오로가 취한 태도 앞에서 우리는 일종의 불편한 심정을 느끼지 않을 수 없다.

어쩌면 우리는 당시의 노예제도가 늘 불행하거나 모욕적인 것은 아

---

112) memetō(머무르시오)라는 명령형의 특징은 율법이 아니라 자유를 보존하기 위해 마련된 규정이다. 바오로는 독신자나 기혼자가 호적상의 신분 변화를 – 이 변화가 도피가 아니라면 – 가져올 수 있음을 받아들이면서 스스로 모순되지 않는다. 그는 필레몬에게 오네시모를 해방시켜서 자신의 형제가 되도록 권고하는 데에서도 모순을 느끼지 않는다(필레 1,8 이하).

니었다고 지적함으로써 사도의 입장을 부분적으로나마 해명할 수도 있을 것이다. 그러나 노예제도를 정상적인 사회적 요소로 간주하던 당시의 관념으로부터 바오로가 앞서가야 한다고 강요하는 이유는 무엇인가? 많은 라삐 문헌(Billerbeck IV/2 p.698ss)이 확인해 주듯이 이스라엘에서도 그 제도는 시행되고 있었다. 의문을 제기하는 것은 정당하나 이는 문제의 핵심에 아직 이르지 못한 것이다.

물론 바이스처럼 신앙의 내면성을 전면에 부각시킬 수도 있다. 그는 그리스도인의 자유와 스토아 학파 현자들의 자유 사이에 유사성이 있다고 주장한다. 양자가 모두 내면성에 근거하여 동일한 구조를 지니고 있다는 것이다. 스토아 학파가 '자신에게 귀속되지 않는 것'을 무의미한 것으로 배척함으로써 스스로의 자유를 보존해 가듯이, 그리스도에 의해 자유로워진 이도 역사적이고 사회적인 우연 요소들에 관심을 두지 않음으로써 자신의 자유를 지켜간다는 것이다. 물론 양자간의 부분적인 유사성은 부인할 수 없다. 그러나 여기에는 근본적인 차이가 존재한다. 그리스도에 의해 자유로워진 이는 스스로의 내면에 진을 침으로써 자신과 세상 안에 존재하는 것 중 '자신에게 귀속되지 않는' 것을 추방하려 하지 않는다. 오히려 그는 하느님의 계명에 순종함으로서 자신의 전 존재를 현실 상황에 참여시킨다.

마지막으로 바오로의 보수주의를 세상 종말의 임박성(7,25 이하)으로부터 설명할 수도 있을 것이다. 사회질서를 변화시키기에는 시간도 충분하지 않고 정작 긴박한 현실은 오히려 다른 데에 있다고 말한다. 이러한 방식의 설명이 어느 정도 일리 있음을 부인하지는 않지만, 우리는 중요한 사실 하나를 지적하여 이에 반론을 제기하고자 한다. 그것은 묵시주의적인 논증이 어떤 형태로든 17-24절에 나타나지 않을 뿐 아니라,

바오로가 결정적인 논증을 지나쳐 가는 사람이 결코 아니라는 사실이다.

결국 바오로는 변명을 필요로 하지 않는다. 그의 서간을 피상적으로 읽거나 그의 성찰의 중심으로부터 벗어난 독서를 하는 사람만이 바오로를 보수주의자나 타협주의자로 만들고, 또 그를 사회의 '자연적' 질서의 수호자이거나 영신주의적 내면성의 수호자로 보이게 할 뿐이다. 이런 이미지들은 잘못된 것이다.

바오로의 복음은 해방의 메시지이다. 그러나 그것은 정치적이거나 사회적인 해방의 메시지가 아니다. 바오로도 자유인의 조건이 종의 조건보다 바람직하다(7,21 이하; 필레)는 것을 알고 있다. 그러나 자유인의 자유이건 해방된 종의 자유이건, 인간이 죄의 속박에서 해방되지 않는 한, 그런 자유는 굴종의 자유이고 또한 죄로 말미암아 그 자유도 부패하게 된다(로마 7,7 이하). 복음은 인간을 죄의 권세에서 해방시키고 인간의 모든 상황이나 조건에서도 자기 자리와 현실성을 갖는 자유를 창조한다. 이 조건과 상황은 이제 그리스도인의 자유를 행사하는 자리가 되고 또 그렇게 되어야 한다. 바로 그 때문에 바오로는 각자가 하느님의 부르심을 받은 처지에 머물러 있을 것을 요구한다. 그가 사회와 그 사회구조에 대해 어떤 개념을 갖든 간에, 그의 '적응주의'는 인간관계의 변형이나 사회 질서의 비판과 대립되지 않는다. 오히려 그것은 받은 자유를 망각하거나 소명의 자리로부터 도피하려는 태도와 반대된다.

예수와 마찬가지로 바오로에게 노예제도는 그 자체로 문제가 되지 않았다. 한편 1코린 7,17 이하는 정적인 사회 이론(아리스토텔레스, 토마스 아퀴나스)의 시각에서 볼 때 계급의 보수주의를 위한 결정적인 판결문으로 나타날 수 있다. 그리하여 신랄하고도 자의적인 비판들(예컨대

S.Schulz, *Gott ist kein Sklavenhalter. Die Geschichte einer verspäteten Revolution*, 1972)이 제기되곤 하였다. 사도의 말씀을 듣는 독자에게 "자신의 처지에 머문다"는 것은 은총의 신학의 필연적인 결과로 나타난다. 은총은 변화를 촉발하기 때문이다. 사회구조들은 그리스도인이 자유를 행사하는 영역이 되면서 그 자유의 소재이자 대상이 된다. 각자가 공동체 안에서 자신의 처지에 머물면서 개인적이고 사회적인 존재로서 자유를 행사할 때, 사회적인 관계와 질서는 원리적으로 변화될 것이고 실제적으로 변화를 가져올 것이다. 그것은 마치 '업적 없이' 구원을 받은 자가 자신의 행동양식을 바꾸는 것과 마찬가지다(로마 6장). 이 변화는 일어나야 한다. 그리고 이 변화는 "처지에 머무는 것"과 모순되지도 않는다. 변화는 하나의 열매이기 때문이다. 그래서 바오로는 자유인과 종으로 구성된 코린토 공동체에게는 "서로 기다리라고" 권고하고, 필레몬에게는 오네시모스를 해방시킬 것을 부탁하는 것이다(필레 15절 이하).

노예제도의 문제를 바오로의 침묵에 근거하여 무마시키는 것은 그의 메시지를 왜곡하는 짓이다. 부르심과 자유에 대한 바오로의 성찰을 제쳐놓고 노예제도의 문제를 제기하는 것도 또 다른 왜곡이다. 문제는 오늘날 그리스도인들이 하느님의 계명(7,19; 로마 13,8 이하)에 순종하기 위해 어떻게 자신의 그리스도교적 자유를 행사해야 할 것인가라는 점이다.

〔이 문제를 역사적으로 조감하는 데 참조할 책은 다음과 같다.

H.D.Wendland, Sklaverei im Christentum, *RGG* VI col.101-104.

H.Gülzow, *Christentum und Sklaverei in den ersten drei Jahrhunderten*(1969).

H.H.Schrey, "Politische Theologie" und "Theologie der Revolution", *ThR* 37 (1972) p. 43-77.〕

4) 동정녀들, 혼인이 시의적절하지 않음 7,25-31

²⁵미혼자들에 관해서는 내가 주님의 명령을 받은 바가 없습니다. 그러나 주님의 자비를 입어 믿을 만한 사람이 된 자로서 의견을 내놓습니다. ²⁶현재의 재난 때문에 지금 그대로 있는 것이 사람에게 좋다고 나는 생각합니다. ²⁷그대는 아내에게 매여 있습니까? 갈라서려고 하지 마십시오. 그대는 아내와 갈라졌습니까? 아내를 얻으려고 하지 마십시오. ²⁸그러나 그대가 혼인하더라도 죄를 짓는 것은 아닙니다. 또 처녀가 혼인하더라도 죄를 짓는 것은 아닙니다. 그러나 그렇게 혼인하는 이들은 현세의 고통을 겪을 것입니다. 나는 여러분이 그것을 면하게 하고 싶습니다. ²⁹형제 여러분, 내가 말하려는 것은 이것입니다. 때가 얼마 남지 않았습니다. 이제부터 아내가 있는 사람은 아내가 없는 사람처럼, ³⁰우는 사람은 울지 않는 사람처럼, 기뻐하는 사람은 기뻐하지 않는 사람처럼, 물건을 산 사람은 그것을 가지고 있지 않은 사람처럼, ³¹세상을 이용하는 사람은 이용하지 않는 사람처럼 사십시오. 이 세상의 형체가 사라지고 있기 때문입니다.

25절: 다양한 논증을 동원하여 다소 느슨한 구조로 짜여졌음에도 불구하고 25-38절은 동정녀들(parthenoi)이라는 동일한 주제를 다루는 하나의 단락을 형성한다. 그러나 이들은 누구이고 또 무엇에 관해 말하고 있는가? 일반적으로 parthenos의 의미는 '숫처녀', '혼인하지 않은 젊은 여인'을 지칭한다. 그러나 이 단락에서 이 단어는 맥락상(특히 36-38절) 비非관행적이고 특별한 의미를 함축하고 있다. 여기서 가르침의 대상은 약혼한 처녀들이고, 바오로 사도는 그들의 혼인이 시의적절하지 않음에

대해 조언하는 것이다.[113]

그러나 이 답변에는 아직 부정확한 점이 남아 있다. 실로 단순한 약혼녀에 대해 말하는 것이라면 어찌하여 여기에 적합한 용어인 nymphē를 사용하지 않는가? 혼인하지 않은 사람들에게 자신의 입장을 전한 다음에(8절 이하) 바오로는 어찌하여 동정녀들에 대해 길게 논하는가? 그는 혼인하지 않은 여인과 동정녀 간에 어떤 구별을 하는가?[114] 28절과 36절에 이르면 마침내 혼인을 완결함으로써 마치 죄를 짓는 것을 두려워하는 것처럼 보이는데, 이는 매우 특이한 현상이 아닌가?

parthenos가 많은 주석가들이 생각하듯[115] 일상적 의미의 약혼녀를 가리킨다면 아무래도 이상하지 않을 수 없다. 2세기부터 교회 안에는 '영적 약혼식'[116]이 실행되었음이 확인된다. 이런 금욕적인 실행이 이미 코린토에서 나타났고, 이것은 이 교회의 특이한 영적 기류 가운데 한 경향이라고 볼 수 있을까? 우리는 이것이 충분한 개연성이 있고 본문의 특성을 설명하는 데 가장 적절한 가설이라고 믿는다.[117]

---

113) 고대 근대 주석가들 중에는 parthenōi를 남성형으로 간주하고 약혼자들과 약혼녀들로 해석하는 사람들이 있다. 그러나 28,34,36,38절에서 이 단어는 명백하게 여성형으로 사용된다.

114) 혼인하지 않은 여인이라는 말을 이혼녀 내지 젊은 과부로 알아들어야 한다고 주장하는 경우도 있다. J.M.Ford의 앞의 논문은 25-38절이 수혼제의 기회를 논한다고 믿는다. 그러나 이 가설은 근거가 없다.

115) 바레트, 큄멜, 콘첼만.

116) Hermas, Simil. IX 11. 약혼자들이 지속적인 사랑의 감정을 서로 약속하고 때로는 함께 살기로 동의하였으나 동정성의 언약을 깨뜨리지 않는 행위는 곧 비판을 받았다(이레네오). 이러한 실천은 여러 공의회가 경고하였음에도 불구하고 교회 안에서 오랫동안 지속되었다.

117) G.Delling, parthenōs, ThW V p.835, Schmithals, Gnosis, p.223-224. H. Köster,

사람들이 사도에게 문제의 본질에 대해 자문을 구하는 것 같지는 않다. 공동체의 일부 회원들이 이 영적 약혼식을 하고 살아가던 중 매우 곤란한 지경에 빠졌고, 책임자들은 이들에게 제시할 적절한 대안을 찾지 못하여 사도에게 가르침을 구하였다. 이 점에 관해서는 주님의 지시가 없으므로, 바오로는 토론 과정 없이 결단을 내리고 사도적 책임하에[118] 자신의 견해를 제시한다. 그는 이런 관행을 승인도 부인도 하지 않고 또 아무런 지시도 하지 않는다. 그러나 처음부터(1절 이하) 그가 정의해 온 방향에 따라 각자에게 가장 적합한 해결책을 발견하고 이를 받아들이도록 도와준다.

26절: 사도는 혼인하지 않은 것의 이점을 다시 한번 선언한다.[119] 그러나 이번에는 그 이유를 제시하는데, 묵시주의적인 긴급성이 바로 그것이다.[120] 곤경(anagchē)을 수식하는 분사 enestōsa는 미래와 반대되는 '현재의' 의미를 지닌다(3,22; 로마 8,38; 갈라 1,4). 사도는 신자들이 세상에서 겪는 어려움들과 그들이 감수해야 하는 굴욕을 생각하고 있는 것일까? 바로 anagchē가 묵시주의에 의하면 새로운 시대의 사건에 연결된 곤경을 가리킨다. 그렇다면 애정관계에 얽히고 부부생활에 관심을 쏟음

Einführung in das Neue Testament(1980). p.591. 이러한 금욕주의적 경향의 흔적은 마태 19,10-12에도 나타난다.

118) Pistos einai는 ēleēmenos에 의존하는 부정사이다. 사도는 주님의 신뢰를 받는 사람이다.
119) 26절은 두 개의 구문이 복합되어 있다: nomizō kalon와 nomizō hoti kalon.
120) 콘첼만과 다른 이들에 의하면 이 논증은 이미 앞의 모든 내용에 함축되어 있다. 그러나 이것은 확실하지 않다. 기껏해야 묵시주의적 기류가 이러한 경향을 강화할 수 있고 또는 이러한 기류에 연결되어 있지 않은 선택들을 확인시킬 수 있음을 받아들일 뿐이다.

으로써 이 곤경을 더욱 가중시켜야 하겠는가?[121]

27절: 바오로는 17-24절의 "각자는 그대로 머물러 있으라"는 가르침을 상기시킨다. 혼인한 사람들과 독신자들같이 일반적인 경우를 위해 구성된 27ㄱ절과 27ㄴ절의 지침들은 27ㄱ절과 27ㄴ절 사이에서 선택의 여지가 없는 (약혼한) 처녀들과 그들의 동반자들에게는 잘 들어맞지 않는다. 그러나 분명히 바오로의 의도는 그들이 이러한 상황에(26절) 머물러 있으라고 권고하는 것이다. 다른 말로 하면 결정한 바를 잘 지켜 나가라는 뜻이다.

28절: 그러나 바오로가 그들에게 부과하는 것은 하나의 율법이 아니다. 그는 약혼자들이 스스로의 결정을 의문시하는 것을 배제하지 않는다. 그들은 이에 대한 훌륭한 이유를 가질 수 있다(36절). 그리고 그는 약혼하고 혼인하게 될 사람들을 미리 격려한다.[122] 그들은 죄를 짓는 것이 아니다. 그러나 그는 그들에게 한 가지 사항을 경고한다. 배우자와 가족의 운명을 염려해야 하는 사람들이 마지막 시간을 통과하기란 더욱 어렵다. 바오로는 이 부가적인 고통이 신자들에게 면제되기를 바란다.

29-31절은 문학적으로 통일되어 있다. 바오로는 임박한 종말을 두 번 상기시키면서(29ㄱ,31ㄴ절) 마땅히 지켜야 할 행동양식을 밝히는 다섯 개의 짧은 권고를 전한다. 아마도 스토아 학파의 가르침에 영향을 받은 것

---

121) 28절: "그들에게 시련이 있을 것입니다." 참조 마태 24,19 이하. A.Oepke, enistamai, *ThW* II p.540. 바오로는 이미 진행 중인 다가오는 세기의 해산의 "고통"을 암시한다.
122) Gamēsēs는 헬레니즘 그리스어의 단순과거이다(D G: labēs gynaika). gēmē는 아티카 그리스어의 단순과거이다. Bl-Debr. § 101.

같은 필체로¹²³⁾ 사도는 곧 종말을 맞이할 현세의 삶에 참여하지 말고 나름대로 거리를 유지하도록 권한다.

29-30절: 시간은 이제 촉박하고 또 단축될 것이다.¹²⁴⁾ 그러므로 이 세상과 이 시대의 일에 최종적인 중요성을 부여하는 것을 피해야 한다.¹²⁵⁾ 스토아 학파의 현자는 '자신에게 귀속되지 않는 것'에 지배를 받아 스스로의 자유를 억압하지 않도록 주의했다. 예컨대 자신의 재물을 향유하면서도 "이것이 가벼워서 언제라도 공중에 날아가 버릴 대상"(세네카)임을 잊지 않았다. 이와 마찬가지로 그리스도인도 모든 것의 종말이 가까이 왔음을 알고 ōs mē(마치 … 없는 듯이)의 징표하에 남은 시간을 살아가야 한다. 그는 부인이나 재산을 갖고 있다 하더라도 마치 없는 듯이 슬퍼하거나 또는 즐긴다. 그리스도인은 이처럼 자신의 자유를 보전한다. 그러나 이 자유는 스토아적 현자의 자유가 아니다. 그것은 자신의 '자아'의 자율이 아니다. 자신에게 속하지 않고 그리스도께 속하는 것이야말로 그리스도인의 자유이고 또 그의 미래인 것이다(참조 6,19; 로

---

123) 스토아 학파의 가르침과 유사한 점은 흔히 지적되어 왔다. W.슈라게는 앞의 논문에서 이 점에 이의를 제기하였다. 그에 의하면 바오로는 여기서 2바룩 44,8-10과 6에즈 16,36-45 등 유다 묵시주의 전통에 의거한다고 믿는다. 그러나 바룩 2서는 매우 막연한 유사성을 보일 뿐이고 에즈라 6서는 바오로에게 영향을 받은 후대 그리스도인의 작품임이 분명하다.
124) systellein(모아들이다, 단축시키다). 헤링은 여기서 하느님이 뽑힌 이들을 위하여 최종적인 환난의 시간을 줄여 주신다는 마르 13,20의 개념을 발견한다. 그러나 이런 해석이 부당한 이유는 마르코와 달리 바오로는 위로하지 않고 경고를 하기 때문이다.
125) 부득이한 경우에는 to loipon을 시간 부사(남은 시간 동안)로 간주할 수도 있다. 그러나 이 표현은 여기서 논리적인 의미를 지닌다(그러기에, 따라서).

마 14,7 이하). 그는 자신의 존재와 자유 그리고 자신의 구심점을 자기 안이 아니라 '사라지지 않는' 그리스도 안에 두고 있음을 알고 또 이를 잊지 않고자 하기에, "마치 … 없는 듯이" 살아가고 또 그렇게 살아가야 한다. 이 같은 초탈의 자세는 현재의 삶에 진정으로 참여하는 것을 배제하지 않고 오히려 이것을 가능케 한다. 아울러 임박한 종말에 대한 전망 안에서 우리의 지나가는 삶 역시 불가피한 초탈의 자세를 견지해야 함도 시야에서 놓치지 않는다.

31절: ton kosmon(세상)은 일반화하고 요약하는 개념이다. kata-chrēsthai는 대격과 함께 사용되어 '무엇인가를 끝까지 이용하다'[126]라는 의미를 갖는다. 이로서 사도는 '세상의 어떤 것도 그리스도만이 유일하게 확실한 가치임을 망각하게 하지 않는다'라고 말하고 싶은 것이다. 이 세상의 모습(schēma)은 세상의 외양이나 형태를 말하는 것이 아니라 세상의 존재 양상, 우리가 알고 있는 그대로의 현실을 의미한다.

5) 열정에 불타기보다는 혼인하기 7,32-40

[32]나는 여러분이 걱정 없이 살기를 바랍니다. 혼인하지 않은 남자는 어떻게 하면 주님을 기쁘게 해 드릴 수 있을까 하고 주님의 일을 걱정합니다. [33]그러나 혼인한 남자는 어떻게 하면 아내를 기쁘게 할 수 있을까 하고 세상일을 걱정합니다. [34]그래서 그는 마음이 갈라집니다. 남편

---

126) L사본과 오리게네스가 증언하는 parachrōmenoi(악용하는)는 바오로 사상에 이질적이다.

이 없는 여자와 처녀는 몸으로나 영으로나 거룩해지려고 주님의 일을 걱정합니다. 그러나 혼인한 여자는 어떻게 하면 남편을 기쁘게 할 수 있을까 하고 세상일을 걱정합니다. ³⁵나는 여러분 자신의 이익을 위하여 이 말을 합니다. 여러분에게 굴레를 씌우려는 것이 아니라, 아무런 방해도 받지 않고서 품위 있고 충실하게 주님을 섬기게 하려는 것입니다.

³⁶어떤 사람이 자기 약혼녀에게 잘못한다는 생각이 들고 열정까지 넘쳐 혼인해야 한다면, 원하는 대로 하십시오. 그가 죄를 짓는 것이 아니니, 그 두 사람은 혼인하십시오. ³⁷그러나 마음속으로 뜻을 단단히 굳히고 어떠한 강요도 없이 자기의 의지를 제어할 힘이 있어서 약혼녀를 그대로 두겠다고 마음속으로 작정하였다면, 그것은 잘하는 일입니다. ³⁸이와 같이 자기 약혼녀와 혼인하는 사람도 잘하는 것이지만, 혼인하지 않는 사람은 더 잘하는 것입니다.

³⁹아내는 남편이 살아 있는 동안 남편에게 매여 있습니다. 그러나 남편이 죽으면 자기가 원하는 남자와 혼인할 자유가 있습니다. 다만 그 일은 주님 안에서 이루어져야 합니다. ⁴⁰그러나 내 의견으로는 과부도 그대로 지내는 것이 더 행복합니다. 나 역시 하느님의 영을 모시고 있다고 생각합니다.

32-33절: 32-35절은 앞의 내용을 직접적으로 연장하고 있는가? 다른 말로 해서 이 구절들도 마찬가지로 묵시주의적인 긴박함의 징표 아래 있는가?¹²⁷⁾ 여기서 묵시주의적인 동기는 더 이상 나타나지 않으며 일

---

127) 이것이 벤트란트, 발텐스베일러, 콘첼만 등의 의견이다.

반적으로 종교적 동기라고 부를 수 있는 내용으로 대체되었다. 7장의 첫머리에서 간략하게 확인되었던 독신의 우위성이 26-31절에서는 세상의 종말로 말미암아 동기를 부여받았고 지금은 새로운 논증으로 조명을 받고 있다. 독신자들은 주님을 섬기는 일에 혼인한 이들처럼 마음이 흩어져 있지 않다는 것이다.[128]

그렇다면 사도가 여기서 금욕주의적인 경향을 강하게 보인다고 말할 수 있고 또 그렇게 말해야 하는가? 물론 32ㄴ-34절에서 제시한 "주님을 기쁘게 하느냐, 아니면 아내(또는 남편)를 기쁘게 하느냐"의 양자택일적인 어법을 글자 그대로 받아들여서는 안 된다. "혼인한 남자는 갈라져 있습니다"(34절).[129] 그럼에도 불구하고 의미심장한 것은 바오로가 양자택일적 어법을 구사한다는 점이고, 혼인한 사람도 몸과 영으로 거룩해지는 데 염려할 수 있고 또 그렇게 해야 한다고 말하는 것을 생략한 사실이다. 32ㄴ-34절과 17-24절 간에 일종의 긴장이 드러나는데, 사도는 19절의 논조에 따라 "중요한 것은 혼인을 했느냐 안 했느냐가 아니다"라고 말할 수도 있었을 것이다.

34절: 혼인하지 않은 여자와 동정녀의 구별은 문제가 된다. 의심의 여지 없이 이 구별은 나이의 차이에서 오는 것이 아니다. 또 이것은 이

---

128) 바로 그 때문에 바오로는 절제를 하나의 은사로 간주한다. 7절.
129) 34절의 첫 두 단어는 33절에 연결되어야 한다. 처녀 옆에 혼인하지 않은 여인이라는 말에 당황한 필사가들은 memeristai의 의미를 잘못 이해하고 본문을 수정하였다: memeristai de hē gynē kai hē parthenōs hē agamos merimna…. "여자와 처녀 간에 차이가 있다. 혼인하지 않은 여자는 주님의 일에 몰두하고 혼인한 여자는 세상일에 몰두한다"(D G 등). P46 Sin A 등은 두 가지 독법을 이해할 수 없는 문장 하나에 조합시켰다.

혼했거나 과부가 되었지만 재혼하지 않은 여인의 호적상의 신분을 고려해서 한 구분도 아니다. 이미 보았듯이 동정녀는 언어 관습상 오로지 어렵게만 약혼녀를 가리킬 수 있다. 어찌하여 이런 약혼녀가 주님의 일에 특별히 괘념해야 하는가? 만일 동정녀가 바오로의 표현처럼 "거룩하기 위하여"[130] 동정성을 지키기로 결심한 약혼녀를 지칭하는 것이라면, 이 구별은 충분히 이해할 만 하다.

35절: 바오로는 자신이 쉬운 길을 제시하고 있지 않다는 것을 알고 있다. 각자는 바오로의 견해를 어렵게 수용할 것이다. 그는 자신의 입장을 정당화하고자 한다. 그의 의도는 코린토인들에게 "굴레를 씌우는데"(epibalein brochon) 있지 않다. 그는 자신이 개인적이고 자의적인 권위를 행사하거나 또 율법주의적인 억압을 강요한다고 보지 않는다. 그의 유일한 관심사는 그들의 고유한 유익함이다.[131]

32-34절에서도 비록 용어는 달랐지만 사도는 주님을 섬기기 위하여 각자가 자신의 시간과 자유를 지켜가기를 바라는 마음을 표명했다. euschēmon은 '합당한', '영예로운', '품위 있는' 등으로 번역될 수 있는데, 마지막 의미가 문맥상 가장 잘 어울린다. 형용사 euparedros는 의미가 불확실하다.[132] 분사 paredreuontes가 제단의 봉사자 즉 사제를 가리키는 9,13의 내용과 비교하면, euparedros는 제의적 의미를 암시한다. 즉 법도에 따라 존엄하게 봉헌되는 "예배"를 가리킨다. 부사 aperistastō(딴 생

---

130) sōma(몸)와 pneuma(영)는 인간 전체를 가리키고 인간 전체의 거룩함을 지향한다. 불트만, *Theol. NT*, p.206.
131) P¹⁵ 등의 사본들은 autōn을 생략함으로써 강조점을 약화시킨다.
132) Bauer, ad voc. col 1237는 "부지런한, 끈기 있는"의 의미를 제시한다.

각 없이, 참조 루카 10,40)는 34절의 memeristoi(갈라져 있는)와 반대된다.[133]

이와 같이 전반적인 고찰을 한 뒤에 36-38절은 곤경에 처한 약혼자들이 기다려 온 지침을 비로소 제시한다.

36절: 오랫동안 tis(누가)를 동정녀의 아버지라고 믿어 왔다.[134] 그러나 이런 설명은 여러 문제점을 야기할 뿐이다.[135] 오늘날 대다수의 주석가들은 여기서 약혼자만이 주제가 되고 있음을 인정한다. 그러면 모든 것이 자연스럽고 분명하다. 바오로는 욕망에 사로잡힌 약혼자가 동정성을 포기하고 그것을 잃어버리게 될 상황 앞에 직면한 경우를 겨냥한다. 28절의 연장선상에서 그리고 9절의 정신에 입각하여 바오로는 다음과 같은 사항을 예견한다. 이런 경우 약혼자들은 자신들의 능력을 넘어서

---

133) 이것은 2절의 거친 명령법과 거리가 멀다. 바오로는 다양한 관점을 계속해서 선택하는 데 여기서 일종의 긴장이 나타난다.
134) 크리소스토모, 칼뱅, 바흐만, 알로 등이 이를 지지하였다. 이러한 해석의 유일한 주석학적인 근거는 38절의 동사 gamizein이다. 이 동사는 전통적인 문법에 의하면 혼인하다가 아니라 결혼시키다를 의미한다. 그러나 실제로 이것은 엄밀한 규칙이 아니다. 큄멜, 앞의 논문, p.287-288; Schrenk, thelēma, *ThW* III p.61. n.31.
135) 이 문제점들은 헤링, 큄멜, 앞의 논문, p.279-286이 분명하게 지적하였다. 1. 지금까지 바오로는 앞으로 있을 수 있는 혼인의 상대자들에게 말을 건넸다. 그런데 단순히 tis로 아버지를 이끌어들일 수 있겠는가? 2. 딸에게 독신을 강요하기로 결정한 이 아버지는 그녀가 성년의 나이가 지나 열정에 넘치게 되자 어찌하여 그녀에게 "부당한 행위를 했다"는 감정을 갑자기 느꼈는가? 3. 바오로가 자신은 아무런 희생도 지지 않고 자신의 부성적인 권위를 남용하는 아버지의 굳은 마음을 칭송한다는 것이 이상하지 않은가? 4. 만일 아버지나 어머니가 여기에 관련된다면 자식들에게 혼인하라고 말하는 것이 좀 더 자연스러울 것이다. 알로는 "사람들이 결혼해야 한다"고 번역함으로써 난점을 은폐하였고, PL은 "그가 그녀와 결혼해야 한다"라고 함으로써 본문을 변질시켰다.

는 서약을 포기하고 마침내 혼인하게 될 것이다. 이는 하나의 패배이지만 그렇다고 죄를 짓는 건 아니다.

37절: 그러나 굳건한 자세를 견지하는 자에게 지지와 격려를 보내줄 필요를 느끼자, 사도는 좋은 결과를 위하여 이 단호함이 어떤 성격의 것이어야 하는지에 대해 분명히 말하는 것을 잊지 않는다. 바오로는 단지 자기 만족을 위하고 안으로부터 끊임없이 흔들리는 그런 유의 상대적인 굳건함을 원하지 않는다. 그가 말하는 anagkē(강제)는 약혼자의 외부에 작용할 수 있는 그런 강제성이 아니라 자기 의지의 압력을 의미한다. 여기서 thelēma(의지)는 본능을 가리킨다.[136] 욕망을 불사를 위험이 없고 본능에 대한 자유, 그리하여 본능을 지배하는 능력(exousia)을 실제로 가진 자의 단호함(바오로는 이를 은사로 간주한다)만이 좋은 것이다.

38절: 이 절은 내용상 7절을 상기시키는 결론이다. 이 결론은 화합적이면서도 차이를 지우지 않는다. kalōs poiei(잘하는 일이다)는 그가 전에 "죄를 짓는 것은 아니다"(28.36절)라고 말한 것보다 분명히 발전적이다. 그러나 이렇게 (아마도 일종의 유머를 가지고) 말하면서도 그는 자신의 입장에 충실하다. 그는 무질서를 예방하는 혼인을 인정하면서도 동정성을 선호하는 자신의 입장을 분명히 밝히는 것이다.

39-40절: 바오로는 마지막 질문에 답하고 있다. 과부들은 혼인할 수 있는가? 근본적으로 그는 8절 이하의 가르침에 새로운 것을 첨가한 것이 없다. 그는 과부가 재혼하는 데 자유로운 처지에 있다고 선언하고 말을 시작한다.[137] 그러나 그가 강조하는 것은 "오직 주님 안에서만"(monon

---

136) Schrenk, thelēma, ThW III p.60-61. 참조 요한 1,13.
137) 미쉬나 Qid 1,1: "여자는 이혼장이나 남편의 죽음으로 인하여 자유롭게 된다." 참조 로마 7,2.

en kyriō) 이루어져야 한다는 점이다. 다시 말해 그리스도인과 재혼할 수 있고 또 그래야 한다는 의미다. 그는 자신이 가르친 내용에 충실하게 재혼하지 않고 남아 있는 것이 더 행복하다고[138] 선언한다.

일부 주석가들에 의하면 40ㄴ절은 바오로가 저항을 예상하고 있을 뿐 아니라 실제로 '영신주의자들'이 그가 영을 지니고 있는지(2코린) 이의를 제기하고 있음을 암시해 준다는 것이다.[139] 그러나 이런 해석을 하기에는 본문의 내용이 분명하지 않다. 7장뿐 아니라 편지 C[140] 안에서 이런 긴장된 관계를 드러내는 것은 아무것도 없다. 사도는 단지 한 가지 입장만을 표명하고 있는데, 곧 사람들이 자신의 가르침을 진지하게 받아들이기를 바라는 것이다.

---

[138] makariōtera는 인간적인 행복이나 주관적인 기쁨이 아니라 하느님의 승인 내지 칭찬을 말한다.
[139] 바이스, 벤트란트, 슈미탈스, *Gnosis*, p.160-161.
[140] 갈등 상황을 반영하는 9,1-18은 한층 후대의 편지에 속하는 것이 분명하다.

III. 공동체와 예배 8,1-14,40

1. 우상에게 바친 고기 8,1-11,1

우상에게 바친 고기를 먹는 문제에 대한 긴 논설에서 코린토 1서의 편집자는 시작(8,1-13)과 마침 부분(10,23-11,1)에 관련 주제에 대한 바오로의 동일한 견해를 반영하는 부분들을 배치하여 외견상의 통일성을 부여하였다. 원칙적으로 그는 "강한 자들"의 자유를 인정하지만, 그들은 "약한 양심을 가진 자들"을 고려하면서 자신들의 자유를 행사해야 한다고 강조한다. 그러나 8,1-13과 10,23-11,1 사이에 그가 삽입한 내용(9,1-10,22)은 이러한 외관상의 원칙을 파괴한다. 한편으로 8,1 이하와 10,23 이하를 바오로가 강한 자들에게 전달하는 엄격한 질책과 조화시키기는 거의 불가능하다. 여기서 그는 강한 자들이 이교도 정신에 빠졌다고 원색적으로 비난하고 있다(10,14 이하). 다른 한편으로 사도 권한의 옹호론(9,1-18)이 8장의 연장선상에서 일차적으로 강조되어 나타나는 것처럼 보일 수 있지만, 좀 더 세밀하게 검토하면 그렇지 않다는 반론을 제기할 수 있다. 9,19-23만이 8,1 이하와 10,23 이하의 전망 안에 무리 없이 편입된다. 거의 분명히 8-10장은 서로 다른 두 개, 어쩌면 세 개의 편지에서 가져온 요소들로 조합된 것이다. 이 장들에서 엿보이는 편집자의 작업을 인정하기를 거부하는 사람들도 이런 부조화를 민감하게 느끼고 있다.[1] 연대순으로는 아마도 다음과 같이 재구성될 수 있을 것이다: 9,24-10,22; 8,1-13 + 9,19-23 + 10,23-11,1; 9,1-18.[2]

1) 자유와 사랑 8,1-13 (C)

⑴ 참된 지식 8,1-6

[1]우상에게 바쳤던 제물에 관하여 말하겠습니다. "우리 모두 지식이 있다"는 것을 우리도 압니다. 그러나 지식은 교만하게 하고 사랑은 성장하게 합니다. [2]자기가 무엇을 안다고 생각하는 사람은 마땅히 알아야 할 것을 아직 알지 못합니다. [3]그러나 하느님을 사랑하는 사람은, 하느님께서도 그를 알아주십니다. [4]그런데 우상에게 바쳤던 제물과 관련하여, 우리는 "세상에 우상이란 없다"는 것과 "하느님은 한 분밖에 계시지 않는다"는 것을 알고 있습니다. [5]하늘에도 땅에도 이른바 신들이 있다 하지만 ― 과연 신도 많고 주님도 많습니다만 ― [6]우리에게는 하느님 아버지 한 분이 계실 뿐입니다. 모든 것이 그분에게서 나왔고 우리는 그분을 향하여 나아갑니다. 또 주님은 예수 그리스도 한 분이 계실

---

1) 예컨대 콘첼만은 이 여러 장에 자주 나타나는 일관성의 결여와 긴장들을 세심하게 지적하였다.
2) 갈등 상황을 반영하는 9,1-18은 한층 후대의 편지에 속하는 것이 분명하다.

뿐입니다. 모든 것이 그분으로 말미암아 있고 우리도 그분으로 말미암아 존재합니다.

1절: 바오로는 코린토인들이 문의한(7,1 참조) 두 번째 주제를 다룬다. 우상에게 바친 고기(eidōlothyta)³⁾를 먹는 것이 허용되는가? 그가 이 중대한 문제에 의견을 개진하는 것이 처음은 아니다. 우상에게 바친 고기를 먹지 않는 사람들과 거리낌 없이 먹는 사람들 간에 판정을 내려달라는 호소를 받고, 바오로는 후자에게 엄격히 경고한 바 있다. 그들의 행위는 이교도적 혼합주의로 추락하는 것이다(10,1-22). 그러나 토론은 새로운 국면을 맞게 되었다. 이들은 오해를 받고 그릇되게 고발당했음을

---

3) 이 단어는 유다인들이 사용하는 경멸적인 표현이다. 이교도 제의의 신자들은 hierothyton (신들에게 바친 제물)이라고 말한다.
　이 문제는 다양한 측면에서 제기된다. 1. 많은 양의 고기가 제사에 바쳐진 다음 시장에 유통되었다(대개 제물의 일정 부분만 제사에 바쳐졌다). 세심한 그리스도인들은 이 고기를 먹음으로써 간접적으로 이교도 제의에 참여하는 것이 아닌지 두려워할 수 있는 상황이었다. 반면에 정육점의 도살 규정에 제사와 비슷한 요소가 포함되어 있다는 사실은 별로 영향을 미치지 않았다. 2. 이방인 친척이나 친구에게 초대를 받은 경우 세심한 이들은 당황할 수 있었다. 왜냐하면 식탁에 오른 고기의 출처가 문제될 수 있기 때문이다(10,27). 3. 여러 사회단체와 동아리들이 존재하고 이들의 의식에 참여하는 것이 공적인 생활이므로, 이 모든 것으로부터 벗어나기를 원하지도 않고 또 벗어날 수도 없는 사람들은 제의적 성격의 식사에 참여하는 기회를 점점 더 갖게 되었다.
　바오로가 참석한 예루살렘 사도회의에서 발표된 교령이 이방인 출신의 그리스도인들에게 우상에게 바친 고기를 먹지 않도록 금지시킨 것을 염두에 둘 때(사도 15,29), 이 문제가 코린토에서 이런 방식으로 제기되고 토론되었다는 사실은 놀랍게 느껴질 수 있다. 바오로는 이 결정을 의도적으로 무시하고 침묵으로 넘겨버렸는가? 아니면 교령은 루카가 설명하는 대로 사도회의에서 채택되지 않았거나 또는 모든 교회에 부과되지 않았다고 보아야 하는가? 참조 Conzelmann, *Die Apostelgeschichte*, excursus ad 15,20.

확신하고 사도에게 자신들의 입장에 대해 좀 더 올바른 이미지를 전해 주고자 노력했다. 그들은 자신들이야말로 사도의 가르침에서 실천적인 결론을 다른 누구보다 잘 이끌어낼 줄 알았다고 주장한다. 그들이 우상에게 바친 고기를 거리낌 없이 먹었다면, 그것은 복음이 그들을 일깨워 주었기 때문이다. 우상도 없고 제사도 없다(4절). 복음의 지식과 그리스도의 능력이 이교적인 두려움에서 그들을 해방시켰다. 바오로는 새로운 상황에 대해 자세한 이야기를 듣고 모든 문제를 다시금 검토하였다. 첫 번째 답변과는 크게 다르게, 그는 두 번째 답변에서 그리스도인의 자유와 함께 공동체 안에서 이 자유를 책임 있게 사용하는 문제를 거론한다.

바오로는 약한 이들(9,11절)과 대조되기에 코린토의 "강한 이들"이라고 부를 수 있는 사람들과 나누는 대화에서, 먼저 서로 일치하는 부분을 지적하고 이야기를 시작한다. 의심의 여지 없이 그는 자신이 받은 편지의 구절을 취하고 있다. 우리는 – 즉 그대들과 나는 그대들이 말한 것에 동의한다 – 우리가 모든 지식을 가지고 있음을 알고 있다. 그러나 즉시 이 동의가 의문시된다. 바오로는 그들이 자랑하는 지식을 다소 돌발적으로 폄하한다. "지식은 교만하게 한다." 지식은 잘난 체하게 만든다.[4] 그는 이웃을 짓누르지 않고 건설하는 사랑을 지식에 대립시킨다.

---

[4] gnosis(지식)라는 단어에도 불구하고 코린토에 정교한 영지적 교리가 존재했다고 결론지어서는 안 된다. 코린토의 강한 자들은 엄밀하게 말해서 영지주의자들이 아니다. "그들은 순진하게 자신의 지식을 사용하지만 그렇다고 자기 자신을 인지하는 주체에 대한 성찰을 담은 영지주의적 차원은 아니었다"(콘첼만). 그러나 그들은 영지주의적인 경향을 가지고 있어 자신의 지식이 무지한 대중을 억압하는 속박으로부터 자신들을 해방시킨다고 생각하였다.

사랑은 이웃에게 자신의 길을 발견하도록 도와주며 공동체 안에서 자신의 자리를 찾도록 이끌어준다. 처음부터 등장하는 이 두 가지 용어가 이 토론을 지배하게 된다.

1ㄴ절의 진술은 보편적인 명제의 형식으로 상황에 대한 진단과 경고를 이미 담고 있다. 그러면 도대체 강한 자들의 이 지식이란 무엇인가? 그들은 자신들의 행동으로 말미암아 혼란을 느끼고 걸려 넘어지게(7-13절) 된 이들을 전혀 고려하지 않고, 이 지식의 이름으로 자신들을 위한 제한 없는 행동의 자유를 주장한다.

2절: 바오로는 지식과 사랑을 대립시키면서도(1ㄴ절) 이 용어들을 양자택일적으로 제시하지 않는다. 신앙은 분명히 표현될 수 있고 또 표현되어야 하는 지식을 가정하고 암시하며 또 생산한다.[5] 그는 지식을 그 자체로 거부하지 않는다. 그리고 현재의 토론에서도 그는 원칙적으로는 미신적인 세심증으로부터 자유로운 이들 편에 있음을 숨기지 않는다. 그럼에도 불구하고 그가 양자택일하에 놓는 것은 지식과 사랑이 아니라 지식과 지식이다. 아직 지식이 아닌 지식이 있다. 무엇을 알았다고 생각하는(dokei egnōkenai ti) 사람의 지식이 그것이다. 안다고 생각하는 것 자체가 그의 지식을 환상으로 만드는 것은 아니다. 그것은 안다고 생각하는 사람의 정신상태 즉 자기 주장, 자기만족의 상태를 그려준다. 객관적으로 그의 지식은 옳다. 그 지식이 객관적으로는 옳다 해도 지식의 교만을 초래하고 덜 깨친 사람들을 무시하게 할 때, 그 지식은 자신의 목표에 대한 무지 내지 지식 없음으로 드러난다.[6]

---

5) Bultmann, ginōskō, *ThW* I p.709.
6) 2절과 3절에서 두 개의 사본이 상당히 압축된 본문을 제시한다: P^{46}은 egnōkenai 앞에 ti

3절: 계시를 소유하고 있다는 오만한 지식은 그 오만으로 말미암아 자신의 원천과 지주에서 단절된다. 사도는 하느님과 그의 계획에 대한 인간의 감사스런 유대를 가져오는 참된 지식과 이 오만한 지식을 대립시킨다. 그러므로 사도는 "누가 하느님을 사랑한다면, 이런 사람은 올바르게 알고 있다"고 논리적으로 결론지을 수 있었을 것이다. 그러나 그는 하느님이 그를 알아주신다고만 말한다. 바로 여기서 사도는 자신의 사고에 명증성과 심오함을 부여하여 이를 보완한다. 오직 하느님께서 당신의 탁월하고 은총에 넘치는 선택의 행위 안에서 먼저 인간을 알아주시고 인간을 향해 당신 사랑을 스스로 계시하실 때, 인간은 비로소 참으로 알게 된다.[7]

하느님이 인간을 아는 지식은 인간이 하느님을 아는 지식과 마찬가지로 사랑 외에 다른 것이 아니다. 사랑은 이 지식이 참되다는 표지이고 자연히 여기서부터 "사랑은 성장하게 한다"는 1ㄴ절의 내용으로 이어진다. 그리하여 이 사랑은 이미 지식을 가진 이들이 덜 깨우친 이들과 갖는 관계를 사랑으로 새겨 나가도록 인도한다(7절 이하).[8]

4절: 바오로는 이 중요한 선언을 한 뒤에 토론의 구체적인 내용으로

를 생략하고 P⁴⁶과 알렉산드리아의 클레멘스는 ton theon과 hy'pautou를 생략한다. ginōskein과 agapan을 강하게 대조시키는 이 독법은 1ㄴ절과 가장 잘 어울리고 또한 7절 이하와도 잘 어울리는 것으로 보인다. 그럼에도 불구하고 이 독법은 거부되어야 한다. 바오로는 지식과 사랑을 반대되는 것으로 이해하지 않기 때문이다. 단지 dokein egnōkenai 와 agapan ton theon을 대조시킨다.

7) 벵겔: "Cognitionem passivam sequitur cognitio activa."
8) 하느님의 지식에 관한 바오로 사도의 성찰은 필요한 변화를 통하여 지식의 모든 영역에 적용될 수 있고 또 적용되어야 한다. 스스로 안다고 생각하거나 앎으로 인도하는 헤아릴 길 없는 신비 앞에서 존경과 경이로움을 지니지 않는 지식은 그 어떤 것도 참되지 않다.

돌아온다. 그는 다시금 oidamen hoti(우리는 … 알고 있습니다)라는 형식을 통하여 그가 받았던 편지의 용어들을 취해서 대화 상대자들과의 합의점을 확인시킨다. 이들은 그리스도교 신앙의 기본이 되는 진리를 상기시키면서 자신의 자유를 정당화한다. 하느님은 오직 한 분뿐이시다.[9] 그리고 우상[10]은 이교도들의 상상 속에만 존재하므로 세심한 주의도 사실 헛된 것이다. 바오로는 이들의 입장을 전적으로 인정하고 왜 그가 근본적으로 여기에 동의하는지 다음 절들을 통해 설명한다.

5절: 사실 이 절은 토론거리를 제공한다. 5절은 4절의 내용과 분명히 반대되는 말을 하지 않는가? 신에 관하여 4절의 부정(없다)과 5절의 긍정(있다)을 어떻게 병행시킬 수 있는가? 4절의 긍정에 '그러나'가 뒤따르면서, 사도는 강한 자들의 주장이 위험한 단순주의로 오염되었다고 판단하고 이들의 주장을 교정하는 것이라고 학자들은 결론을 내리기도 한다.[11] 그러나 이런 해석은 문제를 야기한다. 사도는 강한 자들의 주장을 부정하거나 수정하는 것이 아니고 오히려 무게 있는 논증을 통하여 확인하고 있다. kai gar eiper … allemin(실상, 그렇다 하더라도)은 반대의

---

9) 이것이 이방인들 가운데 유다인들이 내세우는 선교의 기본이다. 그리스도인 선교사들도 이 점을 수용하였다. 참조 마르 12,29; 1테살 1,9; 사도 14,15. 참조 G. Bornkamm, *Ges. Aufs.* III p.39-40.
10) 칠십인 역에서 eidōlon(우상)은 제의적인 이미지를 가리키지 않고 이교도들의 신, 그 자체를 가리킨다.
11) 콘첼만은 5-6절에서 1ㄴ-3절과 병행을 이루는 비판적인 태도를 발견할 수 있다고 믿는다. 바오로는 우상에 대해 단지 추상적인 거부를 가능하게 하는 지식과 이 우상의 능력을 제거하는 참된 하느님에 대한 신앙을 대조하는 것으로 보인다. 사도의 입장이 강한 자들의 입장과 다르다는 콘첼만의 지적을 우리는 인정하면서도 5-6절에서는 어떤 강한 비판도 제기되지 않았음을 지적하고자 한다. 오히려 모든 것이 합의를 구축하려는 방향으로 나아가고 있다. 차이가 드러나는 것은 단지 7절뿐이다. 참조 리츠만, ad 8,6.

형식이 아니라 정당화와 확인의 형식이다. 우상들이 존재하고 그들이 실제적인 힘을 가지고 있다는 주장에 대해 이 표현을 하나하나 비판하며 반박할 수도 있었을 것이다. 그러나 우리는 단지 우상들이 존재하지 않는다고 간단히 말한다. 왜냐하면 "우리에게는…"(6절).

5ㄴ절의 '신'과 '주님'에 대한 명석한 성찰들이 많이 제시되어 있다. 첫 번째는 하늘의 신들이고 두 번째는 지상의 신들이거나(5ㄱ절), 한편으로는 전통적인 종교의 신들이고 또 한편으로는 신격화된 인간들, 영웅과 왕들이라고 보았다.[12] 그러나 이것은 인위적인 배분이 아닐 수 없다. '하늘'과 '땅 위'라는 말은 '우주'를 가리키는 것이고 '주님'은 헬레니즘 세계에도 널리 퍼져 있던 동방의 신들에게 부여되었던 칭호이다. 사도는 이방인들이 경배하고 두려워했던 수많은 신들과 영적 세력들을 말하고 있다. 그들은 공식적인 예배의 신들이거나 수입된 신들이며, 운명을 지배하기에 그 숨겨진 영향력을 두려워했던 천체의 신들이다. 사도가 이들을 신이요 주님이라고 불렀다면, 그것은 신앙인들이 믿는 한 분 하느님과 한 분 주님을 이들과 즉시 대비시키기 위함이다(콘첼만).

6절: 접속사 alla(그러나)는 이방인들에게 진리인 것과 교회가 고백하는 진리를 강하게 대립시킨다.[13] 아름다운 이항二項 형식[14]은 유다인들과 그리스도인들에게 함께 적용되는 유일신앙에다 한 분이신 주님(heis kyrios)을 덧붙이면서 이루어진다. 한 분이신 하느님은 한 분이신 주님

---

12) Weiss, Allo, Foerster, kyrios, *ThW* III p.1090, Feuillet, *Sagesse*, p.59ss.
13) 순수주의에 입각하여 사본 P^{46} B는 *Alla*를 생략하였다.
14) 나지안조의 그레고리오와 코이네의 몇몇 사본들은 첨가된 내용을 통하여 이항 형식을 삼위의 정식으로 변경시켰다: kai hen pneuma hagion en hōta panta kai hymeis en autō.

예수 그리스도 안에서 자신을 계시하고 작용하신다. 전치사를 활용하는 언어형식은 헬레니즘 세계에서 이교도들이 사용하던 신학 표현에서 비롯하였다. 당시의 다양한 이교도들의 저서에서 하느님을 모든 존재의 기원이요 원인이며 목표로 선언하는 여러 양식을 발견할 수 있다.[15] 하느님과 예수 그리스도에게 ek(로부터), eis(향하여), dia(통하여) 등 3개의 전치사를 적용하여 본래는 범신론적인 형식이었던 것이 창조주이고 구세주이신 하느님께 대한 그리스도인들의 신앙고백으로 되었다.[16]

유일하신 하느님은 아버지이시다. 그분은 다른 신약성경 문헌들에서처럼 예수 그리스도의 아버지가 아니라 모든 것, 만물의 아버지이시다. 창조주이신 그분은 존재의 기원, 목표, 증여자이고 존재의 이유이다. 그러나 8ㄱ절에 그리스도가 생략되지 않는다. 교회 공동체의 '우리'는 구원의 역사를 상기시키고 8ㄴ절의 그리스도론적인 고백을 준비시킨다.[17]

---

15) E.Norden, *Agnostos Theos*, p.240-250; 347-348. 스토아 학파에 속하는 마르쿠스 아우렐리우스는 자연을 향하여 다음과 같이 말한다. "모든 것이 그대에게서 비롯하고 모든 것이 그대 안에 있으며, 모든 것이 그대에게로 돌아간다"(명상록 IV 23). 노든은 1코린 8,6과 로마 11,36; 에페 4,6; 콜로 1,16-17; 히브 2,10을 비교한다. 그는 바오로가 ek, eis, dia를 직접적으로 이교도 신학에서 빌어온 것은 아니지만 창조주 하느님에 대한 이스라엘의 신앙을 설명하기 위하여 이미 이를 이용했던 헬레니즘 계열의 유다교에서 영향을 받았다고 옳게 지적한다.
16) 이 형식은 본래 바오로의 작품인가? W.크라머는 *Christos*, p.91에서 문체(병행법)를 이유로 이 점에 이의를 제기하고, 콘첼만은 바오로의 사상을 특별히 담고 있지 않다는 이유로 진정성에 의문을 제기한다. 그러나 이와 반대로 A.페월레는 *Sagesse*, p.79에서 이 형식은 코린토의 상황에 온전히 부합하므로 바오로에게서 올 수밖에 없다고 본다. H.랑카머는 앞의 논문에서 전승의 요소들을 세밀하게 분석하여 이 형식은 바오로 이전에 이미 그리스도인 선교사들이 사용하던 것이었다고 결론을 내린다. 그에 의하면 구원론적인 첨가 구절인 kai h ēmeis di' autou만이 바오로의 손질이었다는 것이다.
17) G.Schrenk, patēr, *ThW* V p.1013-1014.

신앙인들에게 그리스도는 한 분 주님이시다. 왜냐하면 창조주이며 구원자이신 하느님의 계획은 다른 어떤 이가 아니고 오직 그 분을 통하여[18] 실현되기 때문이다. 창조의 중재자신 그분은 또한 새로운 창조의 중재이시다. 모든 것이 그분으로 말미암아 있고 우리도 그분으로 말미암아 있다는 교회의 고백은 그리스도의 우주론적인 기능과 구원론적인 기능을 연결시키는 이음점이다. 그리스도가 역사 안에서 구속의 업적을 완성하면서 계시하는 사랑은 모든 시간 이전의 만물의 기원과 원인, 그리고 만물의 목표인 사랑과 동일하다. 바오로는 자신과 강한 자들 간에 원칙적으로 어떤 이견도 없음을 분명히 밝히고 있다. 그가 곧 그들에게 발하게 될 경고는 그만큼 더 무게를 지니게 된다.

(2) 자유와 타인의 양심에 대한 존중 8,7-13

[7]그렇지만 누구나 다 지식이 있는 것은 아닙니다. 어떤 이들은 아직까지도 우상에 익숙해져 있기 때문에, 우상에게 바쳤던 제물을 정말로 그렇게 알고 먹습니다. 그리고 그들의 약한 양심이 더럽혀집니다. [8]음식이 우리를 하느님께 가까이 데려다 주지 않습니다. 그것을 먹지 않는다고 우리의 형편이 나빠지는 것도 아니고, 그것을 먹는다고 우리의 형편이 나아지는 것도 아닙니다. [9]다만 여러분의 이 자유가 믿음이 약

---

18) B 사본의 독법인 di' on은 세상의 존재 이유인 그리스도와 구원의 중개자 그리스도를 구별하고자 하는 의도를(참조 히브 2,10) 보여 준다. 이미 이스라엘의 지혜문학은 창조의 중개적인 실체인 지혜를 알고 있다. 잠언 3,19; 8,23; 지혜 9,1.2.9. 필로에게서 로고스는 지혜의 역할을 한다. Opif. 24. 참조 요한 1,3. 콜로 1,16-17에서 그리스도는 보이지 않는 하느님의 모상(eikōn)의 자격으로 이 역할을 수행한다. 참조 히브 1,2.

한 이들에게 장애물이 되지 않도록 조심하십시오. ¹⁰지식이 있다는 그대가 우상의 신전에 앉아 먹는 것을 누가 본다면, 그의 약한 양심도 (건설되어) 우상에게 바쳤던 제물을 먹을 수 있게끔 용기를 얻지 않겠습니까? ¹¹그래서 약한 그 사람은 그대의 지식 때문에 멸망하게 됩니다. 그리스도께서는 그 형제를 위해서도 돌아가셨습니다. ¹²여러분이 이렇게 형제들에게 죄를 짓고 약한 그들의 양심에 상처를 입히는 것은 그리스도께 죄를 짓는 것입니다. ¹³그러므로 음식이 내 형제를 죄짓게 한다면, 나는 내 형제를 죄짓게 하지 않도록 차라리 고기를 영영 먹지 않겠습니다.

7절: 바오로는 1절에서 우리는 모두 지식이 있다고 말했다. 그러나 7절에서는 모든 이가 지식이 있는 것은 아니라고 말한다. 서로 모순되는 이 두 가지 진술을 조화시키기 위하여 7절의 지식을 1절의 의미와는 다르게 해석하거나 1절의 모든 이는 계몽된 그리스도인만을 가리킨다고 전제하는 따위는 부질없는 일이다.[19] 1절과 7절의 긴장은 세심한 정신 안에 존재하는 긴장이다. 자유주의자들이 "우리는 모두 지식을 가지고 있다"고 말할 때 이는 그릇된 것이 아니다. 왜냐하면 코린토 공동체의 누구도 "오직 한 분 하느님이 계시고 오직 한 분 주님이 계실 뿐입니다"라고 고백하지 않을 사람이 없기 때문이다. 그러나 한편으로 이 지식은 여러 사람들에게서 이방의 종교성에 대한 반사 작용으로 마비 상태에

---

19) 예컨대 헤링은 gnosis가 1절에서는 객관적인 지적 지식이고 7절에서는 실천적인 결과를 이끌어내는 "강한 믿음"이라고 말한다.

빠졌음을 확인하게 된다. 그들이 가졌던 관습 때문에[20] 우상이 조금이라도 존재하는 한 이방 환경에 대한 민감함이 그대로 남아 있어서 신앙이 온전한 자유에 이르는 것을 방해하고 있다. 바오로는 자유를 구속하고 아직 과거의 영향에서 벗어나지 못한 사람들의 양심을 "약한 양심"이라고 부른다.

자신들의 이러한 약함을 괴로워하는 그리스도인들이 우상에게 바쳐진 고기를 먹는다면 그들은 이교도 예배에 연루되었다고 스스로 느낄 것이다. 그리고 이런 느낌은 결국 현실이 되고 만다. 왜냐하면 이들은 양심 안에서 우상의 영향권으로부터 전적으로 벗어나지 못한 채 이 고기를 우상에게 바친 고기(hos eidōlothyton)[21]로 생각하고 먹기 때문이다. 이 약함 자체는 잘못이 아니다. 그러나 그들은 약함으로부터 벗어나지 못하고 있다. 그러므로 이런 현실이 존중되지 않는다면 이는 잘못이다. 강한 이들이 자신의 자유가 제공하는 위세를 앞세워 약한 이들이 세심증을 무릅쓰고 우상에게 바친 고기를 먹도록 강제하면 그것은 잘못이다. 또 약한 이들이 상대방을 인간적으로 존중하기 때문에 압력에 못 이겨 먹게 되면 그것 또한 잘못이다.

사도는 허약한 양심을 강하게 만드는 방식에 대해 강한 이들에게도

---

20) 알렉산드리아 본문이 증언하는 synētheia(관습을 통하여) 대신에 D G lat 코이네는 syneidēsei(양심을 통하여)라고 읽는다. 이것은 다음의 내용에 영향을 받은 필사가들의 실수이다. 몇몇 주석가들은 일정한 시간 전에 회개한 사람이 지금까지 우상숭배의 습관을 지니고 있다고 말하는 것은 불가능하다고 판단하고 이 독법을 선택한다. 그러나 이와 반대로 이것은 "약한 이들"의 상황에 대한 정확한 묘사가 아닐까?

21) L.Goppelt, *Die apostolische und nachapostolische Zeit*(1962) p.54. 그는 "약한 이들"이 유다계 그리스도인들이라고 주장하는데, 어떻게 이런 의견을 정당화할 수 있겠는가?

약한 이들에게도 조언을 제공하지 않는다. 그는 여기서 다음과 같은 신앙의 진리를 실행할 뿐이다. 즉 각자는 자신의 고유한 인간적인 현실 안에서 소명을 받고 신앙생활을 할 수 있다는 것이다.[22] 약한 이가 필요로 하는 도움은 가르침의 보완도 아니고 더욱이 강한 이들의 잘 훈련된 모범도 아니다. 그것은 약한 이들이 수모를 느끼지 않고 신앙 안에서 자신의 약함을 감당하도록 강한 이들이 그들을 도와주는 자세이다.

8절: 8절은 바오로가 강한 이들의 입을 통하여 일종의 항의를 표현하는 것이라고 보기도 한다. "겨우 음식 문제 하나 가지고 무슨 이야기가 그렇게 많은지!" 그럴 경우 9절은 그의 답변이 될 것이다. 흥미롭기는 하지만 수용할 수 없는 제안이다. 바오로가 대화식 논법으로 반박하면서 상대방을 끌어들이고자 할 때 그는 이 점을 늘 분명히 밝힌다. 사도는 여기서 약한 이들을 위로하고 안심시키고자 그들에게 말을 건네고 있는가? 아니면 그는 처음부터 대화 상대자인 강한 이들을 대상으로 하는가? 그들이 우상에게 바친 고기를 먹고도 심판 때 이익이 된다고 생각한다면 이는 우스운 일이다.[23] 그러기에 그들은 자신들과 동일한 자유를 갖지 않은 사람들을 무시하거나 이 자유를 가졌다고 그들보다 우월하게 여기지 말아야 한다. 그들이 진정 자유롭다면 그 자유는 다른 이들을 위한 것이어야 한다. 약한 이들을 위하여 자신들에게 개인적으로 허용된 것을 사랑 안에서(1절) 자유롭게 포기할 줄 안다면, 그들은 진실로 자유로운 존재임을 보여 주게 될 것이다.[24]

---

22) 참조 1코린 7,17 이하.
23) 참조 로마 14,17. 미래형 parastēsei는 "권고하다"(synistanai)를 뜻하지 않고 "가깝게 세우다", "가까이 가게 할 것이다"를 의미한다.
24) 불트만, *Theol. NT*, p.344.

9절: 강한 이들은 그들이 인정한 진리를 양심 안에서 철저히 신봉하고 있기 때문에(4절) 이교적 의식에도 끼어들 수 있고 우상에게 바친 고기도 아무런 위험 없이 먹을 수 있다. 바오로는 그들에게 이 자유(exousia)를 인정한다. 그러나 그들만이 있는 것이 아니다. 약한 이들의 존재가 그들에게 책임을 부여하고 또 그들의 자유의 행사에 구체적인 제한을 가한다(Blepete mē, 조심하시오). proskomma는 부딪혀서 넘어지는 "장애물"을 말하는데 skandalon(참조 13절)과 유사한 의미를 지닌다.

10절: 바오로는 확실히 여러 번 발생한 상황을 구체적인 사례로 언급한다. 한 그리스도인이 이교 성전의 마당이나 부속 홀에서 가족이나 공동체 단위의 예배 성격의 식사에 참여하고 있다.[25] 그런데 세심한 양심을 가진 이가 이를 보았다면 어떤 결과가 그에게 나타나겠는가? 세심한 그리스도인은 이런 행위가 바오로가 묘사한 이교주의에 다시금 추락하는 것으로 간주하고 분개할 것인가? 아니다. 그가 보기에도 강한 자의 행위는 그 자체로 문제가 되는 것은 아니다. 어려움에 처하게 될 사람은 강한 자가 아니다.[26] 바오로가 말하기를 어려움을 당하는 이는 바로 약한 자다. 갈등이 그를 지배하고 그의 허약한 균형이 마침내 무너지고 만다. 강한 자가 자신의 자유를 과시하면 세심한 이는 그 앞에서 자신의 약한 마음을 자각하고 스스로 열등하다고 판단한다. 그는 양심이 거부한 것을 다시금 취하려는 유혹을 강하게 받고 일찍이 갖지 못한

---

25) 이와 같은 초대장이 실제로 발견되었다(P Oxyr. III 523): "프톨레메우스의 아들 안토니우스가 클라우디우스의 사라페이온 건물에서 16일 9시에 있을 주님 사라피스의 식탁에 그대를 초대하노라."

26) 바오로는 10,14-22에서처럼 강한 자들을 향해 그들의 우상숭배에 대해 비난하고 있지 않다. 10,1-22와 8장 간에 차이를 느끼게 하는 것은 아무것도 없다.

자유를 탐하면서 쫓기듯 결정을 내리고는 이 자유에 뛰어든다. 그리하여 그는 착각에 빠지고 동시에 죄를 짓게 된다. 그는 강한 자의 자유에는 도달하지 못하고 결국 자기 양심의 고발에 떨어지고 만다.[27]

바오로가 경고하는 대상은 이런 허약한 자가 아니다. 약한 자의 무방비적인 허약한 신앙을 상대로 비난받아 마땅한 놀이를 하는 강한 자가 바로 경고의 대상이다. 그는 약한 이의 추락을 책임져야 할 첫 번째 인물이다. 바오로는 예리한 풍자로 강한 이의 파괴적인 행위를 비난하기 위하여 동사 oikodomein(건설하다)을 사용한다. 진실로 그는 그의 형제를 충동하여 자신의 양심을 거슬러 행동하게 하고 마침내 비난 속에 떨어지게 할 것이다.[28]

11절: 11절과 12절의 고발은 매우 중대하다. 바오로는 약한 이의 추락에서 단순한 좌절 이상의 것을 본다. 양심의 오점은(7절) 단지 잘못에 대한 회한이 아니다. 약한 이의 구원 자체가 위험에 봉착한다. apollytai gar(실로 그는 멸망합니다).[29] 강한 자의 잘못은 단지 그가 약한 자로 하

---

27) 참조 로마 14,23. 10절에서 pistis(신앙)는 일반적인 의미의 믿음이 아니라 각 신앙인의 실제적인 양심의 상태에 비추어 드러나야 하는 그런 믿음이다.
28) 칼뱅은 "ruinosa aedificatio"(파괴적인 건설)이라고 말한다. 바이스와 다른 학자들은 강한 자들이 자신들의 담대함을 약한 이들에게 본보기로 보여 주고 그들을 자극하여 해방시킴으로써 그들을 "건설한다"고 주장했을 것이라고 본다.
29) 참조 로마 14,15,20. P46 BA가 gar를 통해 10절과 11절 간에 설정한 관계는 불확실하다. 그래서 이 점을 분명히 하고자 여러 이본들이 생겨났다. 즉 apollutai oun, 그러므로 그는 멸망합니다. AP; kai apollytai 그리고 그는 멸망합니다. D; kai apoleitai 그리고 그는 멸망할 것입니다. G lat Koinē.. gar는 다음과 같이 설명될 수 있을 것이다: "강한 자(10절)의 행동은 약한 자에게 참으로 걸림돌(9절)입니다. 실상…." 그러나 gar를 직접 oikodomēthēsetai에 연결시킬 수 있을 것이다. 그렇게 되면 바오로는 잔혹한 말놀이를 하는 것일 수도 있다: "약한 자의 양심은 건설될 것입니다. … 실상 그는 멸망합니다…." 질

여금 그의 양심이 허용하지 못할 행위로 이끌었다는 것만이 아니다. 바오로가 강조하는 그보다 더욱 중요한 것은 그가 형제이고 그리스도께서 그를 위해 죽으셨다는 사실이다. 그는 자신 그대로의 모습으로 하느님께 받아들여졌다(참조 로마 14,3). 그가 받은 부르심은 그리스도께 속하면서 인간적인 특성, 즉 자신의 약점을 가지고 주님을 섬기도록 허용하는 것이었다. 그에게는 바로 그것이 자유이기도 하다. 하느님은 그에게 자기 자신이 아닌 강한 자가 되라고 요구하지 않으시고 있는 그대로 자신을 사랑하신 그리스도의 사랑을 믿으라고 요구하신다. 강한 자의 중대한 잘못은 약한 이로 하여금 자신이 살아온 은총을 망각하게 만든다는 사실 그 자체에 있다. 강한 자는 약한 자 앞에서 자신의 자유를 눈부시게 자랑하면서 약한 자가 자신의 자유를 망각하고 또 경멸하게 만들어서 결국 신앙의 파멸의 징표가 될 잘못을 범하게 만드는 것이다.

12절: 매우 강한 표현이 강한 자들의 행동에 낙인을 찍는다. "그들은 형제들의 약한[30] 양심에 상처를 입히다." 설상가상으로 그들이 상처를 주는 데 사용한 도구는 그들이 복음으로부터 얻은 지식이요 그들이 받은 자유이다. 이처럼 복음은 그들의 손에 들어가서 약한 자들이 스스로를 벗어나도록 자극하고 그리스도의 업적을 파괴하는 율법으로 바뀐다. 그리스도를 거슬러 죄짓는 것보다 더 큰 죄는 없다.

13절: 바오로는 결론을 내린다. dioper(그러므로). 확실히 바오로 자신도 강한 자에 속한다. 그는 자유와 지식을 소유하고 있다. 그는 누구에게서도 그것을 박탈할 생각이 전혀 없다. 그러나 그의 지식이 은총의

문 다음의 gar에 대하여는 참조 Bl-Debr. § 452,2.
30) P[46]은 asthenousan을 생략한다.

지식(32절)이기 때문에, 그는 이 자유를 하나의 권리로 생각하지도 않고 자랑거리로 삼지도 않으며 다른 이들을 위한 율법으로 만들지도 않는다. 그의 자유는 사랑의 자유이기에 다른 이들을 위한 배려가 요구될 때는 자유로이 스스로를 제한할 수 있다. 그는 약한 이들과 함께 약해질 준비가 되어 있다(9,22). 모든 위험을 제거하기 위해서라면 그리고 자신의 자유가 그들을 걸려 넘어지게 한다면, 그는 우상에게 바쳐진 고기뿐 아니라 어떤 종류의 고기도 먹지 않을 수 있다.[31]

보충 설명: 바오로가 생각하는 양심의 개념(8,13)

신약성경에 31회 사용된 syneidesis는 특히 바오로 친서에서 14회(synoida는 1코린 4,4에 한 번 나타남) 등장한다. 1코린 8,7 이하와 10,23 이하에서만 8회 사용되었고 그 밖에 로마 2,15; 9,1; 13,5; 2코린 1,12; 4,2; 5,11에 나타난다.

위의 여섯 곳에서 사용된 이 단어의 용도는 헬레니즘계 유다이즘이나 당대의 이교도 도덕가들이 의미했던 바와 일치한다. 양심은 하느님만큼이나 두려워해야 할 증인이고, 아울러 징계하고 경고하는 심판관이다. 또 양심은 그 앞에서 거짓말을 할 수도 없고 속임수를 쓰는 것도 허용되지 않는 법정이다. 그리하여 바오로는 자신이 진리를 말한다는 것을 확인하기 위하여 일률적으로 다음과 같이 말한다. "나의 양심이 나의 증인입니다"(예컨대 로마 9,1) 또는 "하느님이 내 증인이십니다"(예컨대 2코린 1,23).

---

31) 본시 바오로 서간에서 9,19-23은 8,13의 뒤를 잇는 것이 분명하다.

그러나 1코린 8,7 이하와 10,23 이하에서는 양심이 다른 의미로 사용된다. 우상에게 바친 고기의 경우에 양심의 명령이 뒤따라야 하는데 이 명령은 객관적으로 설정된 것이 아니다. 이론적으로 보면 약한 자는 이 명령이 사실 객관적인 것이 아님을 인지할 수 있는 능력이 있다. 그러나 이 본문들은 그룹 하나를 별도로 구성하고 여기에 예외적인 관심을 보여 준다. 그리하여 양심에 대한 성찰이 바오로 신학의 중심을 이루는 것과 연결되어 나타난다.

코린토의 정황들로 인해 바오로는 중요한 사실 하나를 발견하게 된다. 그것은 양심의 명령이 갖는 가변성 내지 우발성이다. 양심의 기능은 모든 이에게서 동일하다. 그러나 양심이 명령하는 내용은 각 개인의 역사와 사회적 위치, 성장과정, 그리고 그의 성격에 좌우된다. 그리하여 각자는 외부의 영향과 자신의 성격에 따라 세심한 두려움에 사로잡히느냐 아니면 해방하는 지식의 도전에 적응하느냐에 따라 그 양심이 약해지기도 하고 강해지기도 한다. 그러기에 양심은 추상적인 권위와 누구에게나 동등한 권위를 가질 수 없다. 한 사람에게 허용된 것이 다른 사람에게는 금지될 수 있다. 강하든 약하든 양심은 구체적이다. 한 사람의 양심은 그의 양심 안에서만 실제로 그 내용을 확인할 수 있다.

그리스도인에게 이 구체적인 양심은 하느님 앞에 있는 자신의 존재를 구성하는 요인이기도 하다. 그것은 자신의 성별이나 사회적 조건, 유다인이나 이방인의 신분 같은 민족적 동일성 등 각자의 소명이 지닌 인간적인 특화와 하느님 소명에 대한 응답이라는 측면을 두루 지니고 있다(참조 7,17 이하). 각자는 강하게 또는 약하게 부름 받았다. 그를 의롭게 하는 것은 그의 지식도 아니고 그 지식으로부터 얻은 자유도 아니며, 또 그 자유를 얻기 위하여 행사하는 폭력은 더욱 아니다. 그를 의롭게 하시는 분은 바로 그리스도이시다. 그리스도인은 강하거나 약하거나 은총으로 살아간다. 자신의 자유를 자랑하거나 자신의 약함을 원통해 하는 것은 인간적인 가치판단에 기울어지는 것이며(참조 7,23), 의화義化 신학의 용어로 말하자면 '업적'에 의한 의로움에 다시금 추락하는 것이다.

그리하여 우리는 어려움 없이 왜 바오로가 유사한 갈등의 상황이 전개되는 로마 14장에서 양심 대신에 신앙을 말할 수 있는지 이해하게 된다. 결국 강하거나 약하거나 양심은 각자의 자유에 한계를 긋는다. 이 한계는 바로 신앙의 한계이며, 각자가 의화된 자의 삶을 살 수 있고 살아가야 하는 내면의 공간을 결정하는 의미로서의 한계인 것이다.

〔참고 문헌: C.Maurer, synoida, *ThW* III p.897s; H.-J.Eckstein, Der Begriff Syneidesis bei Paulus, *WUNT*(2. Reihe) 10 (1983).〕

2) 사도의 모범 9,1-23

8,7 이하를 잇고 9,19 이하에 연결되는 9,1-18은 코린토의 강한 자들에게 주는 가르침으로 나타난다. "나의 모범을 따르시오! 내가 그렇게 하듯이 당신의 권리를 주장하기보다 다른 이를 먼저 배려하시오." 그럼에도 불구하고 8,7 이하와 9,1 이하의 연결은 그다지 긴밀하지 않다. 바오로가 제시한 사례는 다른 이의 양심의 문제를 밝히는 데 큰 도움이 되지 않는다. 바오로가 일한 대가로 받을 수 있는 품삯을 받지 않는 데에는 다른 형태의 동기와 이유가 있다. 리츠만이나 다른 이들이 생각하듯, 이 절들은 사도가 무심코 주제에서 벗어난 매혹적인 궤도 이탈인가?

이 절들의 일반적인 색조가 8장과 그다지 다르지 않았다면 이런 설명도 가능했을 것이다. 바오로의 담론은 열정적이고 질문과 돈호법으로 가득 차 있다. 논증은 논리적이지만 동시에 격렬한 어조로 전개된다. 사도의 품삯은 단순한 사례와는 다른 것이다. 그것은 이 중대한 갈등의 대상과 원인에 관계되는 것이다. 2코린 11,7-12과 연결하는 것이 요청된다.

9,1-18은 우상에게 바쳐진 고기를 먹는 문제와는 무관하게 설명하기도 한다. 그러나 편집 가설을 받아들이든지 아니든지, 각자는 이 절들과 8장 사이에 편집가가 분명히 암시하고자 했던 관계를 정립시킬 수 있을 것이다.

(1) 사도와 그의 권리 9,1-12 (2코린?)

¹내가 자유인이 아닙니까? 내가 사도가 아닙니까? 내가 우리 주 예수님을 뵙지 못하였다는 말입니까? 여러분이 바로 주님 안에서 이루어진 나의 업적이 아닙니까? ²내가 다른 이들에게는 사도가 아니라 할지라도 여러분에게는 분명히 사도입니다. 여러분이야말로 주님 안에서 이루어지는 내 사도직의 증표입니다.

³나를 심판하는 자들에게 나는 이렇게 변론합니다. ⁴우리는 먹고 마실 권리가 없다는 말입니까? ⁵우리는 다른 사도들이나 주님의 형제들이나 케파처럼 신자 아내를 데리고 다닐 권리가 없다는 말입니까? ⁶또 나와 바르나바만 따로 벌이를 하지 않아도 되는 권리가 없습니까? ⁷자기가 비용을 대면서 군대에 복무하는 사람이 도대체 어디 있습니까? 포도밭을 만들고서 그 열매를 먹지 않는 사람이 어디 있습니까? 양 떼를 치면서 그 젖을 짜 먹지 않는 사람이 어디 있습니까? ⁸내가 인간의 관례에 따라 이런 이야기를 하는 것입니까? 율법도 같은 말을 하지 않

습니까? ⁹사실 모세의 율법에, "타작 일을 하는 소에게 부리망을 씌워서는 안 된다"고 기록되어 있습니다. 하느님께서 소에게 마음을 쓰시는 것입니까? ¹⁰어쨌든 우리를 위하여 말씀하시는 것이 아닙니까? 물론 우리를 위하여 그렇게 기록된 것입니다. 밭을 가는 이는 마땅히 희망을 가지고 밭을 갈고, 타작하는 이는 제 몫을 받으리라는 희망으로 그 일을 합니다. ¹¹우리가 여러분에게 영적인 씨를 뿌렸다면, 여러분에게서 물질적인 것을 거둔다고 해서 그것이 지나친 일이겠습니까? ¹²다른 이들이 여러분에게 그러한 권리를 갖는다면 우리야 더욱 그러하지 않습니까?

그러나 우리는 그러한 권리를 행사하지 않았습니다. 오히려 그리스도의 복음에 어떠한 지장도 주지 않으려고 모든 것을 견디어 내고 있습니다.

바오로는 이 글을 쓰는 순간 자신을 상대로 일어나는 소요에 직면해야 했음이 1-3절에서 드러난다. 코린토에서 일부 사람들이 – 공동체 내부의 구성원들이거나 외부 사람들 – 바오로의 사도성에 이의를 제기하고 나섰다. 그들은 사도의 가르침을 겨냥해서 반대한 유다계 그리스도인들과는 무관하다. 실제로 그의 변론(3절)은 자신이 사도로서 여러 교회로부터 생계비를 받을 수 있는 권리를 갖고 있음을 옹호하고자 한다. 그리고 바로 이 점에서 반대자들이 공격하고 있다. 그러나 예상할 수 있는 것처럼 반대자들은 그의 이런 권리를 부인하는 것도 아니요 그가 이 권리를 남용했다고 비난하는 것도 아니다. 이런 비난이 불가능한 이유는 바오로가 당시의 관행과는 반대로 이 권리를 사용하지 않았고 오히려 생계를 스스로 꾸려나가기 위하여 직접 손으로 일을 했기 때문이다

(6절; 사도 18,2 이하). 그러나 반대자들이 그에게 의심을 품는 것은 이 점이 분명히 아니다. 그들은 바오로가 이 권리를 사용하지 않았다면, 그는 이런 권한을 부여받지 못했다고 느꼈기 때문이라고 해석했다. 결국 그것은 그의 사도로서의 칭호와 권위가 찬탈된 것임을 자인하는 것이 아니라면 무엇이란 말인가?

바오로는 이에 대한 답변을 시작하면서 무엇보다 자신의 사도직이 참되다고 선언한다. 이어서 그는 자신의 권리를 힘주어 강조한 뒤에, 그런데 왜 이 권리를 포기했는지 그 진정한 이유를 알려준다(3-18절).

1절: 긍정적인 형식으로 던지는 세 개의 질문은 서로 긴밀하게 연결되어 있다. 바오로가 사도인 것은[32] 그가 주님을 보았기 때문이다. 그는 사도이기 때문에 자유롭고 또 사도적 권리의 정당한 소유자이다(exousia,4.5.6.12.18절).[33] 그는 다마스쿠스로 가는 길 위에서 발현한 부활하신 그리스도를 통해 다른 사도들처럼 사도로 부름받았다(갈라 1,12.15 이하; 1코린 15,8; 사도 9,3 이하). 이런 사실이 비록 반대자들 차원에서는 확인되기 어렵다 하더라도 코린토의 그리스도인들은 이를 잘 아는 처지에 있다. 그들은 그리스도께서 바오로의 봉사직을 통하여 일으키신 교회이기에 이 모든 것에 대한 생생한 증인이다.[34]

---

32) 부활하신 분의 발현만으로는 사도가 될 수 없다(예컨대 오백 명의 형제가 발현을 체험했다. 15,6). 바오로의 경우처럼 발현과 더불어 봉사직으로 부르심이 있어야 한다.

33) exousia(권리)와 eleutheria(자유)는 다르다. eleutheros(자유로운)를 권리와 관련지어 사용하는 것은 정확하지 않다. W.슈미탈스는 "Die Korintherbriefe als Briefsammlung", *ZNW* 64(1973) p.271에서 1절의 첫 세 단어들은(내가 자유인이 아닙니까?) 9,1-18과 8,13 그리고 9,19(eleutheros gar ōn…)을 연결하고 편집자의 의도대로 읽혀지도록 삽입된 문구라고 본다.

34) 콘첼만: ergon은 일의 결과를 가리킨다. 따라서 ergon mou kyriō는 "주님께서 나의 봉

2절: 바오로는 자신의 사도직을 모르는 다른 이들을 누구라고 생각하면서 말하고 있는 것일까? 그는 예루살렘 회의에서 이루어진 합의에도 불구하고(갈라 2,1-10; 사도 15장) 여전히 자신을 배교자로 간주하는 일부 유다계 그리스도인들을 염두에 두고 있는 것일까?[35] 아니면 이것은 그가 곧 공개적 투쟁(2코린 10-13장)에 직면하게 될 상황을 암시하고 있는 것인가? 어떻든 바오로는 코린토 교회에게 사도요, 이 교회는 자신의 존재를 통하여 그의 사도직을 확인시켜주는 증표이다(2코린 3,2-3 참조).

3절: 이 절은 논쟁의 핵심 주제를 다루는데, 교회의 비용으로 살아갈 수 있는 사도의 권리가 언급된다.[36] 바오로는 병행을 이루는 두 가지 사례를 전개하며 자신을 방어한다.[37] 4-12절과 13-18절이 그것이다.

4절: 4-6절의 세 개의 질문은 동일한 의미를 지닌다. 사도인 바오로는 다른 사도들이 가진 권리를 자신도 갖고 있음을 다른 사람이 의심하거나 이에 이의를 제기하도록 허용할 아무런 이유가 없다. 무엇보다 그는 모든 시간을 바쳐 봉사하는 교회로부터 먹고 마시는 비용, 곧 생활비를 당연히 받을 권리가 있다.

5절: 다음에는 다른 선교사들이 그러하듯 아내를 데리고 다닐 수 있

사직을 통해 이룩하신 업적"을 뜻한다.
35) 로마 15,31: 바오로는 자신이 주도하여 거둔 이방계 그리스도인 교회들의 성금을 예루살렘 교회가 어떻게 받아들일지 걱정한다.
36) 여러 학자들은 예컨대 슈미탈스, *Gnosis*, p.336은 아마도 de가 없다는 이유로 3절이 1-2절의 결론이라고 생각한다. 그러나 de의 부재는 문체의 활력으로 설명된다. 3절의 끝에서 크게 강조된 autē는 이어지는 내용을 예고하는 기능을 지닌다.
37) anakrinein은 "고발하다"를 의미하지 않고 "법정에서 조사하다"를 뜻한다. 참조 4,3.

는 권리이다.³⁸⁾ 이런 경우 여인도 교회로부터 생활비를 받는다고 보완해서 말할 수 있을까? 알다시피 바오로는 독신이었다(7,7-8). 여기서 말하는 "우리"에는 바르나바가 포함되지 않는다. 다음 절에 가서야 언급되는 그는 레위 지파 사람(사도 4,36)으로서 마땅히 결혼했을 것이다.

콘첼만이 주목하였듯이 5절은 우리의 자료가 상상하는 것보다 초대교회 선교사들의 활동이 훨씬 다양하게 전개되었음을 엿보게 한다. 그리고 서로 구별되는 다양한 그룹들이 초대 공동체 안에 공존하였다. 바오로가 다른 사도들이라고 말할 때 그 역시 이 그룹에 속해 있음을 암시해 준다. 케파는 열둘 가운데 하나이며 바로 그에게 부활하신 분이 처음으로 발현했다(15,5; 루카 24,34). 그는 주님의 형제인 야고보 이전에 초대 공동체의 수장이었고 그의 옆에 요한과 야고보가 "기둥"(갈라 2,9)처럼 있었으며 마지막으로 유랑 선교사들이 있었다. 케파는 당시에 코린토에서 잘 알려진 인물이었는데 그가 한동안 이곳에 머물렀는지는 확실하지 않다(1,12; 3,22). 바오로의 다른 서간들과 사도행전은 단지 야고보에 대해서만 이야기하는데,³⁹⁾ 코린토 1서의 바로 이 절에서 우리는 후대의 전승에 아무런 흔적도 남기지 않은 주님의 형제들이 역시 선교사로서 모종의 역할을 하였음을 알게 된다.⁴⁰⁾

---

38) Periagein: J.B.Bauer, Uxores circumducere(1Kor 9,5), *BZ* 3 (1959) p.101에 의하면 이 동사는 단지 "자신과 늘 함께 가지고 있다"를 의미하므로 선교사들의 여행을 암시하는 것은 아니라고 한다(리츠만, 헤링).
39) 갈라 1,19; 2,9; 1코린 15,7; 사도 15장.
40) 바오로는 열둘과 사도들을 구별한다(15,5.7). 안드로니코스와 유니아도 사도들이다(로마 16,7). 바르나바도 마찬가지다. 아마도 제2세대와 제3세대 그리스도인들이 사도라는 말을 열둘(본래 열둘이라고 표현했던 것인데 열두 사도가 되었다)과 바오로에게만 적용시켰을 것이다.

6절: 마지막으로 사도의 세 번째 권리는(이미 두 번째 권리에 묵시적으로 포함되어 있다) 일을 하지 않아도 되는 권리이다.[41] 이 점이 토론의 핵심에 속한다. 바오로와 바르나바는 사도 13-14장이 설명하는 선교 여행을 떠나면서 생계 문제를 스스로 해결하기로 함께 결정한 것 같다. 이 새로운 실천 방식은 아무도 뒤따라 행한 사람이 없었지만 바오로는 여기에 충실했고 나아가 엄격히 실천했다(2코린 11,8; 필리 4,15).[42] 바오로는 비방하는 자들에게 자신도 다른 사도들처럼 그리스도를 전하는 사절로 일한 대가로 교회로부터 사례를 받을 권리를 가지고 있고, 또 앞으로도 가질 것임을 힘주어 확인한다.

다음에서 사도는 일상적인 삶에서 끌어온 사례들(7절)과 성경 인용(8-10절)을 통하여 모든 일꾼의 권리를 설명하고, 그가 이런 권리를 포기했다면 그것은 온전한 자유와 효율성을 위해서라고 결론짓는다(12절).

7절: 세 가지 사례들은 각자의 일에 대하여 이야기한다. 군인이나 포도원 농부, 목자처럼 사도 역시 일을 하면 품삯을 받을 자격이 있다.[43]

8-10절: 이와 같이 세속적인 사례를 바탕으로 바오로가 순전히 인간적인 상황을 사도직의 경우에 적용하는 것을 보면서 우리는 그를 비난해야 할까? 그러나 성경은 그의 결론을 지지해 준다. 그가 인용한 본

---

41) 참조 마태 10,9-10; 루카 10,7.
42) 사도 13-14장은 이 점을 암시하지 않으나 사도행전의 저자는 바오로에 관한 정보를 알고 있었다(사도 18,3; 20,33-34). 이에 대한 흥미로운 가설에 관하여 G.타이젠, "Legitimation und Lebensunterhalt", note 20 참조.
43) L.고펠트, *Typos*, p.169. 이 사례들은 그리스도의 군대 개념, 그리고 하느님의 백성과 포도원의 비교 또는 양 떼와의 비교를 암시한다. 참조 2티모 2,3-6.

문은⁴⁴⁾ 집짐승에게 인간적인 대접을 부여하는 것을 목표로 한다.⁴⁵⁾ 그러나 바오로는 당대의 헬레니즘계 유다인 주석가들에게 널리 통용되던 방법에 따라⁴⁶⁾ 본문을 더 높은 차원으로 이동시킨다. 타작하는 소들은 실제로 하느님의 종들이며 하느님은 바로 그들을 염려하고 있다는 것이다.⁴⁷⁾

11-12ㄱ절: 바오로는 두 개의 논증을 통하여 자신의 권리에 대한 한층 분명한 확신을 밝힌다.

1. 경작하는 이가 자신의 노동으로 이루어진 소출의 일부를 받는 것이 정상적인 것이라면, 영적인 씨를 뿌린 이도 자신의 노동의 수혜자들로부터 생계에 필요한 물질적인 도움을 받는 것이 당연하지 않겠는가?

2. 만일 다른 이들이(사도에 이어 공동체의 으뜸이 된 이들을 말하는가? 아니면 사도를 코린토에서 밀어내려고 하는 자들인가?) 품삯에 대한 권리를 내세운다면, 코린토 교회가 탄생하고 살아가는 데 결정적인 역할을 한 사도 바오로는 그 권리를 더욱더 갖지 않겠는가?⁴⁸⁾

---

44) 신명 25,4. P⁴⁶ Sin A C는 통속적인 단어인 kēmōseis 대신에 이와 동의어이면서 좀 더 문학적인 phimōseis(칠십인역)를 사용한다.
45) Billerbeck III p.382-385. 라삐들은 늘 문자적인 의미를 존중하였다. 그들은 기껏해야 황차 논법을 통하여 짐승에게 적용될 수 있는 규칙을 인간에게 확대시킬 수 있었다.
46) 필로, *Spec*. I 260: "율법은 이성이 없는 존재들에게는 해당하지 않고 지성과 이성을 가진 존재들에게 해당된다."
47) 10ㄴ절의 번역은 불확실하다. 이 절을 신명 25,4의 설명으로 간주할 수 있다: "(이 말씀이) 쓰인 것은 실상 우리를 위해서입니다. … 왜냐하면 … 하는 것이 좋습니다." 그러나 egraphē가 두 번째 인용(서창조敍唱調의 hoti=쌍점)을 도입하는 것으로 볼 수 있다. "그것이 쓰인 것은 실상 우리를 위한 것입니다: …하는 것이 좋습니다." 이 인용문은 구약성경에 나타나지 않는다. 그러나 그 형태(병행관계)로 보아 인용 본문인 것은 사실이다.
48) Tēs hymōn exousias metechousin은 논증을 불러일으킨다. 헤링은 exousia를 "재물"이

이처럼 누구도 바오로가 가진 권리를 도무지 의심해서는 안 된다.

12ㄴ절: 사도는 긴 논증을 마친 후에 자신이 왜 그렇게 행동하는지 진정한 이유를 비로소 밝힐 수 있게 되었다. 아무도 그에게 이의를 제기할 수 없는 보상의 권리를 그는 아무런 외부적 강요 없이 포기했다. 그가 손으로 하는 일의 피로를 감수하는 것은 복음을 선포하는 데 아무런 장애도 초래하지 않기 위해서이다. 그는 개인적인 이권을 추구한다는 인상도 피하고자 한다. 그것은 복음만이 그의 사도직의 유일한 이유임을 보여 주기 위해서이다.

(2) 사도의 자유로운 봉사 9,13-18

¹³성전에 봉직하는 이들은 성전에서 양식을 얻고, 제단 일을 맡은 이들은 제단 제물을 나누어 가진다는 것을 여러분은 모릅니까? ¹⁴마찬가지로, 주님께서는 복음을 전하는 이들에게 복음으로 생활하라고 지시하셨습니다. ¹⁵그러나 나는 그러한 권리를 하나도 행사하지 않았습니다. 또 나에게 그렇게 해 달라고 이런 말을 쓴 것도 아닙니다. 그러느니 차라리 죽는 편이 낫습니다. 아무도 나의 자랑거리를 헛되게 하지 못할 것입니다. ¹⁶사실은 내가 복음을 선포한다고 해서 그것이 나에게 자랑거리가 되지는 않습니다. 나로서는 어찌할 수 없는 의무이기 때문입니다. 내가 복음을 선포하지 않는다면 나는 참으로 불행할 것입

라는 의미로 이해하고자 한다: "만일 다른 이들이 여러분이 사용하는 재물을 나누어 갖는다면…." 그러나 이 절의 exousia에 이 장의 다른 부분에서 사용되는 의미와 다른 뜻을 부여할 수 있을까? hymōn을 목적인 속격으로 보는 것이 바람직해 보인다: "만일 다른 이들이 여러분에 대한 권리를 나누어 갖는다면 … 하물며 우리는 더욱…."

니다. ¹⁷내가 내 자유의사로 이 일을 한다면 나는 삯을 요구할 권리가 있습니다. 그러나 하는 수 없이 한다면 나에게 직무가 맡겨진 것입니다 ¹⁸그렇다면 내가 받는 삯은 무엇입니까? 내가 복음을 선포하면서 그것에 따른 나의 권리를 행사하지 않고 복음을 거저 전하는 것입니다.

3-12절에서는 사도의 품삯 문제에 관한 언급이 필요했던 것처럼 보였다. 그러나 바오로의 가장 개인적이고 심오한 동기들은 아직 드러나지 않았다. 이 동기들은 그의 소명의 신비에 관계된 것이다. 그는 '일-품삯'의 정상적인 도식으로는 자신이 받은 소명에 응답할 수가 없었다. 그러나 이에 대해 말하기 전에 그는 7-12절의 논증에다 정상적인 길에 대한 새로운 논증을 덧붙인다(13-14절). 사도의 비정상적인 태도는 자신의 근본적인 필연성에서 비롯하는 것이니만큼 그 논증은 더욱 무게를 가진다.

13절: 바오로는 각자가 알고 있던, 유다인과 이방인들 사이에서 실천되던 의식 집전자들에 대한 규정을 상기시킨다.[49] 거룩한 의식에 종사하는 자들은 의식에 관계된 모든 활동에 종사하는 사람들을 가리키고, 제단에 종사하는 이는 특별히 사제를 의미한다.[50]

14절: 복음을 전파하는 이들도 복음으로 살아가라는 규정은 주님께

---

49) 민수 18,8 이하; 신명 18,1-5.
50) Paredreuein(코이네 prosedreuein)은 "어떤 일에 열심하다"를 의미하는데 제의적 전문 용어이다.

서 친히 확인해 주신 바이다. 복음 전파자는 음식(trophē, 마태 10,10)이나 품삯(misthos, 루카 10,7)에 대한 권리를 가진다.[51] 바오로는 비록 글자 그대로 공관복음 전승을 인용하지는 않지만 자신의 언어로 이를 표현하고 있다. "복음을 전파하는 이는 복음으로 산다."[52]

15절: 바오로는 자신도 인정한 권리를, 그리고 아무도 이의를 제기할 수 없는 이 권리를 사용하지 않았다. 그는 이미 이 사실을 이야기했다(12절). 그러나 앞의 절들에서는 핵심적인 문제가 아직 언급되지 않았다. 시각이 바뀌어서 담론은 이제 다른 차원으로 넘어간다. 복음의 신뢰를 최대한 높이기 위한 것이 품삯을 포기한 참된 이유라는 설명에서, 이제 사도는 그를 움직이는 가장 심층적인 동기로 나아간다. 그는 포기하기 위하여 포기한다(참조 18ㄴ절). 달리 말해서 그는 자신을 내어주기 위하여 그리고 자신에게 부과된 봉사 안에서 자신의 자유를 하느님께 보여 드리기 위하여 권리를 포기한 것이다.

바오로는 자신의 사도적 권리를 길게 강조했다. 그러나 사람들은 그가 지금까지 거부해 왔던 것을 이제 와서 다시 주장하려 한다고 생각하

---

51) 바오로는 마태 10,8을 모르는 것 같다: "거저 받았으니 거저 주시오." 이 말씀은 복음으로 이익을 취하는 행위를 금지한다(참조 2코린 2,17). 참고 P.Bonnard, *L'Évangile selon saint Matthieu*, ad loc.

52) 이 점은 바오로가 활약하던 시기에 이미 복음 전승의 핵심이 형태적으로 고정되어 있었고 교회의 가르침에 일반적으로 사용되었다고 믿는 사람(벤트란트)의 주장이 그릇되었음을 알려준다. 바오로는 복음 전승을 특정 계기가 주어졌을 때 매우 제한된 범위 내에서 활용할 뿐이다.

지 말아야 한다.[53] 그리스어 원문의 문장 구조가 깨어져 있는 것은[54] 사도의 감정을 드러내는 표지이다. 나의 자랑거리(kauchēma)에 대한 주장이 은총의 신학과 모순되지 않는다.[55] 사도가 어떤 대가를 지불해도 자랑할 수 있기를 원하는 것은 그에게 특별한 보상을 지불할 수 있는 필요 이상의 업적이 결코 아니다. 그의 포기 행위 그 자체가 자랑거리요 그의 보상이다.

16절: 복음을 전하는 일은 사도에게 자랑거리를 제공할 수 없다. 실상 그는 이 과제를 자유롭게 선택하지 않았다. 이 일은 소명을 받을 때 그에게 부과되었다. 그는 갈라 1,15에서 자신의 의지에 거슬려 예언자로 불린 예레미야(예레 1,4-7; 20,9)를 간접적으로 암시한다. 바오로 역시 하느님의 소명에서 벗어나는 것은 불가능하다. 벗어나고자 해도(16ㄹ절) 그는 결코 자유롭지 못하며 소명의 요구에 결국 갇혀 있다. 그가 말하는 필연성(anagkē)은 "나는 달리 해볼 도리가 없다"는 식의 순전히 내적인 필연성이 아니다. 그는 명령을 받고 임무를 수행할 수밖에 없는 종이요, 또 이런 일로 주인이 감사해 하지 않는 종의 처지인 것이다.[56]

---

53) Egrapsa는 편지 형식의 단순과거로서 "나는 방금 썼다" 내지 "나는 썼다"의 의미를 지닌다.
54) 정상적인 구문은 다음과 같았을 것이다. "나의 이 자랑거리를 빼앗길 바에는 차라리 죽는 편이 낫겠습니다." 그동안 사람들은 apothanein(죽다) 앞에 구두점을 찍거나 암브로시오처럼 ē(차라리)를 제거함으로서, 또는 ēhina tis … kenōsē(코이네; 불가타: quam ut gloriam meam quis evacuet)라고 씀으로써 본문을 개선시키고자 하였다. 그러나 쓸데없는 노력이다.
55) 참조 1코린 1,29와 이에 대한 각주.
56) 이미 암브로시오는 루카 17,7-10과 비교하였다. Sin D G it는 kauchēma 대신에 charis(감사)로 읽는다. 이는 루카 17,9의 무의식적인 차용인가?

17절: 많은 주석가들은 이 어려운 구절을 잘못 이해하였거나 아예 이해하기를 포기하였다. 왜냐하면 그들은 17절이 다른 형태로 표현된 16절의 반복일 뿐임을 보지 못했기 때문이다. 난점의 핵심은 akōn이라는 단어에 있는데 보통 "억지로", "거절할 수 없어서"의 의미를 지닌다. 만일 이 단어에 이 의미를 부여하면 바오로가 열성으로 완성한 임무와 – 이 경우에는 보상 받을 가치가 있다 – 불평하며 한 일을 대립시키는 것으로 이해해야 한다. 만일 내가 기꺼이 복음을 전한다면, 나는 품삯을 받을 권리가 있다. 그러나 만일 억지로 한다면 나는 한낱 관리인일 뿐이다.[57]

그러나 바오로가 이런 말을 해서 16절의 내용보다 더 밝혀지는 것은 무엇인가? 실제로 akōn은 여기서 다소 다른 의미를 지닌다. 이 단어는 16절의 "부과된 필연성"(그러지 않을 수 없어서)을 이어받고 있다. akōn에 반대되는 hekōn은 "열성적으로"를 의미하지 않고 "자유로운 선택으로"를 뜻한다. 결국 바오로가 말하는 것은 이것이다. 내가 사도직을 자유롭게 선택했다면 품삯에 대한 권리를 가질 것이다. 그러나 이미 말했듯이, 나는 받은 소명에 이끌려서 사도직을 수행한다. 맡겨진 재산의 단순한 관리자로(참조 4,1) 품삯도, 영광도 취하지 않는다. 그저 해야 할 일을 할 뿐이다.

18절: 그럼에도 불구하고 사도에게는 자랑거리가 있다(15절). 그리고 그는 품삯을 받는다.[58] 그 이유와 방법에 대해서는 이제 어렵지 않게 이

---

57) 예컨대 칼뱅, 바이스. 그러나 바이스는 이 구절이 후대의 어색한 주석이라고 거부한다.
58) D G는 tis ⋯ estin 대신에 tis ⋯ estai로 읽는다. 이는 최후의 심판을 생각한 것이겠으나 분명히 잘못된 것이다.

해할 수 있다.

바오로는 나의 품삯이 무엇이냐고 묻는다. 그는 두 개의 절로 대답하는데, 하나는 설명절이고 다른 하나는 목적절 내지 결과절이다.[59] 다음의 두 해석은 배제되어야 한다.

1. 바오로는 스토아적인 개념을 표현하고자 한다. 사심이 없는 행동은 그 자체가 보상이다.[60] 바오로가 이런 유의 내용을 밝힌 것은 부인할 수 없는 사실이다. 그럼에도 불구하고 이런 평가는 결정적인 반대에 직면한다. 품삯은 늘 하느님이 주시는 것이고(17절) 마찬가지로 kauchēma는 하느님 앞에서 늘 자랑거리이다.

2. 바오로는 필요 이상의 업적을 통하여 품삯을 확보하였다. 그는 교회의 사례를 포기함으로써 소임 이상의 일을 했으며, 이 초과된 일로 말미암아 그는 하느님께 보상을 기대할 수 있게 되었다. 이 설명은 일부분 타당한 점도 포함하고 있다. 왜냐하면 바오로는 자신에게 요구된 것 이상의 일을 했기 때문이다. 그러나 이런 해석에 의하면, 바오로는 자신의 행동을 계산적인 차원에 위치시킴으로써 하느님을 강제하여 이를테면 그의 공로를 인정케 하는 것이 되고 만다. 이것은 사도의 의도를 크게 착각한 해석이다.

---

59) "Hina ⋯ thēsō: 그것은 ⋯ 이루어집니다. ⋯Eis to mēktl, ⋯하기 위하여 아마도, 또는 ⋯하지 않는 방식으로.

60) 예컨대 키케로, De finibus II 22,72: "⋯id contendimus, ut officii fructus sit ipsum officium(우리는 직무의 열매가 직무 그 자체이기를 노력한다)." 세네카, Ad Lucilium 81,19: 보상을 바라고 덕을 쌓을 수 없다. 왜냐하면 "recte facti fecisse merces est(올바르게 되어서 한 일은 그 자체가 보상이다)." 바이스: "나의 행위에 나의 기쁨이 있다."

18ㄷ절의 목적절[61]에서 표현된 의도는 순종과 자유의 주제를 깊이 성찰하고 있는 전체 문맥 안에서만 올바르게 이해될 수 있다. 사도가 복음을 전하면서 원하는 것은 맡겨진 책임보다 양적으로 더 많은 일을 하는 것이 아니라 그저 해야 할 일을 하는 것이다. 자신에게 부과된 강제성(16절) 아래서 그는 자유로운 봉사를 증거하고 싶은 것이다. 자신의 이 고유한 상황에서 이 자유에 도달하는 유일한 방법은 이 봉사가 부여하는 권리에 대한 자유를 기꺼이 포기하는 것이다.[62] 이런 행동은 하느님을 향한 것이지만 그렇다고 하느님을 사도에게 빚을 진 채무자로 만들지 않는다. 하느님이 그에게 주시는 품삯은 근본적으로 이 자유 자체이다. 이 자유는 자신에게 부여된 것에 대한 전적인 헌신의 증거이면서 아울러 자유의 업적이자 실험이다. 이것은 바오로 자신이 만들어 낸 것이 아니라 하느님의 부르심의 강제성이 이끌어 낸 결과이기도 하다.[63]

(3) 모든 이의 종, 바오로 9,19-23 (C)

¹⁹(실상) 나는 아무에게도 매이지 않은 자유인이지만, 되도록 많은 사람을 얻으려고 스스로 모든 사람의 종이 되었습니다. ²⁰유다인들을 얻으려고 유다인들에게는 유다인처럼 되었습니다. 율법 아래 있는 이들을 얻으려고, 율법 아래 있는 이들에게는 율법 아래 있지 않으면서도

---

61) Bl-Debr. § 402,2.
62) Katachrēsasthai는 여기서 "악용하다"(불가타, 칼뱅, 벵겔)를 뜻하지 않고 "이용하다"를 의미한다(참조 1코린 7,31).
63) Windisch, kapēleuō, *ThW* III p.606-609. 그는 상급을 반대하는 가르침을 펼쳤던 다른 이들 및 궤변론자들과 차별화하기 위하여 바오로가 품삯을 포기하였다고 본다.

율법 아래 있는 사람처럼 되었습니다. ²¹나는 하느님의 율법 밖에 있지 않고 오히려 그리스도의 율법 안에 있으면서도, 율법 밖에 있는 이들을 얻으려고 율법 밖에 있는 이들에게는 율법 밖에 있는 사람처럼 되었습니다. ²²약한 이들을 얻으려고 약한 이들에게는 약한 사람처럼 되었습니다. 나는 어떻게 해서든지 몇 사람이라도 구원하려고, 모든 이에게 모든 것이 되었습니다. ²³나는 복음을 위하여 이 모든 일을 합니다. 나도 복음에 동참하려는 것입니다.

19-23절은 본시 1-18절의 뒤를 잇는 부분이 아니었을 것이다. 코린토 1서의 편집자가 이곳에 배치한 것은 사도의 행동을 일반화해서 묘사하는 대목으로 이해시키고자 함이다. 바오로가 품삯을 포기한 것은 하나의 사례에 불과하다. 사도는 모든 상황에서 모든 이를 배려하면서 동일한 행동 노선을 준수한다. 8-10장의 통일성을 주장하는 가설 안에서도 이러한 해석은 문제를 야기한다. 실제로 자유가 양쪽에서 주제가 되고 있지만 그 전망은 전혀 다르다. 15-18절과 19-23절 사이에 어떤 공통점이 있는가? 1-18절을 편집해서 삽입한 것으로 보든(슈미탈스), 일종의 보설(리츠만)로 보든, 19-23절이 8,7-13과 얼마나 가까운지를 알 수 있다. 다른 사람의 양심을 존중하는 태도는 이 두 대목의 공통 주제이며 동일한 전망 안에서 접근하고 있다.

19절: 전치사구인 eleutheros gar hōn(실상 자유롭지만)은 양보의 의미를 지닌다. ek pantōn(모든 이로부터)는 남성형이다.⁶⁴⁾ 바오로는 자신의

---

64) PL: "모든 것으로부터". 그러나 pasin은 남성형이다.

자유를 소리 높여 선언한다. 그는 코린토의 강한 자들처럼 다른 어떤 이의 율법도 따르지 않는다. 그러나 모든 침해를 반대하고 이에 항의하기 위해서 그러는 것은 아니다. 오히려 그 반대로 모든 이에게 봉사하기 위해서만 이 자유를 가지고 있음을 선언하기 위해서다. 그는 모든 이를 위해 자유롭지만 모든 이의 종이 되었다.[65] 그 목적은 가급적 많은 사람을 얻기 위해서다.[66] 분명히 그는 자신의 태도를 강한 자들의 태도와 대립시킨다. 그들의 오만하고 자기중심적인 자유는 약한 형제들을 잃게 만든다(8,11).

20절: 20-22절까지 바오로는 어떻게 각자의 처지에 맞춰 그들의 이익만을 찾고자 하는지 보여 준다. 세 개의 예가 더욱 의미심장한 것은 부차적인 관점들에 대해서는 어떤 것도 양보하지 않는다는 사실이다.

그가 첫 번째로 언급하는 대상은 유다인들에 대한 행동 방향이다. 의심할 여지 없이 "모든 이에게 모든 것"(22절)을 실행하면서 바오로가 가장 위험에 노출되는 영역이 바로 이곳이다. 유다인에게는 유다인이 되면서 그는 신앙과 복음의 핵심을 양보하는 것처럼 보이지 않겠는가? 바로 이 점을 강조하기 위하여 그는 20절의 후반에서 자신의 신학과는 반대되는 특징으로서 유다인을 "율법 아래 있는" 자로 지칭한다.

그는 자신의 개인적인 태도를 말한다고 지적할 수 있을 것이다. 그는 유다인들을 배려해서 이방계 그리스도인들에게 할례를 강요할 수 있

---

65) 이 대목은 마르 10,43-45; 루카 22,25와 비교된다. 특히 1코린 2,1-5; 4,9-13; 2코린 4,7-12에서 사도는 자신의 봉사를 십자가의 신학으로부터 해석한다.
66) kedrēsō는 이오니아 그리스어의 형태(헤로도투스)이고 정상적인 형태는 kedravō(21절)이다.

으리라고는 말하지 않는다.[67] 그러나 자신은 주변 상황이 요구한다면 유다인처럼 살 준비가 되어 있다. 그는 유다인들에게 불필요한 자극을 해서 풍요로운 결과를 가져올 수도 있는 만남을 무산시키는 것을 피하고자 한다. 이처럼 그는 복음을 배반하거나 자신과 모순을 일으키지 않고서도 행동할 수 있다. 왜냐하면 율법과 그 계명들에 대하여 그가 누리는 자유는 다른 이들에게 마치 율법처럼 부과해야 하는 구원의 조건이 아니기 때문이다. 그가 이처럼 행동할 수 있는 것은 복음과 하느님의 소명이 유다인에게서 율법의 실천을 봉쇄하여 그를 비유다인으로 만드는 것을 원하지 않고(참조 7,18ㄱ), 오히려 예수 그리스도의 은총 안에서 그분의 의로움과 자유를(참조 갈라 2,15 이하) 발견한 유다인으로 만드는 것을 원하기 때문이다.

21절: 20ㄴ절과 21절의 조화로운 대칭이 하나의 난점을 은폐한다.[68] 실제로 율법 아래 있지 않은 바오로가 율법이 없는 이들을 위하여 율법이 없는 몸이 되어 자신의 자유를 포기하였다는데, 과연 어떤 점에서 그러한가?

21절의 어떤 용어도 20ㄴ절의 대칭이 부여하는 의미를 정확하게 담고 있지 않다. "율법 밖에 있는 이"는 유다인들의 관점에서 보면 모세의 율법을 갖지 않은 자를 가리킨다. 그러나 여기서 이 율법은 "율법 아래"와 비록 대립되지만 한층 일반적인 의미를 지녀야 한다. anomoi는 참된

---

67) 사도 16,3에 의하면 바오로는 티모테오에게 할례를 베풀었는데 그 고장 유다인들이 모두 그의 아버지가 그리스인이라는 것을 알고 있었기 때문이다. 그러나 바오로 자신의 말에 의하면 얼마 전에 예루살렘 사도회의(사도 15장; 갈라 2,1-10)에서 티토는 할례를 받지 않아도 되는 허락을 받았다(갈라 2,3). 이 점에 대해 사도행전은 침묵하고 있다.
68) 이 잘못된 대칭성에 대해서 참조 로마 5,12 이하.

하느님을 모르는 자로서 그의 삶이 하느님의 뜻에 의해 지배되지 않는 이방인들을 가리킨다. 율법 밖에 있는 자처럼(hos anomos) 된다는 의미는 무엇인가? 바오로는 사도로서 이방인들과 어울릴 때 유다인이면서도 유다인으로 사는 것을 피한다고 말하고 싶은 것일까? 분명히 그렇지는 않을 것이다. 왜냐하면 그가 율법 밖에 있는 사람처럼 처신한다는 말에서 지적한 그 율법은 그리스도의 법을 가리키기 때문이다.

바오로가 말하는 것은 이것이다. 그는 이방인들과의 관계를 단절시키는 행동을 피하려고 노력한다는 것이다. 분명히 그도 그리스도의 법 아래 살아가지만 그들과 다른 사람이고자 하지 않는다. 그는 다른 사람이 아니고 단지 그리스도의 복음을 지닌 자임을 알기 때문이다. 이방인들은 그리스도인의 법의 관찰자가 되어서는 안 된다. 그리스도께서 부르신 이방인들은 사도가 그리스도의 율법 안에(ennomoi christou) 살아가듯이 그의 용서와 신앙의 순종 안에서 살아가야 한다(6,11; 로마 6,11-14).[69]

"그리스도의 율법 안에" 라는 표현은 "새로운 율법"이 아니라 모세의 율법을 대체하는 아마도 더욱 영적인 법이요, 그리스도인의 도덕률이라고 할 수 있다. 그리스도의 율법 안에 살아가는 것은 은총의 체제 안에 살아가는 것이요, 이 은총도 의무를 부과하지만 그것은 은총이 부여하는 자유에서 탄생한 의무인 것이다.[70]

22절: 바오로가 약한 이들을 위하여 약한 자가 된 것은 반드시 코린

---

69) G.보른캄, 앞의 논문, 150쪽. 그는 이것이 바오로가 강한 자들 앞에서 지키는 태도라고 지적한다. 강한 자들은 자유가 무엇인지 안다고 믿고 있으나 실제로 그들은 모든 것을 배워야 한다.
70) 우리는 바레트, 콘첼만에 동조하고, 앞에 나온 도드의 입장을 반대한다.

토에서 이루어진 일은 아니다. 그는 완전히 자유롭지 않은 양심을 위하여 유사한 상황에서 이런 행동을 취할 기회가 여러 번 있었을 것이다. 22ㄴ절에 이르러 19절의 명제가 다시금 등장한다. 바오로는 모든 이를 위하여 완전한 자유를 복음에 부여하기 위하여 완전히 자유롭게 자신의 자유를 포기하였다. 단지 몇 사람만이라도 구원의 열매를 얻을 수 있다면 그의 헌신은 보람이 있을 것이다.[71]

23절: 지금까지 온전히 무욕의 자세를 보여 준 바오로가 여기서 자아중심적인 생각을 표명하는 것에 의아해 할 수 있을 것이다. 그러나 23ㄱ절과 23ㄴ절의 관계를 잘 이해해야 한다. 양자를 너무 긴밀하게 연결하면 잘못이다. "나는 …을 위하여 이 모든 일을 합니다"에서 각 절은 고유한 무게중심을 가지고 있다. 23ㄱ절에서는 복음을 위하여(dia to euangelion)가 그 중심 동기이다. 사도는 다양한 인간적인 상황에 복음의 길을 낼 수 있는 방향으로 자신의 모든 행동을 집중시켰음을 다시 한 번 확인한다. 그는 이 목표에 몰두한 나머지 자기 자신을 잊어버린다. 그러나(23ㄴ절) 사도 역시 자신이 받았고 또 선포한 은총으로 살아갈 것이다. 복음을 위해서만 살아가는 사도인 바오로 자신도 역시 복음을 통해서만 살아가는 신앙인이다. 그의 봉사직은 하느님께서 신앙으로 살아가도록 사도직으로 불러주신 자리이다. 사도가 그리스도를 선포한 사람들과 함께 그리스도의 은혜에 참여하고자 원한다면, 그의 성실함은 하나의 계산이 아니라 신앙의 순종이 취해야 할 특별한 형식이다.

---

71) D G latt는 pantōs tōas(적어도 몇 명) 대신에 pantas(모든 이)라고 잘못 읽는다.

3) 우상숭배에 대한 경고 9,24-10,22

(1) 경기와 그 목표 9,24-27 (B?)

²⁴경기장에서 달리기하는 이들이 모두 달리지만 상을 받는 사람은 한 사람뿐이라는 것을 여러분은 모릅니까? 이와 같이 여러분도 상을 받을 수 있도록 달리십시오. ²⁵모든 경기자는 모든 일에 절제를 합니다. 그들은 썩어 없어질 화관을 얻으려고 그렇게 하지만, 우리는 썩지 않는 화관을 얻으려고 하는 것입니다. ²⁶그러므로 나는 목표가 없는 것처럼 달리지 않습니다. 허공을 치는 것처럼 권투를 하지 않습니다. ²⁷나는 내 몸을 단련하여 복종시킵니다. 다른 이들에게 복음을 선포하고 나서, 나 자신이 실격자가 되지 않으려는 것입니다.

이 구절들을 문맥 안에 위치시키고 그 구체적인 의도를 가려내는 일은 쉽지 않다.

1. 23절과 27ㄴ절을 비교하면 24-27절이 19-23절의 연장임을 시사받는다. 그러나 경주와 사도가 자기 몸에 가했다는 가혹한 제재 간의 비교가 어떤 의미로 자유의 선용임을 보여 주는가?

2. 이 구절들은 1-18절에 연결되는 것인가? 이 절들은 사도가 복음의 무상성을 확인시키기 위하여 스스로에게 부과한 노고와 피로를 암시하는지도 모른다.[72] 그렇다면 사도는 어찌하여 24-25절 이하의 권고를 하고 있는가?

---

72) W.Schenk, "Der erste Korintherbrief als Briefsammlung", *ZNW* 60(1969) p.239.

3. 혹은 바오로가 코린토인들에게 자신을 모범으로 제시하면서 그들이 건설적인 방향으로 자유를 행사하도록 격려하고 있다고 이해해야 하는가?[73] 그렇다면 8,7 이하의 내용과 연결될 수 있을 것이다. 그러나 여기서 기대했던 것은 좀 더 구체적인 참고 기준이지 스포츠의 비교가 전혀 아니다.

4. 결국 이 구절들을 10,1 이하 절에 대한 입문으로 간주할 수 있을 것이다. 이집트 탈출 당시에 이스라엘은 잘 출발했으나 목표에는 도달하지 못했다. 이는 엄한 훈련을 견디어 내고 비로소 성공에 이르는 스포츠와 비교될 만하다.[74] 코린토인들은 바오로처럼 목표에 도달하기 위하여 최선을 다해야 한다.

24절: 문체가 바뀌었다. 새로운 문체는 독자에게 호소하는 가상적 대화법(Diatribe)이요 그가 좋아하는 비교 형식이다.[75] 독자들을 상대로 사도는 경기장에서의 달리기를 상기시키면서 부단히 노력할 것을 권고한다. 여기서 비교는 부분적인 역할만을 한다. 그들에게 중요한 것은 한 사람만 승리해서는 안 된다는 점이다. 비교의 요점은 승리를 위하여 필

---

73) 리츠만, 콘첼만.
74) 바이스, W.슈미탈스, *Gnosis*, p.86.
75) 경기와 자주 비교한 학자는 에픽테토스이다. Epictète, *Entretiens*, III 10,7: "격투기 중에 불상사를 방지하기 위하여 이를 중단시킬 수 있다. 그러나 우리가 철학을 저버리면 무슨 소용이 있겠는가? 철학자는 자신이 당하는 폭력에 대해 무슨 말을 해야 하는가? 바로 이 시련을 위하여 나는 입장을 표명하는 것이고 또 이 시련을 나는 준비하고 있다. 신은 너에게 말한다. '그대가 규칙에 따라 싸웠는지, 그대가 필요한 음식을 섭취했는지, 그대가 연습을 제대로 했는지, 그대가 코치의 이야기를 귀담아 들었는지 나에게 보여 다오.'" 같은 책, Ib 24,1-2: "상황이 일러줄 것이다. 상황이 마련되면 신은 체육장의 주인으로서 그대를 힘겨운 상대와 싸우게 할 것임을 생각하라. 이는 그대가 올림픽 경기에서 승리자가 되기 위함이요, 이 승리가 노력 없이 도래하도록 하기 위함이다."

요한 노력을 해야 한다는 사실이다.

25절: 육상 선수는 엄격한 훈련을 받는다. 그는 방심과 이탈이 성공을 위태롭게 하는 것을 알기 때문에 주저하지 않고 편안함을 희생하여 훈련에 임한다. 25ㄴ절은 황차況且 비교의 논증 방식에 해당한다. 육상 선수도 가치 없는 상을 위해 희생하는데 불멸의 상을 바라는 우리는 더욱더 노력해야 한다는 것이다.[76]

26-27절: 바오로는 다른 이들에게 요구하는 것을 자신에게도 부과한다. 그는 목표를 향해 전력 질주하는 육상 선수와 자신을 비교한다. 그리고 상대방의 움직임을 미리 내다보고 허공에 휘두르지 않는 권투 선수와 자신을 비교한다. 이 비교 역시 결코 좋은 비교가 아니다. 게다가 바오로는 자신의 몸을 때려[77] 자신에게 복속시킨다고 말한다. 콘첼만은 "그는 자기 자신과 투쟁한다"고 주석한다. 그가 투쟁했던 내용으로, 과다한 업무에서 오는 피로를 생각할 수 있고 아직 허약한 교회들이(2코린 11,28 이하) 그에게 주는 근심과 잠 못 이루게 하는 걱정을 생각할 수 있다. 생계를 위해 가졌던 직업과(4,12; 9,6) 참아내야 했던 그 궁핍과(필리 4,12) 그리고 어쩌면 그가 이겨내며 소명을 수행해야 했던 병고(2코린 12,7) 등을 생각할 수 있겠다. 사도인 자신이 마침내 실격자가 되지 않으려면 그 역시 방심해서는 안 되는 것이다.[78]

---

76) 잘 싸운 이들에게 보상으로 주어지는 월계관은 영원한 생명을 위한 이미지로 흔히 사용된다. 2티모 4,8; 야고 1,12; 1베드 4,5; 묵시 2,10; 3,11.

77) P⁴⁶ P G는 hypōpiazō(자구적으로는 면전에서 때리다) 대신에 hypopiazō(hypopiezō, 억누르다)로 읽는다.

78) 바흐만, 바이스는 adokimos에서 경기장의 용어인 '탈락하다'라는 의미를 본다. 그러나 세속적인 용례와 신약성경의 용례(로마 1,28; 2코린 13,5-7; 2티모 3,8; 티토 1,16; 히브

(2) 이스라엘 역사의 교훈 10,1-13 (B)

¹형제 여러분, 나는 여러분이 이 사실도 알기를 바랍니다. 우리 조상들은 모두 구름 아래 있었으며 모두 바다를 건넜습니다. ²모두 구름과 바다 속에서 세례를 받아 모세와 하나가 되었습니다. ³모두 똑같은 영적 양식을 먹고, ⁴모두 똑같은 영적 음료를 마셨습니다. 그들은 자기들을 따라오는 영적 바위에서 솟는 물을 마셨는데, 그 바위가 곧 그리스도이셨습니다 ⁵그러나 하느님께서는 그들 대부분이 마음에 들지 않으셨습니다. 사실 그들은 광야에서 죽어 널브러졌습니다. ⁶이 일들은 우리를 위한 본보기로 일어났습니다. 그들이 악을 탐냈던 것처럼 우리는 악을 탐내지 말라는 것입니다. ⁷성경에 "백성은 앉아서 먹고 마시고 일어나 흥청거리며 놀았다"고 기록되어 있듯이, 여러분은 그들 가운데 어떤 자들처럼 우상 숭배자가 되지 마십시오. ⁸또 그들 가운데 어떤 자들이 불륜을 저지른 것처럼 우리는 불륜을 저지르지 맙시다. 그들은 하루에 이만 삼천 명이 죽어 넘어졌습니다. ⁹그들 가운데 어떤 자들이 주님을 시험한 것처럼 우리는 그리스도를 시험하지 맙시다. 그들은 뱀에 물려 죽었습니다. ¹⁰그리고 그들 가운데 어떤 자들이 투덜거린 것처럼 여러분은 투덜거리지 마십시오. 그들은 파괴자의 손에 죽었습니다. ¹¹이 일들은 본보기로 그들에게 일어난 것인데, 세상 종말에 다다른 우리에게 경고가 되라고 기록되었습니다. ¹²그러므로 서 있다고 생각하는 이는 넘어지지 않도록 조심하십시오. ¹³여러분에게 닥친 시련은 인간으로서 이겨 내지 못할 시련이 아닙니다. 하느님은 성실하십니다. 그

6,8) 어디에서도 이런 의미를 암시하지 않는다.

분께서는 여러분에게 능력 이상으로 시련을 겪게 하지 않으십니다. 그리고 시련과 함께 그것을 벗어날 길도 마련해 주십니다.

10,1-22은 적어도 14절부터 우상에게 바친 고기 문제를 다루고 있다. 그러나 이 대목에서 제시된 문제의 전망과 사목적 권고는 8,1-13과 10,23-11,1의 그것과 같지 않다. 많은 주석가들이 이를 조화시키려고 노력하였다. 그들에 의하면 바오로는 잠정적으로만 강한 자들을 인정했으며, 실제로는 그들이 약한 양심을 위험에 빠뜨리고 있다는 사실을 무엇보다 먼저 경고하였다는 것이다(8,1-13). 그러나 지금은 이들이 자초하는 위험에 대해 경고하고 있다. 그들은 이론적인 지식의 명료함에 스스로 도취해 있다는 것이다. 확실히 우상들은 아무것도 아니다. 그러나 우상 배후에 마귀가 숨어 있다(19-20절). 이 마귀는 강한 자들의 무의식과 그릇된 안전감을 이용하여 권능의 영역으로 이들을 포장한다.[79]

바오로가 이런 방식으로 논증할 수 있었을 가능성은 부인할 수 없다. 단지 본문은 이 두 가지 경고 간의 관계를 확인시켜 주지 않는다. 10장의 서두에는 논증의 전환에 대한 어떠한 암시도 없다. 10,23 이하에서는 종합하겠다는 어떠한 관심도 나타나지 않고 8장의 전망으로 단순히 복귀할 뿐이다.

10,1-22은 분명히 이전의 다른 주제에 대한 답장이었을 것이라고 결론을 내리지 않을 수 없다. 바오로 자신의 답변으로 판단한다면 강한 자들의 행동으로 말미암아 언짢았던 이들의 관점에서, 우상에게 바쳐진 고기 문제의 갈등에 관한 이야기를 들었을 것이다. 이들은 강한 자

---

[79] Von Soden, *Sakrament und Ethik*(1931), 벤트란트, 콘첼만 등등.

들의 행동이 이방인들의 관습으로 회귀하는 것이라고 비난하였다. 이 같은 관점에서 이야기를 들은 사도는 우상숭배에 대해 엄격한 경고조치를 내리지 않을 수 없었다. 이 답변은 그 자체로는 하느님 백성의 조건에 걸맞는 실천 사항에 대한 탁월한 가르침이다.

1절: "여러분이 이 사실도 알기를 바랍니다"라는 도입절의 형식은 다음에 이어질 내용의 중요성에 주의를 집중시킨다. 코린토의 우상숭배자들에 대해, 하느님의 온갖 은총을 많이 받고도 그분에게 엄한 심판을 받은 탈출기 백성의 극적인 역사가 모범적인 사례로 언급된다. 이 백성의 역사는 그릇된 길에서 헤어 나오지 못한다면 세례도, 그리스도 식탁의 빵도 그들을 하느님의 심판에서 보존해 주지 못한다는 것을 보여 준다.

이 경고는 탈출기와 민수기에 등장하는 일련의 이야기들을 인용하여 짧게 설교하는 형태로 되어 있다. 구름(탈출 13,21-22), 갈대 바다의 통과(탈출 14,19 이하), 만나(탈출 16장), 바위에서 솟는 물(탈출 17,1 이하; 민수 20,1 이하), 이집트의 음식에 대한 미련(민수 11,4 이하), 금송아지(탈출 32장), 프오르에서의 방탕과 우상숭배(민수 25,1 이하), 불 뱀(민수 21,4 이하).[80]

바오로는 다른 어떤 곳에서도 옛 이스라엘을 우리 아버지들 곧 조상[81]이라고 부르지 않는다. 그가 이곳에서만 이렇게 부르고 있다면, 그

---

80) 이 작은 설교의 성격에 대하여 U.Luz, *Geschichtsverstandinis*, p.118-119. 그는 바오로가 다른 상황을 위해 마련한 본문을 여기서 사용하고 있다고 결론짓는다. N.A.Dahl, *Volk*, p.210은 이것이 바오로가 교리를 가르치는 도식이라고 생각한다.
81) 로마 9,5; 11,28; 15,8에서는 아버지들이 이스라엘의 조상 곧 족장들을 의미한다.

것은 교회가 참된 이스라엘임을 확인하기보다는 상황들의 유사성을 강조하고 여기서 도출되는 결론들을 부각시키기 위해서다. 탈출 13,21-22에 의하면 구름이 앞장서서 이스라엘을 인도하였다. 구름은 이스라엘 백성의 뒤에 위치하여 이집트 병사들로부터 이들을 숨겨 주었다. 이 표현은 한 민족이 구름의 보호 아래 걸어가고 있음을 암시한다. "덮개 삼아 구름을, 밤을 밝히도록 불을 펼쳐 놓으셨다"(시편 105,39).[82]

1절과 다음 절들에서 모든 이(tous)가 강조되고 있다. 1절에서 모든 이가 구원에 포함된 것은 5절에서 대부분이 구원에서 배제된 것과 극적인 대조를 이룬다.

2절: 사도는 그리스도인의 세례와 이스라엘이 구름의 인도 아래 바다를 건넌 것을 대담하게 비교한다. 바다의 건넘이 이스라엘 백성 각자에게 지녔던 의미는 세례가 각 그리스도인에게 지니는 의미와 같다. 그것은 종살이의 마침과 하느님께서 주시는 자유 안에서 새로운 존재의 시작이다. "그들이 모세 안에서 세례를 받았다(eis Mōusēn ebaptisanto)[83]"는 표현은 "그리스도 안에서(eis Christō) 세례를 받았다"는 형식에서 전이된 것이 분명하다.

3-4ㄱ절: 교회는 이스라엘과 비교하면서 광야의 세대에서 자신의 모습을 인지하게 되고 그들에게서 교훈을 배우게 된다. 그러나 이 비교는 세례에만 국한되지 않는다. 만나와 바위에서 솟구치는 기적의 물은 최

---

82) 라삐들에게서 이미지들이 결합되어 있다. 라삐 요시야(140년경)는 말했다. "네 개의 구름이 있는데 각각 앞과 뒤, 위와 아래에 하나씩 있다." Billerbeck Ⅲ p.405.
83) P[46] B 코이네가 증언하는 중간태는 "자신이 세례를 받게 하다"를 의미한다. 바오로는 세례가 지닌 의지적인 행위의 특성을 강조하고자 했을까?(콘첼만). 대부분의 사본들은 중간태를 수동태로 대체한다.

후 만찬의 빵과 포도주를 예시한다. 모두 같은(to auto) 영적 음식을 먹고 모두 같은 영적 음료를 마셨다는 표현에서 유사성은 더욱 강조된다. 이스라엘은 교회와 마찬가지로 성사적인 식사(17절)에 참여함으로써 하느님의 백성이 된다. 모두라는 표현은 대부분이 광야에서 쓰러져 죽었다는 5절의 질책을 더욱 부각시킨다. 형용사 '영적'(pneumatikon)이라는 표현은 음식과 음료의 특징을 단지 초자연적이거나 천상적인 것으로만 국한하지 않는다. 바오로는 이 음식과 음료에 자신의 성사적 실재의 개념을 투사하고 있는 것이 분명하다.[84]

4ㄴ절: 영적 음료에 대한 그리스도론적인 설명은 유다인들의 다양한 주석 전통과 유사성을 지닌다. 이스라엘을 동반했던 기적적인 물의 바위는 라삐 주석에서 빌려온 것이다. 모세는 호렙(탈출 17장)과 카데스(민수 20장)에서 물의 기적을 두 번 실행하였다. 나아가 이스라엘 백성이 브에르의 숙영지에서 발견한 우물은 20장의 샘과 동일시되고 있다(민수 21,16). 그리하여 라삐들은 구름과 만나처럼 바위도 이스라엘을 동반했다고 결론을 내렸다. "이처럼 물은 광야에서 이스라엘과 함께 있었다. 바위는 그들과 함께 산에 올랐다가 그들과 함께 계곡으로 내려왔다. 이스라엘이 멈추면 바위도 함께 멈추었다."[85] 바위와 그리스도를 동일시하는 것은 알렉산드리아의 필로에게서 유사성을 발견할 수 있다. 그는 신명 8,15 이하를 설명하면서 "가파른 바위"(hēakrotomos petra), 그것은 하느님의 지혜"라고 말한다. "바위가 가진 능력 중에서 지혜는 가장 높고

---

84) 참조 11,27-30. E. 슈바이처, pneuma, *ThW* VI p.435-436. 만나와 물이 pneuma(영)를 지닌 것으로 이해된다고 지적한다. 그리고 12,13에서 pneuma는 "실체적인 요소"로 이해된다(ibid. p.415).
85) Tos. Sukka 3,11, Billerbeck III p.406-407.

첫 번째 것이며 바위는 이 지혜로부터 하느님을 사랑하는 영혼들의 목을 적셔준다."[86] 여기서 우리는 바오로가 헬레니즘계 유다인 회당이 지혜에게 부여한 역할을, 선재하신 그리스도에게로 옮겨 놓았음을 본다. 이는 헬레니즘계 교회에서 그리스도론이 형성되는 과정에서 유다인의 지혜론이 미친 영향력을 보여 주는 하나의 표지이다(참조 8,6).[87]

그러나 바오로의 목표는 독자들을 학자들의 주석으로 입문시키는 데에 있지 않다. 그는 독자들에게 위험한 안정성에 대해 경고하고자 한다. 그는 이들에게 광야의 세대가 살아갔던 고유한 이미지와 기회 그리고 위험을 제시하였다. 하느님에 의해 종살이에서 해방된 한 민족이 하느님의 온갖 호의를 다 누렸으나, 그렇다고 이 호의가 하느님의 징벌에서 그들을 보호해 주지는 않았다.

5절: 바오로는 카데스에서 백성이 일으킨 반란과 그 무서운 결과(민수 14,27-35)를 암시하고 있다. "그러나 하느님께서는 그들 대부분이 마음에 들지 않으셨습니다"는 말은 1-4절의 "모두"와 큰대조를 이룬다. eudokein en은 만족하다, 기뻐하다의 의미를 지니는데 하느님의 선택이란 용어와 긴밀히 연관되어 있다(참조 마태 3,17). 따라서 mēeudokein은 '내치다'를 뜻한다.[88] 여기서 코린토의 지각 없는 자들을 반성하게 할 여지가 있다. 그들은 우상숭배의 행동으로 되돌아감으로써 그들의 구원이 위기에 처한 것이다.

6절: 신약성경에서 typos의 가장 일반적인 의미는 "본보기", "사례"이

---

86) *Leg.* II 86. 같은 대목에서 필로는 만나와 로고스가 영혼의 갈증을 해소하고 영혼을 배불린다고 선언한다.
87) 참조 A.Feuillet, *Sagesse*, p.94-109.
88) G.Schrenk, eudokeō, *ThW* II p.738.

다.[89] 소유격이 붙어 있어서 "…를 위한 사례"의 의미를 지닌다. 그러나 현재의 문맥에서 이 단어는 본보기와 무관하다. typoi는 (본받아야 할 또는 본받지 말아야 할) 사람을 일컫지 않고 탈출기 사건들을 가리킨다. 이 사건들 안에서 교회는 "탈출"의 예형(例型), 그리고 자신이 받았던 은총과 교회를 노리고 있는 위험의 전형을 볼 수 있고 또 보아야 한다. 이런 독서법은 11절이 암시하듯 묵시주의 계열에 익숙한 개념에 근거해서 엮어진 탈출기 역사의 유형론적 독서법이라고 하겠다. 마지막 사건들은 수준이 높아진 상태에서 반복된다. 창조 또는 이스라엘 역사의 유형들과 반유형들이 반복되는 것이다.

그럼에도 불구하고 순수한 유형론은 존재하지 않는다. 왜냐하면 바오로는 유형-반유형의 상관관계에 머물지 않고 즉시 권고적 가르침으로 넘어가기 때문이다. 유형론적인 도식은 특히 가르침을 지지하고 강화하는 데 기여한다. 이 경고를 모르는 그리스도인들이 받게 될 징벌이 사전에 이미 정해진 것처럼 보이게 하는 효과를 지니는 것이다. 유형은 동시에 사례이기도 하다.

명사 epithymētēs(탐욕자)는 신약성경에서 오직 여기에만 등장한다. 이 단어는 바오로가 민수 11,4-35을 암시하고 있음을 보여 준다.[90] 모호한 표현인 epithymētai kakōn(악의 탐욕자)과 절대적 용법의 epithymein(탐욕하다)[91]은 6ㄴ절이 비록 일련의 특별한 경고의 첫 번째 내용을

---

89) 티모테오는 믿는 이들의 본보기(typos tōn pistōn)가 되어야 한다(1티모 4,12). 장로들은 양 떼들의 모범이다(1베드 5,3). 참조 1테살 1,7.
90) 민수 11,34. 욕심 많은 백성(ton laon epithymētēn)을 거기에 묻었다.
91) 로마 7,7: "탐내지 말라"는 모든 율법의 요약이다. 탐내다는 불순종의 본질이기도 하다.

담고 있지만 역시 전반적인 주의임을 보여 준다.[92] 7-10절은 이것을 상세하게 전개할 것이다.

7절: 이 절은 탈출 32장의 금송아지 에피소드를 암시한다. 이 경고는 14절 이하에서 유일하게 재론되는데, 이 서신 교환의 단계에서는 바오로가 이방인들의 의식이나 식사에 참여하는 것을 실제적인 우상숭배로 간주하고 있음을 보여 준다.

8절: 사도는 민수 25,1-18의 프오르 장면을 상기시키지만, 본시 이 에피소드도 방종과 우상숭배 사이에 연결점이 없어 보인다.[93] 민수 25,9에 의하면 "주님의 진노"에 쓰러진 사람들이 이만 사천 명이었다.

9절: (하느님을) 유혹했다는 표현은 여기서 참조하고 있는 민수21,4 이하의 불 뱀 에피소드에 나타나지 않고 탈출 17,1 이하의 기적적인 물[94]의 이야기에 나타난다. 바오로가 말하는 주님(kyrios)은 교회의 주인으로서의 그리스도이다.[95] 탈출 17장에서 유혹한다는 말은 기적을 요구하면서 도전하는 것을 의미한다. 이런 의미로 이 동사를 사용하면 (게다가 10절의 불평하다 goggyzein도 마찬가지다) 코린토의 상황과는 거의 관계가 없다. 아니면 이 동사에 '주님의 인내를 시험하고 주님을 자극하다'(참조 22절)라는 한층 일반적인 의미를 부여할 수 있겠다. 아니면 바오로는 구

---

92) 7절에서 mēde(아니다)는 시작을 가리키지 않고 목록이 이어짐을 지시한다. 바우어, ad voc.

93) 알로는 7절과 8절을 긴밀하게 연결시키고 코린토의 일부 그리스도인들도 참여한 이교도의 의식들이 통음난무痛飮亂舞로 변질되었을 것을 상상한다. 그러나 이런 해석은 본문에 무리를 가하는 것이다.

94) 구약성경에서도 이 대목을 시사하는 곳들이 있다. 예컨대 칠십인역 신명 6,16; 시편 78,18. 여기서도 1코린 10,9에서처럼 유혹하다(ekpeirazein) 동사가 나타난다.

95) P^{46} D G 코이네의 독법인 christon과 A의 theon은 본래의 kyrion의 다양한 주석이다.

체적인 내용을 대상으로 하지 않고 불순종의 가능한 형태들을 탈출기 이야기에서 열거한 것이라고 받아들일 수도 있다.

10절: 민수 14장이 아니라 민수 17장을 암시하고 있다. 코라와 그의 추종자들의 섬멸에 항거하기 위하여 모세와 아론을 거슬러 일어났던 백성은 재앙을 받아 만 사천 명이 죽었다.[96] 이스라엘 백성은 "불평을 통하여"(탈출 15,24; 16,7-8; 17,3 이하; 민수 14,2 이하; 17,6 이하) 광야 생존의 불확실성에 항거하고 불신앙의 자세를 보여 준다.[97]

11절: 이스라엘이 처했던 이 모든 위험으로부터 바오로는 두 번째로 교훈을 이끌어낸다. 6절에서처럼 유형론이 가르침에 기여한다. 구원되었다가 버림받은 이스라엘의 역사는 교회와 교회를 위협하는 위험의 예형이고, 아울러 이 역사는 우리를 경고하는 데 도움이 되도록 글로 남았다.

시간의 끝이라는 표현에서 흥미로운 복수 ta telē(목적, 끝)는 여러 가지로 설명되었다. 어떤 이들은 교회가 현재의 시간과 그리스도에 의해 시작된 새로운 시간 사이에 위치하여 두 시간들의 끄트머리에서 살아간다고 해석한다. 흥미로운 제안이지만 수용하기 어려운 해석이다. 왜냐하면 telos는 시작을 의미할 수 없기 때문이다. 다른 이들은 복수 les ēons를 묵시문학이 말하는 세계 역사의 연속적인 주기로 이해하자고 제

---

96) Olethreutēs(천사) 몰살자는 칠십인역 본문에 나타나지 않는다. 히브리어 negheph(상처)는 thrausis(매, 상처)로 번역되었다. 맏배들을 치는 천사(탈출 12,13)는 칠십인역에서 ho olethreuōn(참조 히브 11,28)이다.
97) K.H.Rengstorf, goggyzō, *ThW* I p.728-729. 바오로는 이 권고를 통하여 자신의 꾸짖음이 야기할 수 있는 불평불만을 사전에 경고하고자 한다. 그러나 이보다는 바레트의 견해가 더욱 일리 있다. "바오로는 구약성경 소재들의 무게에 의해 이끌리고 있는 것 같다".

안한다.⁹⁸⁾ 역사가 완성된 지금 각자의 결정적인 시간에 모든 것이 도래한다. 여기에 복수 ta telē가 비롯한다는 것이다.⁹⁹⁾ 그러나 과연 이것이 바오로의 역사관일까? 콘첼만이 좀 더 설득력있는 해석을 제안했다. 복수 les ēons를 통해 현재 세상의 시간을 종결하는 전체성이 표명되었다. ta telē는 결국 복수가 아니라 단수로 이해해야 하며 명사 synteleia(완성, 끝)의 의미로 시간의 끝을 가리킨다.¹⁰⁰⁾

Eis ous … katentēken은 글자 그대로 마지막이 "…을 향하여 이르렀다"이다. 바오로는 자신에게 익숙하지 않은 이 표현 양식을 통하여 교회가 지금 마지막 시간들을 살아갈 뿐 아니라, 교회는 어떤 의미로 이스라엘의 예형이고 무엇보다 하느님 계획의 수신자임을 의미하고자 하였다. 이 놀라운 특권은 믿는 이들이 오류 없이 경계심을 갖도록 이끌어준다.

12절: 8장에서 바오로는 "강한 자들"에게 그들의 자유가 "약한 양심들"을 위험에 빠뜨리고 있음에 주의를 환기시켰으나, 여기서는 이들 자신이 겪는 위험에 대해 경고한다. 그는 이들의 처지를 비록 불완전하게 알고 있으나 그들에게서 위험천만한 오류를 가려낼 만큼은 알고 있다. 그들은 갈대 바다를 건넌 뒤 이제는 안전하다고 생각하고 하느님과 그

---

98) G.Delling, telos, *ThW* VIII p.55.
99) 에티오피아 에녹 93장; 91,12-17: 십 주간의 묵시록. 4에즈 5,43-55; 세상의 연속적인 나이들. 시리아어 바룩 39장: 메시아의 도래에 선행하는 네 개의 제국.
100) 히브 9,26; 레위의 유언 14,1 epi ta teletōn aiōnōn. 매우 상이한 오래된 설명으로 이미 칼뱅이 알고 거부했으나 최근에 다시금 제기된 것으로 M.M.Bogle. 1Cor 10,11. *A Suggestion ExpT* 67(1956) p.246-247. telē는 mystēria의 의미를 지닌다고 가정한다: "우리는 긴 세월에 걸친 신비들의 상속자이다."

분이 주신 호의들을 거스를 만큼 강하다고 착각했던 이스라엘 백성과 비슷하다. 세례를 받고 주님의 식탁에 받아들여진 이들은 모든 경계심을 망각하고 이스라엘 백성처럼 멸망으로 향하고 있다.

13절: '유혹하다' 또는 '시련에 처하게 하다'는 그리스어와 히브리어에서 같은 동사이다. 성경 언어에서는 동일한 단어를 번역할 때에는 서로 다른 의미의 동사로 옮기게 된다. 그러기에 peirasmos를 번역할 때 문맥에 따라서 유혹이나 시련 중에 하나를 선택하지 않으면 안 되는 상황이 매우 유감스럽다고 하겠다. 코린토인들은 시련을 겪고 있다. 그들의 안전감이 추락으로 이끌 수 있기 때문이다. 그러나 13ㄴ절에서는 하느님이 peirasmos의 주체이시다. 그분이 사람들에게 시련을 주신다. 하느님이 광야에서 삶의 위험과 궁핍을 통해 "그들의 마음속을 알고자"(신명 8,2.16) 이스라엘이 시련을 겪게 하셨듯이, 그분은 역시 코린토 교회가 시련을 겪게 하신다. 사도는 이스라엘 백성에게 일어난 일을 독자들에게 설명함으로써 그들에게 경고를 발한다. 그러나 동시에 하느님 백성이 살아가는 데 이런 유의 사고가 어느 정도는 정상적인 것임을 암시하면서 이들을 격려하고 안심시킨다. 인간적인 유혹은 각자에게 감당할 수 있을 만큼 주어진다(참조 13ㄴ절).

13ㄱ절에서 일종의 위협을 보고자 하는 사람들도 있다. "조심하시오! 여러분의 경박함이 여러분의 능력을 넘어서는 한층 두려운 시련으로 여러분을 떨어뜨릴 수도 있습니다."[101] 그러나 실제로 바오로는 위로하고

---

101) 바이스, 알로, 바레트, H.Seesemann, peirazō, *ThW* VI p.28. 이 경우에 de는 확실함을 주는 "그러나"의 의미를 갖는다.

용기를 북돋아준다.[102] 시련을 견디는 사람은 하느님이 성실하시다는 것을 경험한다. 그분은 당신이 부르신 이들과 연대하시고 그들을 목표로 인도하실 것이다(참조 1,9). 그리하여 다음과 같은 점들이 확인된다.

1. 하느님은 저항이 불가능한 시련으로부터 믿는 이들을 보호하실 것이다.

2. 그분은 그들이 극복할 수 있을 만큼 위험의 기간을 제한하시고 그 출구를 또한 준비해 주신다.

이 절과 마태 6,13; 루카 11,4ㄴ을 서로 비교할 수 있다. 이 비교로부터 동일한 신학적 질문들이 제기된다. 그분이 허용하실 것이다(easei)라는 말의 의미는 무엇인가? 하느님은 유혹는 분인가? 그래서 사람들은 하느님의 명예를 보호하기 위하여 peirasmos를 시련으로 번역하고 다양한 호교론적 설명을 시도한다.[103] 첫 번째 호교론적 설명에 의하면 하느님은 유혹을 허용하시는 것으로 그친다는 것이다. 그러나 이런 해석은 문제 해결을 지연시킬 뿐이다. 두 번째 설명은 하느님의 책임을 걸어내기 위하여 전치사 syn(함께)에 순전히 시간적인 의미만 부여한다. 즉 (마귀의 작용인) 유혹이 일어나는 순간, 하느님은 이와 동시에 그 유혹으로부터 벗어날 수단을 마련해 주신다는 것이다.[104] 세 번째 설명은 사탄을 유혹의 주체로 명백하게 지칭하는 바오로 서간들(7,5; 1테살 3,5)을 인용하면서 13절이 제기하는 복잡한 문제에 눈을 감아버리는 것이다. 나는

---

102) 폰 조덴, *Sakrament und Ethik*, p.11; 칼뱅: "다른 이들은 각자 원하는 대로 해석할 것이다. 나로서는 이것이 그들이 두려움에 사로잡혀 용기를 잃어버리지 않도록 그들을 위로하는 것이라고 여겨진다."
103) 참조 야고 1,13.
104) K.G.Kuhn, peirasmos-hamartia-sarx, *ZThK* 49(1952) p.217-218.

다음과 같은 콘첼만의 지적이 일리 있다고 본다. 바오로는 유혹의 원인 제공자가 누구인가에는 관심이 없다. 그의 관심사는 위기에 처한 공동체를 안심시키고 굳건히 만드는 것이다.

(3) 주님의 식탁과 마귀들의 식탁 10,14-22

[14]그러므로 사랑하는 여러분, 우상 숭배를 멀리하십시오. [15]나는 여러분을 슬기로운 사람으로 여겨 말합니다. 내가 하는 말을 스스로 판단하십시오. [16]우리가 축복하는 그 축복의 잔은 그리스도의 피에 동참하는 것이 아닙니까? 우리가 떼는 빵은 그리스도의 몸에 동참하는 것이 아닙니까? [17]빵이 하나이므로 우리는 여럿일지라도 한 몸입니다. 우리 모두 한 빵을 함께 나누기 때문입니다. [18]저 이스라엘 백성을 보십시오. 희생 제물을 먹는 이들은 모두 제단에 동참하는 이들이 아닙니까? [19]그러니 내가 말하려는 것이 무엇이겠습니까? 우상에게 바쳤던 제물이 무엇이라도 된다는 말입니까? 우상이 무엇이라도 된다는 말입니까? [20]아닙니다. 사람들이 바치는 제물은 하느님이 아니라 마귀들에게 바치는 것이라는 말입니다. 나는 여러분이 마귀들과 상종하는 자가 되지 않기를 바랍니다. [21]여러분이 주님의 잔도 마시고 마귀들의 잔도 마실 수는 없습니다. 여러분이 주님의 식탁에도 참여하고 마귀들의 식탁에도 참여할 수는 없습니다. [22]우리가 주님을 질투하시게 하려는 것입니까? 우리가 주님보다 강하다는 말입니까?

14절: 1-13절의 짧은 설교는 선택의 은총이나 성사들이 심판과 죽음에서 자동적으로 보호해 주지 않음을 보여 주었다. 은총 앞에 순종으로 응답해야 한다. 지금까지 제시된 구체적인 사례들이 다양하고도 신랄한 데가 있었지만, 그것은 어디까지나 일반적인 원칙의 진술이었다. 14절부터 이 원칙이 구체적인 문제에 적용되는 단계로 들어간다. 그래서 첫머리가 "그러므로"(dioper)로 시작한다.

15절: 사도는 각자에게 명백한 사실로부터 논증을 전개한다. 그는 독자들의 판단력에 먼저 호소한다. 각자는 성찬례를 통하여 참석자들과 주님 사이에 실제적인 관계가 성립되었다는 것을 알고 있다(16절 이하). 각자는 유다인들의 희생제사가 집전자들을 하느님 식탁의 회식자로 만든다는 것도 알고 있다(18절). 그러므로 각자는 이방인들의 제사에 참여함으로써 같은 성격의 관계가 성립되고 그리스도인이 여기에 참여하는 것은 중대한 잘못임을 인정해야 할 것이다.

16절: 용어와 표현 양식에서 드러나듯이 바오로는 전통적인 성찬 예식을 본받고 있다.[105] "축복의 잔"이라는 표현은 셈어에서 온 것이고 병행어법으로 미루어 볼 때 본시 전례에서 비롯한 것이다.[106] 잔이 빵보다 앞서 등장하는데 이는 21절에서 잔이 식탁보다 앞서 나오는 것과 같다. 바오로는 잔보다 빵에 더욱 큰 의미를 부여하기 위하여(17절) 빵과 잔의 일반적인 순서를 바꾼 것일까?[107] 아니면 본래 우리가 알고 있는 일반적인 순서와는 다른 형태의 전례를 바오로가 말하고 있는 것일까?[108]

---

105) 케제만, 앞의 논문, 12쪽.
106) ho eulogoumen(우리가 기리는)은 중복 표현이다. 이 단어들은 hon klōmen(우리가 떼는)과 전례적인 병행구를 이루기 위하여 이 자리에 들어와 있다.
107) 바흐만, 알로, 케제만, 앞의 논문, 13쪽.
108) 디다케 9,1-3에서 잔을 위한 감사 행위는 빵을 위한 감사 행위에 선행한다. 참조 루카 22,17.19.

코이노니아(koinōnia)는 통상적으로 사귐, 친교, 통교로 번역된다. 그리하여 그리스도의 몸과 피와 통교한다. 이 번역은 모종의 오해를 불러일으킬 수 있다. 우리에게 친교는 영적이고 내적이며 신비한 친밀함을 의미하는데, 코이노니아는 일차적으로 연대, 참여를 뜻한다. 그리스도는 우리와 함께 하시고 우리를 자신에게 속한 사람들로 만드신다. 그분은 우리를 자신과 맺어주고 빵과 잔을 통하여 당신 죽음의 특전에 우리를 참여시킨다(metechomen, 17절).[109]

일부 의견에 의하면 16ㄴ절의 sōma(몸)는 17절에서 바오로가 부여한 교회적 의미에 이미 영향을 받았을 거라고 한다. 콘첼만에 의하면 바오로는 "이미 그리스도의 몸, 교회를 생각하고 있고", 더 나아가 큄멜에 의하면 그리스도의 몸(sōma tou christou)은 언제나 교회론적인 의미만을 지닌다는 것이다. 그럼에도 불구하고 대부분의 주석가들은 16ㄱ절과 16ㄴ절의 병행어법 때문에 16ㄴ절의 sōma는 오직 성사적인 의미만을 지닌다고 정당하게 평가한다. 그리스도는 성찬례에 성사적으로 현존하신다.

17절: 이 절의 일반적인 의미는 분명하다. 같은 빵을 먹음으로써 신자들은 같은 몸인 교회 안에서 하나가 된다. 그러나 구체적인 설명에서는 16절에 대한 주석의 다양한 입장이 다시금 반복된다. 16ㄴ절의 sōma를 그리스도의 교회적인 몸이라고 생각하는 이들은 17절을 16ㄴ절의 해설적 주석으로 간주한다. "우리는 실상 하나의 빵과 하나의 몸을 이룹니다. 왜냐하면…." 한편 16절에서 성사적인 의미를 선택하면 교회-몸

---

109) F.Hauck, koinōnia, *ThW* III p.804-810. "만찬에서 참여자들은 그리스도의 동료가 된다." 18절과 20절에서 koinōnoi(참여자들)는 회식자(사귀는 사람)로 표현되었다. 참조. H.Hanse, metechō, *ThW* II p.830-832.

의 개념은 17절에서만 등장하고 17ㄱ절의 첫 소절은 원인절이 된다.[110] "왜냐하면 빵이 하나이므로 우리는 여럿일지라도 한 몸입니다. 왜냐하면…." 그리스도는 그분 몸의 성사적인 표징인 같은 빵을 모든 이에게 나누어 주심으로써 우리를 하나이고 유일한 몸으로 만드신다.

어찌하여 바오로는 여기서 교회의 성사적인 일치를 고려하는 내용을 말하는가? 16ㄴ절과 17절 사이의 일관성은 매우 명백하다. 그러나 이 일관성이 제사의 식사가 참여자와 신적인 존재의 실제적이고 본질적인 관계를 창조한다는 바오로의 말과 무슨 관계가 있는가? 바오로가 순간적으로 주제에서 이탈하고 있다는 사실을 받아들이기가 싫다면, 여기서 최대한 발견할 수 있는 것은 성찬례에 참여하는 모든 이가 이루는 교회의 성사적 일치 안에서 참여자와 그리스도를 일치시키는 현실적인 관계를 다시금 확인하는 논증이라고 하겠다.[111]

18절: 이스라엘에서도[112] 거룩한 식사가 하느님과 신자들 간에 창조하는 관계를 알고 있다. 사도는 제바(zēbah)라고 불리는 제사를 말하고 있다. 이것은 정확히 말해서 친교의 제사이다(레위 7,11-15). 제물을 봉

---

110) P.노이엔자이트, 앞의 책, 202쪽: "여기서 개념은 삼단논법으로 설명될 수 있다." 빵은 하나다. 우리 모두는 같은 빵을 나누어 먹는다. 그러므로 우리는 한 몸을 이룬다. artou 다음에 G it은 대칭성의 필요성 때문에 kai tou henos potēriou(그리고 하나의 잔에)를 덧붙인다.

111) 콘첼만에 의하면 성찬례 참여의 일차적인 목표는 개인적인 건설이 아니라 사람들을 한 몸 안에 일치시키는 것이고, 바오로는 바로 이 점을 공동체에게 상기시키고자 했다는 것이다. 그러나 과연 콘첼만의 견해는 17절이 단락의 의도에 걸맞은 16ㄴ절에 대한 목적인 해석임을 증명할 수 있는가?

112) 육에 의한(kata sarka) 이스라엘이라는 말은 경멸적인 의미를 담지 않고 단지 역사적인 이스라엘을 지칭한다.

헌하는 이들은 주님께 희생제물의 피와 기름을 바치고 자신들은 고기를 먹으며 "주님의 면전에서"(신명 12,7.18; 참조 18,12) 즐거운 식사를 했다. 이들은 이렇게 해서 제단과 사귀는 이들이(koinōnoi tou thysiastēriou) 되었다.[113]

19-20ㄱ절: 바오로는 다음과 같이 결론을 내릴 수도 있었을 것이다: 성찬례나 유다인들의 친교제처럼 이방인들의 제사도 신적인 존재와 관계를 형성하기에, 그리스도인은 여기에 참여해서는 안 된다. 그러나 그는 여전히 두 개의 반대 주장에 갇혀 있다. 하나는 그의 독자들이 사도에게 제기할 수 있었던, "그대는 아직도 이방인 신들의 실재를 믿고 있는가?"라는 반박이었다. 또 하나는 그가 자기 자신에게 던지는 질문일 수도 있다. "나는 오래 전부터 이방인들의 신들이 아무것도 아님을 잘 알고 있지 않은가?"[114] 그는 현실이 생각보다 그렇게 단순하고 분명하지 않다고 답변한다.[115] 우상이 아무것도 아님을 아는 지식이 신중함을 무익한 것으로 만들지 않는다. 당대의 유다이즘에서 자주 사용되던 개념을 활용하면서 신명 32,17에서 그 개념의 성경적 논거[116]를 발견한 바오

---

113) H. 링그렌, 이스라엘 종교, 1963, p.155-156. 참조. 필로, *Spec* I 221: "제물은 제물을 가져온 자에게 더 이상 속하지 않고 제물이 바쳐지는 대상에게 속한다. 그는 너그럽고 인자하여 제물을 바친 회식자들(symposion)을 제단과 사귀는 자들(koinōnon tou bōmou), 또한 같은 식탁에서 먹는 자들(homotrapezōn)이 되게 한다."
114) 이사 44,6-20; 지혜 13-14장; 로마 1,21-25.
115) 본문은 불확실하다. "H hoti eidōlon ti estin"은 P¹⁶ Sin A C에서 아마도 유사성(homoioteleuton)에 의한 필사가들의 실수에 의해 빠져 있다. 이와 반대로 큄멜에 의하면 19절과 20절의 한층 긴밀한 관계를 위하여 이 단어들이 추가되었을 것이라고 한다. 첫 번째 thyousin 다음의 ta ethnē(P¹⁶ Sin A C)는 주석적인 첨가이다. 이 이본들은 의미에 영향을 주지 않는다.
116) 신명 32,16 이하는 헛된 우상들과 귀신들을 구별하지 않는다. 그러나 이방인들의 귀신

로는 아무것도 아님의 배후에 우상들이 숨어 있다고 선언한다. 그리하여 이방인들은 의미 없는 제사를 통하여(우상들이 아무것도 아니기 때문에) 그러나 이를 알지 못하는 가운데 마귀들에게 혐오스러운 제사를 바치는 것이다.[117]

20ㄴ절: 이처럼 코린토의 지각 없는 이들은 자신들이 참여하는 제사 행위 안에 숨겨진 함정에 대해 경고를 받은 것이다. 그들이 달려가고 있는 위험은, 흔히 말하듯, 마귀들에게 속아 넘어가서 그들의 권능에 굴복하는 것이라기보다는 그리스도 식탁의 참여자들이 동시에 마귀들의 식탁에서 사귀는 자들이(koinōnoi tōn daimoniōn) 될 수 있으리라고 생각한다는 점이다(참조 21절). 이것은 매우 중대한 과오이다. 바오로가 경고하는 것은 마귀들의 간교함이 아니라 주님의 질투이다(22절).

21절: "여러분은 … 할 수 없습니다"라는 구절은 명령법의 가치를 지니지 않고, 단지 객관적인 불가능성을 확인할 뿐이다. 사도는 아름다운 수사학(병행구, 대구법, 반복)을 동원하여 이를 더욱 강조하고 분명히 한다. 주님의 식탁은 마귀들의 식탁과 결코 공존할 수 없다.[118]

들을 신이 아니라고 말한다. 참고로 시편 96,5은 뭇 족속이 섬기는 신들은 허수아비라고 말한다. 칠십인역은 이를 daimonia(마귀들)라고 번역했다.

117) 바오로는 경고하기 위하여 이교도 제의를 반대하는 유다인들의 두 가지 논증을 조합하였던 것으로 보인다. 하나는 우상들이 아무것도 아니라고 하는 점이고 다른 하나는 이방인들의 신들이 마귀들이라는 점이다. 그러나 전혀 다른 전망을 가진 편지 C에서 바오로는 우상에게 바쳐진 고기를 먹는 것이 그 자체로는 위험하지 않다고 선언한다.

118) 때로 구약성경에서 제사를 바치는 제단은 shoulhan, 주님의 식탁(에제 39,20; 41,22; 44,16; 말라 1,7.12)이라고 불린다. 주님은 이스라엘이 행운의 신에게 제사상을 차려 올렸음을 고발하신다(이사 65,11). 칠십인역은 tōdaimoni(마귀에게)라고 번역하였다. 바오로가 이 구절들을 기억했을 가능성도 있다. 그러나 결정적인 것은 바오로가 그리스도인의 성찬례(deipnon 11,20)와 이교도 제의의 식사 간에 유비적인 관계를 분명히 정

22절: 이 절은 두 가지 질문 형식으로 마지막 경고를 한다. hē parazēloumen…, 또는 우리가 질투를 돋우자는 것입니까?[119] 두 개의 식탁 간에 불가능한 나눔을 시도함으로써 우리는 예전에 이스라엘이 그러했던 것처럼 주님의 질투를 북돋우게 되고 그 결과(참조 5-10절)를 또한 받아들여야 할 것이다. 어떤 이들은 두 번째 질문에서 강한 자들을 향한 일종의 풍자가 있음을 본다. 실제로 바오로는 지각 없는 이들을 일깨우고자 한다. 그들이 우상들과 타협함으로써 주님을 자극하리라는 것을 어떻게 이해하지 못하는가? 그들은 주님을 자극하면서도 아무런 벌을 받지 않으리라고 생각하는가?

4) 자유와 건설 10,23-11,1 (C)

[23]"모든 것이 허용된다." 하지만, 모든 것이 유익하지는 않습니다. "모든 것이 허용됩니다." 그러나 모든 것이 성장에 도움이 되지는 않습니다. [24]누구나 자기 좋은 것을 찾지 말고 남에게 좋은 것을 찾으십시오. [25]시장에서 파는 것은 양심을 따져 보지 말고 무엇이든지 먹으십시오. [26]"세상과 그 안에 가득 찬 것들이 주님의 것"이기 때문입니다. [27]불신자 가운데 누가 여러분을 초대하여 여러분이 가고자 한다면, 양심을 따져 보지 말고 여러분 앞에 차려 놓은 것은 무엇이든지 먹으십시오.

립하고자 했다는 점이다. 양자는 사귐(koinōnia)을 가져오기 때문이다.
119) 여기서 주님은 21절에서처럼 그리스도를 가리킨다. parazēlōmen은 자문형의 접속법이다(고전 그리스에서는 parazēlōmen). 참조 Bl-Debr. § 91,2.

²⁸그러나 누가 여러분에게 "이것은 제물로 바쳤던 것입니다" 하고 말하거든, 그것을 알린 사람과 그 양심을 생각하여 먹지 마십시오. ²⁹내가 말하는 양심은 여러분 자신이 아니라 다른 사람의 양심입니다. 사실 무엇 때문에 내 자유가 남의 양심으로 판단을 받아야 하겠습니까?. ³⁰내가 감사하는 마음으로 식사를 함께 하면, 내가 감사하는 그 음식 때문에 비난받을 까닭이 어디 있겠습니까? ³¹그러므로 여러분은 먹든지 마시든지, 그리고 무슨 일을 하든지 모든 것을 하느님의 영광을 위하여 하십시오. ³²유다인에게도 그리스인에게도 하느님의 교회에도 방해를 놓는 자가 되지 마십시오. ³³무슨 일을 하든 모든 사람을 기쁘게 하려고 애쓰는 나처럼 하십시오. 나는 많은 사람이 구원을 받을 수 있도록, 내가 아니라 그들에게 유익한 것을 찾습니다.
¹¹,¹내가 그리스도를 본받는 것처럼 여러분도 나를 본받는 사람이 되십시오.

이 구절들은 어조나 전망에서 이전의 절들과 판이하게 다르다. "모든 것이 허용된다"는 말은 두 번 반복되지만 구체적인 제한에 종속되고, "여러분은 할 수 없습니다"라는 21-22절의 범주와 양립될 수 없다. 우상숭배의 위험은 더 이상 주제가 아니다. 우상에게 바친 고기를 먹는 것은 그 자체로는 문제가 아니다. 그러나 이를 자제하는 것은 자유롭지 않은 양심에 충격을 주지 않기 위해서이다. 10,23-11,1은 8장(그리고 9,19-23)을 연장한 것이고 또 그 결론이다.

23-24절: 사도는 분명히 영지주의자들의 구호를 인용하고 있다(참조

6,12).[120] 그는 이 구호를 거부하지 않는다. 그는 개인주의적인 영신주의에게만 가능할 수 있는 이 구호의 일반적이고 추상적인 타당성을 비판하고 공동체의 현실과 공동체가 부과하는 책임을 고려해서 구체적으로 적용할 것을 강조한다. 그리스도인의 자유는 개인이 주권을 가지고 누릴 수 있는 재화가 아니다. 이 자유는 하나의 규범에 종속되는데 여기서 그 규범은 다른 이들의 이익이다(참조 9,19-23). 유익하지 않은 것은 이웃에게 손해를 끼치는 것이다. 이는 공동체 안에서 그리스도의 업적을 건설하지 않고 파괴하는 것으로(8,11-12) 그리스도인의 자유의 정당한 사용이 아니라 그 자유와 모순된다.

25절: 이처럼 원칙을 정하고 사도는 행동의 실제적인 예를 든다. 이전의 절에서 결정적으로 중요했던 이웃의 이익 문제는 28절에서나 언급된다. "모든 것이 허용된다"는 명제의 한계에 대해 말하기 전에 사도는 여기에 적용되어야 하는 한계가 원칙 자체를 문제 삼는 것이 아님을 모든 이에게 알려주고자 한다.

실제로 25-27절은 특별히 강한 자들을 대상으로 하여 그들이 "양심의 아무런 거리낌 없이"[121] 먹도록 말하는 것도 아니고, 또 약한 자들을 상대로 그들의 양심 안에 불필요한 갈등을 야기하는 질문을 제기하고 그 답변을 구하는 행위를 피하라고 말하려는 것도 아니다.[122] 모든 이를 상대로 사도는 고기가 이교도 제사에서 비롯한 것인지 아닌지의 출처를 따지는 것이 무익한 일임을 무엇보다 강조하고자 한다. 왜냐하면 이 출

---

120) 많은 코이네 사본들은 moi를 덧붙여서 선언의 신랄함을 약화시킨다.
121) M.Coune, 앞의 논문, 527쪽.
122) Ch.Mauer, 앞의 논문, 914쪽.

처가 양심의 문제와는 무관하고 세심한 자들이 겪는 갈등은 근거가 없기 때문이다. 시장에서 파는 고기가 어디서 왔든 뒷생각할 것 없이 먹을 수 있다.[123] 이것이 바로 사도의 생각이고 다음 절이 이 점을 분명히 보여 준다.

26절: 바오로는 시편 24,1ㄱ을 인용하는데 아마도 이 구절은 당시에 이미 식탁의 축복문으로 사용되었을 것이다.[124] 모든 것이 하느님의 업적이고 그분의 소유 아닌 것이 없다면 어떤 음식이든 그것을 의심할 하등의 이유는 없다.[125]

27절: 다른 예는 한 그리스도인이 비그리스도인에게 초대받은 경우이다. 여기에서도 마찬가지로 고기가 어디서 왔는지 걱정할 이유가 전혀 없다. 그는 양심의 평화 안에서 고기를 먹으면 된다. 일부 주석가들은 "여러분이 가고자 한다면"이라는 표현에서 사도가 다소 주저하는 태도를 엿볼 수 있다고 믿는다. 그러나 문맥상 이런 해석은 거의 설득력이 없다.

물론 어떤 사람들은 세심증 때문에 가지 못할 것이다. 그러나 사도는 다른 이들에게 "여러분의 자유를 활용하시오. 그리고 내가 여러분을 인정한다는 것을 알아두시오"라고 말하고 있는 것이다.

---

123) 유다인들은 매우 엄격한 규정들을 준수해야 했다. 제사에 바쳐질 고기는 허용되었지만 이미 제사에 바쳐진 고기는 금지되었다. 왜냐하면 이 고기는 "죽은 자들(우상들)"에게 바쳐졌기 때문이다. 유다인들은 이스라엘 사람들의 정육점에 사용될 고기가 아니라면 이방인에게서 고기를 사서는 안 된다. Billerbeck III, p.420-422.
124) L. Lohse, 앞의 논문, Tos. Berakōt 4,1: "음식을 축복하지 않고 먹어서는 안 된다. 왜냐하면 땅은 하느님에게 속해 있기 때문이다"
125) 참조 로마 14,14.20. 콘첼만은 바오로가 정淨과 부정에 대한 예수의 말씀(마르 7,14 이하)을 알지 못한 것으로 보인다고 지적한다.

다른 질문 하나는 좀 더 미묘하다. 바오로가 인정한 자유는 개인집에만 해당되는가 아니면 성전의 부속 건물 같은 곳에서 이루어지는 의식적인 성격의 식사에도 해당되는가? 8,10에 의하면 이 후자의 경우도 원칙적으로는 전혀 배제되지 않는다.[126)]

28-29ㄱ절: 누군가가 초대받은 이에게 고기가 제사에서 온 것이라고 알려주면서 양심의 문제가 제기된다. 이 상황은 8,7 이하에서 제기된 상황과 비교될 수 있다. 누가 고지자(mēnysas)인가? 8장에서 양심의 문제에 유의해야 할 사람들은 그리스도인 형제들이었으므로, 이 관점에서 보면 고지자가 누구인지에 대한 답은 분명하다. 그는 바로 약한 양심의 그리스도인으로서 그 역시 초대받은 자이다.[127)] 그럼에도 불구하고 세심한 그리스도인이 이방인의 식사 초대에 응한다는 것은 아무래도 개연성이 적어 보인다. 어쩌면 고지자는 초대자 자신이거나 아니면 개종한 이방인이 아닐까? 개종한 이방인이 진지한 자세로 아니면 약간의 장난기로 이를 알려주는 것은 아닐까?[128)] 이런 이야기를 듣고 초대받는 이는 먹기를 자제해야 한다.

"그것을 알린 사람과 그 양심을 생각하여": 이 표현은 독특할 뿐 아니라 분명하지도 않다. 누구의 양심을 말하는 것인가? 이를 알려준 이

---

126) 분명히 본문과 10,14 이하 간에는 부조화가 존재한다. 이 두 단락은 문제를 성찰할 때 서로 구별되는 두 단계에 속한다. 그래서 콘첼만은 "직접적으로 제의적인" 표현과 "그다지 제의적 성격을 지니지 않은" 다른 사회적인 표현 간의 미약한 구별을 시도하였다.
127) Ch. Mauer, 앞의 논문, 914쪽, 주 69.
128) 리츠만, H. 폰 조덴, 성사와 윤리, 13-14쪽, 벤트란트, 콘첼만 등은 알려주는 사람이 경멸적인 용어인 eidōlothyton(우상에게 바친 고기)을 사용하지 않고 존중의 의미가 담긴 용어인 hierothyton(제사의 고기)을 사용한다는 점을 지적한다. 그러나 바오로가 이처럼 완벽하게 구체적인 방식으로 상황을 대변한다고 확실하게 말할 수 있는가?

방인의 양심인가? 비록 이방인이지만 조심스레 다루어야 할 양심을 그가 가지고 있기 때문에?[129] 아니면 바오로는 강한 자가 이중의 책임을 지녀야 함을 말하고자 하는 것인가? 자신의 알림이 가볍게 취급되는 것에 당연히 놀라워할 이방인에 대해 책임을 져야 하고 또 한편으로 이런 사건을 전해 듣고 충격을 받을 약한 양심의 형제들을 책임져야 한다는 것인가?[130]

29ㄴ-30절: 이 절들은 앞의 내용을 설명하고 있다. 이에 대해 다양한 해석들이 제기되었다.

1. 강한 자들에게 약한 자들의 양심에 유의해야 할 것을 강조한 사도는 그러나 그들의 과제에 한계를 지어 주었다. 그는 약한 자들이 강한 자들을 판단하는 것을 금지시킨다. 당연히 그들을 모욕하는 것은 (blasphēmein) 더욱더 허용되지 않는다.[131] 그러나 여기에 대한 반론은 이렇다. 그렇다면 29ㄴ절은 어떤 의미로 29ㄱ절에 대한 설명이란 말인가?

2. 바오로는 강한 자의 양심이 다른 사람의 판단을 받는 것은 어불성설이라고 말함으로써 강한 자를 안심시킨다. 그가 자유로움을 느끼는 것은 당연한 일이다. 그러나 강한 자는 약한 자의 양심에 충격을 가하는 것과 같이 비난받을 만한 일을 해서는 안 된다(참조 8,10-12).[132] 이 해석은 처음 보기에는 개연성이 있는 것 같다. 그러나 질문의 동일한 형

---

129) 바흐만, 콘첼만.
130) 리츠만, 벤트란트.
131) 헤링은 로마 14,13과 비교한다: "서로 심판하지 맙시다." 로마 14,10에서 바오로는 약한 자의 태도로써 형제를 심판하는 것과 강한 자의 태도로써 형제를 업신여기는 것을 구별한다.
132) 슐래터, Ch.Mauer, 앞의 논문, 914쪽.

태,[133]) 단어의 고리(여러분의 양심, 나의 자유, 나) 그리고 30절의 논증은 바오로의 의도가 오직 자유를 수호하고 정당화하는 데 있음을 보여 준다.

3. 29ㄴ-30절은 강한 자들이 사도가 그들의 자유에 부과하려는 제한에 분개하는 항명을 대화체의 형식으로 담고 있다.[134]) 흥미로운 제안이지만 두 가지 반론에 부딪힌다. 한편으로 바오로는 반박자가 무대에 등장하는 것을 강조하고 다른 한편으로 그의 항의를 답변 없이 내버려 둔다는 것은 모순이라고 하겠다.

4. 바오로는 29ㄱ절의 선언을 설명한다. 강한 자의 자유와 확신은(참조 26절) 그가 요구하는 제한에 의해서도 전혀 문제되지 않는다. 그는 이 선언을 포기하지도 않고 취하하지도 않는다. 그는 모든 음식을 감사한 마음으로 먹을 수 있다는 확신을 당연히 유지하고 있는 것이다. 그가 만일 이 자유를 포기한다면 그것은 오직 이웃을 고려해서 그럴 뿐이다.[135])

31절: 10,31-11,1은 이 모든 것을 요약하고 일반화하면서 결론을 맺는다. 바오로가 제시한 행동 지침은 우상에게 바쳐진 고기에만 해당하지 않는다. 그것은 보편적인 가치를 갖는다. "모든 것을 하느님의 영광을 위하여"라는 말은 단지 장황한 표현이 아니다. 그것은 사도가 다음의 구절들에서 명령법을 통해 구체화할 비판적인 목표[136])를 지닌다.

32절-11장 1절: 건설의 개념(23ㄴ절)과 사랑에 의한 자유의 실천이 부정적인 방식 또는 긍정적인 방식으로 다음의 여러 단어로 표현되고 있

---

133) hinati = 어떤 이유로, Bl-Debr. § 299,3.
134) 리츠만, 폰 조덴, 앞의 책, 15쪽, 벤트란트.
135) 벵겔, 드 베테, 불트만, *Theol. NT*, p.220, 바레트, 콘첼만.
136) 콘첼만.

다. "방해를 놓지 않도록", "내가 아니라 그들에게 유익한 것을 찾습니다." 자유와 책임은 영지주의적 개인주의의 전망 안에서만 모순을 일으킬 뿐이다. 이들은 그리스도인들의 시각 안에서는 그리스도의 업적을 기준으로(11,1) 자신을 이해하는 두 가지 측면인 것이다.

kathōs(…처럼): 바오로는 자신을 모범으로 제시한다. 이 문장은 형태나 내용으로 보아 9,19-23을 연상시킨다. 사도는 이방인이나 유다인 그리고 그리스도인 모두가 한결같이 칭송해마지 않을 행동 규범을 지키고 있다고 단지 말하는 것이 아니다. 그는 사도로서의 자기 책임을 상기시키면서 복음의 행진을 축하하고 있다. 그 행진은 복음의 엄격한 주장을 축소시킴으로써가 아니라 사도 개인의 선호나 권리를 고려하지 않고 다른 이들의 구원(참조 9,22)을 위하여 많은 사람들에게 봉사함으로서 이루어지는 전진인 것이다.

1절: 여기서 그리스도를 본받으라는 말은 소위 역사적인 예수의 언행(사도는 이 점에 대해 전혀 언급하지 않는다)을 본받으라는 것이 아니다. 그가 그리스도라고 말할 때 구원의 업적을 이룬 분, 십자가에 달리신 분을 가리킨다.[137] 그가 그분을 본받는 것은 그분이 하신 일을 그대로 반복하는 것이 아니다. 그는 그분이 완성하시고 자신도 그 수혜자인 구원의 업적 안에서 사도로서 자신의 일에 부과되는 규범과 형식을 발견한다(참조 4,13).

그는 독자들이 그리스도를 직접적으로 본받으라고 권고하는 것이 아니다.[138] 아마도 이 점은 그가 자신의 사도직을 이해하는 방식에 의해

---

137) W.Kramer, *Christos*, p.147-148.
138) 바오로는 다른 곳에서도 이렇게 말한다. 필리 2,5; 로마 15,1-7. 후자의 경우 강한 자

설명된다. 무엇보다 그의 가르침과 그의 존재 방식, 아울러 다른 이들의 이익을 위하여 자신의 완전한 희생을 추구하는 자세를 통하여, 그는 그리스도를 대표하고 그분을 현존케 한다. 이런 점에서 그는 그리스도를 본받고자 하는 사람들이 표준으로 삼을 수 있고 또 삼아야 하는 모범인 것이다.[139]

와 약한 자에게 전해지는 가르침을 결론 맺으면서 자신을 기쁘게 하는 일과 이웃을 기쁘게 하는 일을 대조시킨다. 그리고 건설이라는 핵심어와 그리스도론적인 동기인 모방을 함께 언급한다.

139) 참조 1코린 4,16; 필리 3,17. W.Michaelis, mimeomai, *ThW* IV p.671-673. 미카엘리스는 모방이 권위와 사도적 가르침에 대한 순종 외에 다른 것이 아니라고 본다.

2. 전례에서 여자들이 취해야 할 태도 11,2-16 (A 또는 B)

²나는 여러분을 칭찬합니다. 여러분이 모든 일에서 나를 기억하고 또 내가 전한 전통을 그대로 유지하고 있기 때문입니다. ³그런데 모든 남자의 머리는 그리스도이시고 아내의 머리는 남편이며 그리스도의 머리는 하느님이시라는 사실을 여러분이 알기를 바랍니다. ⁴어떠한 남자든지 머리에 무엇을 쓰고 기도하거나 예언하면 자기의 머리를 부끄럽게 하는 것입니다. ⁵그러나 어떠한 여자든지 머리를 가리지 않고 기도하거나 예언하면 자기의 머리를 부끄럽게 하는 것입니다. 그러한 여자는 머리가 깎인 여자와 똑같습니다. ⁶여자가 머리를 가리지 않으려면 아예 머리를 밀어 버리십시오. 머리를 밀거나 깎는 것이 여자에게 부끄러운 일이라면 머리를 가리십시오. ⁷남자는 하느님의 모상이며 영광이기 때문에 머리를 가려서는 안 됩니다. 여자는 남자의 영광입니다. ⁸사실 남자가 여자에게서 나온 것이 아니라 여자가 남자에게서 나왔습니다. ⁹또한 남자가 여자를 위하여 창조된 것이 아니라 여자가 남자를 위하여 창조되었습니다. ¹⁰그러므로 여자는 천사들을 생각하여, 그 머리에 권한(권위)의 표지를 지니고 있어야 합니다. ¹¹그러나 주님 안에서는 남자 없이 여자가 있을 수 없고 여자 없이 남자가 있을 수 없습니다. ¹²여자가 남자에게서 나온 것과 마찬가지로 남자도 여자를 통하여 태어나기 때문입니다. 그러나 모든 것이 하느님에게서 나옵니다. ¹³여러분 스스로 판단해 보십시오. 여자가 머리를 가리지 않고 하느님께 기도하는 것이 어울리는 일입니까? ¹⁴이미 자연이 여러분에게 가르쳐

주지 않습니까? 남자가 긴 머리를 하고 다니면 자기에게 수치가 되지만, ^{15}여자가 긴 머리를 하고 다니면 자기에게 영광이 된다는 것입니다. 여자는 너울 대신에 긴 머리를 받았기 때문입니다. ^{16}누가 논쟁을 벌이고 싶어 할지도 모르지만, 우리에게는 그러한 관습이 없고 하느님의 교회에도 없습니다.

2절: 바오로가 참조하는 구전 또는 기록 정보들은 모두 유쾌한 것은 아니지만 전반적으로 코린토 교회 생활의 안정된 이미지를 그에게 제공하였다. 그가 이 점에 대해 독자들에게 보낸 찬사는 자신이 관찰한 바와 훈계를 그들이 잘 받아들이도록 독려하기 위한 것이기도 하다.[140] 어쩌면 그는 약간의 반발을 예상하고 그가 전수한 전승들에 근거하여 뒤떨어져 있는 이들을 안심시키고자 한다.

여자가 머리를 가리는 문제는 우리에게는 사소하게 보이지만 사도에게는 그렇지 않았다. 모든 그리스도인 공동체에(16절) 공통된 이 관습을 둘러싸고 빚어진 왜곡에 대해 자신이 적극 개입하는 것을 정당화하기 위하여, 사도는 상당히 심각한 위험을 지적한다. 이 개입은 부분적으로 모호하고 또 다양한 성격의 논증들로 전개되는데, 이 논증들 간에는 오직 공동의 목표 외에는 다른 관계가 거의 없을 정도이다. 그 목표는 다름 아니라 위협받고 있는 관습을 정당화하고 복원시키는 일이다. 이 논증들은 오늘의 독자들에게 거의 설득력이 없으며 실제로 첫 번째 수신

---

140) 2절은 앞의 내용과 아무런 관련이 없는 공동체 생활의 한 측면을 이야기한다. 그 대신 11,2-16과 11,17-34는 동일한 편지의 연속성을 보여 준다. 다만 17절이 다소 어색하게 시작할 뿐이다.

자들 역시 납득할 수 있었는지를 묻게 한다.

그러면 바오로가 방어하고자 하는 관습은 정확히 무엇인가? 아마도 유다계 그리스도인들에 의해 계승되었고 유다인들에게서 기원한 이 관습은 여인들이 집 밖에서는 머리를 드러내지 못하도록 규정하고 있는 것인가?[141] 아니면 이것은 그리스-로마 세계에 전반적으로 퍼져 있던 관행인가?[142] 그것은 단지 너울인가 아니면 다른 종류의 머리 모양인가? 바오로는 그리스도인 여인들이 유다인 여인들처럼 외출할 때마다 머리를 가릴 것을 원하는가, 아니면 5절과 13절의 구체적인 명령이 가리키듯 전례 때에만 해당하는가?[143] 한편 그는 이 관습을 정당화하기 위하여 왜 품위(13절) 내지 본성(14-15절)에 의한 논증을 제시하는가? 이런 이유들은 실상 모든 상황에 다 같이 유효하지 않은가?

그러나 가장 중요한 질문은 이것이다. 사도가 이처럼 개입하게 된 정황과 구체적인 사건은 무엇인가? 우리는 무엇보다 코린토 교회에 대해 알고 있는 지식에 근거하되 단지 추정을 통하여 이를 재구성할 수 있을 뿐이다. 비난받을 만한 일들은 바로 예배에서 일어났다. 여인들은 머리를 가리지 않고 기도하고 예언하였다. 이 여인들은 밖에서 준수해야 할 관습을 자신들에게 골탕 먹이는 일로 간주하고 단순히 이에 항거한 것인가? 아마도 좀 더 덜 피상적인 이유를 찾아야 할 것이다. 영감에 사

---

141) 큄멜, 벤트란트, 바레트, A.Oepke, 앞의 논문, 564쪽.
142) 바이스, 알로, 콘첼만에 의하면 어쩌면 이것은 절반은 동양적인 도시인 다르소의 관습으로 바오로가 자신이 창설한 교회들 안에 이를 정착시키려 했던 것일지도 모른다.
143) A.Oepke, 앞의 논문, 564쪽. 그는 이 규정이 무엇보다 공동체의 사법권에 직접적으로 귀속된 영역 곧 공동체의 예배에 적용되었다고 본다. 성상聖像에 관한 문헌들은 헬레니즘 세계의 예배 행위가 획일적이지 않았음을 보여 준다.

로잡힌 여인들은 머리를 가리지 않음으로써 남녀 차별의 표지로부터 해방되어 영이 이들에게 부여한 완전한 자유를 공표하고 싶었던 것이다. 영적인 세계와 갖는 직접적인 관계 안에서 자연적이고 사회적인 차이들은 사라지고 만다. 더 이상 남자도 여자도 없는 것이다. 여기서 우리는 열광적인 영신주의 운동과 만나고 있으며, 나중에 이것은 "영적 선물"을 다루는 좀 더 심오한 토론의 대상이 된다(12-14장).

3절: 바오로는 한층 깊은 원인들을 명백하게 분별하지 않은 것 같다. 그는 단지 결과에 주목하고 창조주가 원하신 질서와 관습에 가해진 타격에만 주의를 기울이고 있다. 그의 논증들은 비록 철저하게 추구되었지만 12-14장에서 보여 준, 무분별한 열광주의에 대한 신학적 비판의 명료함을 전혀 예시하지 못하고 있다. 이 논증들은 수단과 방법을 가리지 않고 관습 그 자체를 정당화하는 데에만 급급하다는 인상마저 준다.[144]

여러 요인들 중에서도 플라톤주의에 영향을 받은 헬레니즘계 유다교는 특히 알렉산드리아에서 존재하는 사물들의 존재론적인 위계 개념을 발전시켰다. 거기서 하느님은 정상의 자리에 계신다. 바오로는 이 개념을 나름대로 참고하여 이 사변 체계 안에서 두 번째 자리를 차지하는 로고스 내지 지혜(필로의 입장)를 그리스도로 대체한다. 그러나 여기서 관건이 되는 것은 그리스도론이 아니다. 그리스도는 논증에서 어떤 결정적인 역할도 하지 않는다. 사도의 관심을 끄는 것은 바로 위계 도식이 자기 논증의 근본적인 개념을 돋보이게 할 수 있다는 점이다. 그는 남자

---

144) 11-12절에서는 기껏해야 문제를 조금 덜 외부적으로 접근하는 방식을 엿볼 수 있을 뿐이다.

와 여자[145]의 차이 그리고 여자가 남자에게 종속된다는 개념을 부각시킨다. 여자의 머리는 바로 남자이다.[146]

4-5절: 바오로는 실제적인 결과들을 도출해 낸다. 3절에서는 머리라는 단어가 은유적으로 사용되었으나 4-5절에서는 이 단어의 정확한 의미가 쉽게 드러나지 않는다. 4절과 5절의 전반부에서는 이 단어가 고유한 의미로 사용되었는데 후반부에서는 어떤 의미로 사용되었는가? 이에 대해 가능한 세 가지 대답이 제기되었다.

1. 4ㄴ절과 5ㄴ절에서 머리는 3절에서처럼 각각 남자와 여자의 위계상의 우두머리를 가리킨다. 남자와 여자는 자신에게 적절하지 않은 옷차림으로 자신의 우두머리를 불명예스럽게 한다.[147]

2. 4절과 5절에서 머리는 일관되게 고유한 의미를 지닌다. 남자와 여자는 불명예로 자신을 덮고 있다.[148]

3. 첫 번째 해석과 두 번째 해석의 조합: 수치스러움이 본인에게 돌아오면 그 위계상의 우두머리도 같은 결과를 맞는다.[149]

세 번째의 인위적이고 자의적인 답변은 즉시 배제될 수 있겠다. 첫 번째 답변을 선호하는 사람들은 4-5절에서 머리가 비유적 의미로 사용

---

145) 여기서 여자는 부인뿐 아니라 당연히 모든 여자를 말한다. 칼뱅, 바흐만, 슈래터.
146) 여기서 머리(kephalē)는 그리스도의 몸(sōma) 교회론을 암묵적으로 가리킨다고 보는 학자들도 있지만(알로, 마틴) 이는 잘못된 것이다. 바오로의 친서에서 그리스도는 몸의 머리로 표현되지 않는다. 그리고 바오로에게서 몸 개념은 위계질서와 연결되어 있지 않고 반대로 지체들 간의 원칙적인 평등성과 연결되어 있다(12,12 이하; 참조 갈라 3,26-28).
147) 칼뱅, 드 베테, 바흐만, 리츠만, W.마틴, 앞의 논문.
148) 벵겔, 바이스, 콘첼만, E. 켈러, 앞의 책 55쪽.
149) 슈래터, 알로, 헤링, 바레트.

되지 않는다면 이 절들과 3절의 논리적 연관성이 끊어진다는 점을 강조한다. 이 경우 3절은 논증 안에서 이해할 수 있는 어떤 기능도 없이 고립되어 있는 것이다.[150] 그러나 이런 추론은 외견상의 결과일 뿐이다. 4절과 5절에서 머리가 고유한 의미를 갖는다 해도 3절과의 관계는 지속된다. 3절은 성性의 위계를 주제로 진술한다. 남자와 여자는 각자의 결정적인 자리를 차지하되 서로에게 주인은 되지 못한다. 이 자리를 중심으로 각자는 존재로 지향되어 있다. 여기에서 각자에게 부여된 자리를 상기시키는 표지로서 관습을 지켜야 할 필요성이 제기된다. 이 관습을 무시하는 행위는 각자의 고유한 자리의 존엄성을 침해하는 것이고 스스로를 모독하는 짓이다. 5절과 6절 그리고 13-15절은 바오로의 추론을 이런 방식으로 이해해야 함을 보여 준다. 이 절들은 위계의 우두머리에게 가해진 모욕에 대해서는 아무 말도 하지 않고 자기 자리에 대한 규정을 어긴 여자가 뒤집어쓰는 부끄러움과 무례함을 강조한다. 그녀는 머리를 드러냄으로써 머리카락을 남김없이 깎아 버린 것과 같이 스스로를 불명예스럽게 하고 있다.

6절: 여자가 이런 것을 진정 원한다면 실제로 머리를 삭발해야 한다. 그렇지 않으면 그녀는 자신의 조건에 동의하고 관습을 따라야 한다.[151]

---

150) 바흐만은 이것을 완전히 쓸모없는 것으로 평가한다.
151) 11,4.13에서 바오로는 여자가 예언을 하거나 기도할 때 머리를 가리라고 말한다. 그런데 14,33ㄴ-36에서는 여자가 공동체 안에서 발언하는 것을 금지시킨다. 양자 간에는 분명히 모순이 있다. 어떤 이는 이를 은폐하려 하고 또 어떤 이들은 이를 서로 조화시켜 보고자 한다. 11장에서 바오로는 머리를 가리는 문제에 너무 몰두한 나머지 여자들이 공동체 안에서 말해서는 안 된다는 더욱 중요한 사실을 잊었다는 것이다. 칼뱅은 사도가 한편을 배척하면서도 다른 한편을 승인하지는 않는다고 말한다. 이와 같은 입장으로는 알로, W.마틴, 앞의 논문 240쪽. 그러나 우리는 14,34이 후대의 상황을 반영

7-10절: 6절은 하나의 결론일 수 있었다. 그러나 사도는 새로운 도약을 한다. 그가 말하려는 것은 앞에서 말한 것과 용어는 같으나 내용이 다르다. 7-10절은 새롭고 매우 중요한 요소를 도입하고 있다. 그것은 성경의 인증이다. 이는 두 개의 창조 이야기에 대한(창세 1-2장) 라삐들의 해석에 기초한 것으로 지지할 수 없는 내용이지만 그 자체로는 일관성이 있다.

만일 이 두 창조 이야기를 가능한 일관되고 연결된 하나의 이야기로 조합한다면 다음과 같은 결론이 도출된다. 성경에 의하면 남자 혼자만이 하느님의 모상에 따라 창조되었고 여자는 그와 동등하지 않고 그보다 열등한 자리에 있다.

여기서 영광(doksa)의 의미는 불확실하다. 존재들의 위계 개념이 지배하는 문맥에서 모상(eikōn)과 연결된 영광은 모상과 비슷한 의미를 지녀야 한다. 가장 일반적인 견해에 의하면[152] '영광'은, 비록 다른 곳에서는 확인된 바 없지만, 여기서는 '반영'을 뜻한다고 한다. 하위의 존재는 존엄한 상급 존재의 반영이다. 그러나 doksa는 단순히 eikōn의 동의어가 아니다. 이 단어는 "…을 위한 존재"의 개념을 표현한다. "…의 영광"인 자는 자기 존재만의 이유를 갖지 않는다. 그는 …을 위한 존재로 있다. 바흐만이 일리 있게 지적했듯이, 자신에게 부여된 자리에 힘입어 자신의 행위가 아니라 자신의 존재로 …을 위한 존재인 것이다.

7ㄱ절은 7ㄴ-10절과 반대된다. 여자는 하느님의 모상이 아니다.[153]

하는 이차적인 것이라고 본다. 여기에 대해서는 해당 구절의 설명을 참조할 것.
152) 콘첼만, 바이스, 리츠만, 헤링, 키텔, doksa, *ThW* II p.240.
153) 콘첼만과 함께 여자는 남자의 중개를 통하여 하느님의 모상이라고 덧붙여야 할까?

그녀는 하느님의 영광이 아니라 남자의 영광이다. 남자에 비해 이차적인 그녀의 존재는 남자를 기준으로 한다.

8-9절: 이 내용은 창세 2,18-23이 인증하는 바이다. 한편 여자는 남자에서 났기에(ex andros) 이차적인 수준의 피조물이다. 그녀는 자신을 위해서가 아니라 남자 때문에(dia ton andra) 또는 남자를 위하여 그에게 도움이 되도록 창조되었다(창세 2,18).[154]

10절: "그러므로 여자는 … 그 머리에 권한(권위)의 표지를 지니고 있어야 합니다"는 결론은 남자의 자유(7ㄱ절: 남자는 가려서는 안 된다)와 여자가 지켜야 할 의무를 대립시킨다. 6절과 달리 10절의 결론은 매우 모호하다. 여자가 머리 위에 가져야 할 권위(exousia)는 무엇을 의미하는가? 이 권위의 기능은 무엇인가? 조심해야 할 천사들은 도대체 누구인가? 모르는 내용이 너무 많아서 10절의 해석 또한 매우 불확실하다.[155]

키텔의 교묘한 가설이 이 난제를 해결하는 데 나름대로 기여할 수 있을지도 모른다.[156] exousia는 여기서 단지 머리쓰개의 의미를 지닐 것이다. 이 야릇한 용법은 바오로가 아람어 차원에서 두 개의 어원 간에 혼동을 일으킨 것에서 설명될 수 있다. shalat는 '권위를 행사하다'이고 shaltoniyah는 라삐 문헌에 의하면 머리쓰개를 의미한다. 그러나 큄멜은 이러한 혼동이 가능해 보이지 않으며, 바오로가 머리쓰개에 해당하는

---

154) 하느님께서 남자에게 어떻게 그와 동등한 짝을 마련해 주셨는지에 대한 이 이야기는 배우자들의 존재론적이고 기능적인 불평등을 증명하는 진술이 되고 말았다.
155) 만일 exousia 대신에 2세기에 이네레오에 의해 증언된 독법인 kalymma(너울)가 필사가의 추측이 아니라 사실이라면, 하나의 해석이 가능할 수 있을 것이다. 그러나 이것은 필사가의 수정임이 분명하다.
156) G.키텔, *Rabbibica*(1920) p.17-31.

아람어를 그리스어에서 권위 외에는 다른 의미를 가질 수 없는 단어로 번역하는 일은 불가능했다고 이유 있게 반박하였다.

이 절의 해석들을 다음과 같이 세 그룹으로 나누어 볼 수 있겠다.

1. 문맥의 연장선상에서 exousia를 남자가 여자에게 행사하는 권위의 표지로 해석하기도 하였다.[157] 조심해야 할 천사들은 이 경우에 창조주가 원하신 질서의 수호자들이다. 그러나 문제는 '권위를 가지다'가 어떻게 '권위에 복종하다'로 해석될 수 있는지 받아들이기가 어렵다는 사실이다.

2. 테르툴리아누스에게서 이미 발견되는 오래된 해석에 의하면 이렇다. 여자가 쓰는 머리쓰개나 부인 모자를 통하여 여자는 유해한 천사적 힘이 미치지 않도록 자신을 보호한다.[158] 바오로는 여자가 열등한 피조물이고 허약한 존재이므로 이 힘들의 공격 앞에 남자보다 더욱 취약하다는 견해를 가지고 있다. 특히 예언의 황홀경 상태에서 여자들이 영들의 세계와 접촉할 때 더욱 그렇다. 여자는 그러기에 자신을 보호하기 위하여 모자의 착용이 신기한 방식으로 부여하는 보완적인 힘을 필요로 한다.[159] 이상한 개념이기는 하나 가장 그럴 듯한 설명이라고 생각한다.

---

157) 칼뱅: "모든 여자는 이런 조건하에 태어난다. 그녀들은 남성보다 열등하다는 것을 인정해야 한다." 벵겔, 드 베테, 푀르스터, 앞의 책, 571쪽.
158) 테르툴리아누스, *De virginibus velandis* 7. 그는 이미 유다교에서 마귀론에 대한 사변의 원천이었던 창세 6,1-4를 참조한다. 참조. Billerbeck III p.780ss. 우리의 본문은 르우벤의 유언 5와 비교될 수 있다: "여인들이 머리를 장식하고 얼굴에 분칠하는 것을 금지시켜야 한다. 왜냐하면 그녀들은 이런 간계로 대홍수 이전에 '감시인들'조차 유혹하였기 때문이다."
159) 바이스, 리츠만, 벤트란트, E. 켈러, 앞의 책, 62쪽 등등. 큄멜은 머리가리개가 지닌 악으로부터의 보호기능을 언급하는 라삐 문헌을 지적한다.

3. 매우 색다른 설명 하나가 최근에 개진되었다. 이 설명은 영에 이끌린 여자가 회중 안에서 적극적인 행위를 하는 순간에 새로운 세상의 질서(참조 11절)가 창조 질서와 일시적으로 겹치게 된다는 개념에서 출발한다. 이때 여자는 영의 감도 아래 더 이상 남자의 영광(7절)이 아니고 하느님의 영광이다. 창조의 질서는 중단되고 회중의 예법과 거룩함을 감독하는 신적 세력인 천사들 앞에서 다음의 사실을 기억해야 한다. 영을 받은 여자의 머리를 가리는 모자는 그녀가 하느님으로 받은 권위의 표지이며 남자의 우위성이 일시적으로 소멸되는 표지이다.[160] 이 가설은 오직 새롭다는 사실 하나로 매력을 줄 뿐이지 여기에 동의할 수는 없다. 여자의 모자가 다른 문맥에서는 종속의 표지였는데 여기서는 일시적인 해방의 표지라는 해석은 도무지 받아들이기가 어렵다.

11-12절: 지금까지 바오로는 여자의 종속성에 대해서만 강조해 왔다. 갈라 3,28의 그리스도 안에서 "더 이상 남자도 여자도 없다"는 명제에서 멀어진 것이다. 지금 바오로는 다른 계획으로 넘어간다. 이 의미의 전환은 통상적으로 부사적 의미를 지니는 plēn(그러나)에 의해 이루어진다. 물론 관습은 존중되어야 한다. 그러나 주님 안에서는 남자와 여자 사이에 위계적 관계가 존재하지 않고 평등과 상호성만이 있을 뿐이다. 주님 안에서 상대방 없이는 홀로 존재하지 못한다. 그들은 동일한 방식으로 구원에 이르고 그리스도인 공동체 안에서 서로가 서로를 필요로 한다.[161]

바오로가 이 평등을 설명하고 정당화할 때는 나름대로 그리스도의

---

160) M.후커, A.아이작손, A.야우베르트, 바레트.
161) 알로, 참조 벤트란트: "…진정한 동반자 정신과 상호부조 정신"

업적을 기준으로 할 것이라고 기대할 수 있었을 것이다. 그러나 바오로는 이 기대와 달리 놀랍게도 창조 질서를 한 번 더 준거틀로 이용한다. 이번에 그는 8절의 선언과 반대되는 논증(12절)을 분명하게 도출해낸다. 여기서 특히 두드러지게 나타나는 논증의 비일관성은 영 안에서의(또는 그리스도 안에서의) 자유와, 역사적이고 사회적인 소여의 우연성과 필연성 간의 관계에 대한 바오로의 성찰이 이제 겨우 윤곽을 잡고 있는 단계임을 보여 준다.

13절: 바오로는 3-10절의 논증을 통하여 독자들이 납득되었는지 의심하고 있는 것인가? 그는 다시 한번 방법을 바꾸어서 독자들의 판단과 그들의 적절한 감각에 호소한다.

14-15절: 그는 마침내 자연의 가르침에 의지한다. 자연은 남자에게 긴 머리를 거부하고 여자에게 허용한다는 것을 받아들이는 것 같다. 그리고 여자에게는 너울(peribolaion) 대신에 긴 머리가 주어졌으므로 자연도 관습을 지지한다고 결론을 내린다. 바오로는 이런 상황에서 정반대로 여자의 머리쓰개는 이제 불필요해졌다는 결론을 내릴 수도 있음을 알아차리지 못하고 있다.[162]

16절: 여기서 바오로는 거의 설득력 없는 결론을 내린다. 이는 그가 본질적인 내용을 표명했는지 스스로 확신하지 못하고 있음을 보여 주는 표지이다. 그는 자신의 의지를 강하게 암시하면서 돌연히 끝을 맺는

---

162) 자연을 준거로 삼는 경우는 스토아 학파에서 흔한 일이다. 에픽테토스는 남자의 턱에 자라는 수염에 대해 사도보다 더욱 논리적으로 결론을 내린다. 즉 자연은 남자가 수염을 깎지 않고 기르기를 원한다는 것이다. "신이 구별한 성을 혼동하지 않기 위하여 이처럼 신들이 부여한 이 징표들을 잃지 않고 간직해야 한다." 참조 H.Köster, physis, ThW IX p.257.

다. 그렇다고 16ㄴ절은 분쟁의 혐오자인 그가 완고한 자들과의 토론을 포기하는 것을 의미하지는 않는다.[163] 그가 말하는 synētheia(관습)는 코린토에 자리 잡기 시작한 관습을 말한다. 바오로는 이에 대해 아무것도 알려고 하지 않으며 코린토 공동체가 모든 교회에서 시행중인 규범에 적응할 것을 강조한다.[164]

흥미롭고도 난해한 11,2-16에 대해 신학적 결산을 하면 그 결과는 실망스러운 것으로 나타날 수 있다. 코린토 공동체를 이끄는 열광적인 영신주의 앞에서 바오로는 교회의 개인주의적 해체라는 위험을 느끼고 있다. 이 현상은 부분적으로 그의 분석의 범위를 벗어나 있고, 그가 이 현상의 본질을 분명하게 조사하지 못한 결과로 이에 대해 특별한 처방을 제공할 수 없었던 것으로 보인다. 그리하여 그는 어느 정도 율법주의적이고 권위적인 태도로 가르침을 주고 있다는 인상을 받게 된다.

그럼에도 불구하고 이 인상에 머물러 있는 것은 옳지 않다. 그가 기준으로 삼는 창조의 질서는 억압적인 질서가 아니다. 그것은 남자와 여자가 하느님이 원하시는 대로 각자 존재의 목표에 충만하게 이르게 되는 질서이다. 신학적인 불충분함에도 불구하고 11-12절은 바오로가 역사적이고 사회적인 소여所與와 그리스도 안에서 시작된 삶의 새로운 질서 간에 존재하는 신학적 성격의 긴장을 느꼈음을 보여 준다. 이 절들은 적어도 문제의 위치를 가리키는 표지판들이다. 성찰의 기본 요소들

---

163) 칼뱅, 바흐만, 헤링, 프랑스 공동번역 성경(TOB).
164) 바이스, 벤트란트, 바레트, 콘첼만, L.Cerfaux, *La théologie de l'Église suivant saint Paul*, p.217.

은 아직까지 단순 열거의 상태에 머물러 있지만, 바오로가 자신의 세 번째 편지에서 명료하게 전개할 자유의 변증법 안에서 서로가 연결되고 통합될 것이다.

3. 공동체의 식사 11,17-34

[17]이제 내가 지시하려는 문제와 관련해서는 여러분을 칭찬할 수가 없습니다. 여러분의 모임이 이익이 아니라 해를 끼치기 때문입니다. [18]우선, 여러분이 교회 모임을 가질 때에 여러분 가운데에 분열이 있다는 말이 들리는데, 나는 그것이 어느 정도 사실이라고 믿습니다. [19]하기야 여러분 가운데에 분파도 있어야 참된 이들이 드러날 것입니다. [20]그렇지만 여러분이 한데 모여서 먹는 것은 주님의 만찬이 아닙니다. [21]그것을 먹을 때, 저마다 먼저 자기 것으로 저녁 식사를 하기 때문에 어떤 이는 배가 고프고 어떤 이는 술에 취합니다. [22]여러분은 먹고 마실 집이 없다는 말입니까? 아니면, 하느님의 교회를 업신여기고 가진 것 없는 이들을 부끄럽게 하려는 것입니까? 내가 여러분에게 무슨 말을 해야 하겠습니까? 여러분을 칭찬해야 하겠습니까? 이 점에서는 칭찬할 수가 없습니다.

[23]사실 나는 주님에게서 받은 것을 여러분에게도 전해 주었습니다. 곧 주 예수님께서는 잡히시던 날 밤에 빵을 들고 [24]감사를 드리신 다음, 그것을 떼어 주시며 말씀하셨습니다. "이는 너희를 위한 내 몸이다. 너희는 나를 기억하여 이를 행하여라." [25]또 만찬을 드신 뒤에 같은 모양으로 잔을 들어 말씀하셨습니다. "이 잔은 내 피로 맺는 새 계약이다. 너희는 이 잔을 마실 때마다 나를 기억하여 이를 행하여라." [26]사실 주님께서 오실 때까지, 여러분은 이 빵을 먹고 이 잔을 마실 적마다 주님의 죽음을 전하는 것입니다.

²⁷그러므로 부당하게 주님의 빵을 먹거나 그분의 잔을 마시는 자는 주님의 몸과 피에 죄를 짓게 됩니다. ²⁸그러니 각 사람은 자신을 돌이켜 보고 나서 이 빵을 먹고 이 잔을 마셔야 합니다.

²⁹주님의 몸을 분별없이 먹고 마시는 자는 자신에 대한 심판을 먹고 마시는 것입니다. ³⁰그래서 여러분 가운데에 몸이 약한 사람과 병든 사람이 많고, 또 이미 죽은 이들도 적지 않은 것입니다. ³¹우리가 자신을 잘 분별하면 심판을 받지 않을 것입니다. ³²그러나 주님께서 우리를 심판하셔도, 그것은 우리가 이 세상과 함께 단죄받지 않도록 우리를 교육하시는 것입니다. ³³그러므로 나의 형제 여러분, 여러분이 만찬을 먹으려고 모일 때에는 서로 기다려 주십시오. ³⁴배가 고픈 사람은 집에서 미리 먹어, 여러분의 모임이 심판받는 일이 없게 하십시오. 그 밖의 것은 내가 가서 일러 주겠습니다.

위의 본문은 세 부분으로 나눌 수 있다. 1)성찬례 식사의 중대한 손상을 묘사하고 이를 준엄하게 비판함(17-22절), 2) 성찬례의 중요성과 의미를 상기시킴(23-26절), 3) 경고와 권고(27-34절).

17절: 바오로는 최근에 일어난 일들에 관해 구체적인 소식을 받았다. 막연한 akouō(나는 … 듣고 있다)라는 표현에서 단순한 풍문을 듣는다고 결론내려서는 안 된다. 그에게 소식을 제공하는 이들은 코린토 교회의 책임자들이다. 그들의 이름을 거명하지 않은 것은 이 편지가 회중 앞에 읽힐 것이기 때문에 그들이 밀고자(참조 5,1)처럼 나타나게 하지 않으려는 의도에서다. 주제는 여전히 매우 일반적인 용어로 취급된다. 공동체의 모임은 공동체성을 강화시키는 것이 아니라 쇠퇴시키는 방향으로 전

개되고 있다.[165]

18-19절: 사도는 자신의 입장을 설명한다. 그는 여러 가지 불만스러운 점들을 진술하고자 한다. 그러나 그의 사고는 다른 길을 취한다. "우선"(prōton men)은 예상되는 '그다음에'로 이어지지 않는다.[166] schismata(분열)와 haireseis(분파, 파벌)는 나중에 교회의 역사 안에서 지니게 될 정확한 의미(교회 분열, 이단)를 아직 갖지 않고 있다. 여기서 관건이 되는 것은 경향과 사회적 환경이 다양한 그룹들이며 이들의 존재가 코린토 교회의 일치를 위협하고 있다. 바오로는 이에 가차 없는 분노로 반응하지 않는다. 그는 정보를 심각하게 여기지 않고 차분하게 평가하면서 시작한다. 그는 여기에 부분적으로는 믿음을 덧붙이고 현 상황이 제시할 수 있는 긍정적인 측면을 먼저(19절) 주목한다. 갈등은 유익하고 때로 필요하기까지 하다. 다양하면서 심지어 반대되는 입장들을 드러나게 함으로써 교회 안에서 쭉정이와 좋은 알곡을 분리할 수 있다(콘첼만).

20절: 그러나 바오로는 이 낙관적인 전망에 머무르지 않는다. oun

---

165) 17ㄱ절의 본문에는 4개의 이본이 존재한다. 1. paraggellōn ouk epainō, Sin G코이네; 2. paraggellōn ouk epainō, B; 3. paraggellō ouk epainō, A C lat; 4. paraggellō ouk epainō, D. 2번과 4번의 독법은 1번과 3번이 혼합된 것으로 거부되어야 한다. 1번과 3번의 독법은 둘 다 온전히 만족스럽지 못하다. 16절에서 17절로 옮겨감은 매우 서투르게 보인다. 리츠만과 함께 우리는 1번의 독법을 선택한다.

166) 학자들은 prōton men에 이어지는 그 다음을 찾고자 노력하였다. 리츠만 그 밖의 다른 이들은 첫 번째 불만스러운 점을 파벌로 보고(18-19절, 참조 1-4장), 두 번째 불만스러운 점으로 성찬례의 왜곡(20-22절)을 든다. 그러나 이에 대한 반론으로는 18절의 분사절 synerchomenōn hymōn이 20절에서 반복되어 나타난다는 점을 들어 주제의 통일성을 주장할 수 있다. 알로와 다른 이들은 두 번째 불만스러운 점으로 12-14장에 나타나는 은사 수혜자들 간의 경쟁을 들기도 한다.

(그러므로)은 19절에서 짧게 이탈한 후에 주제로 복귀함을 가리킨다.[167] 그의 불만은 매우 구체적인 방식으로 표명된다. 18절이 말하는 분열이 드러나는 것은 바로 주님의 만찬(kyriakon deipnon)[168]에서이다.

이 성찬은 참된 식사로서 아가페(애찬愛餐)와 성사적인 의식의 성격을 지니고 있었다. 이 식사는 어떻게 전개되었을까? 전례적인 측면은 어떠했을까? 이 맥락에서 성사적인 말씀의 자리는 무엇이었을까(23-26절)?. 매우 유감스럽게도 본문은 이런 질문에 거의 답변을 제공하지 않는다.

바오로의 고발은 심각하다. ouk estin: …일 수는 없다.

21절: 저마다… prolambanei…: 이는 저마다 '미리 먹는 것'을 의미한다(참조 33절: 기다리시오). 공동체의 부유한 사람들은 먼저 도착한 다음 식탁에 즉시 앉아 다른 이들을 기다리지 않고 먹는다. 그들은 예컨대 초라한 음식과 함께 늦게 도착한 자신의 종들을 기다려 함께 음식을 나누지 않는 것이다. 그러나 "저마다"라는 말이 잘못 이해되고 있다. 저마다 자신이 준비한 음식을 먹으며 다른 이들은 배려하지 않는다는 의미일 것이다. 여기서 음식을 나누어 먹지 않아 어떤 이는 배고픈 상태로 있고 다른 이는 먹고 마신 나머지 술에 취하기까지 한다.[169] 이처럼 주님이 성찬례를 제정하시어 이를 통해 공동체를 불러 모으시고 당신과

---

167) 알로. 8,1ㄴ-3의 본론 이탈 후에 oun은 8,4에 다시금 나타난다.
168) kyriakon deipnon은 신약성경에서 오직 이 자리에만 등장한다. 이 표현을 eucharistia (성찬례)로 바꾸어 쓰는 것이 바오로 공동체의 관행이었다. 디다케 9,1; 이냐시오 편지 에페 13,1; 스미 8,1.
169) 콘첼만은 사도의 비판이 가난한 이들과의 나눔 요구를 암시하는 것은 아니라고 주장한다.

일치시키셨으나, 이들은 각자 준비해 온 것을 나누지 않고 먹음으로써 성찬의 품위를 크게 손상시켰다. 이는 그리스도의 업적과 은사를 침해하는 수치스러운 행위가 아닐 수 없다.

22절: 바오로의 의도는 식사와 성사를 분리시킴으로써 이 불미스러운 일에 종지부를 찍으려 하는 것일까? 저마다 집에서 저녁을 먹고 모임에서는 오직 성사적인 동작만을 기념해야 한다는 것인가?[170] 이것이 잘 사는 사람들의 불쾌한 이기주의와 싸우는 기발한 방법이란 말인가! 바오로는 다른 것을 말한다. 부자들이 다른 사람들은 먹을 수 없는 호사스런 음식을 자기 집에서 먹는 것은 아무도 막을 수 없다. 그러나 주님의 성찬에서는 교회의 일치와 형제적 사랑이 재물의 나눔을 통하여 표현되어야 한다.[171]

사도는 공동체의 집회를 하느님의 교회(ekklēsia tou theou)라는 장엄한 용어로 지칭함으로써 현재 일어나고 있는 일의 심각성을 더욱 강조한다. 공동체의 가난한 이들이 모욕당하는 것은 바로 공동체를 불러 모으신 하느님이 무시되는 것이다.

보충 설명: 친교와 분파(11,22)

17-22절에서 바오로는 코린토 교회에 두 가지 비판을 하지 않는다. 즉 파벌로 갈라짐(참조 1,10 이하)과 공동체 식사 때의 '나쁜 방식'에 대해 말하지 않고 단 한 가지만을 지적한다. 그것은 일치를 드러내고 견고히 해

---

170) 콘첼만은 이렇게 이해한다.
171) 바이스, 리츠만, 알로, 바레트 등등.

야 하는 식사 안에서 오히려 일치가 깨어졌다는 사실이다. 그러나 본문의 내용은 이 사실을 해석하는 데 어려움을 줄 만큼 일관되지 못한 측면을 보여 준다. 한편으로 문제가 되는 것은 18-19절에 나타난 분열(schisma)과 분파(hairesis)인데 이는, 이미 칼뱅이 주목했듯이, 20-21절이 비난하는 사회적 분리를 지칭하는 데 그다지 적절하지 않은 용어들이다. 다른 한편으로 이 사회적 분리 안에서 어떻게 시련을 견디고 유익한 점을 발견할 수 있다는 것인가? 18절과 19절이 이미 다양한 신학적인 계보로 구성되어 있는 공동체의 분열에 대해 말하고 있다면, 어찌하여 사도는 이 신학적인 분열에 대해서는 암시 정도만 하고 성찬례 때 발생한 분리와 이 신학적 분열 간의 관계 설정을 생략하고 있을까? 그는 두 개의 다른 주제를 잘못 혼합하고 있는가, 아니면 본래는 단지 하나의 악인 것을 악의 두 원인으로 구별하고 있는 것인가?

슈미탈스가 제시한 해석은(위의 책, 237-243쪽) 대담하다. 슈미탈스에 의하면 큰 오류를 범하는 자들은 코린토의 영지주의자라고 그가 명명한 이들이다. 코린토에서 집전했던 성찬례는 우리의 성찬례가 아니고 일상적인 식사였다는 것이다. 그러나 이 식사는 전례적 본문에 따라 그리스도의 죽음을 기념하던 상징적인 식사였다. 가현주의적假現主義的 그리스도론을 신봉하던 영지주의자들에게는 그리스도의 죽음에 대해 말하는 것 자체가 어불성설이다. 그러기에 그들은 고의로 성찬례를 방해하는 짓을 해서 자신의 반대 의사를 표명하고자 했다는 것이다. 이것이 성찬 모임에서 발생한 수치스러운 일에 대한 슈미탈스의 설명이다. 그들은 과시적으로 풍성한 먹을거리를 가져와서 저마다 먹고 즐김으로써 상징적인 식사를 세속적인 식사로 변형시켰다는 것이다.

슈미탈스의 해석은 지지될 수 없다. 본문이 다소 불명료한 점이 없진 않지만 성사적 행위가 정상적인 식사 안에서 이루어질 수 있었고, 바오로의 답변에서는 영지주의자들의 이런 중상적인 모략이 당연히 촉발시켰을 강한 반발을 전혀 읽을 수 없기 때문이다.

매우 다른 해석이 조덴(H.Von Soden, 성사와 윤리, 29쪽)에 의해 제기되었고, 보른캄(위의 책, 144쪽)과 콘첼만이 이를 수용하였다. 뿌리 깊은 악의 원인은 성사를 '신비'이며 영험한 예식으로 이해하고, 이를 통해 각자가 개인적으로 신성과 친교를 나누며 초자연적인 삶에 참여하게 된다는 성사주의이다. 성사를 이렇게 이해하는 것은 대부분 이방계 그리스도인들로 구성된 공동체 안에서 전혀 놀랄 일이 아니다. 이런 성사주의의 전망에서는 의식 행위만이 중요할 뿐이지 교회론적인 차원은 존재하지 않는다. 그리하여 고유한 성사적 행위와 식사 간의 필연적인 관계가 망각되고, 식사는 교회의 성사적 일치의 구체적인 현장이라는 깊은 의미를 상실한다. 저마다 자기를 위해 먹는 행위에서 결정적인 요인은 사회적 그룹들간의 자연적인 관련성과 개인적인 친분뿐이다. 결국 매우 해로운 사회적 계층의 벽이 공동체 안에 형성되는 불미스러운 일이 발생하는 것이다.

코린토 교회의 현실에 대한 이러한 해석은 매우 신빙성이 있으나 하나의 약점을 지니고 있다. 이 해석은 공동체의 내부에 존재하는 다양한 경향들에 대한 18-19절의 암시를 설명하지 못한다는 점이다. 타이젠이 일리 있게 추정했듯이, 신자들이 사회적으로나 문화적으로 대조적인 계층 안에서 모집되었다면 이 다양한 경향들은 사회적 분리를 더욱 촉진시켰을 것이다.

23ㄱ절: gar(분명히)는 23-26절과 이전의 절들을 이어준다. "'여러분

이 행동하는 방식은 성찬례가 의미하는 바가 무엇인지를 더 이상 알지 못하고 있음을 보여 줍니다. 여러분이 이를 잊었기에 그 의미가 무엇인지를 분명히 전했습니다.' paralambanein(전해 받다)과 paradidonai(전하다)는 전승 과정을 설명하는 전문용어로서, 그리스의 철학 학파와 헬레니즘 시대의 다양한 종교 영역 그리고 라삐문학에서 공통적으로 사용되었다."[172] 일반적으로 바오로는 '누구에게서(para tinos) 전해 받는다'고 말한다.[173] 그러나 여기서 그는 '주님으로부터(apo) 내가 받았다'고 말한다. 그가 apo라고 쓴 것은 주님은 전승의 한 고리가 아니라 전승의 근원이기 때문이다.[174] 그렇다고 이 표현이 중개 기능을 하는 사람들을 배제하는 것은 아니며 다만 전승의 비인간적인 권위를 강조하기 위한 것이다.[175] 전승의 기원자를 명명함으로서 사도는 '여러분이 성찬례를 모독하는 것은 바로 주님을 모독하는 것'임을 경고한다.

23ㄴ-24절: 23ㄴ-25절에서 바오로는 전례의 말씀을 글자 그대로 인용한다.[176] 시간 지시어인 "잡히시던 날 밤에"는 공관복음서의 기록과 일치한다. 그러나 파스카 양[177]에 대한 어떠한 암시나 참조도 전혀 없다. 동사 paradidonai(잡히다, 넘겨지다)는 수난 이야기와 수난 케리그마의 핵

---

172) G.Delling, paralambanō, ThW IV p.11-14.
173) 갈라 1,12; 1테살 2,13; 4,1. 전승의 문제에 관해서는 참조 O.쿨만, La tradition(1953).
174) 갈라 1,12에서는 para anthrōpou(사람에게서)와 di' apokalypseōs 'Iēsou Christou(예수 그리스도의 계시)가 대조를 이룬다.
175) kyrios(주님)가 역사의 예수인지 영광스럽게 된 그리스도인지 질문할 필요는 없다. 바오로에게 이것은 양자택일의 문제가 아니기 때문이다.
176) 26절은 사도의 주석이다.
177) 5,7에서 바오로는 그리스도를 "우리의 파스카 양"이라고 부른다. 그러나 그것이 성찬례를 암시하지는 않는다.

심어이다.[178] 아마도 이 단어는 그리스도 죽음의 의미를 새기는 초대 교회의 성찰에 중요한 역할을 하였던 이사 53장에서 비롯하였을 것이다.[179] 감사의 기도와 빵을 떼는 행위는 매 식사 때마다 한 가정의 아버지가 집행하는 의식이다. "이는 내 몸이다"는 빵을 떼는 행위를 설명하지 않는다. 예수는 제자들에게 그들에게 나누어 줄 빵이 의미하는 바를 말한다. 성찬례의 제정을 통하여 빵은 성사적으로 그리스도의 몸과 동일시된다. 다시 말하면 우리를 위하여 "자신을 내어주신"(갈라 2,20) 그리스도와 동일시되는 것이다. 사도는 이 빵을 먹는 이들이 그리스도와 친교(koinōnia)를 나누리라고 확인시킨다. hyper(위하여)는 그리스도의 죽음이 죄를 사하기 위한 희생 제사임을 의미한다.[180]

25절: '같은 모양으로 잔을 들어'는 23ㄴ절과 24ㄱ절에 나타난 감사의 기도를 대신한다. "만찬을 드신 뒤에"(meta to deipnēsai)라는 시간적인 상황어는 역사적인 기억을 반영하는 것일 수 있다. 그러나 이들이 성찬례 제정 본문 안에 나타날 때에는 아마도 전례적인 상황어일 것이다. 초대 교회에서 빵을 떼어 나누는 것과 축복의 잔을 돌리는 것은 주님의 성

---

178) 마르 14,10; 15,1; 로마 4,25; 8,23; 갈라 2,20; 에페 5,2. 이 동사의 주어는 유다, 산헤드린, 하느님, 예수 자신 등 매우 다양하다. 유다의 배반은 그리스도의 수난이라는 "넘겨짐"의 과정에서 단지 하나의 요인에 불과하다(콘첼만).

179) 사도들의 선포에서 그처럼 중요한 역할을 하는 전치사 hyper(위하여)가 이사 53장에는 등장하지 않으나 그 의미는 분명히 들어가 있다.

180) 단축형 to hyper hymōn(우리를 위한 분)은 다양하게 해설되었다. didomenon(주어진, sa bo)은 속죄의 주석이고(참조 루카 22,19), thryptomenon(부서진, D), 특히 klōmenon(쪼개진, Sin G it sy 코이네) 등은 빵을 떼는 행위가 쪼개짐의 상징으로 곧 그리스도의 죽음의 상징으로 이해되었음을 보여준다.

찬을 시작하고 마감하는 성사적인 행위였다.[181]

마르코 본문과 비교하면 빵에 관한 말씀과 잔에 관한 말씀 간에 비대칭성이 있음이 드러난다. 바오로는 몸과 피를 병행어법(마르14,22.24)으로 놓지 않고 몸과 계약(나의 피로 맺는 새로운 계약)를 병행구조 안에 놓는다. 사실 그 차이는 그다지 크지 않으나 잔을 설명할 때 전치사 hyper의 부재가 이 차이를 더욱 느끼게 한다. 이 전치사의 부재는 빵과 잔이 다른 의미를 가졌던 전례의 고대성을 반영한다. 그러나 바오로에게도 병행성이 10,16에서 나타난다. 새로운 계약(kainē diathē kē)이라는 표현은 예레 31,31(칠십인역 38,31)에서 온 것이다. 그리스도의 제사에 기초한 계약은 구원의 시간인 종말론적인 완성의 막을 연다는 의미에서 새로운 것이다.[182]

24ㄷ절과 25ㄷ절에서 '이를 행하라'는 명령은 단순히 성사적인 행위로 반복하라는 의미보다는 이 의식의 존재 이유인 기념에 더욱 비중이 놓여 있다. 물론 이 기념은 과거의 단순한 기억과는 다른, 더 큰 개념이다. 그것은 과거의 현재화, 곧 성사적 행위를 통해 그리스도의 구원 업적을 현재화하는 것이다. 이 현재화를 통하여 그리스도께서는 공동체의 한가운데에 현존하시어 공동체와 친교를 나누신다.[183] 그러나 코린토

---

181) G.보른캄, *Ges.Aufs.* II p.154. 이러한 실천 방식은 우리의 본문이 확인해 주듯이 한층 집중된 전례 형식으로 곧 바뀌게 되었다.
182) J.Behm, kainos, *ThW* III p.451-453.
183) J.예레미아스, *Die Abendmahlsworte Jesu*, p.229-246. 그는 "나를 기억하여"가 "하느님께서 나를 기억하시기 위하여"를 의미한다고 주장한다. 하느님은 재림을 통하여 왕국을 세울 때 메시아를 기억하신다는 것이다. 그러나 26절은 바오로가 이런 의미로 말하고 있지 않음을 분명하게 보여 준다.

성찬례의 유감스러운 파행 앞에서 이런 친교의 기회를 가질 수 없음을 상기해야 한다.

26절: 이 절은 25ㄷ절을 부분적으로 반복하되 사도에 의해 새롭게 구성되어 성찬례의 전승을 투명하게 보여 준다. "주님이 오실 때까지"는 재림(parousia)의 기대와 성찬례가 뗄 수 없는 관계에 있음을 보여 준다. 마라나타의 기도(16,22)를 참조.[184]

kataggellete는 (여러분은 전하고 있습니다) 직설법으로 이해될 수밖에 없다. 바오로는 성찬례마다 그리스도의 죽음에 대한 설교를 해야 한다고 말하려는 것은 아니다. 성찬례가 그 자체로 선포이다.[185] 몇몇 주석가들은 여기서 사도의 반反 열광주의적 의도를 간파하고자 한다.[186] 모든 이가 마지막 시대의 모순과 유혹을 받아가며 아직 '십자가 아래서' 살아가고 있음을 기억해야 한다는 것이다. 실제로 본문은 이 점에 대해서 아무런 언급도 하지 않는다. 오히려 확실한 것은 독자들에게 성찬례가 그리스도의 죽음을 기념하는 것임을 상기시킴으로써 바오로는 각자가 반성해야 할 잘못의 심각성을 느끼게 하고 있다. 그들이 모독하고 있는 분은 바로 자신들을 위해 죽으신 그리스도이시며 또 그분이 오시리라는 것을 그들은 잊고 있는 것이다.

---

184) 디다케 10,6; 참조 마르 14,25. O.Hofius, "Bis dass er kommt", 1Kor 11,26, *NTSt* 14 (1968) p.439-441.
185) 바이스, 리츠만, 알로. 이와 반대되는 의견으로는 보른캄, 앞의 논문, p.159-160. 콘첼만, 바레트는 수난사화의 암송을 생각한다.
186) 보른캄, 앞의 논문, p.160, 172-173; 콘첼만, 노이엔자이트, 앞의 책, p.171-172.

보충 설명: 교회의 성찬례와 최후의 만찬(11,26)

마태 26,26-29는 마르코의 본문을 손질한 것이고 루카 22,15-20은, 브느와(Benoit)의 생각처럼 1코린 11,23-25를 단지 확대한 것이 아니다. 그러므로 신약성경는 성찬례 제정에 관하여 서로 다른 세 개의 본문, 곧 1코린 11,23-25, 마르 14,22-25, 루카22,15-20을 제공한다.

1. 마르코 복음서와 바오로 서간의 비교

마 르 코(14,22-25)	바 오 로(1코린 11,23-25)
²²그들이 음식을 먹고 있을 때에 예수님께서 빵을 들고 찬미를 드리신 다음, 그것을 떼어 제자들에게 주시며 말씀하셨다. "받아라, 이는 내 몸이다."	²³ㄴ주 예수님께서는 잡히시던 날 밤에 빵을 들고 ²⁴감사를 드리신 다음, 그것을 떼어 주시며 말씀하셨습니다. "이는 너희를 위한 내 몸이다. 너희는 나를 기억하여 이를 행하여라."
²³또 잔을 들어 감사를 드리신 다음 제자들에게 주시니 모두 그것을 마셨다.	²⁵또 만찬을 드신 뒤에 같은 모양으로 잔을 들어

²⁴그때에 예수님께서 그들에게 이르셨다.
"이는 많은 사람을 위하여 흘리는 내 계약의 피다.
²⁵내가 진실로 너희에게 말한다."

말씀하셨습니다.
"이 잔은 내 피로 맺는 새 계약이다.
너희는 이 잔을 마실 때마다 나를 기억하여 이를 행하여라."

사실, … 이 빵을 먹고 이 잔을 마실 적마다….

주목할 점

① 부정확한 표현(마르코): '이는 내 계약의 피다'는 '이는 내 몸이다'와 병행을 이루기 위해 전례의 형식을 맞춘 결과이다.
② 계약: '많은 사람들을 위하여 흘리는'이라는 표현은 계약의 제사(바오로)와 속죄의(hyper) 제사라는 두 해석을 결합시킨 것이다.
③ 바오로 본문에서 아마도 이차적인 요인: "나를 기억하여 이를 행하라"라는 명령은 어쩌면 헬레니즘 세계의 기념 예식에서 영향을 받은 것은 아닐까?
마르코에 비해 원시적인 요소: '만찬 뒤에'라는 표현과 몸-계약의 비대칭성은 전례 형식이 덜 갖추어지고 빵과 포도주의 두 양식에 덜 집중된 전례 행위의 잔재를 드러내는 표지이다.

2. 루카의 본문은 두 개의 형식으로 전해진다. 좀 더 긴 본문은 22,15-20인데 알렉산드리아 사본에 나타나고, 짧은 본문은 22,19ㄴ-20인데 여러 이본異本들과 함께 베자 사본, 고대 이탈리아어 사본, 고대 시리아어

사본에 나타난다. 나아가 그 순서는 매우 놀랍다. 15-16절은 해방절 음식을 언급하고 이어서 마르코에는 병행구가 없는 종말론적인 토막말씀이 나온다. 17-18절은 잔과 사례, 성사적인 설명 없이 잔을 나누어 주고 이어서 두 번째 종말론적인 토막말씀(=마르 14,25)이 나온다. 19ㄴ절(긴 본문)에 의하면 빵과 사례 그리고 성사적인 설명을 하고 빵을 나누어 준다. 20절은 만찬 후에 두 번째 잔을 들고 성사적인 설명을 제공한다. 19-20절은 바오로의 본문과 매우 가깝다.

짧은 본문을 지지하는 사람들은 늘 있어 왔다.[187] 그러나 오늘날에는 이 짧은 본문이 본래의 긴 본문의 기이함을 완화시키기 위하여 서투르게 작업해서 나왔으며, 두 개의 분절 중 하나를 삭제한 결과라고 설명한다(예컨대 K.Th.Schäfer). 우리가 긴 본문을 본래적이라고 선택하는 경우 15-18절의 '파스카 음식-잔', 19-20절의 '빵-잔'의 이중구의 수수께끼를 해결해야 한다. 브느와에 의하면 루카는 마르코에서 출발하여 자신의 성찬례 제정의 본문에 파스카 권두언을 만들었다는 것이다. 이러한 설명은 개연성이 없다. 오히려 쉬르만, 채드윅, 콘첼만 등과 함께 우리는 루카가 바오로 전승 외에 좀 더 원시적인(?) 전승을 알고 있었을 것으로 본다. 이 전승에서는 빵과 포도주가 그리스도의 몸과 피에 성사적으로 동일시되는 과정이 아직 완료되지 않았다(참조 디다케 9-10).

3. 본문의 다양성은 전례 본문을 지배하는 법칙에 따라 발전된 과정을 확인시켜 준다. 이 다양성은 성찬례의 의미에 대한 성찰 과정을 담고 있는데 그 성찰이 늘 일직선상으로만 전개된 것은 아니다. 예레미아스가

---

[187] 예컨대 A.뵈부스, H. 채드윅, W.그룬트만, *Das Evangelium nach Lukas*, p.397.

믿고 있듯이, 우리는 이 본문들을 통하여 예수께서 제자들과 함께 한 최후의 만찬에까지 거슬러 올라갈 수 있고 또 실제로 일어난 일을 정확히 알 수 있을까? 이에 대해 우리는 부정적으로 대답할 수밖에 없으며, 초대 교회가 성찬례를 거행한 방식에 대해서도 아는 바가 별로 없다.

콘첼만에 의하면 성사적인 개념이 우리의 본문들이 제시하는 형태로 초대 교회 안에 그대로 수용되었다고 보기는 쉽지 않다. 한편으로, 나누어진 빵이 친교의 일반적이고 자연적인 표지라면 빵을 제사의 상징 개념으로 이해하는 것은 그다지 적절하지 않다. 다른 한편으로 포도주 잔이 왕국의 축제(마르 14,25)를 상기시킬 수 있는 반면, 피를 마신다는 이미지는 이스라엘에서 받아들이기 어려운 개념이다. 그들에게 피를 마신다는 것은 엄격하게 금지되어 있기 때문이다(슈바이처).

우리의 본문들이 공통적으로 빵과 포도주를 그리스도의 몸과 피로 동일시하고 있다면, 이 본문들은 유다인의 영역이 아니라 이방계 그리스도인 교회 안에서 결정적인 정경의 형식으로 받아들여졌음을 의미한다. 이 본문들은 이방계 그리스도인 공동체들(아마도 안티오키아?)이 성찬례를 거행하고 이를 성사적으로 해석한 것을 반영하고 있다. 그것은 그리스도의 속죄적인 죽음의 케리그마에 기초한 실천이요 해석이었으며, 아마도 헬레니즘 세계의 "신비주의적 종교 의식"에서 (로마서 6장의 세례가 또한 그러했듯이) 영향을 받았을 것이다(콘첼만).

27절: 사도는 "그러므로"(hoste) 27-32절의 결론이 일종의 경고라고 말한다. 27절의 일반적인 의미는 분명하다. 성찬례의 그릇된 실천은 주님 자신을 공격하는 것이다. 부사 anaksiōs(부당하게)는 28절의 명령에 연결되어 성찬례 앞에서 취해야 할 세심한 두려움의 이유를 말해준다.

그렇다면 성사에 합당하게 참여하기 위하여 어느 정도의 완벽한 자세가 필요한가?[188] 그러나 여기서 관건이 되는 것은 이런 문제가 아니다. "부당하게"라는 부사는 주님의 식사에서 적절하지 않은 방식으로 행위하고 있음을 표현한다. 그 중대함을 강조하기 위하여 바오로는 자신이 이미 고발한 바 있는 분열과 교회의 무시를 겨냥하고 있다(18-22절).[189]

28절: 저마다[190] 자신을 살펴서 잘못을 범하는 일이 없어야 한다. 이는 죄를 알아내고 고백하라는 말이 아니다. 성체를 영하는 자는 주님이 주시고자 하는 것을 형제들과 함께 받을 준비가 되어 있는지, 성사에 대한 자신의 자세를 살펴야 한다.[191]

29절: 이 절의 순서는 특이하다. 분사절 mēdiakrinōn to sōma(몸을 분별없이)는 pinōn 다음에 위치하는 것이 정상이었을 것이다.[192] 특히 개신교 주석가들은 여기서 몸을 공동체로 보고자 한다.[193] 이들에 의하면

---

188) Sin L 등의 사본은 anaksiōs 다음에 tou kyriou를 덧붙인다: "주님께 합당하지 않은 방식으로."
189) 큄멜은 다음과 같이 이해하려고 한다: "성찬례를 위해 모인 공동체는 그의 몸 안에 현존하시는 주님께 죄를 짓는 것이다…" 공동체-몸의 개념이 여기에 비록 명시되어 있지는 않지만 바오로의 정신 안에 존재한다고 생각할 수 있는 여지는 물론 있다. 그러나 P.노이엔자이트, 앞의 책, p.36, 바레트가 생각하듯이 27절에서 sōma는 haima(피) 옆에 함께 등장함으로써 교회적인 몸의 의미를 지닐 수 없다.
190) anthrōpos, 관사 없이 사용된 경우 인간을 의미하지 않고 공표된 규정에 관련된 자, 곧 공동체의 각 구성원을 의미한다.
191) W.그룬트만, dokimos, ThW II p.263.
192) 이것이 D G lat sy 코이네 사본에서 pinōn과 krima 사이에 anaksiōs가 삽입된 이유이다.
193) E.케제만, 앞의 책, p.31-34, 큄멜, 보른캄, 앞의 책, p.169, E.슈바이처, sōma, ThW VII p.1066; 신중한 자세를 보이는 학자로는 콘첼만, P.노이엔자이트, 앞의 책, p.38-39.

성사적 의미에서 교회적 의미로 변화가 이루어졌고, 바오로는 여기서 더 이상 몸과 피에 대해 말하지 않고 단지 몸만 이야기함으로써 10,17을 암시한다. 그리하여 같은 빵을 먹음으로써 같은 몸이 됨을 말한다고 본다. 우리는 이 주장을 완전히 거부하지는 않지만 다음과 같은 점들을 지적하고자 한다.

1. 가까운 문맥이 이런 해석을 지지하지 않는다.
2. 이처럼 새롭고 결정적인 요소를 논증에 은밀하게 삽입하는 것은 바오로의 관습이 아니다.
3. 10,17(이것이 동일한 편지임을 가정할 때)을 29절의 배경으로 보기에는 너무 멀리 떨어져 있다.
4. 결국 "몸을 분별없이"라는 표현은, 23-26절을 상기시키면서, "그리스도의 현존과 은사를 빵과 포도주의 형상 안에서 분별"하라는 간략한 형식의 말이다.[194] 코린토에서 벌어지고 있는 것은 다름 아니라 그들이 "기억하지 않고"(24ㄷ.25ㄷ절) 세속적인 방법으로 먹고 마시는 일이다.

물론 사도에게 성찬례와 교회의 일치는 긴밀하게 연결되어 있다. 공동체의 와해는 분별하지 않은 결과이고 그가 코린토인들을 비난하는 이유도 여기에 있다.

30절: 그래서(dia touto) 주님의 몸과 피에 대해 잘못을 저지르고 그들은 심판을 자초하였다(29절). 그들은 벌 받거나 병들었으며 상당수가 죽었다. 성사적 실체가 마술적인 작용을 부린다는 개념을 바오로가 가

---

194) D G 코이네가 삽입한 tou kyriou(주님의)는 그리스도의(tou Christou) 교회적인 몸을 가리키지 않고 성사적인 몸을 가리키므로 주석학적으로 옳다.

졌다고 볼 필요는 없을 것이다.[195] 그러나 이런 개념의 현실성을 부인하는 것은 잘못이다. 신성을 공격하거나 거룩한 물건에 타격을 가하는 이는 그 결과를 감수해야 하기 때문이다.[196]

31절: diakrinein(분별하다)은 dikimazein(살펴보다, 29절)과 거의 유사한 단어이다. 바오로는 후회의 행위보다는 범한 잘못을 인정하고 개선하는 것을 더욱 염두에 두고 있다. 현재형 가정법의 구문은 바오로가 여기서 32절에서처럼 최후의 심판을 말하지 않고 공동체에 가해지는 현재의 벌에 대해 말하고 있음을 보여 준다. "우리"라는 표현은 사도가 일반적인 규범을 말하기 위해 쓴 것으로 모두에게 해당된다.

32절: 히브리어 yasar는 칠십인역에서 흔히 paideuein으로 번역된다. 이 단어는 가르치다, 바로잡다, 벌하다 등을 의미한다. 교회를 치는 심판은 하느님의 사랑과 진실함의 표지이다. 하느님은 최후의 심판 때 교회가 세상과 함께 단죄에 떨어지지 않도록 교회를 바로잡고 그의 거룩함을 회복시키고자 하신다.[197]

33-34ㄱ절: 결론으로 두 가지 단순한 권고가 주어진다. 질책과 경고를 한 다음에 그는 "형제 여러분"(adelphoi mou)이라고 차분하게 말한다. 식사는 주님이 불러 모으신 교회가 일치를 드러내는 자리여야 한다. 서

---

195) 리츠만: pharmakon athanasias(불멸의 마약, 이냐시오 에페 20,2)는 이를 pharmakon thanatou(죽음의 마약)처럼 남용하는 자들에게 작용한다.
196) 콘첼만은 타당하게 다음과 같이 지적한다. 1) 단어들의 순서를 바꾸어 해석하여 모든 병이 죄의 결과라고 결론 내려서는 안 된다. 2) 바오로는 병자들을 개별적으로 책망하는 것이 아니고 공동체 전체를 책망한다. 바로 공동체가 병들었기 때문이다.
197) 공동체의 죽은 자들은 징벌의 이러한 목적에 속하는가? 그것은 가능해 보인다. 참조 1코린 5,5.

로 기다려 함께 먹어야 하고 배고파 기다릴 수 없는 사람은 모임 전에 집에서 먹고 와야 한다. 그러면 모든 것은 품위를 유지하며 잘 끝날 것이다.

34ㄴ절: 바오로는 가장 까다로운 주제들만을 취급했다. 그에게 문의되었던 좀 더 덜 중요한 문제들에 대해서는 다음번 방문 때 그가 구두로 지침을 줄 것이다.[198]

---

198) 바오로는 자신의 방문을 두 번 예고한다: 16,1 이하(편지 C)와 4,18 이하(편지 D).

4. 성령의 은사들 12,1-14,40 (C)

도입 형식(peri de)은 7,1과 8,1의 경우와 같다. 12-14장은 7,1에서 언급된 편지에 대한 바오로의 답장일 것이다. 이 장들은 헬레니즘 영역에서 살아가는 한 그리스도인 공동체의 예배 생활에 대한 매우 풍부한 정보를 제공한다. 아마도 이 장들이 제공하는 이미지가 사도 시대의 다른 모든 교회들에게까지 유효하지는 않을 것이다. 코린토 교회의 넘치는 열광주의를 다른 공동체에서는 발견하지 못하기 때문이다. 그러나 이런 현상이 오직 코린토 교회만의 것은 아니었다. 바오로가 문제를 다루는 방법은 이것이 그에게 친숙한 주제임을 보여 주고 있으며, 비록 정도는 달랐겠지만 다른 그리스도인 공동체들에게도 공통된 것이었다고 생각할 수 있다.[199] 그럼에도 불구하고 특별히 코린토 교회의 매우 개인주의적인 영신주의는 그에게 한층 광범위한 가르침을 제공할 기회를 주었으며 특별한 문제의식과 문체를 남기게 하였다.

---

199) G.보른캄, *Ges. Aufs.* II p.133: 신령한 언어로 말하는 것은 바오로가 이미 분명하게 전제하고 있듯이 예언의 대중적인 발현 형태이다. 참조 사도 2,1-13. J.Behm, glōssa, *ThW* I p.224-225.

1) 은사의 다양성과 보완성 12,1-31ㄱ

(1) 성령의 현존의 표지 12,1-3

¹형제 여러분, 나는 여러분이 성령의 은사에 관해서도 알기를 바랍니다. ²여러분이 이교인이었을 때에 말도 하지 못하는 우상들에게 이끌려 정신없이 휩쓸렸다는 것을 여러분은 알고 있습니다. ³그래서 내가 여러분에게 일러둡니다. 하느님의 영에 힘입어 말하는 사람은 아무도 "예수는 저주를 받아라" 할 수 없고, 성령에 힘입지 않고서는 아무도 "예수님은 주님이시다" 할 수 없습니다.

1절: 12-14장의 주제는 첫마디에서 나타난다. "peri de tōn pneumatikōn(성령의 은사에 관해서)."[200] 여기서 속격은 남성일 수도 있다. 그런 경우 "성령을 받은 사람들에 관해서"가 된다. 그러나 소유격을 중성으로 보는 것이 옳고 이런 경우에는 "성령의 은사들(체험들)에 관하여"라고 번역된다. 사도는 성령의 은사들의 목적에 관하여(12장), 은사들의 한계에 관하여(13장) 그리고 은사들의 차별화된 유익함(14장)에 관하여 가르친다.

1-3절은 어떤 질문에 답하고 있는가? 이 구절들은 이 긴 논설의 첫머리에서 어떤 역할을 수행하는가? 대부분의 견해에 의하면 바오로는 여기서 다음과 같은 질문에 답하고 있다고 본다. 황홀경 체험, 예언, 신령한 기도가 그리스도의 영에 의해 이루어지고 있음을 어떤 표지로 인

---

200) 바흐만, 바이스, 슈미탈스, *Gnosis*, p.161-162.

지할 수 있는가? 이 질문이 제기될 수 있었던 것은 헬레니즘 시대의 이교도 영역에서 열광주의 현상이 흔했기 때문이다.[201] 바오로는 성령 안에서 말하는 사람은 예수를 주님이라고 고백하는 사람이라고 답한다. 그러나 어떤 구체적인 이유가 있어서 사람들은 이 질문을 바오로에게 했을까? 아니면 바오로 자신이 코린토 교회에 던지는 질문이었을까? 그는 영적 체험에 열중하는 사람들에게 열광주의 그 자체로는 긍정적인 의미를 지니지 못하고(이방인들도 이런 체험을 알고 있다) 예수를 주님으로 고백할 때에만 가치가 있음을 상기시켜 주고자 하는가?

일부 주석가들은 3절에 근거하여 공동체의 일부 회원들이 황홀경 상태에서 행한 연설에서 "예수는 저주 받으라"라고 실제로 외쳤을 거라고 생각한다. 이들은 영지주의적인 경향의 그리스도인들로서 영적이고 천상적인 그리스도만이 주님이시고 예수에 대해서는 아무것도 알고 싶어하지 않는 사람들이라는 것이다. 이들에게 예수는 인간으로 고통받고 십자가에 달린 그리스도를 의미한다.[202] 이처럼 그리스도를 영적으로만 생각할 줄 아는 이들이 사도에게 다음과 같이 문의하고 있다는 것이다. "예수는 저주 받으라고 선언하는 사람은 하느님 영의 감도를 받고 그렇게 말하는 것이 아닌가?" 그러나 이처럼 심각한 신앙 문제 앞에서 교회가 망설이며 질문하고, 여기에 겨우 세 줄의 말로 질서를 잡겠다고 하는 사도를 우리는 상상할 수 있을까?

한편 다른 주석가들은 바오로가 1-3절에서 진정한 영감의 판단 기

---

201) J.Behm, 앞의 논문, p.722.
202) W.Schmithals, Gnosis p.117-122. G.Eichholz, 앞의 책, p.12-13. I.Hermann, 앞의 책, p.70. N.Brox, 앞의 논문. 이미 바이스도 유사한 주장을 펼친 바 있다.

준에 대해 답변하는 것은 아니라고 주장한다. 그는 이런 질문을 제기 받지 않았기 때문이다. 사도는 장차 전개될 긴 논설의 전제를 선언하고 있다. 그는 열광주의에 매료되어 있고 영의 작용을 황홀경 현상에서만 인정하는 경향을 가진 공동체에게, 그것은 수용할 수 없는 축소주의라고 말하면서 가르침을 시작하는 것이다. 예수를 주님이라고 고백하는 그리스도인은 누구든지 영의 감도를 받는 자라고 인정해야 한다.[203] 이렇게 1-3절을 이해할 때 전체와 가장 잘 어울리고, 4절 이하 역시 좀 더 자연스럽게 이어진다.

2절: 사도는 독자들에게 과거의 우행偶行을 상기시킨다.[204] "여러분들이 우상에게 이끌려 정신없이 휩쓸였다"는 표현은 일부 이교도 예배에 고유한 황홀경 체험들과 반드시 관계되는 것은 아니다. 이런 해석은 여기서 판단 기준의 문제가 제기되었다고 보는 사람들이 주로 받아들이는 입장이다. 이 절은 전체적으로 보아 단순히 다음과 같은 점을 말하고 있다. 과거에 코린토인들은 이방종교의 모호한 힘에 저항도 못하고 이끌려서, 말도 못하는 우상들에게 예배를 드렸으며 '신이 아닌 존재들'(참조 10,20)을 신이라고 불렀다. 여기서 이방종교의 신들과 예배들을 비판하는 유다인들의 전통적인 입장을 엿볼 수 있다.

3절: 바오로는 "그래서 내가 여러분에게 일러줍니다"라는 표현을 통

---

203) D.Lührmann, 앞의 책, p.29, K.Maly, 앞의 논문, *Mündige Gemeinde* p.187. 참조 N.A.Dahl, *Volk* p.228.
204) hoti hote … hōs 구문은 난점을 제기한다. 그래서 몇몇 사본은 hoti나 hote를 생략하기도 한다. 가장 단순한 해법은 hōs를 시간 종속절 다음에 hoti를 다시 취한 것으로 간주하는 것이다(리츠만). 직설법 미완료와 함께 사용된 an은 헬레니즘 그리스어에서는 과거 안에서의 반복을 의미한다. Bl-Debr. § 367.

하여 중요한 선언을 예고한다. 코린토 교회는 혼돈에 떨어질 위험에 처해 있다. 그것은 화려한 성령의 은사를 지님으로써 스스로를 성령의 선택받은 보유자로 자처하는 자들이 일으키는 평판 싸움에 사로잡혀 발생한다. 한쪽에서는 영적인 사람들이 다른 한쪽에서는 보통 그리스도인들이 대립하여 교회의 일치가 위협을 받고 있다.[205] 무엇보다 이 위험을 피하는 것이 관건이다. 물론 바오로는 영이 열광주의자들에게 작용하고 있다는 것에 이의를 제기하지 않는다. 열광주의 그 자체가 위험한 것은 아니다. 그러나 사도는 모든 이에게 가장 중요한 결정적인 차이는 예수를 주님으로 고백하는가 아니면 거부하는가를 주지시킨다. 이 차이는 코린토인들의 과거(2절)와 현재의 차이이기도 하다. 그리고 그들이 "예수는 저주를 받으라"라고 말하는 것은 불가능하다. 반대로 그들에게는 "예수는 주님이시다"(참조 로마 10,9)라고 고백하는 것이 가능하다. 이것이 영의 업적이요, 이것이 또한 각자에게 현존하시는 성령의 표지이다(참조 13절).

(2) 하나이신 성령과 여러 은사 12,4-11

⁴은사는 여러 가지지만 성령은 같은 성령이십니다. ⁵직분은 여러 가지지만 주님은 같은 주님이십니다. ⁶활동은 여러 가지지만 모든 사람 안에서 모든 활동을 일으키시는 분은 같은 하느님이십니다. ⁷하느님께서 각 사람에게 공동선을 위하여 성령을 드러내 보여 주십니다. ⁸그리하

---

205) G.Schrenk, 앞의 책, p.109. "열광주의가 화해할 수 없는 갈등 안에서 영의 본질을 지향한다"는 그의 말은 다분히 과장된 것이다.

여 어떤 이에게는 성령을 통하여 지혜의 말씀이, 어떤 이에게는 같은 성령에 따라 지식의 말씀이 주어집니다. ⁹어떤 이에게는 같은 성령 안에서 믿음이, 어떤 이에게는 그 한 성령 안에서 병을 고치는 은사가 주어집니다. ¹⁰어떤 이에게는 기적을 일으키는 은사가, 어떤 이에게는 예언을 하는 은사가, 어떤 이에게는 영들을 식별하는 은사가, 어떤 이에게는 여러 가지 신령한 언어를 말하는 은사가, 어떤 이에게는 신령한 언어를 해석하는 은사가 주어집니다. ¹¹이 모든 것을 한 분이신 같은 성령께서 일으키십니다. 그분께서는 당신이 원하시는 대로 각자에게 그것들을 따로따로 나누어 주십니다.

4절: 4-6절은 성령, 주님, 하느님을 병행적으로 언급하여 삼위의 형식을 띠고 있다. 사도는 새로운 삶의 은사가 그리스도인 공동체의 구성원들 간에 다양하게 분포되어 있지만, 그 기원과 목표에 있어서 그들은 일치되어 있음을 언명한다.[206]

카리스마(charisma, 은사)는 1절의 "성령의 은사"(pneumatika)를 이어 받고 있다. 바오로는 후자를 거부하지는 않지만 이를 은사로 대체한 것은 이들이 단순히 동의어도 아니요 사도 자신의 특별한 의도가 또한 없지 않기 때문이다.[207] 복수 카리스마타(charismata)는 확실히 성령의 은사들을 말한다(4ㄴ절). 그러나 흔히 그 의미가 남용되고 있는 일상 언어 차원의 카리스마와는 다르며, 이 점은 5-6절이 잘 보여 준다. 카리스마

---

206) diaresis는 다양성보다는 분화 내지 갈라짐을 의미한다. 참조 11절 diairion. 그러나 이 갈라짐은 다양성에서 비롯한다(7-10절).
207) M.A.Chevallier, 앞의 책, p.138-163. 그는 이 점을 매우 강조한다.

는 무엇보다 은사恩賜이다. 교회는 은사로써 살아가고 선교의 사명을 수행할 수 있다(로마 12,6-8). 이처럼 사도는 pneumatika를 카리스마타로 대체하여 비판적인 성찰을 시작하면서 이를 통해 열광주의의 화려한 시위에 위험하게 매료되어 있는 공동체를 바로잡고자 한다.[208] 이 공동체는 이 은사들이 주어진 목적에 대해 벌써 망각하고 있는 것이다.

5절: diakoniai(봉사들): 은사들은 개인적으로 즐기라고 주어지는 것이 아니며, 이를 자랑하거나 과시하기 위해 주어지는 것은 더욱 아니다. 이들은 교회 안에서 봉사의 도구이다(성장을 위하여, 참조 14장). 그들은 은사의 다양성 안에서 교회의 주님 안에 일치되어 있고 주님은 은사의 용도를 조정하고 명령하신다. 바오로는 은사-봉사의 기준을 주님께 두고 교회-몸에 관하여 그리고 몸의 각 지체의 연대적인 책임에 관하여 성찰(12-26절)하기 시작한다.

6절: 다양한 은사들과 이들이 생산하는 결과들은 마침내 교회 안에서 활동하는 힘 내지 작용(energēmata)으로 나타나고, 하느님은 이 모든 것의 원천이시다. 기적적인 것에 대한 개념은 여기에 함축되어 있지 않다.[209] 하느님은 창조주로서 그분의 권능이 우주와 개인의 운명에 두루 미치고, 그리고 교회 안에서처럼 그 구성원 각자 안에서 일하시는 분(energōn)이시다.[210] 바오로는 하느님께서 모든 이 안에서(en pasisn) 일하

---

208) E.케제만, Amt und Gemeinde im NT, In :*Exeg.* I p.111. 반대로 열광주의를 경계할 필요가 없는 공동체에게 바오로는 "성령의 불을 끄지 마십시오"(1테살 5,19)라고 썼다.
209) 우리는 J.Behm, energeō, *ThW* II p.650의 견해에 반대한다. 그 결과가 기적이라면 이를 분명히 말했을 것이다. 1코린 12,10; 참조 마르 6,14.
210) 스토아 학파의 범신론에서 비롯한 표현 형식인 panta en pasin(참조 15,28)에서 en pasin은 정상적으로는 중성이다. 그래서 그 의미는 "만물 안에서" 곧 "우주 안에서"이

신다고 말함으로써 영을 독점하려는 이들을 견제하고 있다.

7절: phanerōsis tou pneumatos(성령의 드러남)라는 표현은 은사, 봉사, 작용의 세 가지 용어를 요약해 준다. 여기서 속격으로 표현된 성령은 주체인가, 아니면 객체인가? 이런 이분법적인 질문은 부질없다. 다음 절에서 성령은 분명히 작용의 주체이다. 그러나 성령은 작용하면서 결과를 드러내고 그 결과가 영을 드러낸다.

여기서 "각 사람에게(hekastō)"에 강조점이 있지 않다. 물론 공동체 안에서 각자가 은사의 일부를 받았다. 그러나 7절의 끝 부분에서 분명하게 나타나는 주요 단어는 "공동선을 위하여"(pros to sym-pferon)이다. 자신이 받은 은사를 개인적인 특은으로 간주해서는 결코 안 된다. 은사의 목적은 봉사이다(5절).

8-10절에서 바오로의 의도는 완전한 은사 목록을 작성하는 데 있지 않다. 그는 은사의 다양성을 지적하고 모든 이가 성령의 은사와 성령의 드러남에서 모두 동일한 자격을 지니고 있음을 확인시킨다. 그는 다소 동일한 유형의 은사들을 그룹으로 나누어 열거한다.

8절: 첫 두 가지 은사(참조 1,5)는 모두 말씀(logos)을 공통으로 한다. 지혜와 지식은 신학적 성찰의 은사이다. 바오로는 지혜(sophia)와 지식(gnōsis)을 서로 구별하고 있는가? 지혜는 하느님의 계획(13,2ㄱ이 말하는 신비)의 펼쳐짐과 관계되고 지식은 더욱 사변적인 성격을 지니고 있는가? 우리는 여기에 대해 아무것도 알지 못한다.[211]

다. 우리의 본문에서는 분명히 남성으로 쓰였고 그 의미도 "모든 이 안에서"이다.
211) R.불트만, ginōskō, *ThW* I p.703, note 73: 이 두 용어는 실제적으로 동의어라서 구별을 시도하는 것은 부질없는 일이다.

9-10ㄱ절: 특별한 은사들을 열거하는 이 자리에서 믿음(pistis)은 구원하는 신앙을 말하는 것이 아니라 기적적인 능력(참조 13,2ㄴ)을 가리킨다.[212] 치유의 기적(charismata imatōn)과 기적을 행하는 능력(energēmata dynameōn)은 어떻게 다른가? 바오로는 여기서 치유의 기적과 구마의 기적을 구별하고 있는 것은 아닐까?[213]

10ㄴㄷ절: 예언과 신령한 언어(glōssa)는 모두 열광주의적 현상이다. 성령의 갑작스런 충동으로 통제할 수 없이 터져 나오는 예언과 신령한 언어는 코린토에서 특별한 명성을 누리고 있었다. 그들은 탁월한 영적 인간으로 간주되었다. 다수의 주석가들에 의하면 성령의 분별 목적은 예언이 하느님에게서 왔는지 아니면 마귀에게서 왔는지를 구별하는 것이라고 한다.[214] 이는 가능한 의견이지만 설득력이 없다. 최근에 제기된 다른 설명이 더욱 고려할 가치가 있다. 영의 식별은 모호하고 수수께끼 같은 예언을 이해하고 설명하는 일이며 신령한 언어의 해석과 유사하다.[215] 세 번째 설명이 좀 더 설득력이 있다. 식별하다(diakrinein)는 올바르게 판단하다, 잘 가늠하다의 의미도 갖는다(11,31; 참조 마태 16,3). 식

---

212) W.슈미탈스, *Gnosis*, p.163. 그는 9절에 8ㄱ절을 연결시킨다: pistis는 영감을 받은 예언에 의해 촉발된 믿음이다. 마찬가지 입장으로는 Ch.Dietzfelbinger, Was ist Irrlehre? *ThEx heute* 143 p.47-48: 바오로는 단순한 신자들도 "영감받은 자"들과 마찬가지로 "영적인 인간"으로 여겼다.
213) 바이스. 공관복음서에서 모든 기적은 dynameis, 곧 능력의 행위이다.
214) 디다케 11,7은 시험하는 것을 금지시키고 영 안에서(en pneumati) 말하는 예언자에 대해 판단하는 것을 금지시킨다. 이는 영을 거스르는 행위로서 용서받을 수 없다(마태 12,31).
215) G.Dautzenberg, Zum religionsgeschichtlichen Hintergrund der diakrisis pneumatōn (1Kor 12,10), *BZ* 15 (1971) p.93-104.

별은 다른 예언으로 확인받는(14,29) 일종의 평가 작업이다. 그 목적은 영감들(pneumata, 14,12)을 분별하여 "좋은 것은 간직하고"(1테살5,21) 악한 것은 멀리하기 위함이다.

여러가지 신령한 언어(genēglōssōn)라는 표현은 28절에서도 나타난다. 이는 신령한 언어가 다양한 형태로 발설될 수도 있음을 의미하는가? 아니면 그것은 하나의 언어이되 다른 언어들과 다른 이 언어의 신비를 가리키는 하나의 표현 방식인가?

바오로는 은사 목록의 마지막에 가장 황홀경적인 은사, 그리하여 코린토에서 가장 높은 명망을 누리는 은사를 언급한다. 이는 우연이 아닐 것이다. 공동선의 기준에 비추어 보아서(7절) 신령한 언어들은 해석이 없는 경우 오직 이 언어를 말하는 당사자만을 성장하게 한다(14,2.4). 바오로는 코린토에서 첫 번째로 중요한 이 언어들을 의도적으로 마지막 항에 집어넣었다.

바오로는 은사들을 열거하면서 "성령을 통하여, 성령에 따라, 성령 안에서"를 줄곧 되풀이한다. 성령께서는 당신이 원하는 대로(kathōs bouletai) 은사들을 나누어 준다. 성령이 당신의 탁월한 자유에 의하여 목적에 부합하게 은사들을 나누어 주신다는 이 선언은 타인과의 허영 어린 비교나 타인의 사기를 꺾는 부질없는 비교를 종결시킨다. 참으로 중요한 일은, 은사가 무엇이든지 간에, 분배를 주도하고 특별한 책임을 부여하는 단 하나의 목표는 공동체의 내부와 관련되어 있다는 점이다. 이것이 12장의 마지막 주제이다.

(3) 몸과 지체 12,12-26

¹²몸은 하나이지만 많은 지체를 가지고 있고 몸의 지체는 많지만 모두 한 몸인 것처럼, 그리스도께서도 그러하십니다. ¹³우리는 유다인이든 그리스인이든 종이든 자유인이든 모두 한 성령 안에서 세례를 받아 한 몸이 되었습니다. 또 모두 한 성령을 받아 마셨습니다. ¹⁴몸은 한 지체가 아니라 많은 지체로 되어 있습니다. ¹⁵발이 "나는 손이 아니니 몸에 속하지 않는다"고 말한다 해서, 몸에 속하지 않는 것이 아닙니다. ¹⁶또 귀가 "나는 눈이 아니니 몸에 속하지 않는다"고 말한다 해서, 몸에 속하지 않는 것이 아닙니다. ¹⁷온몸이 눈이라면 듣는 일은 어디에서 하겠습니까? 온몸이 듣는 것뿐이면 냄새 맡는 일은 어디에서 하겠습니까? ¹⁸사실은 하느님께서 당신이 원하시는 대로 각각의 지체들을 그 몸에 만들어 놓으셨습니다. ¹⁹모두 한 지체로 되어 있다면 몸은 어디에 있겠습니까? ²⁰사실 지체는 많지만 몸은 하나입니다. ²¹눈이 손에게 "나는 네가 필요 없다" 할 수도 없고, 또 머리가 두 발에게 "나는 너희가 필요 없다" 할 수도 없습니다. ²²몸의 지체 가운데에서 약하다고 여겨지는 것들이 오히려 더 요긴합니다. ²³우리는 몸의 지체 가운데에서 덜 소중하다고 생각하는 것들을 특별히 소중하게 감쌉니다. 또 우리의 점잖지 못한 지체들이 아주 점잖게 다루어집니다. ²⁴그러나 우리의 점잖은 지체들은 그럴 필요가 없습니다. 하느님께서는 모자란 지체에 더 큰 영예를 주시는 방식으로 사람 몸을 짜 맞추셨습니다. ²⁵그래서 몸에 분열이 생기지 않고 지체들이 서로 똑같이 돌보게 하셨습니다. ²⁶한 지체가 고통을 겪으면 모든 지체가 함께 고통을 겪습니다. 한 지체가 영광을 받으면 모든 지체가 함께 기뻐합니다.

12절: 바오로는 은사들의 분배와 다양한 봉사의 순기능을 설명하기 위하여 비교에 의지한다. 그는 교회를 인간의 몸에 비교한다. 몸은 기관과 그 기능의 다양화에 힘입어서만 생존할 수 있고, 기관의 다양성에도 불구하고 아니 바로 그 다양성 때문에 불가분리의 일치를 이룬다.[216] 이 비교는 14-26절에서 길게 전개된다.

12절의 끄트머리에서 흥미롭게도 비교 용어가 달라진다. 예상했던 바와는 달리 교회가 아니라 그리스도가 몸에 비교된다. 이미지의 일관성이 깨어진 것이다. 하나이고 다양한 기관인 공동체의 이미지에 느닷없이 그리스도의 몸이라는 교회론의 개념이 겹쳐진 것이다.[217] 차라리 바오로는 "그리스도의 몸인 교회도 이와 같았다"라고 쓸 수 있었을 것이다. 그러나 그가 교회에서 그리스도로 강조점을 바꾼 것은 12ㄱ절에서 시작된 비교의 한계에서 벗어나고자 했고 또 벗어나야만 했기 때문이다. 실상 교회는 다양한 기능의 조화로운 조정을 통하여 인간의 몸처

---

216) 참조 로마 12,4-5. 바오로가 이런 비교를 처음 제시하지 않았다. 이러한 비교는 다양한 형태로 고대 작품에 등장한다. 가장 알려지고 인용되는 사례는 위를 거슬러 반란을 일으킨 지체들의 우화이다. 메네니우스 아그리빠는 거룩한 산에서 농성하며 불평하는 평민들에게 이 이야기를 들려주었다. Tite-Live II 32.

217) 12절 마지막 부분에서 교회 대신에 그리스도를 말했다 해서 이 두 단어가 상호 교환될 수 있음을 의미하지는 않는다. 교회는 신비의 그리스도가 아니다. 알로는 이렇게 생각하였으나 L.Cerfaux는 이를 비판하였다(*La théologie de l'Eglise suivant Saint Paul*, p.228, note 2). 케제만은 "공동체가 그리스도의 연장이 아니다"라고 말한다(*An die Römer*, p.212). 어떤 의미로 몸이 그리스도 자신이라고 말할 수 있다면 몸이 그리스도의 현현이기 때문이다. 그렇다고 몸이 그리스도와 동일시되는 것은 아니다(바레트). 마치 은총이 신앙에 선행하듯이 그리스도는 교회의 주인으로서 몸에 선행한다. 제2 바오로 서간들은 이 점을 분명히 한다. 그리스도는 몸의 머리이시다(콜로 1,18; 에페 4,15).

럼 단지 기능적으로 움직여지는 것만이 아니다. 교회는 실로 자신의 주님이신 그리스도를 통하여 기능하기 때문이다. 교회는 그분의 몸이다(참조 에페 4,4-5).

13절: 교회 일치는 성령의 업적이고 세례를 통해 실현된다.[218] 모든 이가 세례를 통해 그리스도께 통합되기 때문이다. eis hen sōma에서 eis는 목적보다는 장소적인 의미를 지니고 있기에 "한 몸 안에서"를 의미한다. 바오로는 도달해야 할 목표가 일치라고 말하고 싶은 것이 아니다. 세례 받은 모든 이는 그리스도께 이미 일치되어 이들을 갈라놓았던 사회적이고 역사적인 차이들이 소멸된다. 그리하여 모든 믿는 이는 그리스도의 몸 안에서 하나가 된다(갈라 3,27-28). 이 몸이 바로 교회다. 그러나 이 교회는 우리가 보는 것 이상의 존재다. 왜냐하면 교회는 자신을 넘어서서 자신의 외부에 계시는 그리스도 안에 자신의 존재와 현실의 근거를 지니기 때문이다. 교회는 그리스도의 표지요 그분 행위의 장소이다. 이런 이유로 몸인 교회는 몸의 지체들에 비하여 선재先在하며 교회의 일치보다 앞서 존재하는 자리이다.

보충 설명: 그리스도의 몸(12,13)

바오로에게서 sōma (tou) Christou(그리스도의 몸)는 세 가지 용법으로 사용된다.

---

218) 케제만, Exeg.I p.15, A.Feuillet, *Sagess* p.101-102. 이들은 13ㄷ절에서 성찬례에 대한 암시를 본다. 그러나 단순과거는 반복적이고 현재적인 성찬례보다는 과거의 사건인 세례에 더 적합하다(벤트란트). 아울러 바오로는 바로 모든 이가 먹는 빵에 몸의 개념을 연결시킨다(10,17).

1) 십자가에 달리신 그리스도의 몸: 로마 7,4
2) 성찬례의 빵에 현존하시는 그리스도의 몸: 1코린 10,16; 11,24.27
3) 교회를 이루시는 그리스도의 몸: 1코린 10,17; 12,12.27; 로마 12,4-5

이상의 다양한 의미로부터 내릴 수 있는 결론은 바오로가 쓴 최후의 편지에서도 그리스도의 몸은 교회론적인 개념으로 아직 충분히 발전되지 않았다는 사실이다. 교회론적인 개념은 콜로새서와 특히 에페소서에서 절정에 이른다. 우리는 코린토 교회가 성령의 은사에 관해 바오로에게 제기한 일련의 질문들이 자극하고 촉발시킨 개념의 정교화 과정을 그의 편지 안에서 엿볼 수 있다. 코린토 교회의 문제점은 그리스도의 몸 개념의 내용에 결정적인 영향을 미쳤다(로마서를 쓴 곳도 역시 코린토이다). 그 작업이 여전히 진행 중이라는 표지는 몸 개념의 형이상학적이고 은유적인 두 가지 측면이 1코린 12장에서 이미 결합되었으나, 아직 완전히 일치를 이루지 못했다는 데서 드러난다. 이 두 측면의 균일화 작업은 에페 4,7-16에서 완성된다.

교회와 인간 기관의 비교는 당대의 여러 저자들의 작품에서 유사한 형태로 발견된다. 바오로는 당시에 통용되던 이미지와 여러 용법들을 교회에 적용시켰을 뿐이다. 우리는 이미 메네니우스 아그리빠의 우화를 인용한 바 있다. 스토아 학파의 현자인 마르쿠스 아우렐리우스는 자신이 이성을 가진 온갖 존재들로 구성된 몸의 일부(meros)이고 또 그 지체(melos)임을 알고 있다(명상록 VII 13). 이로부터 모든 인간에 대한 그의 책임이 비롯된다. 키케로도 《목적에 관하여》에서 동일한 논리를 전개한다(XIX 63). 그리스도의 몸인 교회의 형이상학적인 개념 역시 이미 그 선례가 있고 또 유사한 사례를 가지고 있다. 우주적 차원의 그리스도-몸 개념은 세상을 거대한 몸 내지 우주적인 인간으로 파악하는, 당시에 다양하게 유포된 사변과 긴밀히 연결되어 있다는 것은 거의 확실하다. 이 점에 대해 흔히 플라톤의 〈티메 31ㄴ; 32ㄱ〉와 오르페우스의 〈단편 168〉이 인용된다. 여기서 제우스는 우주의 머리이고 그의 권능과 사고가 전체를 다스린다고 밝힌다. "모든 존재는 제우스의 작품이며 … 이 모든 몸들은 위대한 제우스 안에 영면한다."

그러나 그리스 사상과의 이러한 관계를 모든 이가 다 인정하는 것은 아니다. 예컨대 슈바이처(위의 책, 1069쪽)는 다른 이들과 함께, 그리스도의 몸 개념이 '협동적인 인격체'에 대한 셈족의 사고가 반영된 표현이라고 본다. 그리스도는 교회이다. 이는 성조聖祖나 아담이 이스라엘 백성이나 인류를 대표하는 것과 같다. 슈바이처는 협동적인 인격체 개념과 묵시주의적 사변을 상호 작용시켜서 새로운 아담과 성조 시대의 복귀를 조명한다. 그러나 이 모든 표상과는 다른 매우 이질적인 몸 개념은 도대체 어디서 왔는가? 바오로의 노선을 따라 교회론을 발전시킨 콜로새서와 에페소서에서 우주적 인간의 모티브가 이들의 교회론에 활용된 점을 과연 부인할 수 있겠는가? 거기서 교회는 그리스도를 머리로 하는 몸이라고 분명히 말하고 있지 않은가?(콜로 1,15-20; 에페 1,22-23; 2,15; 4,13).

바오로의 독창성은 sōma를 교회의 몸으로 지칭하는 본문에서 교회-기관 이미지와 그리스도-몸 개념을 결합시켰다는 데에 있다. 이들은 1코린 12장에서 세례를 기준으로 서로에게 연결되어 있다(12-13절). 바로 여기에 놀라운 신학적인 함축성이 담겨져 있다. 바오로는 몸의 이미지로만 영감을 받은 교회론에는 만족하지 못했다. 그는 이미지의 일치를 깨뜨리더라도 그리스도가 교회에 선재한다는 것을 상기시켜야 했다. 이 몸이 하나의 몸일 수 있는 까닭은 몸의 지체들의 순기능이 첫 번째 이유는 결코 아니다. 그것은 모든 이가 세례를 통해 그리스도에게 통합되었다는 사실에 있다. 교회는 단지 하나의 사회학적 현상이 아니다. 물론 인간의 삶의 모든 형태를 지배하는 사회학적 법칙이 교회 공동체의 제도적 형성에 필연적으로 개입하는 것은 사실이다. 그러나 이 법칙들은 결코 우선적이지 않다. 이 법칙들은 그리스도라는 근본 원인으로부터 기능할 뿐이고 또 그렇게 되어야 한다. 그리스도는 이 기능성의 규범이고 최고 기관인 것이다. 바로 이 때문에 그리스도의 '형이상학적' 선재 개념을 지워 버리는 '협동체적' 그리스도 개념은 "그리스도의 몸"(sōma Christou)에 대한 바오로의 본문에 입각하여 판단해 보아도 개연성이 별로 없는 위험한 가설이다(참조 보나르, 위의 책, 269쪽).

14절: 바오로는 교회와 인간 몸의 비교에 다시 돌아와 기관의 불가피한 다양성을 강조하고(14-20절) 이에 필요한 연대성을 역설한다(21-26절).

15-16절: 지체와 기관의 다양성에도 불구하고 모든 것은 한 몸에 속해 있다. 아마도 바오로는 공동체의 다른 이들을 위에서 내려다보며 이들을 무시하는 열광주의자들, 황홀경의 전문가들에게 이 명백한 사실을 환기시키고자 했을 것이다.[219] 그러나 한층 덜 품위 있는 지체들 예컨대 발이나 귀가, 좀 더 품위 있는 지체들인 손이나 눈과 스스로를 비교하고 자신들도 같은 몸에 속해 있는지를 의심하는 경우가 있다면, 15-16절은 바로 이들을 위해서도 쓰였다. 바오로가 스스로 엘리트라고

---

219) 콘첼만

생각하는 사람들을 공격한다면, 그것은 이들에 의해 무시당하는 사람들을 간접적으로 안심시키는 결과를 수반한다.[220]

17절과 19절: 여기서도 기관의 위계 개념이 배경에 있다. 눈이 귀보다 더 중요하고 귀가 코보다 더 중요하다고 말할 수 있는가? 열등한 기관은 없어도 된다고 생각하는 것은 참으로 불합리하다. 몸이 한 가지 기관으로 환원되면 무엇에 쓰겠는가?

18절: 지체의 다양성과 그 기능의 다양성은 하느님이 원하신 바다. 이 점은 토론의 대상이 아니다. 비교와 경쟁의 대상이 아닌 것이다.

20절: 12절을 상기시키면서 결론을 내리고 아울러 일치를 강조하는 다음의 내용을 시작한다.

21절: 좀 더 우월한 지체들이 다른 지체들의 기능을 불필요하게 생각하는 불합리성을 비판한다.[221]

22절: 그리스 본문에서 부사 '더욱더'(pollōmallon)는 수식의 대상인 '필요하다'(anagkaia)와 너무 떨어져 있어서 그 관계를 연결시키기에 어려움이 있다. 통상적으로 이 부사는 앞의 내용보다 강화된 내용을 도입한다. 22절의 확인은 21절보다 더욱 강한데 가장 약한 지체가 더욱 필요하다고 선언하기 때문이다. 이로써 바오로는 전혀 명예롭지도 않고 특별한 보호가 필요한 내부 기관을 가리키는 것 같다.[222]

---

220) 바이스, 바인란트, 슈바이처, 앞의 논문, p.106-107.
221) 콘첼만은 눈과 머리는 몸의 가장 존귀한 부분이고 다른 기관들은 상호 교환이 가능하다고 본다. 그러나 바오로는 지체들 간의 우열을 인정하지 않고 오직 권리의 평등함을 강조한다.
222) Ta dokounta melē … asthenestera의 단어 순서는 이상하게 보인다. 그러나 참조 Bl-Debr. § 474,5.

23-24ㄱ절: 각 지체의 필요성과 상호 연관성을 강조한 뒤에 사도는 보상에서 덜 유리한 위치에 있는 지체들에 관해 언급한다. 이 보상은 우리가 입는 옷이다. 하지만 여기서 너무나 구체적으로 이미지를 적용시키는 일은 피해야 할 것이다. 중요한 것은 저마다 불평등한 은사들을 평등하게 만드는 것이 아니라, 좀 더 품위 있는 은사와 가장 볼품없는 은사들 간의 평등을 인정하고 이를 보호하는 일이다.

24ㄴ-25절: 사도는 다시 한번(참조 18절) 하느님을, 몸의 지체들 간의 관계를 관장하는 법칙을 만드신 분으로 지칭한다. 불평등함을 보상하는 옷의 풍습은 단지 지체들간의 협약이 아니라 몸의 선익을 창조주께서 배려하신 결과이다. 이는 공동체와 그 구성원 각자에게 요구되는 행동 모델이다.

26절: 몸의 지체들 간에 경쟁심이나 시기심이 솟아날 수 없는 이유는 그들 중 하나에게 일어난 일이, 고통이든 선악이든 간에, 다른 모든 지체에게도 불가피하게 영향을 미친다는 사실 때문이다. 그들의 고유한 이익에 따라 모든 이는 서로 연대하고 몸의 생명과 복지에 기여해야 한다.

⑷ 봉사직의 다양성 12,27-31ㄱ

[27]여러분은 그리스도의 몸이고 한 사람 한 사람이 그 지체입니다. [28]하느님께서 교회 안에 세우신 이들은, 첫째가 사도들이고 둘째가 예언자들이며 셋째가 교사들입니다. 그다음은 기적을 일으키는 사람들, 그다음은 병을 고치는 은사, 도와주는 은사, 지도하는 은사, 여러 가지 신령한 언어를 말하는 은사를 받은 사람들입니다. [29]모두 사도일 수

야 없지 않습니까? 모두 예언자일 수야 없지 않습니까? 모두 교사일 수야 없지 않습니까? 모두 기적을 일으킬 수야 없지 않습니까? ³⁰모두 병을 고치는 은사를 가질 수야 없지 않습니까? 모두 신령한 언어로 말할 수야 없지 않습니까? 모두 신령한 언어를 해석할 수야 없지 않습니까?" ³¹⁻여러분은 더 큰 은사를 열심히 구하십시오.

27절: 이제부터 구체적인 적용으로 넘어간다.²²³⁾ 12절에서처럼 '교회-기관'의 이미지는 '교회-그리스도의 몸'의 개념과 결합된다. sōma 앞에 정관사가 없는 것도 아마 그 때문일 것이다. "여러분은 하나의 몸을 구성합니다(인간의 몸처럼 하나의 기관인 몸을). 이 몸은 그리스도의 몸입니다."²²⁴⁾ Ek merous(하나하나가): 그리스도께 받은 이 몸 안에서 각자는 그 지체로 존재하고 일치를 이루며 저마다 해야 할 역할을 가지고 있다.²²⁵⁾ 이 역할은 받은 은사와 각자의 소명에 따라 제한되고 또 모든 이에게 상호 보완적이다

28절: 바오로는 세우다(etheto)라는 동사를 사용하여 18절의 내용을 상기시킨다. 하느님은 은사와 기능의 다양성을 만드신 분이시다. 이 문맥에서 처음으로 등장하는 교회(ekklēsia)라는 말은 중요한 의미를 지닌다. 하느님께서 은사와 기능을 나누어 주시는 것은 바로 교회 안에서,

---

223) 27절과 28절의 논리적인 연결은 de … kai로 이루어진다. "여러분은 하나의 몸입니다 … 그리고 그 결과로 하느님은…."
224) L. Cerfaux, *La théologie de l'Eglise suivant Saint Paul*, p.233. 아니면 이것은 히브리어의 연계형과 관련되는 것인가?
225) Ek merous 대신에 D와 다른 라틴어 사본들은 ek melous, membra de membro로 읽는다. 이것은 서로 서로의 지체를 의미한다.

그리고 교회를 위해서이다.

28절의 목록은 8-10절과 비교하여 공통 요소도 없지 않지만 크게 다르다. 후자는 코린토에서 생각하는 영적 체험에 따라 여러 단계의 은사들만을 열거하는 반면, 전자는 이와는 전혀 무관한 기능들을 포함하고 있다(참조 로마 12,6-8). 이 점은 매우 중요하다. 여기서 영의 은사에 대한 바오로의 특별한 개념이 분명하게 드러난다(참조 4절과 5절). 그리스도께서 교회를 건설하시는 데 도구로 쓰시는 모든 봉사직은 교회 안에서 드러난다. 그리스도의 몸의 삶을 드러내고 보장하는 모든 봉사, 교회의 주님께서 동원하시는 모든 인간적 자질, 교회가 사명을 완수할 수 있도록 하는 모든 능력은 은사요, 성령의 현시(7절)인 것이다.[226] 코린토에서 그처럼 중요하게 간주되고 또 열렬히 추구되는 은사들은 이제 달리 평가되고 그들이 특권적으로 누리던 위치는 상실된다. 28절의 목록은 자기 자리를 되찾게 한다. 31ㄱ절은 가치 질서의 역전까지 예고한다.

목록에서 먼저 등장하는 사도, 예언자, 교사는 말씀의 전달자라는 기능에서 결정적인 중요성을 지닌다.[227] 바오로는 여기에 서열을 부여함으로써 그 비중을 더욱 강조한다. 여기에서 사도는 열두 사도와 바오로로 국한하여 알아들어서는 안 된다. 곧 사도는 교의적으로 정의되지 않고 구체적으로 지역 교회를 창설한 선교사들과(3,10) 거기서 굳건하게 그리스도의 복음을 정착시킨 이들을 가리킨다(1,6). 그들은 역사적으로나, 신학적으로 첫 번째 자리를 차지한다. 교회가 존재하기 시작하면서 다

---

226) R.불트만, *Theol. NT.* p.326.
227) H.Merklein, 앞의 책, p.244. 이 삼중적인 구조는 아마도 안티오키아 교회의 직무 신학을 밝히는 것으로 보인다. 참조 사도 13,1.

른 봉사직들도 필요해졌다. 예언자들에게는 교회에 전달해야 할 격려와 경고(14,3) 내지 교회의 활동 지침들이 계시된다(사도 13,1-3). 코린토 교회에는 여자 예언자들도 있었다(11,4). 교사들에게는 이들이 가르치고 설명해야 할 사도적 전승이 맡겨진다. 이들은 주로 그리스도론적인 해석과 윤리적 가르침을 목적으로 하는 성경의 주석가이기도 하다. 바오로 자신도 라삐 교육을 받았던 관계로 그의 편지에서 자주 교사의 일을 수행한다.

세 개의 기초적인 봉사직 다음에 공동체의 삶을 보장하는 일련의 기능들이 등장한다. 이어서(epeita)라는 말은 이 기능들을 이차적인 것으로 평가하는 것이 아니라 두 번째 순서를 말한다. 두 개의 기능이 첫 번째 목록에는 나오지 않는다. 하나는 물질적인 상호부조(antilēmpseis)[228]의 은사인데, 초대 교회의 시작에서부터 존재하였고 대부분 보잘것없는 사람들로(1,26 이하) 구성된 코린토 공동체와 같은 곳에서 더욱 필요한 기능이다. 다른 하나는 지도(kybernēseis)[229]의 책임을 맡는 은사이다. 이 두 가지는 코린토인들이 의미하는 바의 "영적인" 기능이 아니다. 이 둘은 "공동선"(7절)을 위한 영의 활동의 표지이고 은사이다. 첫 번째 목록에서처럼 신령한 언어를 말하는 사람들은 마지막에 언급된다.

29-30절: 바오로는 일곱 개의 질문을 통해 독자들이 은사의 다양성과 그 배분을 확인하고 수용하기를 촉구한다. 그는 하느님이 마련해 주신 고유한 몫을 각자가 인정하고 모든 이가 저마다의 역할을 통해 다 필요한 존재임을 인식하도록 이끌어준다.

---

228) 바오로는 공동체의 식사를 이 상호부조의 기회로 간주했는가?
229) W.Beyer, kybernēsis, *ThW* III p.1034-1036.

31ㄱ절: 31ㄱ절의 의미와 기능은 논쟁거리이다. 가장 단순한 것은 (13장을 경유하여)[230] 14장의 시작을 예고한다고 보는 입장이다. 바오로는 사람들이 공동체에 가장 유익한 은사를 선호하길 원한다. 또 다른 견해는 31절 전체를 13장의 도입으로 본다.[231]

2) 성령의 은사와 사랑 12,31ㄴ-13,13

13장은 12,31ㄱ과 14,1ㄴ 이하 사이에 끼여 있다. 이 장은 12,31ㄴ과 14,1ㄱ에 의해 문맥에 적당히 매달려 있다. 주제어인 agapē(사랑)는 12장에 나오지 않을 뿐 아니라 놀랍게도 14장에서도 다시 나타나지 않는다. 대신에 이 장에서는 oikodomē(건설) 개념이 지배적이다. 13,8-11에서는 예언을 포함하여 영감의 은사들을 상대적으로 가치절하하는 데 비해, 14장에서는 이 은사를 적극적으로 권고하는 데에서 일종의 긴장이 느껴진다. 취약하게 맥락과 연결되어 있는 13장은 그 문체를 보아서도 본시 독립적인 본문이었고 아울러 형식적인 관점에서 불완전하게 이 자리에

---

230) 바이스는 13장이 여기에 잘못 배치되었다고 본다. 본래 자리는 8장 다음에 이어지는 것이라고 생각한다. 한편 슈미탈스, *Gnosis* p.89; W.Schenk, "Der 1 Korintherbrief als Briefsammlung", *ZNW* 60(1969) p.219ss. 이들에 의하면 13장은 14장 다음에 위치해야 한다.

231) G.Iber, 앞의 논문. 그는 zēloō(간절히 구하다)가 바오로에게서 늘 경멸적인 의미를 지니고 있다고 믿고 31절에서 하나의 질책을 본다: "여러분은 더 큰 은사에 대한 야망을 가지고 있군요!" 여러분은 허영심 많고 명망 높은 영적인 사람들이라는 말이다. 바오로는 이에 대하여 반어법적으로 "더욱 뛰어난 길"을 제시하는데, 그것은 오직 다른 이들만을 생각하는 사랑의 길이다.

들어왔다는 인상을 준다.

바오로는 논증의 명료함을 손상시키지 않고 12,31ㄱ에서 14,1ㄴ으로 직접 넘어갈 수 있었을 것이다. 그럼에도 불구하고 13장은 그 내용으로 말미암아 거듭 읽게 만드는 놀라운 매력을 지니고 있다. 바오로 자신도 코린토의 문제점이 지니는 전망 안에서 13장을 거듭 읽고 있다. 12장과 14장 사이에 삽입되어 있는 사랑의 찬사를 단지 긍정하는 것만으로도 문제의 요소들을 가려내는 데 탁월한 효과를 가진 비판의 칼날을 획득한다.[232] 그러므로 이 장을 단지 하나의 (놀라운) 전식前食으로 간주하는 일은 없어야 한다.

이 사랑의 찬사는(찬가라기보다) 지혜의 담론으로서 "서정시라기보다 교육적 시"(헤링)이다. 이 장은 문체상으로나 내용상으로 세 부분으로 분명하게 나뉘어진다: 1-3절, 4-7절, 8-13절.

(1) 사랑이 없으면 성령의 은사는 아무것도 아니다 12,31ㄴ-13,3

> [31ㄴ]내가 이제 여러분에게 더욱 뛰어난 길을 보여 주겠습니다.
> [13,1]내가 인간의 여러 언어와 천사의 언어로 말한다 하여도 나에게 사랑이 없으면 나는 요란한 징이나 소란한 꽹과리에 지나지 않습니다. [2]내가 예언하는 능력이 있고 모든 신비와 모든 지식을 깨닫고 산을 옮길 수 있는 큰 믿음이 있다 하여도 나에게 사랑이 없으면 나는 아무

---

[232] 13장과 14장의 순서를 바꾸어 보려는 이들이 인지하지 못하는 부분이 바로 이것이다. 나아가 순서를 이렇게 바꾸면 구체적이고 실천적인 내용으로 결론을 내리는 바오로의 스타일과도 전혀 맞지 않는다.

것도 아닙니다. ³내가 모든 재산을 나누어 주고 내 몸까지 자랑스레 넘겨준다 하여도 나에게 사랑이 없으면 나에게는 아무 소용이 없습니다.

31ㄴ절: hodos(길)의 의미는 문맥에 따라 크게 다르다. 이 단어는 행동 양식이나 품행을 의미할 수도 있지만 이 문맥에서는 목표에 도달하기 위해 가야 할 길을 나타낸다.[233] 그 목표는 공동체 안에서 그리스도의 생명을 실현하는 것이요, 성령이 현존하는 현실이다. kath' hyperbolē는 글자 그대로 '한도를 넘어서는' 것을 의미하며 비교급보다는 최상급의 가치를 지닌다. '(무엇과도) 비교할 수 없는'[234]이라고 번역할 수 있겠다.[235] 다음에서 보여 주듯이 바오로는 실천할 수 있는 길과 좀 더 바람직한 길을 대립시키지 않는다. 사랑이 뒤따르지 않는 은사의 추구는 (14,1) 허무로 끝날 뿐이다.

1-3절에서 그리스도인들의 성과는 강함과 칼날을 증가시켜 확인시키는 크레센도(점점 세게, crescendo) 방식으로 열거된다.

1절: 사람의 언어와 천사의 언어: 이 단어들은 다양하게 번역할 수 있다. 여기서 tais glōssais lalein이 '(신령한) 언어로 말하다'를 의미하는 전문용어 한다면, 사도는 두 가지 종류의 언어에 대해 말하거나 아니

---

233) W.Michaelis, hodos, *ThW* V p.89.
234) G.Delling, hyperballō, *ThW* VIII p.523.
235) R.불트만, *Theol. NT.* p.345-346: 사랑은 '종말론적 실존'(갈라 5,6)으로서의 신앙을 삶에서 구현하는 것이다. 사랑은 1코린 13장에서 "더욱 뛰어난 길"로 소개되고 모든 영적인 사람들을 더욱 높은 곳으로 인도하며, 이것이 없으면 다른 영의 은사들은 아무 것도 아닌 것으로 나타난다. 그러므로 사랑을 여느 은사들 중의 하나로 이해할 수 없다.

면 두 가지 단계의 언어에 대해 말하는 것이라고 결론내릴 수 있다. 두 종류의 언어에서 하나는 인간에게 유보된 언어요 다른 하나는 천사들이 사용하는 언어다(참조 2코린 12,4; 묵시 14,2-3). 두 단계의 언어는 황홀경의 형태에 따라 사람이 말하는 신령한 언어의 두 가지 수준을 가리킨다.[236] 이것은 가능한 설명이지만 자연스럽지 않다. 우리는 지금 시적인 산문 형태의 본문을 다루고 있다. 바오로는 단순하게 말하고 있는 것이다. "내가 인간의 여러 언어와 천사의 언어로 말한다 하여도…." 그러나 13장의 문맥에서 볼 때 천사들의 언어는 황홀경의 신령한 언어를 암시하는 것이라고 알아들어야 한다.[237]

사랑(agapē) 앞에 관사가 없다. chalkos는 구리인데 여기서는 공 또는 징을 의미한다. alazein은 '소리를 지르다'인데 여기서는 요란하게 울리다[238]를 뜻한다. 가장 훌륭한 웅변과 황홀경의 신비한 언어도 사랑이 없으면 소음에 지나지 않는다(참조 14,7-12).

2절: 바오로는 신령한 언어보다 높은 단계의 은사로 넘어간다. 그러나 과연 그는 다른 은사들에 대해 얼마나 이야기하고 있는가? 예언과 신비와 지식을 구별해야 하는가? 아니면 이들을 동일한 유형으로 간주해야 하는가? 믿음(pistis)은 여기서 기적의 능력을 암시한다(참조 12,9). 산을 옮긴다는 것은(참조 마르 11,23) 불가능해 보이는 것을 가능케 함을

---

236) G.Delling, glōssa, *ThW* I, p.525. 위경 〈욥의 유언〉 48 이하에 의하면, 욥의 딸들이 황홀경 상태에서 여러 계급의 천사들의 방언을 말했다고 한다.
237) 칼뱅, 바레트, 콘첼만.
238) 시편 150,5: "징을 울리며(en kymbalois alalagmou) 주님을 찬양하여라." E.Peterson, alalazo, *ThW* I p.228: 바오로는 주신제酒神祭, 특히 키벨레 여신의 제의에서 악기들로 소란을 피우며 이루는 황홀경 상태를 염두에 두며 말하고 있다.

의미한다. 그리고 긴 문장의 끝에는 짧은 말로 outhen eimi(나는 아무것도 아닙니다)가 단두대의 시퍼런 칼날처럼 떨어진다.

3절: 여기서는 성령의 은사가 아니라 놀라운 행동들이 열거된다. 바오로는 모순에 직면한다. 그가 말하는 행동들은 부인할 수 없는 사랑의 증거요 전적인 희생의 표지가 아닌가? psōmizein은 '한입 나누어 주다'인데 여기서는 '굶주린 이들을 먹이다'(참조 로마12,20)를 의미한다. 더 높은 단계의 은사는 "몸을 내주어 불사르게 하는 것"[239]이다. 여기서 사도는 당대에 잘 알려진 수행 방식으로, 자발적으로 몸을 살라 공양(供養)하는 인도의 나체주의자들을 생각하는 것일까? 아니면 그는 종교적인 열광주의가 빚어낸 정신착란 속에서 이런 행위를 하는 사람을 상상하는 것일까? 아니면 그는 마카베오 하권 7장에서 이야기하는 사람들이나 다니엘 3장에 나오는 불가마 속의 세 사람을 염두에 두고 있는 것일까? 이런 파격적인 행위가 어떻게 사랑 없이 이루어질 수 있느냐고 우리는 물어야 할까? 그것은 환상의 소이일 뿐인가? 또는 순교를 추구하는 금욕주의의 발로인가?[240] 정작 중요한 것은 이 행위의 진정한 동기를 확인하는 일이다. 가장 철저한 헐벗음과 마침내 생명을 바치는 일조차도 사랑에서 비롯하지 않으면 아무것도 아닌 것이다. 이 절의 마지막 부분에는 보상 개념이 엿보인다. 사랑 없이 하는 일은 하느님 앞에서 가치

---

239) P^{46} B Sin A는 Kauthēsomai(C D G L) 대신에 Kauthēsomai(자신을 자랑하다)라고 읽는다. 이 독법은 오래된 추측이지만 일반적으로 거부된다. "자신의 몸을 내어주다"라는 말은 그 자체로는 이해할 수 없다. 참조 J.K.Elliot, In favour of Kauthēsomai at 1Co 13,3, ZNW 62(1971) p.297-298. hina 다음의 미래에 대해서는 Bl-Debr. § 369,2.
240) 불에 의한 죽음에 대한 토론과 문헌에 대하여 참조 K.L.Schmidt, kaio, ThW III p.466-469.

가 없으며 칭찬받을 것도 없다.

(2) 사랑의 초상 13,4-7

⁴사랑은 참고 기다립니다. 사랑은 친절합니다. 사랑은 시기하지 않고 뽐내지 않으며 교만하지 않습니다. ⁵사랑은 무례하지 않고 자기 이익을 추구하지 않으며 성을 내지 않고 앙심을 품지 않습니다. ⁶사랑은 불의에 기뻐하지 않고 진실을 두고 함께 기뻐합니다. ⁷사랑은 모든 것을 덮어 주고 모든 것을 믿으며 모든 것을 바라고 모든 것을 견디어 냅니다.

4-7절은 13장 안에서도 구별되는 형식적 일치를 이룬다. 짧은 15개의 절과 7개의 부정문, 8개의 긍정문이 사랑의 모습을 그려준다. 7절의 네 개의 panta(모든 것)가 전체를 완결한다. 문학 유형은 찬가의 형식이 아니라 유다교의 교훈 전통에 속한다.[241]

4절: makrothymos는 칠십인역에서 히브리어 erek phayim을 번역한

---

241) G.폰 라트, 앞의 책, 282쪽. 라트는 이사악의 유언의 내용을 인용한다: "단순한 자는 금을 탐하지 않는다. 그는 진수성찬을 찾지 않는다. 그는 좋은 옷을 입어서 남과 다르게 보이려고 하지 않는다. 그는 오래 살기를 바라지 않는다. 그는 오직 하느님의 뜻에 모든 것을 맡긴다. 헷갈린 정신은 그에게 아무런 힘도 발휘하지 못한다. 왜냐하면 그는 생각이 불순한 마음으로 오염될 것을 두려워해서 여인의 아름다움을 즐길 수 없기 때문이다. 그는 자신의 마음을 질투에도 넘기지 않고 채워지지 않은 욕망으로 분열된 그의 생각에도 마음을 쓰지 않는다. 그는 영혼의 단순함 속에서 걷는다. 그는 모든 것을 마음의 올곧음에 따라 바라보고 세상의 간교함이 그의 영혼을 타락시키는 것을 허용하지 않는다. 그는 주님의 계명들을 왜곡시키는 시선으로 세상을 보려 하지 않는다."

것으로 '화를 내는 데 더디다'를 의미한다.[242] 참을성 내지 인내는 이웃에게 피곤해 하지 않고 그에게 등을 돌리지 않는 것이다. 첫 번째와 마지막(7절)에 거명된 인내는 사랑의 본질적인 측면이다. chrēsteuesthai[243]는 선함으로 일하다, 즉 다른 이의 선익을 위하여 일하다라는 뜻이다. zēloun은 열정적인 추구를 가리킨다. 그것은 선하거나 악한 열심이며 여기서는 관심을 가지고 지배하려는 열정을 가리킨다. perpereuesthai는 경솔하게 보이다, 가볍게 행동하다를 의미한다. 사전학자 헤시키우스(Hesychius, 서기 500년경)는 이 단어를 katepairesthai(허풍 떨다, 자랑하다)와 동의어로 간주했다. physiousthai(자만하다)는 자신의 우월함을 과시하는 것을 말한다.

5절: aschēmonein은 '예의나 품위가 결여되어 있음'을 의미한다. 관습을 무시하고(11,2 이하) 기본적인 도덕마저(6,12 이하) 지키지 않는 경향을 지닌 영신주의 앞에서 이 지적은 적절하다고 하겠다.[244] 사랑은 "자기 자신의 이익"(ta heautēs)을 찾지 않는다(참조 10,24.33; 필리 2,21).[245] paroksynein은 '성을 내다', '화를 내다'를 뜻한다. logizesthai는 라틴어 역본인 불가타 성경에서처럼 "생각하다"가 아니라 "계산에 넣다"라는 의미이다. 이 표현은 즈카 8,17(칠십인역)의 "너희들 가운데 아무도 이웃의

---

242) 탈출 34,6; 민수 14,18; 요나 4,2; 잠언 14,29; 15,18; 16,32.
243) 리츠만과 함께 구두점을 다음과 같이 찍는다. chrēsteuetai, ē agapēou zēloi.
244) P^{46}의 독법인 ouk euschēmonei는 수용할 만하다고 큄멜은 평가한다. 이 동사는 경멸적인 의미를 가질 수 있다(잘난 체하다). 그러나 이 독법은 대담한 해석이지만 충분한 증거를 가지고 있지 않다.
245) P^{46}은 to mēheautēs라고 읽는데 큄멜의 긍정적인 평가에도 불구하고 이는 거부되어야 한다.

악의를 마음에 새겨두지 마라"라는 말을 반영하고 있다.

6절: adikia(불의)와 alētheia(진리)의 대조는 칠십인역에서 adikia가 자주 히브리어 sheqer(거짓말)의 번역어였고, 진리는 의인의 행동 기준이자 그의 특성이라는 점을 감안하면 쉽게 이해된다.[246] sygchairein의 접두어(syg)가 무엇을 의미하는지 분명하지 않다. 바오로는 사랑이 다른 이들이 느끼는 기쁨에 동참한다는 것을 말하고자 하는가? 아니면 접두어는 단지 하나의 문체적 수식어인가?[247] 아니면 좀 더 강조하는 의미를 담아 "열렬히 기뻐하다"[248]를 뜻하는 것은 아닐까?

7절: stegein은 "덮어 주다"로 번역될 수 있다. 사랑은 덮어 준다는 말은 다른 이의 잘못에 대해 침묵하는 것을 가리킨다. 사랑은 헐뜯지 않는다는 것이다. 한편 이 단어는 '참다', '견디어 내다'로 번역될 수 있는데, hypomenei(인내하다)와 가까이 있음에도 불구하고 이 번역이 더 바람직해 보인다. 이 단어를 '참다'로 이해하는 경우 "사랑은 모든 것을 믿으며 모든 것을 바란다"와 완벽하게 어우러진다(세 개가 한 벌로 이루어진 표현에 대하여 참조 13절).[249] 이것은 인간의 선한 본성을 고지식하게 믿는 것도 아니고 또 그것을 막연하게 신뢰하는 것도 아니다. 사랑은 잘못이 있는 이를 결정적으로 판단하고 그의 과오와 밀착시켜서 그를 저버리는 행위를 거부한다. 그를 사랑함으로써 그에게 해방과 쇄신의 기

---

246) 참조 로마 2,8. G.Schrenk, adokia, *ThW* I p.154. 256.
247) 바우어, ad voc.
248) 참조 마르 3,5 syllypoumenos 깊이 슬퍼하며.
249) W.Kasch, stegō, *ThW* VII p.585-587. 그는 반복을 피하기 위하여 첫 번째 의미를 택한다. "그것은 모든 것을 용서합니다"(예루살렘 성경, 프랑스 공동번역 성경)라는 번역은 아마도 포기되어야 할 것이다.

회를 부여한다.[250] hypomenein은 4절의 makrothymein처럼 참고 견디며 싫증내지 않고 기다릴 줄 아는 것을 의미한다.

이런 것이 진정한 사랑이고 이런 사랑이 없으면 놀라운 은사를 가장 풍요롭게 받았다는 사람도 결국 아무것도 아니다. 자기희생은 영혼의 위대함을 드러내는 하나의 덕행이 아니라 믿는 이의 존재 방식이다. 그것은 믿는 이가 그리스도께 받은 그 사랑에 의해서만 자신이 존재함을 기억하는 행위이다(참조 갈라 2,20).

(3) 사랑의 탁월함 13,8-13

⁸사랑은 언제까지나 스러지지 않습니다. 예언도 없어지고 신령한 언어도 그치고 지식도 없어집니다. ⁹우리는 부분적으로 알고 부분적으로 예언합니다. ¹⁰그러나 온전한 것이 오면 부분적인 것은 없어집니다. ¹¹내가 아이였을 때에는 아이처럼 말하고 아이처럼 생각하고 아이처럼 헤아렸습니다. 그러나 어른이 되어서는 아이 적의 것들을 그만두었습니다. ¹²우리가 지금은 거울에 비친 모습처럼 어렴풋이 보지만 그때에는 얼굴과 얼굴을 마주 볼 것입니다. 내가 지금은 부분적으로 알지만 그때에는 하느님께서 나를 온전히 아시듯 나도 온전히 알게 될 것입니다. ¹³그러므로 이제 믿음과 희망과 사랑 이 세 가지는 계속됩니다. 그 가운데에서 으뜸은 사랑입니다.

---

[250] G. 보른캄, 앞의 논문, p.102. 그는 믿음과 희망을 "대신덕對神德"으로 보고 사랑은 여기서 힘을 얻는다고 여겼다. 이것이 그 자체로 틀리지 않으나 본문의 의미는 아니다.

8절: 다시 한번 문체가 바뀐다.[251] 8ㄱ절을 7절과 연결시키면 piptein (떨어지다, 스러지다)은 '부족해지다', '약해지다'를 뜻하게 된다.[252] 그러므로 8ㄱ절을 그다음 절에 연결시키는 것이 바람직하다. 바오로는 스러지지 않는 사랑을 현재의 경륜이 끝나면 사라지게 될 은사들과 대립시킨다. 사랑이 없으면 성령의 은사들은 아무것도 아니라는 1-3절의 논증 다음에 종말론적인 논증이 제시된다.[253] 이 은사들은 일시적 현상인 반면 사랑은 "영원한 삶의 결정적인 표지요 존재 양식"(슐래터)[254]으로 지속된다는 것이다. 반反열광주의적인 관점이 느껴진다. 열광주의자들은 황홀경의 체험 안에서 일시적인 것으로부터 해방되어 신적 세계에 직접 접근한다고 생각한다. 그러나 사회적 관계와 상황의 일상적 평범성 안에 이미 존재하고 있고 "장차 온전한 것이 올 때에도" 여전히 존재하게 될 것은 역설적으로 사랑이다.

9-10절: 바오로가 예언과 지식에 대해 말하는 것은 신령한 언어에도 물론 적용된다. 지식이 "얼굴과 얼굴을 마주 보는"(12절) 지식이 아니듯이, 신령한 언어도 천상의 완전한 언어가 아니다. 예언과 지식의 부분(ek merous) 또는 단편적인 성격은, 우리가 흔히 이해하고 있는 것과 달리,

---

251) 8ㄱ절이 앞의 절들과 같은 형태를 지니고 있기 때문에, M.F.Lacan, 앞의 논문. p.325-330 그리고 W.Michaelis, *ThW* VI p.166-167는 8ㄱ절을 4-7절의 결론으로 삼는다. 이것은 명백하게 문체의 실수이다. 왜냐하면 7절이 결론이기 때문이다. 그리고 문법의 실수이기도 한데 8ㄴ절의 de를 해석하기가 쉽지 않기 때문이다.
252) D G 코이네의 이본인 동사 ekpiptein은 이 의미를 지닐 것이다. 참조 로마 9,6.
253) 영 자신이 첫 열매이고(로마 8,23) 또는 보증(2코린 1,22; 5,5)이다. 나중에 영은 상속의 보증이 된다(에페 1,14).
254) 참조 E.Stauffer, agapaō, *ThW* I p.51-52. 사랑은 늘 완전한 모습으로 드러나지 않는다. 그러나 그것은 사랑에 결함이 있어서가 아니라 인간에게 문제가 있어서 그렇다.

장차 완전을 향해 나아가는 현실의 시작 단계를 의미하지 않는다. 이 과정에 대한 종말론적인 전망 안에서 온전한 것(teleion)이란 불완전함을 완벽하게 하는 것이라기보다 지금까지 존재했던 것이 폐지되거나 사라지게 될(katargēthē setai) 때 나타날[255] 근본적으로 다른 것들의 상태를 말한다. 온전함은 불완전한 것들 – 말하자면 현세에 속하는 것, 일시적인 성격의 것들, 비록 영감을 받았다 해도 지식과 신령한 언어의 현재 양식 등 – 이 사라진 다음에 드러나게 될 것이다.

11절: 어른이 된 아이의 비유는 일시적인 것에서 결정적인 것으로 전환됨을 설명한다. '나'는 여기서 반드시 자서전적인 나가 아니라 일반적인 나이다. phronein은 '생각하다' 또는 '자기 생각에 몰두하다'(참조 예컨대 로마 8,5)를 의미한다. logizesthai는 여기서 '숙고하다', '이치를 따지다'의 의미를 갖는다. 사도는 어린이가 생각을 잘못하거나 이치를 잘 못 따진다고 말하는 것이 아니다. 어린이는 자기 처지의 한계 안에서 그리고 자기 세계의 범위 안에서 그렇게 생각한다는 뜻이다. 성인이 되면 지금까지의 생각과 논리를 폐기시킬 정도의 변화가 일어난다.[256]

12절: 이 절은 9-10절의 복수 주격으로 돌아와 현재 경륜의 특징인 부분성과 장차 올 완전함 간의 대조를 설명한다(gar). 바오로는 이 문맥에서 특별히 열광주의의 환상을 겨냥하고 있으나, 하느님과 신앙에 관한 모든 형태의 지식에도 적용될 수 있다(참조 2코린 5,7).

거울의 은유가 구약성경에는 알려져 있지 않으나 고대 문학 작품 안

---

255) Erchestai는 종말론의 용어이다.
256) 이 비교는 근대적인 인격 발전의 개념을 도입하는 것을 자제할 때에만 현재와 미래 간의 비연속성을 예증할 수 있다.

에서는 흔히 나타난다.[257]

1. 거울은 선명함의 상징이다. 어린아이들에게서 "본성은 거울 안에 있는 것처럼 드러난다"(키케로, *De finibus* V 22,61). 고대 거울의 열악한 품질로 바오로의 본문을 설명하는 것은 잘못이다. 고대인들도 빛나는 금속으로 훌륭한 거울을 만들었기 때문이다.

2. 거울은 자기 자신을 아는 도구이다. 감옥에 함께 있던 요셉의 수행원들은 그에 대해 말하였다. "보시오, 그는 이처럼 눈부시게 빛나고 있소. 그래서 우리는 거울을 보듯 우리 자신의 타락한 모습을 보며 얼굴을 붉히고 있습니다"(필로, Ios.16).

3. 플라톤의 이상주의 전통에서 거울은 현실의 일부, 그 이미지만을 지각하는 간접적인 봄(vision)을 상징한다. 필로는 이스라엘에게 그 제작이 금지된 이미지들에 대해 말하면서 그것들은 견고한 어떤 것에도, 확실한 그 무엇에도 매달려 있지 않다고 말한다. "이 이미지들은 거울 안에 나타나 감각을 속이고 서로가 속이면서 마치 지속적일 것같이 보이지만 지속성이 없는 표상들과 비교될 수 있다"(필로, *Spec.* I, 2). 바오로의 본문은 분명히 이 세 번째 전승과 결합되어 있다.[258]

물론 사도는 플라톤적인 문제의식에 관심을 갖고 있지 않다. 그는 지식의 중개에 대해 묻지 않으며, 아마도 중개 개념 자체가 그에게는 생

---

257) 이에 대한 분류와 사례에 대하여 참조 N.Hugedé, 앞의 책, p.97-137.
258) Héring과 H.Urner-Astholz, 앞의 논문, 658쪽. 이들에 의하면 바오로는 거울 안에 나타나는 이미지들을 해석하면서 미래를 예언하는 기술을 암시한다는 것이다. 그러나 이런 해석은 거부되어야 한다. 여기서 문제되는 것은 미래에 대한 예측이 아니기 때문이다. Hugedé, 앞의 책, p.92-93.

소했을 것이다.[259] 현재의 경륜 안에서 지식은 근본적으로 간접적인 것도 아니고, 파생적인 것도 아니다. 그것은 현재의 경륜에 속해 있기에 불완전하고 일시적일 뿐이다. 그것은 신자들에게 유보된 최종적인 경륜이 아직 아닌 것이다. En ainigmati(불가사의로)에서 ainigma는 어렴풋하거나 흐린 상태를 뜻하는 것이 아니라 수수께끼 내지 불가사의함을 의미한다. 믿음은 불확실한 지식이 아니다. 믿음은 너울이 결정적으로 벗겨지고 얼굴을 마주 대하는 충만함을 기다리고 있기 때문이다.

epiginōskein은 완전한 지식을 갖는다는 뜻이다.[260] 현재의 경륜 안에서 하느님이 당신의 구원과 은총의 계획에 따라 우리를 아셨고 또 우리를 아시는 그 지식만이 완전하다.

13절: 믿음, 희망, 사랑은 분명한 모티브 없이 이 자리에 등장하여 문맥 안에 통합되고자 한다. 이 세 가지는 13ㄴ절에 이르기 위해 인용된 형식이라는 인상을 준다.[261] 논리적인 순서는 믿음, 사랑, 희망인데 사

---

259) 여기서 몸은 그리스 이원론의 물질이 아니다!
260) 단순동사와 복합동사 간의 의미의 차이를 대부분은 간과한다. R.불트만, ginōskō, *ThW* I p.707.
261) R.Reitzenstein, *Mysterienreligionen* p.383-391. 그는 신플라톤 학파의 포르피리오스의 〈Ad Marcellam〉 24에서 네 개의 단어 묶음을 발견하였다(믿다, 알다, 사랑하다, 희망하다). 그는 이 형식이 당대에 코린토의 영신주의자들에게 알려져 있었고 바오로는 위험한 영지주의적인 요소만을 제거하고 이를 받아들였다고 가정하였다. 동일한 세 단어 연결이 〈필립보의 영지주의 복음〉 115에도 나타난다. L'Evangile gnostique de Philippe 115, *RThPh* 20(1970) p.99. 라이첸스타인의 가설은 흥미롭지만 개연성이 없어 보인다. 이 세 단어들의 묶음은 1코린 13장보다 앞서서 아무런 논쟁적인 강조점이 없이 1테살 1,3과 5,8에 나타난다. 이 형식은 이미 바오로 이전에 헬레니즘 계열의 공동체에서 사용되었을 것이다. 이것은 로마 5,1-3에도 나타난다. 참조 콜로 1,4-5; 에페 1,15-18.

랑을 강조하기 위하여 순서를 바꾸었다.

이 유명한 구절의 의미는 분명하지 않다. menein에 대해 어떤 이들은 본래의 의미대로 '머물다', '지속하다'라고 해석하고, 다른 이들은 논리적 의미로 '머물러 있는 것, 본질적인 것으로 취해야 하는 것'으로 이해한다. nyni de에 대해서도 본래의 의미로 시간적인 차원에서 '그러나 지금은'으로 이해하고 또 논리적인 의미로 이해하기도 한다.[262]

두 가지 해석의 방향은 menein에 부여하는 의미에 좌우된다. 어떤 이들은 바오로가 성령의 은사와 머무는 것을 대립시킨다고 본다. 완전한 것(10절)이 나타나면 성령의 은사들은 사라지게 될 것이다.[263] 이런 해석이 믿음과 봄을 대립시키는 2코린 5,7과 잘 부합하지 않고, 또 봄을 희망과 대립시키는 로마 8,24-25과도 잘 어울리지 않는다는 것을 그들도 물론 인정한다. 그러나 이런 모순이 그들에게는 움직일 수 없는 것이 아니다. 그들은 믿음, 희망, 사랑 세 가지가 존재의 유일하고 동일한 구조를 함께 구성하므로 이 셋의 본질적인 특성들이 사라질 수 없다고 생각한다. 확실히 이렇게 이해하면 13절은 논증에 강하게 통합된다. 그럼에도 불구하고 menein의 종말론적인 의미[264]를 정당화하려는 이런 해석에 취약함이 있다고 판단하지 않을 수 없다. 그러기에 다른 이들은 합당하게 menein에 논리적인 의미를 부여한다. "머문다는 것은 모두 계

---

262) G.Stahlin, nyn, *ThW* IV p.1099ss.
263) R.불트만, *Theol. NT*, p.199-200; G.보른캄, 앞의 논문, 108-109쪽; 벤트란트.
264) 벵겔: "Non est proprie sermo de duratione; nam in ca non conveniunt haec tria(그것은 고유하게 지속에 관한 설교가 아니다; 왜냐하면 그 안에는 이 세 가지가 들어맞지 않기 때문이다)."

산하고 정리해서 남은 전부인 것이다"(칼뱅).²⁶⁵⁾ 이런 해석이 8-10절의 종말론적인 논증을 약화시키지는 않는다. 바오로가 영의 은사와 대립시키는 믿음, 희망, 사랑 세 가지는 현재 시간의 "아직 아님"의 구조 안에서 기다리며 책임을 다하여 살아가는 그리스도인의 실존을 정확히 정의하고 있다.²⁶⁶⁾ 사도가 이 세 가지 중에서 사랑이 가장 위대하다고 최종적으로 선언해도 믿음과 희망이 결국 불필요하리라고 말하려는 것은 아니다. 이들은 서로 뗄 수 없는 관계로 남아 있기 때문이다. 그러나 사랑이 가장 위대한 이유는 그것이 그리스도를 통해 이루어진 우리 해방의 열매(갈라 5,13-14)로서, 교회 안에서 새로운 것들(2코린 6,17)의 현존을 확인시키는 탁월한 표지이기 때문이다.²⁶⁷⁾

3) 신령한 언어와 예언 14,1-40

사도는 코린토 교회의 구체적이고 특수한 상황으로 다시 시선을 돌린

---

265) 마찬가지로 콘첼만과 바레트는 menein이 이 두 가지 의미를 동시에 지닌다는 절충적인 입장을 취한다.
266) nyni de(그러나 지금)에 대하여 견해가 갈라져 있다. W.그로손, 앞의 논문, 516쪽, W.막센, 앞의 논문, 228쪽에서 이들은 이 표현이 시간적인 의미를 지닌다고 본다. "현재의 시간 안에서 본질적인 것은…." 한편 다른 이들은 이 표현이 논리적이며 결론으로 이끈다고 말한다. 이들은 menein의 종말론적인 의미를 주장하는 사람들이다. 우리는 콘첼만과 함께 이 절의 정점이 13ㄴ절에 있다고 믿는다.
267) N.Johansson, 앞의 논문과 그 밖의 일부 사람들은 1코린 13장을 그리스도 찬가라고 보고 여기서 사랑이 실제로는 그리스도를 가리킨다고 말한다. 그러나 이런 해석은 주석학적으로 근거가 없다.

다. 14장의 구성은 명료하다. 네 번에 걸쳐 '형제 여러분'을 부르면서 (6,20,26,39절) 5개의 주요 부분을 등장시킨다. 1-5절: 신령한 언어에 대한 예언의 우위. 6-19절: 알아들을 수 없는 신령한 언어의 기도는 교회에 무익함. 첫 번째 결론-이해할 수 있는 말이 더 중요함. 20-25절: 성경의 인증-신령한 언어들은 심판과 배제의 표지이고 예언은 하느님께 대한 지식으로 인도한다. 26-38절: 예배는 질서있게 진행되어야 한다. 39-40절: 간략한 결론.

(1) 예언이 신령한 언어보다 우월함 14,1-5

¹사랑을 추구하십시오. 그리고 성령의 은사, 특히 예언할 수 있는 은사를 열심히 구하십시오. ²신령한 언어로 말하는 이는 사람들이 아니라 하느님께 말씀드립니다. 사람은 아무도 알아듣지 못하기 때문입니다. 그는 성령으로 신비를 말하는 것입니다. ³그러나 예언하는 이는 사람들을 성장(건설)하게 하고 격려하고 위로하는 말을 합니다. ⁴신령한 언어로 말하는 이는 자기를 성장(건설)하게 하지만, 예언하는 이는 교회를 성장하게 합니다. ⁵나는 여러분이 모두 신령한 언어로 말할 수 있기를 바랍니다. 그러나 그보다는 예언할 수 있기를 더 바랍니다. 누가 해석을 해 주어 교회가 성장에 도움을 받는 경우가 아니면, 예언하는 이가 신령한 언어로 말하는 이보다 더 훌륭합니다.

1절: 이 절은 새로운 연결을 시도한다. "사랑을 추구하십시오"라는 말은 13장을, 나머지 말은 12,31ㄱ을 참조하게 한다. 14장은 13장과 독립적으로 이해될 수 있고 14장의 핵심어인 건설(oikodomē)은 몸에 대한

12장의 전개 내용으로부터 훌륭하게 이해될 수 있다. 그러나 사랑을 위해 가장 유명한 은사들까지 매우 가혹하게 축소시켜 버린 13장 다음에는, 이기적인 영적 현상들의 난맥상에 대한 경고가 가중되어 더욱 예리하게 나타난다.

사도는 영적 현상들[268]을 비난할 의사가 물론 없으며 12장에서 한 말을 부인할 생각도 없다. 그렇다고 이런 현상들을 다시금 추구하도록 양보하는 것과도 거리가 멀다(알로).[269] 그가 비판의 대상으로 삼는 것은 은사들을 평가하고(2-25절) 이들을 사용하는(26-28절) 방법이다. 그는 1-25절 내내 그리고 여러 방법으로 예언과 신령한 언어를 비교하고 코린토에서 탁월한 영적 현상으로 간주되는 언어가 두 번째 항으로 물러나야 함을 끈질기게 보여 준다.

2절: 그는 설명한다(gar). 신령한 언어는 누구도 이해하지 못하는 언어이다. 이 언어에 의미가 없기 때문이 아니라 정상적인 언어로 번역해야 하기 때문이다(5.13.27절). 신령한 언어에도 자신의 논리와 구문이 있다. 그러나 그것이 다른 이들과 통교하는 데는 부적절하다. 신령한 언어의 기능이나 목표는 통교가 아니다. 이 언어는 사람들에게(또는 사람들을 위하여) 말하지 않고 하느님에게(또는 하느님을 위하여) 말한다. 통교가 있다면(14-16절) 그것은 오직 하느님과의 통교이다. pneumati는 여격으로 도구적 의미를 갖는데 '성령의 작용으로'를 뜻하거나 방법의 의미로,

---

268) 바오로는 은사들을 표현하기 위하여 코린토인들에게 친숙한 용어를 사용한다. 그것은 좁은 의미로 성령의 은사를 가리킨다.

269) (사랑을) 힘써 구하다의 diōkein이 (은사를) 간절히 구하다의 zēloun보다 더 강한 의미가 있는지 물을 수도 있을 것이다. 그러나 이런 질문은 여기에 해당되지 않는다.

'황홀경에 빠져'²⁷⁰⁾를 뜻한다. mysteria(신비들)는 여기서 계시의 대상인 하느님의 계획을 가리키지 않고 비신자들에게는 다가갈 수 없는 천상 세계의 '신비스러운 현실'을 말한다.²⁷¹⁾

3절: '하느님께'(2절)는 '사람들에게'와 대립된다. 예언은 정통한 자와 미숙한 자를 차별하지 않는다. 예언은 모든 이에게 이해되고자 하고 이

---

270) G it는 pneumati 대신에 pneuma라고 읽는다. 영은 영을 받은 자를 통해 말씀하신다. 그는 영을 대변하는 목소리이다. 그러나 이 독법은 거부되어야 한다. 주어의 변화가 문장의 통일성을 깨뜨린다.

271) 이 문제에 관하여 다음의 저서가 여전히 참고할 만하다. E.Lombard, *De la glossolalie chez les premiers chrétiens et des phénomenes similaires* (1910). 다음 사항들을 지적할 수 있겠다. 1. 신령한 언어 현상은 그 자체로 특별히 그리스도교적인 것이 아니다. 이것은 열광주의적인 경향을 지닌 어느 예배에서도 나타날 수 있다(예컨대 디오니소스의 예배, 키벨레의 예배 등). 델피 신전의 사제들이 해석하는 피티아(Pythie)의 신비스러운 목소리도 동일한 부류에 속한다(J.Behm, 앞의 논문, 722쪽). 신령한 언어는 그리스도인 예배의 환경에서 솟아나올 때 비로소 그리스도교적이 된다. 2. 신령한 언어들도 기존의 언어들과 가깝고 먼 것에 따라 여러 가지로 분류된다. 불분명한 소리, 앞뒤가 맞지 않는 음절이 있는가 하면, 하나의 설교이긴 하되 동사의 단위들과 문장의 리듬이 때로 이상하게 망가져서 추측을 해야 하는 경우도 있다. 신령한 언어가 모국어로 행해지는가 하면 조각난 외국어로 이루어지는 경우도 있다. 이 언어가 노래로 불려질 때는 형식이 없는 애가의 모습을 띠기도 하고 기존의 알려진 성가의 리듬과 어조를 빌어 오기도 한다(E.Lombard, 앞의 책, 31쪽). 3. 바오로는 사람들이 영적인 은사를 갈망할 수 있다고 말한다(14,1). 신령한 언어는 그러므로 의식적으로 원할 수 있고 얻을 수 있다는 의미이다. 이것이 바로 초대 교회의 영적 체험을 쇄신하려는 열망을 지닌 그룹의 경우이다. 이 현상은 사례에 의해 전염되어 확산되고 때로 코린토에서처럼 무질서하게 전개된다. 신령한 언어는 원할 수 있는 대상이니만큼 통제도 가능하다. 바오로가 신령한 언어도 규율에 따라 하기를(14,27 이하) 바랄 때 그것은 이 현상의 본질에 어긋나는 불가능한 요구가 아니다. 실제로 신령한 언어는 상당수가 의식이 있는 상태에서 발설되기에 이를 전하고 올바로 해석하는 일이 한층 중요하다. 어떤 이들은 스스로 말한 언어에 대해서 통역을 한다(참조 14,5,13).

해되어야 한다. 예언은 공통의 언어를 사용하기 때문에 코린토에서 덜 존중되고 덜 순수한 열광주의로 간주된다. 그러나 바로 이 때문에 바오로는 예언이 신령한 언어보다 우월하다고 본다. 전자는 후자보다 모든 이의 이익과 선(12,7)이라는 은사들의 정의와 목표에 더욱 부합하기 때문이다.

oikodomē(건설)는 이 장의 핵심어이고[272] 영적 현상들을 식별하는 기준이다. paraklēsis와 paramythia는 실질적인 동의어이다. 둘 다 권고와 격려를 의미한다.[273] 이 문맥은 예언이 미래를 예견하는 것이 아님을 보여 준다(참조 24절).

4절: 바오로는 방금 한 말을 좀 더 논쟁적인 방법으로 반복한다. 공동선(12,7)과 사랑(13장) 또는 건설이란 기준으로 평가하면 신령한 언어와 예언은 그 가치가 다르게 나타난다. 신령한 언어가 하위에 있는 이유는 이것이 영감을 받은 자신에게만 이익이 되기 때문이다(참조 2코린 5,13).

5절: 바오로의 생각은 완벽하게 일관되나 그렇다고 경직되어 있지 않다. 그는 선택을 강요하지도 않고 누구에게서든 아무것도 박탈하지 않는다. 그는 이 점을 명백히 말한다. 예언하는 이가 더 위대한 것은 공동

---

272) 명사는 3절, 5절, 12절, 26절에 나타나고 동사는 4절과 17절에 등장한다. O.미카엘, 앞의 논문 p.144에서 자기 자신을 건설하는 것은 잘못이라고 말할 때 이는 바오로의 사상에 무리를 가하는 것이다. 개인주의적인 신심주의를 거슬러 때때로 주장된 이러한 입장에 의하면 오직 공동체적인 건설만이 있다고 말한다. 그러나 이것은 분명히 과장된 견해다.

273) G.Stählin, paramytheomai, *ThW* V.p.819. paramythia가 요한 11,19.31; 필리 2,1; 1테살 2,12; 5,14에서는 위로의 의미가 더욱 강하다.

체에 더 유익하기 때문이다. 그러나 신령한 언어에 해석이 뒤따르고(5절에 의하면 영감을 받은 자 스스로가 해석한다)[274] 여기서 모든 이가 도움을 받으면 이런 차이는 사라진다.

(2) 신령한 언어와 말씀 14,6-19

⁶이제 형제 여러분, 내가 여러분에게 가서 신령한 언어로 말한다 한들, 계시나 지식이나 예언이나 가르침을 주는 말을 하지 않으면, 내가 여러분에게 무슨 소용이 있겠습니까? ⁷마찬가지로 피리나 수금처럼 생명 없는 것들도 소리를 내지만 분명한 가락을 내지 않으면, 피리로 불거나 수금으로 뜯는 곡을 사람들이 어떻게 알아들을 수 있겠습니까? ⁸또 나팔이 확실하지 않은 소리를 내면 누가 전투 준비를 하겠습니까? ⁹이와 같이 여러분도 신령한 언어로 말할 때에 분명하지 않은 말을 하면, 그 말을 어떻게 알아들을 수 있겠습니까? 그것은 허공에 대고 말하는 셈입니다. ¹⁰세상에는 물론 수많은 종류의 언어가 있지만 의미가 없는 언어는 하나도 없습니다. ¹¹그런데 내가 어떤 언어의 뜻을 알지 못하면, 나는 그 언어를 말하는 이에게 외국인이 되고 그 언어를 말하는 이는 나에게 외국인이 됩니다. ¹²여러분도 마찬가지입니다. 여러분은 성령의 은사를 열심히 구하는 사람들이니, 교회의 성장을 위하여 그것을 더욱 많이 받도록 애쓰십시오. ¹³그러므로 신령한 언어로 말하는 이는 그것을 해석도 할 수 있도록 기도하십시오. ¹⁴내가 신령한 언

---

274) 참조 13절. G의 독법은 ektos ei mē ē o diermeneuōn(해석자가 있지 않으면)인데 바오로가 신령한 언어와 해석자를 구별한 12,10과 조화를 이루기 위한 것이다.

어로 기도하면, 나의 영은 기도하지만 나의 이성은 아무런 수확이 없습니다. ¹⁵그러면 어떻게 해야 하겠습니까? 나는 영으로 기도하면서 이성으로도 기도하겠습니다. 나는 영으로 찬양하면서 이성으로도 찬양하겠습니다. ¹⁶그런데 그대가 영으로만 찬미하면, 그대가 무슨 말을 하는지 알아듣지 못하는 초심자가 어떻게 그대의 감사 기도에 "아멘" 하고 응답할 수 있겠습니까? ¹⁷그대야 훌륭하게 감사를 드리지만 다른 사람은 성장에 도움을 받지 못합니다. ¹⁸하느님께 감사하게도, 나는 여러분 가운데 누구보다도 더 많이 신령한 언어로 말할 수 있습니다. ¹⁹그러나 나는 교회에서 신령한 언어로 만 마디 말을 하기보다, 다른 이들을 가르칠 수 있게 내 이성으로 다섯 마디 말을 하고 싶습니다.

6절: Nyn(이제)은 시간적인 의미도 아니고 논리적인 의미도 아니다. 그것은 좀 더 구체적인 논증을 활기 있게 도입한다. apokalypsis(계시)는 반드시 황홀경 속에서 보는 것(참조 2코린 12,1.7)을 뜻하지는 않으나 분명히 영의 직접적인 작용(참조 30절), 영감을 말한다. 그 내용이 꼭 종말론적인 신비는 아니고 공동체의 삶과 행동에 관한 구체적인 지침들 같은 것일 수 있다.[275] 지식(gnōsis)에 관해서는 12,8을 참조하고, 예언의 성격과 기능은 3절, 24-25절, 30-31절에 나타난다. 나아가 30절은 예언과 계시 사이에 특기할 만한 차이가 없음을 보여 준다. didachē는 그리스도인 교리 체계를 가리키지 않고 구체적인 상황에서 교회에 필요한 가르침을 말한다.[276] 동사 ōphelein은 '유용하다'를 뜻하는데 4절의 동사

---

275) D. 뤼만, 앞의 책, 42쪽. "예언자들과 교사들"의 개입에 대해서는 참조 사도 13,1-3.
276) H.Rengstorf, didachē, *ThW* II p.167. 참조 31절.

dikodomein(건설하다)과 매우 의미 있게 연결된다.

7-8.10-11절은 부정적인 의미로 예를 들고 9.12절은 긍정적인 의미로 예를 든다.

7-8절: 이 두 절은 불확실한 구문임에도 불구하고 어려움을 제기하지 않는다.[277]

9절: 이 절은 신령한 언어가 의미 없는 말을 만들어 내기 때문에 공동체에게는 허공에 뜬 말, 부질없는 소음에 지나지 않는다고 말한다.

10-11절: 이 절들은 언어의 다양성에서 새로운 예를 든다. 세상에는 수많은 언어가 있고 저마다 언어를 구사한다. 언어는 보편적인 소통망이다. 그러나 외국인이 모르는 언어로 이야기해서 그 의미(dynamis)를 알아듣지 못하면 전혀 소통할 수 없다.[278]

12절: 이 절은 1-5절의 노선에서 사례를 적용한 것이다. 코린토인들은 영들을 갈망한다. 만일 이 '영들(pneumata)'[279]이 성령의 은사들(pneumatika)을 의미한다면, 이는 코린토인들이 성령의 은사들을 갈망한다는 뜻이다. 그러나 그 의미가 같지 않다면 이 '영들'은 영적 체험들 내지 특히 영감의 상태를 뜻한다. 만약 의미가 같다면, 사도는 이러한 체험이 개인주의적인 희열을 위해서가 아니라 교회의 건설을 위해서 추

---

277) hōmos(그럼에도 불구하고)라고 읽으면(네스틀레, 바이스, 콘첼만) 문장의 첫 단어들은 양보절이다: 해석할 수 있고 또는 "마찬가지로"라고 부사로 해석할 수 있다. 그런데 양보절의 의미가 10절과 17절에 분명히 드러난다. 갈라 3,15도 거의 확실하게 양보절의 의미를 지닌다.

278) barbaros는 본래 이방인을 의미하는데 그의 언어가 나에게는 이해할 수 없는 소리의 연속이기 때문이다.

279) P sa와 it의 몇몇 사본들은 pneumatōn 대신에 pneumatikōn으로 읽는데 이는 조화를 꾀하는 독법으로서 거부되어야 한다.

구되어야 한다는 사실 외에 덧붙일 말이 없었을 것이다.[280]

13절: 사도는 '그러므로'라는 도입어로 6-12절의 결론을 도출한다. 그는 공동체의 예배에서 신령한 언어를 배격하려는 것이 아니라 그것이 해석되기를 원한다. 누구에 의해서? 영감을 받은 이, 자신에 의해서. 황홀경 상태에서 신령한 언어의 은사를 받고 여기에 해석의 은사까지 받아서 즉시 해석해 주기를 바라는 것은 아니다. 해석은 명징한 의식 상태에서 이루어져야 하기 때문이다.[281]

14절: 14-19절은 pneuma(영)-nous(지성, 이성)의 대비로 전개된다(14.15.19절). 사도는 그 당시 영감을 규정했던 개념들에 눈에 띄게 동조한다.[282] 그러나 그는 코린토인들과는 달리 황홀경 상태가 다른 모든 것보다 우월하다고 생각하지 않는다. 그는 황홀경을 지성(이성)이 결핍된 것으로 특징짓는다. 지성은 황홀경의 영감 과정에서 생략되어 작용하지 못해 사라지고 불모의 상태로 머문다. 신령한 언어 체험이 본인에게는 자극적인 것이지만 다른 이에게는 그가 받은 것이 전해지지 않는다(2,4ㄱ절).[283]

15절: Ti oun estin(그럼 어떻게 해야겠습니까?: 참조 26절). 이 절에 나

---

280) A 441 Ambr은 perisseuē te 대신에 propfēteuēte라고 읽는데 이는 1절과 조화를 꾀하는 것이다.
281) 대다수 주석가들의 견해이다.
282) H.Kleinknecht, pneuma, ThW VI p.343-350. 영감을 주는 신은 영감을 받은 자의 nous에 대체된다. 그는 이로서 신의 무의식적인 도구가 된다.
283) pneuma (mou), (나의) 영은 로마 1,9; 갈라 8,18; 필리 4,23 등에서 다른 의미를 지닌다. 거기서 이 단어는 순전히 인간학적이다. 그러나 신령한 언어의 영은 하느님의 영의 소지자임이 분명하다. E.슈바이처, pneuma, ThW VI p.443-444. 참조 Sib III 489-491.

오는 두 개의 미래형 동사[284]는 순전히 시간적인 미래를 가리키지 않고 의도, 결정된 마음을 표현한다. 바오로는 황홀경을 그 자체로 평가절하하지 않듯이, 지성 또한 하느님을 아는 지식의 우월한 도구로 간주하지 않는다. 전망은 늘 공동체의 건설과 봉사와 공익성에 놓여 있다. 이런 전망에서는 교회에 필수적이고 결정적인 기능을 수행하는, 이해 가능한 말씀이 더 우위에 있다고 인정할 수밖에 없다(참조 19절).

16-17절: 이 절들은 14ㄴ절에 대한 해설이다. Epei는 여기서 '실상'과 같은 의미를 지닌다.[285] 바오로는 신령한 언어의 비효율성을 보여 주면서 공동체에서는 공동의 언어를 사용해야 한다고 설명한다. 15절의 노래하다, 기도하다는 동사는 여기서 eulogein(찬양하다) eucharistein(감사하다)으로 교체되었다. 이 동사들은 다양한 신령한 언어 유형을 구별하기 위해 사용된 것이 아니라 거의 동의어로 쓰이고 있으며 문체상의 변화만을 보일 뿐이다. 신령한 언어의 하위성은 명백하다. 그것은 초심자(idiōtēs)가 알아듣지 못하여 찬양에 참여하지 못할 뿐 아니라 아멘이라고 답하도록 이끌어 주지 못한다.[286] idiōtēs는 '초보자' 내지 '비전문가'를 말하는데 이 문맥에서는[287] 신령한 언어의 은사도 그 해석의 은사도 받지 않은 그리스도인을 가리킨다.

18-19절: 바오로가 질투 때문에 신령한 언어를 낮추어 보고 있다고 의구심을 가져서는 안 된다. 바오로 자신은 코린토의 누구보다 더 많이

---

284) in A D G는 proseuksōmai라고 읽는다.
285) Bl-Debr. § 456,3.
286) 그리스도인 공동체들이 유다인 회당의 전례적 관습을 받아들였음을 확인할 수 있다. Billerbeck III p.456.
287) 다른 상황을 설명하는 23절에서는 이 단어가 다른 의미를 지닌다.

신령한 언어로 하느님께 감사드릴 수 있다.[288] 그를 이끄는 것은 바로 사도로서 갖는 책임감이다. 그는 공동체 안에서 황홀경의 개인적인 특전을 추구하지 않으며 화려한 과시는 더욱 찾지 않고, 아무리 평범한 것일지라도 형제들에게 도움이 되는 메시지를 구하고자 노력한다.

katēchein(가르치다) 동사는 신약성경에서 자주 나오지 않는다(로마 2,18; 갈라 6,6). 바오로는 "건설하기 위하여" 가르친다고 말하려 했을 것이다. 그는 이 교육 용어를 사용하여 사려 깊고 일관되고 이해할 수 있는 가르침이 지닌 중요성을 드러내고자 한 것이 아닐까?

(3) 올바른 분별에 대한 호소 14,20-25

[20]형제 여러분, 생각하는 데에는 어린아이가 되지 마십시오. 악에는 아이가 되고 생각하는 데에는 어른이 되십시오. [21]율법에 이렇게 기록되어 있습니다. "'내가 또 다른 신령한 언어를 말하는 자들을 통하여 다른 나라 사람들의 입술을 통하여 이 백성에게 말할지라도 그들은 내 말을 귀담아듣지 않으리라' 하고 주님께서 말씀하신다."
[22]이렇게 신령한 언어는 믿는 이들이 아니라 믿지 않는 이들을 위한 표징입니다. 그러나 예언은 믿지 않는 이들이 아니라 믿는 이들을 위한 표징입니다. [23]온 교회가 한자리에 모여 모두 신령한 언어로 말하는데 초심자들이나 믿지 않는 이들이 들어온다면, 그들은 여러분을 미쳤다고 하지 않겠습니까? [24]그러나 모두 예언하는데 믿지 않는 이나 초심

---

[288] 필사가들은 직설법 lalō를 분사형 lalōn(코이네)이나 부정법 lalein(P⁴⁶)으로 대체함으로써 문장을 다소 느슨하게 해야 한다고 믿었다.

자가 들어온다면, 그는 모든 이에게 질책을 받고 그 모든 이에게 심판을 받게 됩니다. ²⁵또 그 마음속에 숨겨진 것들이 드러납니다. 그러면 그는 얼굴을 바닥에 대고 엎드려 하느님께 절하면서, "참으로 하느님께서 여러분 가운데에 계십니다" 하고 선언할 것입니다.

20절: 이 절은 앞의 내용에 대한 결론이 아니다. 이 절은 이어지는 논증을 통해 독자들이 좀 더 통찰력을 가지고 인도되도록 자극한다. pfrenes는 신약성경에 오직 한 번 등장하는 단어로 '판단', '생각'의 의미를 지닌다.[289] 생각과 악의 대조가 놀랍다(참조 로마 16,19). 사도는 열광주의자들의 이기주의를 생각하고 있는 것일까? 악은 모르는 것이 좋은 유일한 영역이라고 말하는 것인가? 분명한 것은 그가 신령한 언어의 남용을 미성숙함의 한 표지로 보고 있으며, 여기서 코린토인들이 가급적 빨리 치유되기를 원하고 있다는 점이다.

21절: 그들은 율법(넓은 의미의 성경)의 말씀을 통하여 가르침을 받아야 한다. 이사 28,11-12[290]의 본문에서 바오로는 그다지 손질하지 않고

---

[289] 이 단어와 앞의 구절들에 등장하는 nous를 구별해야 한다. 영과 이성에 대한 벤트란트의 성찰은 그 자체로는 정당하나 여기서 그 범위를 넘어서고 있다.

[290] 바오로는 히브리어 본문("과연 그분께서는 더듬거리는 말씨와 다른 나라 말로 이 백성에게 말씀하시리라. 그분께서는 예전에 이들에게 말씀하셨다. 이곳은 안식처이니 고달픈 이들을 편히 쉬게 하여라. 이곳은 쉼터이니라. 그러나 그들은 들으려 하지 않았다")에서 인용하지 않았고 칠십인역(멸시하는 말씨와 또 다른 언어로; 왜냐하면 그들은 이 백성에게 말할 것이기 때문이다. 이곳이 안식처다. … 그러나 그들은 들으려 하지 않았다)에서도 인용하지 않았다. 그는 단지 기억에 의존하여 인용한 것일까? 오리게네스는 〈Philocalie〉 9,2에서 아킬라의 번역본(서기 130년경)과 흡사하다고 확인한다. 공동의 전승이 있었던 것일까?

필요한 부분만을 인용한다. 이사야는 하느님이 주시려는 것을 거부하는 백성에게 다음과 같이 선포한다. 하느님은 이 백성을 벌하시기 위하여 이해할 수 없는 언어로 이방인들을 통하여 그들에게 말씀하실 것이다. 바오로의 본문 안에도 이런 유형의 위협이 존재하는가? 본문 그 자체로는 이렇게 위협하지 않지만 하느님께서 다른 언어를 가진 사람들을 통해 백성에게 말씀하실 거라고 확인한다. 그러나 이것도 정작 헛수고일 것이다. 백성이 이 말조차 듣지 않을 것이기 때문이다. 위협이 있든 없든 의미는 거의 만족스럽지 않다. 사도는 분명한 언어를 거부한 경직된 사람들을 벌하는 데 신령한 언어의 목적이 있다고 말하려는 것일까?[291] 그는 일상 언어만큼이나 이 신령한 언어도 신앙을 일깨우는 데는 이르지 못했다고 말하고 싶은 것일까? 한 가지 분명한 것은 신령한 언어가 믿음을 일깨우는 데 적절하지 못할 뿐 아니라 오히려 장애가 된다는 점이다.

22절: 신령한 언어를 반대하고 예언을 지지하기 위하여 이사 28장에서 도출한 결론은 1–19절까지 이야기한 것과 크게 다르게 보인다. 그러나 어쩌면 그 결론은 보기보다는 크게 다르지 않을 것이다. 그 평가는 heinai eis sēmeion(…를 위한 표징)의 해석에 따라 좌우된다.

1. 이사 28장의 노선에 따르면 신령한 언어는 심판의 징표이다. 하느님께서 불신자들에게서 당신의 말씀을 거두어가셨듯이, 이해할 수 없는 신령한 언어는 단절의 징표가 된다. 이에 대한 반론으로는 22절을 해설하는 23–25절에서 불신자들은 처벌의 대상인 반역자들이 아니라 구원의 대상인 호기심 많은 자들이다.

---

291) 바이스, 리츠만, 알로, 벤트란트는 경직성에 대해 말한다.

2. 여기서 불신자들이 열광주의의 열기에 사로잡힌 코린토의 그리스도인들이라고 생각하면 이 반론으로부터 벗어날 수 있다.[292] 그들이 신령한 언어에 몰두하는 것은 그들을 압박하는 심판의 징표이다. 이에 대한 반론으로는 바오로가 신령한 언어를 상대로 이처럼 부정적인 판단을 내릴 수 없었다는 점이다.

3. 이미 오래된 해석이지만[293] 바람직해 보이는 제안은 이사야의 본문과 바오로가 표현하고자 하는 내용 사이에 너무 구체적인 관계를 설정하는 것을 포기하고 표징이라는 용어에 너무 경직된 의미를 부여하지 않는 일이다.[294] 바오로는 말하기를, 이사야가 보여 주듯이 신령한 언어는 다른 이에게 믿음이 생기는 것을 방해하지만 반대로 예언은 믿음이 솟아나도록 한다. 이렇게 해석하면 23절 이하의 내용으로 넘어가는 일이 쉬워진다.

23절: 바오로는 예증을 위하여 모여 있는 사람 모두가 황홀경에 빠져 신령한 언어로 말하는 극단적인 경우를 상정한다. 이때 새로온 사람들(idiōtai)과 안 믿는 이들(apisto)이 들어온다. 과연 이들이 감화되겠는가? 결코 아니다. 그들은 미친 사람들이라고 말할 것이다. apisto와 연결된 idiōtai는 16절의 의미(초심자)와 다르다. 이 두 용어는 사로 다른 관점에서 동일한 인물들을 가리킨다. apistoi는 안 믿는 이들로서 idiōtai

---

292) 알로, K.Marly, 앞의 책, 207-211쪽.
293) 벵겔: "Infideles fere, ubi linguae in eos incidunt, infideles manent: sed prophetia ex infidelibus fideles facit, et fideles pascit(비신자들에게 주어진 신령한 언어는 그들을 비신자로 머물게 한다. 그러나 비신자들로부터 나온 예언은 그들을 신자로 만들 뿐 아니라 신자들을 양육시킨다)." 드 베테, 콘첼만.
294) K.Rengstorf, sēmeion, *ThW* VII p.258.

즉 교회와 그 예배에 대해 구체적으로 아무것도 모르고 새로 온 이들을 말한다.

24-25절: 예언이 풍부하면 그 결과는 전혀 다르다. 여기서 예언은 미래에 대한 예언이 분명 아니다. 그것은 다른 이의 양심에 영향을 주는 호출로서 하느님 의지의 선포이다.[295] elegchetai는 본인이 설득되어 자신의 과오를 인정한다는 뜻이다. anakrinetai는 법정 용어로서 소송을 심의한 결과를 선고하는 것이다. hypo pantōn(모든 이에 의해)이라는 말은 집단적인 신문訊問을 받는다는 것을 의미하지 않는다. 예언자적 말씀이 효력을 발생하여 실존적으로 신문을 받는 것이고 과오를 인정하는 것이다. 그 마음에 숨겨진 것이 드러나는 것은 하느님에 의해서이다. 그분은 마음의 비밀[296]을 아시고 인간의 양심 앞에 이를 드러내신다. 이처럼 하느님께 인정받은 인간은 자신을 발견하고 모임 안에 계신 하느님의 현존을 발견한다. 그의 회개는 경배 행위로 표현된다.[297]

이처럼 바오로는 신령한 언어와 예언에 대해 외부 사람들이 보인 두 가지 상반된 반응을 소개하면서, 신령한 언어에게 불리한 증거를 제시하고 예언의 우위성을 강조한다. 예언만이 교회를 건설한다. 이런 의미로 예언은 외부 사람들에게도 하느님 현존의 증거와 인격적인 만남을

---

295) 참조. 사도 2,32-37에서 베드로의 설교가 끝난 후 사람들이 마음이 켕겨 묻는다. "우리가 어떻게 해야겠습니까?"
296) kardias 대신에 P^{46}은 dianoias라고 읽는데 의미는 같다.
297) 바오로는 이사 45,14에서 영감을 얻는다: "주님께서 이렇게 말씀하신다. '이집트의 재산과 에티오피아의 소득과 키 큰 족속 스바인들이 너에게 건너와서 너의 것이 되고 너의 뒤를 따르리라. 그들은 사슬에 묶여 건너와서 네 앞에 엎드려 빌며 말하리라. '과연 당신에게만 하느님이 계십니다. 다른 이가 없습니다. 다른 신이 없습니다.'"

가져다주고 이들이 실제로 교회의 일원이 되었다(사도 2,41)는 확신을 심어준다.

(4) 공동체 안에서의 질서, 결론 14,26-40

²⁶그러니 형제 여러분, 어떻게 해야 하겠습니까? 여러분이 함께 모일 때에 저마다 할 일이 있어서, 어떤 이는 찬양하고 어떤 이는 가르치고 어떤 이는 계시를 전하고 어떤 이는 신령한 언어를 말하고 어떤 이는 해석을 합니다. 이 모든 것이 교회의 성장에 도움이 되어야 합니다. ²⁷누가 신령한 언어로 말할 때에는 한 번에 둘이나 많아야 셋이서 차례로 하고, 또 한 사람이 해석을 해야 합니다. ²⁸그러나 해석하는 이가 없으면, 그들은 교회 안에서 잠자코 혼자서 하느님께만 말해야 합니다. ²⁹예언자들은 둘이나 셋이 말하고 다른 이들은 그것을 식별하십시오. ³⁰그러나 그곳에 앉은 다른 이에게 계시가 내리면 먼저 말하던 사람은 잠자코 있어야 합니다. ³¹이렇게 여러분 모두 한 사람씩 예언할 수 있습니다. 그러면 모든 사람이 배우고 또 모든 사람이 격려를 받게 됩니다. ³²예언자의 영은 예언자에게 복종해야 합니다. ³³하느님은 무질서의 하느님이 아니라 평화의 하느님이시기 때문입니다.

성도들의 모든 교회에서처럼, ³⁴여자들은 교회 안에서 잠자코 있어야 합니다. 그들에게는 말하는 것이 허락되어 있지 않습니다. 율법에서도 말하듯이 여자들은 순종해야 합니다. ³⁵배우고 싶은 것이 있으면 집에서 남편에게 물어보십시오. 여자가 교회에서 말하는 것은 부끄러운 일입니다.

³⁶하느님의 말씀이 여러분에게서 나오기라도 하였습니까? 아니면 하

느님의 말씀이 여러분에게만 내리기라도 하였습니까? ³⁷누구든지 자기가 예언자거나 성령의 은사를 받은 사람이라고 생각하면, 내가 여러분에게 써 보내는 이 말이 주님의 계명임을 알아야 합니다. ³⁸누구든지 이것을 인정하지 않으면 그 사람도 인정받지 못합니다. ³⁹그러므로 나의 형제 여러분, 예언할 수 있는 은사를 열심히 구하십시오. 그리고 신령한 언어로 말하는 것을 막지 마십시오. ⁴⁰다만 모든 일이 품위 있고 질서 있게 이루어져야 합니다.

26절: ti oun estin(이제 어떻게 해야 하겠습니까?). 사도는 영적인 산물들이 공동체의 성장에 해를 줄 만큼 번성하는 현장에 어느 정도 질서를 부여하기 위해 구체적인 지도지침들을 제시한다. 물론 열광주의자들은 바오로가 사도의 권위로 주님 자신의 명령(37절)처럼 제시하는 규제를 너무 구속적이라고 판단하였다. 그러나 이 규제는 차가운 행정적인 조치가 전혀 아니다. 바오로는 코린토 교회의 상황과 특수성을 알고 이를 참작할 줄도 안다(콘첼만).

hekastos(저마다)는 글자 그대로 이해되어서는 안 된다. 저마다 여기에 열거된 바를 체험하는 것은 아니기 때문이다.[298] 여하튼 성령의 은사들이 넘쳐서 무질서해지고 위험할 지경이 되었다. 이로부터 일반적인 규칙이 비롯한다. 모든 것은 교회의 성장에 도움이 되어야 한다(참조 12절). 이어서 신령한 언어와(27-28절) 예언자들이(29-33ㄱ절) 준수하게 될

---

298) psalmos(찬양 노래), psalein(찬양 노래를 부르다) 1코린 14,15; 참조 에페 5,19; 콜로 3,16. 신약성경은 그리스도인 찬가의 일부를 전해 준다. 필리 2,6-11; 요한 1,1-18; 1티모 3,16.

구체적인 규정들이 언급된다.

27-28절: 신령한 기도는 공동체 안에서 세 가지 한계를 지켜야 한다.
1. 많아야 셋까지 말할 수 있고
2. 동시에 말하지 않고 차례로 말해야 하며
3. 해석자가 없으면 포기해야 한다.

5절과 13절에서 신령한 언어로 말하는 이는 자기 말의 해석자이기도 하다. 그러나 여기서는 해석자가 다른 사람이다. 그는 공동체 앞에서 신령한 언어로 말하는 두 세 사람 중의 하나(eis)인가? 아니면 이 자리에서는 신령한 언어로 말하지 않은 다른 인물인가? eis를 어떻게 이해해야 할까? 그것은 단지 tis(누군가)의 의미인가? 아니면 바오로는 소란을 피하기 위해 오직 한 사람의 해석자를 원한 것인가?

결국 바오로는 공개적인 신령한 언어에 금지 조항들을 부과한다(알로)고 평가할 수 있을 것이다. 그리하여 바오로는 영을 받은 이들에게 자기통제를 강요하는데, 사실 이 자기통제와 황홀경의 상태는 서로 모순되는 것이 아닐까? 그러나 바오로의 입장은 이와 다르다. 아마 그의 견해가 옳을 것이다. 황홀경의 언어 현상도 의지와 무관하지 않으며, 황홀경의 와중에도 이성과 명료함의 자락은 남아 있다. 왜냐하면 신령한 언어를 말하는 자는 스스로가 자신의 해석자일 수 있기 때문이다(참조 32절).

29절: 예언자들도 구체적이고 엄격한 동일한 규정을 따라야 한다.[299] 다른 이들(hoi alloi)은 공동체 전체를 지칭할 수도 있으나[300] 문장의 형

---

299) 그러나 바오로는 예언자들에 대해서는 신령한 언어의 경우처럼 많아야 세 명(26절)이라고 말하지 않는다.
300) 리츠만, 벤트란트, 헤링, 바레트, 벵스트, 앞의 논문, 551-553쪽. 공동체가 함께 모여 교사들과 예언자들 그리고 영을 받은 이들이 무엇을 선포하고 가르칠 것인지를 토론

태 - 둘, 셋, 다른 이들 - 는 다른 예언자들을 가리킨다고 하겠다.[301] 그들의 역할은 식별하는(diakrinein) 것이다. 12,1-3으로부터 연역해서 식별의 내용은 예언자의 말이 하느님에게서 온 것인지 아니면 마귀에게서 온 것인지를 판단하는 것이라고 보는 해석에는 문제가 많다.[302] 식별의 대상은 예언의 의미와 그 가치이다(참조 12,10).

30-31절: dynasthe(여러분은 할 수 있습니다)의 의미는 분명치 않다. 바오로는 단지 다음과 같이 말하고자 하는가: "저마다 자기 차례가 되면 말할 수 있는데 여러분은 무엇 때문에 포기합니까?" 아니면 이 동사는 강한 의미를 지니고 있어서 "…하는 것은 여러분의 능력 안에 있습니다"라고 말하고자 하는가? "즉 (참조 32절) 여러분은 동시에 말하는 것을 변명하기 위해 영감은 막을 수 없는 것이고 또 기다려서 할 수 있는 것도 아니라고 주장하지 마시오. 그것은 사실이 아니기 때문이오"라고 말하는가.

32-33ㄱ절: pneumata(영들)는 (참조 12절) 영감의 상태나 이 상태를 일으키는 영적 능력들을 동시에 가리킨다.[303] 바오로는 당대에 유포된 영감에 관한 개념들 중 한 가지에 대해서는 동의하지 않는다. 즉 영은 영감 받은 이를 부마자로 만들지 않는다고 주장한다. 예언자는 자기 영의 주인으로 남는다. 그는 의식을 가지고 있고 자신이 말하는 것과 자신의 주변에서 일어나는 일을 알고 있다. 그는 자신의 설교를 통제할 수

하고 하나의 입장을 취함으로써 그들의 메시지의 가치를 판단하고자 하였다.
301) 예컨대 드 베테, 바이스, 알로, 콘첼만.
302) 바이스, 벤트란트 등등.
303) 영들이라고 복수로 씌어진 애니미즘적인 표현이 수상쩍게 보였으므로 일부 사본(Y D G it 등)들은 복수(pneumata)를 단수(pneuma)로 대체시켰다.

있고 또 통제해야 한다. 사도가 설명하는 것은 인간학적인 것도 아니고 심리적인 것도 아니며 신학적인 것이다. akatastasis(무질서)는 열광주의적 무질서요 황홀경의 웅성거림이다.

이것이 코린토인들에게는 영의 탁월한 현시이지만 하느님에게서 오는 것이 아니며 그분의 업적도 아니다. 그분의 고유한 요소와 업적은 평화(eirēnē)이다. 이 평화는 죽은 질서가 아니라 사랑과 다른 이에 대한 염려가 공동체를 지배하는 살아 있는 질서이다.[304]

33ㄴ-36절은 삽입된 부분이다.

1. 주제(여인의 침묵)가 12-14장과 아무런 관계도 없고
2. 이 절들은 예언자들에 관한 지침들을 유감스럽게도 중단시키고 있으며[305]
3. 내용적으로 11,5와 모순된다.
4. 규율의 근거로 율법을 인용하는 것은 바오로 스타일이 아니다.[306]

---

304) 32절에 대한 매우 다른 해석으로 칼뱅: 각 예언자는 자신이 받은 영감을 다른 예언자들의 평가에 복속시켜야 한다. 때로 다른 예언자들은 다른 이의 가르침에서 배우는 바가 있을 것이며 누구도 검열에서 제외되는 것은 합리적이지 않다. 마찬가지로 벵겔, 슐래터.
305) 많은 필사가들은 이 점을 간파하고 34-35절을 40절 다음으로 옮김으로서 이를 개선하고자 하였다(D G it Ambr). 가필자는 이 본문을 28절과 30절에 삽입한다.
306) 이 대목의 진정성을 옹호하는 논증들의 다양성과 취약성은 오히려 진정성을 거스르는 보충 증거이다. 칼뱅: 바오로가 여자들에게 거부하는 것(14장)은 예언과 가르침의 정규적인 책무이다. 그는 그녀들이 상황에 따라 예외적으로 말하는 것은 인정하였다(11장). 바흐만: 여자들은 개인적이고 가족적인 모임에서는 말을 할 수 있으나(11장) 공동체의 집회에서는 불가하다(14장). 알로: 사도는 여자의 해방이라는 복합적인 현상 앞에서 일종의 전술적인 입장을 취한 것이다. 그는 이 문제에 대해 11장에서는 특수한 측면을 언급하고 14장에서는 정면으로 공격한다. 큄멜: 바오로는 영의 자유를 침해할 의도가 전혀 없다. 그러나 그는 여자들의 발언의 자유를 가능한 범위내에서 제

5. "성도들의 교회"라는 표현도 바오로에게 낯설다.

33ㄴ-34절: 동일한 규칙이 1티모 2,11-15에서도 발견되는데 여기서는 여인이 지켜야 할 침묵이 하와의 잘못에서 비롯하였다(아담이 속은 것이 아니라 하와가 속았으므로)는 이상한 논증으로 옹호되고 있다. 바오로는 이런 규칙을 알지 못한다. 그가 창설한 여러 교회에서 여자들은 좁은 의미의 봉사직(필리 4,2-3)만이 아니라 분명히 중요한 역할을 하였다. 이 규칙은 그보다 후대의 상황을 보여 주고 있으며 점차 가중되었던 유다계 그리스도인들의 영향을 반영한다고 하겠다.[307] 모임 안에서 여자들은 발언이 금지되었는데 그녀는 남편에게 아니면 일반적으로 남자에게 종속되기 때문이다.[308]

35절: 그러나 여자가 집에서 남편에게 질문을 하는 것은 칭송받을 만한데 이런 지향을 가진 경우에는 배우고 아는 것이 금지되지 않는다.

36절: 사도는 자신의 특징을 드러내고자 하는 이들에게 그들이 복음을 자기 기준으로 사용할 수 없다는 것과, 그들 역시 다른 교회들 가운데 하나라는 사실을 다소 격렬한 어조로 상기시킨다. 그들은 일반적

한하고자 한다. 벤트란트, 헤링: 바오로는 여자들이 예언하는 것을 금지하지 않으나 (11장) 수다를 떨거나 질문을 자주하여 공동체의 예배를 중단시키는 것을 금지했다. 그렇다면 어찌하여 여자들에게만 이런 금지사항이 적용되어야 하는가? 슈미탈스: 11장의 해방된 여자들이 영지주의자들인 것을 뒤늦게 알고 14장에서는 그전까지 허용할 수 있었다고 믿었던 자유를 그녀들에게서 취하하였다.

307) H.Denis와 J.Delorme, 앞의 논문, 507쪽: "사도 시대 이후 직무는 거의 남성들의 전유물이 되었고 여자들의 봉사직도 사라지게 만들었다." 510쪽: "헬레니즘 세계의 사회적인 배경은 여자들의 직무 참여를 진작시켰으나 유다인들의 사회적인 배경은 이를 방해하였다."

308) E.Kähler, 앞의 책, p.84와 87: "여자는 남자에게 복종하는 것이 아니라 예배의 질서에 복속되는 것이다."

인 기준을 따라야 한다.

37절: 이 절은 33ㄱ절과 연계되어 이를 강력하게 지지한다. Ei tis dokei(자신이 예언자라고 생각하면), 사도 역시 주님의 대변인으로서 예언자로 말하고 있음을 인정하고 질서를 지켜야 한다. 예언자 다음에 ēpneumatikos(또는 영의 은사를 받은 사람)을 덧붙임으로써, 바오로는 모든 열광주의자들 특히 신령한 언어를 말하는 이들에게로 경고를 확대시킨다.

38절: 이 절은 문장이 너무 간결하여 해석하기가 어렵다.[309] agnoetai(그가 인정받지 못한다)의 실질적인 주어는 누구인가? 주님? 하느님? 교회? 또 "그 사람도 인정받지 못합니다"의 의미는 무엇인가? 옛것이지만 자주 인용되는 주석에 의하면, 실질적인 주어는 하느님이다. 바오로는 하느님께서 당신을 인정하지 않는 자를 당신도 인정하지 않으실 것이라고, 다시 말하면 최후의 심판 때 그를 거부하실 것이라고 말하고자 한다. 이처럼 무거운 위협은 충격적이다. 이 장에서 바오로의 의도와 그가 제기하는 양자택일은 분명히 중요하다. 그러나 열광주의자들의 영원한 구원을 문제 삼을 정도는 아니다. 38절에 좀 더 제한된 범위의 효과를 부여하는 것이 바람직해 보인다. 하느님은 – 결과적으로 교회도 – 사도의 가르침과 지침을 고려하지 않은 자들을 참된 예언자 내지 성령의 은사를 받은 자로 인정하지 않을 것이다.[310] 이 경고는 엄격하지만 완고한 자들을 반성시키기에는 적절하다.

---

309) Sin A의 독법인 agnoeitai(그는 인정되지 않았다)가 바람직한 것이 분명하다. 그것이 더욱 어렵기(difficilior) 때문이기도 하거니와 이것이 또한 좀 더 나은 의미를 제공하기 때문이다. P^{46} B의 독법은 agnoeitō이다.

310) 바흐만, 알로, 헤링, 벤트란트, 바레트.

39-40절: 간략한 결론은 마치 14장 전체의 요약 같다. 39절은 1절로 다시 인도하고 "열심히 구하십시오"와 "막지 마십시오"라는 두 동사의 대조를 통하여 2–25절을 요약한다. 40절(참조 26ㄷ절)은 26–38절을 요약한다. 바오로 특유의 간결함으로 구성된 실용적인 결론은 상황에 완전하게 부합한다.[311]

---

[311] 바이스는 기원전 1세기의 비문 하나를 인용한다. 여기서 펠로폰네소스에 있던 안다니아 비의 종교의 비밀스런 가르침이 언급된다: "감독관들은 모든 것이 보조자들에 의해 정숙과 질서 안에서(euschēmonōs kai eutaktōs) 이루어지는지(genētai)를 감시한다."

Ⅳ. 죽은 이들이 부활 15,1-58 (A)

이 장은 편집자가 종말론적인 가르침임을 고려하여 서간의 마지막에 배치하였으나[1] 코린토 교회와 사도 간의 상호 교환 과정의 한 단계를 대표하고 또 반영한다. 여기서 사도는 복음이 그리스 사고방식과 감수성에 젖어 있는 사람들에게 불러일으킬 수 있는 일련의 질문과 오해에 답변하기 위하여 장차 서신 교환이 필요하게 될 것을 아직은 분명히 예상하지 못하고 있다.

그러나 분명한 것은 이 장에 대한 해석이 코린토 1서의 통일성을 어떻게 이해하느냐에 일정 부분 의존하고 있다는 사실이다.

이 서간이 본래 하나의 통일된 편지라고 생각하더라도 여기에 집합된 모든 정보들은 원칙적으로 적절히 정리될 수 있다. 이 정보들은 바오로가 특정 시간에 코린토 교회에 대해 가진 동일한 이미지의 다양한 요소들이라고 하겠다. 이런 경우 15장을 해석하기 위하여 서간 전체의 정보들을 활용할 수 있을 것이다. 다수의 주석가들은 사도가 12-14장에서는 열광주의에 빠진 코린토 교회에 대한 자신의 입장을 개진하고 1-4장에서는 영지에 대한 입장을 제시한다고 생각한다. 그러므로 사도는 죽음이 모든 것의 끝장이라고 생각하는 물질주의자들의 오류를 바

---

1) 입문 30-31쪽 참조.

로잡아 주는 데 - 피상적으로 독서할 때 그렇게 생각하게 하는 것처럼 - 목적이 있는 것이 아니라, 황홀경의 체험으로든 또는 "지식"에 의해서든 이미 완성 단계에 도달했다고(참조 2티모 2,18) 스스로 믿고 있는 영신주의자들의 오류를 확인시키고 교정하는 데 총력을 기울인다. 그의 모든 논증은 이런 환상을 지우고 다음과 같은 진실을 보여 주는 데 있다. 즉 완성은 오직 미래에만 가능하여 주님의 재림 때에 근본적인 변형 과정을 거쳐서 도달되는 것이다.[2]

그러나 만일 코린토 1서가 여러 편지에서 편집된 집성물로서 점진적인 대화의 과정을 반영하고 시간과 더불어 변화하고 있는 것이라면, 15장은 그 자체로 독자적인 문맥을 가지고 있다고 보아야 한다. 따라서 해석자는 이 장이 제시하는 정보로부터 그 핵심적인 내용을 파악해야 할 것이다.[3] 이제 15장에서는 전혀 다른 이미지가 사도에게 부여된다. 바오로는 죽은 자들의 부활과 모든 미래의 삶을 부인하는 자들을 대상으로 편지를 쓴다. 그의 모든 논증이 지향하는 목표는 부활을 부인하는 것이 그리스도의 복음과 양립할 수 없으며, 죽은 이들의 부활이야말로 하느님 계획의 본질적인 부분임을 보여 주는 것이다.[4]

주제별로 구분하면 다음과 같다. 1-11절: 논증의 기초이자 출발점인 그리스도의 부활, 12-34절: 죽은 이들의 부활과 그리스도의 부활을 분리시킬 수 없음에 대하여, 35-38절: 죽은 이들의 부활의 양태에 관하여, 결론.

---

2) 예컨대 H.W.Bartsch, 앞의 논문, Güttgemanns, 앞의 책, L.Schottroff, 앞의 책, 콘첼만.
3) 이것이 통일성을 주장하는 이들의(슐래터, 리츠만) 견해이다.
4) 바이스, 헤링, 불트만, 슈미탈스.

1. 근본적인 확실성: 그리스도는 부활하셨다 15,1-11

^{1}형제 여러분, 내가 이미 전한 복음을 여러분에게 상기시키고자 합니다. 여러분은 이 복음을 받아들여 그 안에 굳건히 서 있습니다. ^{2}내가 여러분에게 전한 이 복음 말씀을 굳게 지킨다면, 또 여러분이 헛되이 믿게 된 것이 아니라면, 여러분은 이 복음으로 구원을 받습니다. ^{3}나도 전해 받았고 여러분에게 무엇보다 먼저 전해 준 복음은 이렇습니다. 곧 그리스도께서는 성경 말씀대로 우리의 죄 때문에 돌아가시고 ^{4}묻히셨으며, 성경 말씀대로 사흘날에 되살아나시어, ^{5}케파에게, 또 이어서 열두 사도에게 나타나셨습니다. ^{6}그다음에는 한 번에 오백 명이 넘는 형제들에게 나타나셨는데, 그 가운데 더러는 이미 세상을 떠났지만 대부분은 아직도 살아 있습니다. ^{7}그다음에는 야고보에게, 또 이어서 다른 모든 사도에게 나타나셨습니다. ^{8}맨 마지막으로는 칠삭동이 같은 나에게도 나타나셨습니다. ^{9}사실 나는 사도들 가운데 가장 보잘것없는 자로서, 사도라고 불릴 자격조차 없는 몸입니다. 하느님의 교회를 박해하였기 때문입니다. ^{10}그러나 하느님의 은총으로 지금의 내가 되었습니다. 하느님께서 나에게 베푸신 은총은 헛되지 않았습니다. 나는 그들 가운데 누구보다도 애를 많이 썼습니다. 그러나 그것은 내가 아니라 나와 함께 있는 하느님의 은총이 한 것입니다. ^{11}그리하여 나나 그들이나, 우리 모두 이렇게 선포하고 있으며 여러분도 이렇게 믿게 되었습니다.

1절: 동사 gnōrizō(내가 알게 하다)[5]는 다소 놀랍다. 바오로는 독자들에게 무슨 새로운 것을 알게 한다는 것인지를 말하지 않기 때문이다. 그러나 그는 설명하기를 지금 코린토인들의 처지에서는(참조 12절 이하) 기초적인 가르침이 다시 필요하다는 것이다(바르트). 그들은 복음을 분명히 받아들여 믿는 이가 되었고(11절) 믿음 위에 자신들의 삶을 세웠으나, 사도는 지금 심각하게 걱정하고 있다(2ㄴ절). 그들에게 믿음은 어떤 의미가 있는가?

토론을 시작하기 전에(12절) 그는 '객관적으로' 견고한 입장을 확인시키는 것만이 아니라 동시에 코린토인들과 '실존적인' 동의를 구축하고자 한다. 사도가 그들에게 이미 선포했고 이제 그들에게 확인시키려는 복음은(3ㄴ-5절) 충실하게 전해진 전승(3ㄱ절)의 권위와 진실성의 옷을 입은 메시지이다. 사도는 그들이 왜 이 복음을 받아들였는지 그들이 알고 있기를 바란다.

3-4ㄱ절: 내가 전해 받아 … 전한(참조 11,23). 바오로는 그보다 앞서서 초대 교회 공동체에서 이미 통용되던 신앙고백문을 인용한다.[6] en

---

5) 일반적으로는 "내가 여러분에게 일깨워 줍니다"라고 번역한다.
6) 3ㄴ-8절은 바오로의 논증 안에서 통일된 전체를 구성한다. 그러나 가장 사실임 직한 의견에 따르면 전통적인 형식은 그리스도의 죽음, 부활, 케파와 열둘에게 발현하신 내용(D G lat 등의 사본은 마태 28,16의 영향을 받아 열하나로 수정했음)만을 포함하는 3ㄴ-5절에 국한된다는 것이다. 다른 이들(예컨대 헤링)은 3-4절만이 전통적인 것이라고 본다. 또 다른 이들은(하르낙, 바르치) 7절에서 (야고보와 사도들) 5절과의 병행을 본다. 이 두 절은 베드로의 지지자들과 야고보의 지지자들의 전승을 병행적으로 또는 경쟁적으로 전해 준다. 예레미아스(*Abendmahlsworte*, p.96-97)는 이 전승의 본래 언어 - 아람어 아니면 그리스어 - 에 대한 토론을 제기하였다. 그는 아람어 전승을 주장하였으나 콘첼만은 이를 반박하였다. 그러나 이런 토론은 초대 교회의 역사에 대한 우리 지식의 한계 때문에 결론에 도달할 가능성이 거의 없어 보인다. 게다가 여기에 커다란 의미도 없

prōtois는 중성으로 표현되어 "무엇보다 먼저", "근본적인 가르침의 이름으로"를 의미한다. 두 개의 병행 구절이 신앙의 토대를 이루는 사건을 열거한다.

그리스도께서는 돌아가시고 … 묻히셨으며

그분은 되살아나셔서 … 나타나셨습니다.

그리스도의 죽음과 부활은 성경 말씀으로 준비되었고 이제 사실로 확인되었다. "그분은 묻히시고 나타나셨다."

예수의 죽음이 공관복음서의 수난 이야기에서는 인용된 시편 구절의 조명 아래 박해받는 의인의 운명으로 나타난다면, 여기서는 속죄의 죽음으로 나타난다. 성경 말씀에 따라 아마도 이사 53장을 의미하는 것이다. 무덤의 언급은 그리스도 죽음의 현실과 간접적으로 그의 부활의 현실을 강조한다.[7]

4ㄴ-5절: "사흘날에 되살아나시고"에서 egēgertai는 완료형으로 단순과거의 가치를 갖는다. 그분은 (하느님에 의해) 일으켜지셨다(부활하셨다).[8] 사흘날(삼일 후에, 마르 8,31-9,31; 10,34; 마태 27,63. 그러나 의미의 차

을 것이다.

7) 바오로는 빈 무덤에 관한 복음서의 이야기들을 알고 있었을까? 긍정적인 답변으로는 W.Nauck, "Die Bedeutung des leeren Grabes", *ZNW* 47(1956) p.243ss, L.Schenke, *Le tombeau vide et l'annonce de la résurrection*, p.114-115, U.Wilkens, 앞의 책, p.20-23. 부정적인 답변으로는 H.Grass, 앞의 책, p.146ss, 헤링, 콘첼만. 만일 바오로가 빈 무덤 이야기를 알았다면, 그는 자신의 논증에 소중하게 사용될 수 있었을 이 자료를 왜 언급하지 않았을까?

8) 바오로에게서 완료형은 이 본문과 이 내용을 참고로 하는 12-20절에만 등장한다. 다른 곳에서는 단순과거(수동태와 능동태)형이 주로 사용된다. 4절과 12-20절에서 egēgertai는 지나간 행위가 현재까지 영향을 미치는 진정한 의미의 완료형이다. 그리스도는 (과거에) 부활하셔서 (지금) 부활하신 분으로 계신다.

이는 없다)은 다음 다음 날을 말한다. 성경 말씀대로는 여기서 호세 6,2를 가리킬 것이다.[9] 이 날짜는 역사적인 정보인가? 다시 말해서 그것은 첫 번째 발현의 날짜인가 아니면, 흔히 그렇게 가정하듯이, 빈 무덤을 발견한 날짜인가, 아니면 예언을 반영하는 '교의적인' 날짜인가?

ōpfthē(그분이 나타나셨습니다)는 옛 부활 전승에서 흔히 사용되는 용어이다(참조 루카 24,34; 사도 9,17; 13,31; 1티모 3,16). 이 표현은 물질적인 몸의 부활과 40일간의 발현, 그리고 승천으로 루카가 묘사하는 일련의 사건 전개를 전제하지 않는다. 이미 고양되고 영광스럽게 되신 그리스도께서 나타나신 것이다. 바오로는 자신에게 나타난 발현과 다른 발현들 간에 전혀 차이를 두지 않는다.

케파의 우위성은 가장 오래된 전승 안에서도 발견된다(루카 24,34; 마르 16,7). 그리고 초대 교회에서 그가 수행한 역할을 통해서도(사도 1-5장; 참조 루카 22,31-32; 마태 16,17-19) 드러난다. 마르 3,13-19에 의하면 예수께서 지상 사명을 수행하시던 중에 열둘을 선발하시는데, 일부 비평가들은 열둘이 부활하신 그리스도의 발현으로 말미암은 부활 이후의 제도라고 평가하기도 한다.[10]

6절: 이 절부터는 문장구조가 바뀌어서 3-5절에서 hoti로 인도되던 일련의 절이 끊어진다. 6-7절은 더 이상 인용문이 아니고 바오로의 손으로 이루어진 삽입문이다(콘첼만). 오백 명이 넘는 형제들에게 나타났

---

9) G.Delling, hēmera, *ThW* II p.951-953; treis, *ThW* VIII p.219; H.Grass, 앞의 책, p.127-138; H.K.McArthur, 앞의 논문.
10) H.Rengstorf, dōdeka, *ThW* II p.325-326. 그는 열둘에 관한 공관복음 전승의 역사성을 인정한다. 한편 G.Klein, *Die zwölf Apostel* (1961) p.23-38에서 열둘이 부활 이후에 생겨난 그룹이라고 주장한다.

다는 이야기는 여기서만 나온다. 흔히 사람들은 이들을 사도 2장의 신령한 언어 체험을 한 사람들과 동일시한다. 사도 2장의 이야기는 형태상으로는 후대의 것이지만 역사적인 사실에 근거한 것일 수 있다.[11]

주석가들은 6ㄴ절에 대한 해석에서 일치하지 않는다. 15장에서 사도가 열광적 승리주의나 또는 영지적 승리주의에 대해서 분명히 비판한다고 생각하는 사람들은 6ㄴ-b절에 강조점을 둔다. 바오로는 부활하신 분을 뵙는 것이 죽음을 면제해 주지 않음을 강조한다. 믿는 이는 잠정적인 시간과 기다림 안에서 살아간다. 현재로서는 그리스도 한 분만이 부활하셨다.[12]

이에 대한 반론은 다음과 같다.

1. 그리스도 부활의 증인 목록에서 반反승리주의의 비꼼이 있다면 아마도 그것은 이질적인 요소일 것이다.

2. 11절에서 진술한 결론을 12절에서 다시 취하는 바오로의 방식에서, 선입견 없는 독자는 그리스도의 부활을 확고히 정립시키려는 3-8절의 목표가 모종의 승리주의를 공략하기 위함이 아니라 죽은 이들의 부활에 대한 희망의 기초를 놓으려는 것임을 인지한다.

그러므로 6ㄴa절을 강조해야 하는 이유는 오백 명 중의 대다수가 아직 살아 있어서 사도의 말을 확인해 줄 수 있기 때문이다.

7절: 야고보에게 발현한 이야기도 복음서에는 나오지 않는다.[13] 그

---

11) 이 가설은 E.V.Dobshütz가 제안했고 바레트와 Mc L.Gilmour, 앞의 논문이 이를 따르고 있다.
12) H.W.바르취, 앞의 논문. p.264, 콘첼만.
13) 예로니모, *De viris* 2, 히브리인들의 복음서에 의하면 야고보는 예수의 첫 번째 발현을 목격한 수혜자다. 동일한 전승이 야고보의 묵시록(나그 함마디 문헌 코덱스 V 31,5-

는 주님의 형제(갈라 1,19)로 베드로와 요한과 더불어 "기둥"의 하나(갈라 2,9)였다가 베드로의 뒤를 이어 예루살렘 공동체의 수장이 되었다(사도 15,13; 갈라 2,12).

8절: Eschaton … kamoi는 시간적 개념으로 "맨 마지막으로는 나에게도 역시"라는 의미를 지닌다. ektrōma는 기한이 되기 전에 낳은 아이로 본래 생존 가능성이 없는 칠삭둥이다. 실제로 이 용어는 늦게 합류한 바오로에게 그다지 어울리지 않는다. 칼뱅은 칠삭둥이가 다른 사도들의 정상적인 여정과는 매우 다른 바오로의 갑작스런 회개에 관계되는 이미지라고 생각한다. 리츠만은 비정상적인 출산과 미성숙한 아이를 말하는 것이라고 본다. 다른 이들은 바오로가 그의 반대자들(코린토의 영신주의자들?)이 자신을 칠삭둥이라고 비하하던 말을 취한 것이라고 생각한다. 바오로는 자신에게 주어진 은총의 위대함을 더욱 드러내기 위하여 겸손하고도 풍자적으로 이 용어를 받아들였다는 것이다.[14] 아니면 그는 유다화를 주장하는 유다계 그리스도인 적대자들이 어쩌면 예루살렘에서(갈라 2,1 이하) 그에게 한 말을 기억하고 있는 것일까? 그러나 벵겔이 해석한 것처럼 바오로가 9절에서 스스로에 대해 말한 설명을 받아들이는 것이 가장 무난할 것이다. "칠삭둥이가 인간이라는 이름으로 불리는데 자격이 없듯이 바오로도 사도의 호칭으로 불릴 자격이 없다고 스스로 선언하는 것이다."

9절: 실상 9-10절은 논증에 관심이 없어 보인다. 어쩌면 이 절들은

42,19)에도 나타난다.

14) J.Schneider, ektrōma, *ThW* II p.464. E.Güttgemanns, 앞의 책, p.81-94에 의하면 바오로는 국외자와 이단자로 모욕을 받았는데, 이는 그가 완전한 상태를 도래해야 할 미래의 것으로 가르치기 때문이었다.

하느님의 부르심이 그를 사로잡았을 당시의 모습을 회고하면서 외치는 내적 감정의 표출이었을까? 아마도 그럴 것이다. 그러나 어쩌면 더 중요한 것은 바오로는 증인들 가운데 마지막 사람임에도 불구하고 자기 증언에 동일하고 온전한 권위를 부여한다는 점이다.[15] 그가 사도로 불린 정황들은 그의 증언에 더 큰 진정성을 부여한다. 이전의 그의 삶에는 그의 소명을 설명할 수 있는 어떠한 요소도 없다. 모든 것이 그 반대였다. 그는 교회[16]의 박해자였던 것이다. 그의 소명은 다른 누구의 소명보다 더 분명한 하느님의 업적이었다.[17]

그는 자신의 과거 때문에 사도들 가운데 가장 작은 이라고 스스로 간주하고 사도라고 불리는 것도 부당하다고 말하지만, 그렇다고 누군가가 그의 사도직에 이의를 제기하는 것을 받아들이지 않을 것이다. 그는 오직 하느님의 은총을 찬양하기 위해 그런 식으로 말한 것이다.

10절: Chariti … Theou(하느님의 은총을 통하여), 이 중요한 단어는 문장 서두에 등장한다. 바오로는 사도로서 은총의 선물이다. 그는 은총의 채무자요 또 채무자로 남아 있을 것이다. 은총은 헛되지 않았다.[18] 은총이 그에게 마련해 준 상황 안에서 바오로는 자신의 응답이 이 은총의 깊이에 어느 정도 부합하는 것이기를 희망하였다. 그는 다른 누구보다

---

15) 바오로의 이 주장은 다른 사도들과의 갈등 상황을 가리키는 표지가 전혀 아니다. 이와 반대로 생각하는 사람이 여전히 있는데 예컨대 P.V.d.Osten-Sacken, 앞의 논문, p.255.
16) 하느님의 교회, 참조 11,22.
17) 참조 갈라 1,13 이하. 여기서 바오로는 진정한 유다인으로 살았던 자신의 과거로부터 사도직의 진정성의 증표를 이끌어낸다. 동일한 개념이 제2 바오로 서간에도 나타난다(1티모 1,13 이하).
18) D G it 은 kenē 대신에 ptōchē(가난한)로 읽는다.

더 많이 일했다(참조 2코린 11,23). 그는 이런 말을 할 권리가 있다. 그러나 이런 말을 한다 해도, 은총이 그의 일의 추진력이었음을 즉시 덧붙이기 위해서이다. 은총이야말로 존재의 원인이고 이유이기 때문이다.[19]

11절: 바오로는 부활하신 그리스도의 증인이 되는 상황과 사람들의 다양성은 중요하지 않다고 결론 맺는다. 증언이 한결같기 때문이다. 모든 이가 그리스도는 부활하셨다고 선포한다. 그들은 바오로가 전한 메시지에 동의하면서 결국 부활하신 그리스도께 동의한 것이고 또 그분을 믿은 것이다.[20]

보충 설명: 그리스도 부활의 역사적 증거(15,11)

1. 3-11절에서 바오로가 의도하는 바는 죽은 이들의 부활을 부인하는 자들에 맞서서 그리스도 부활의 확고한 현실성을 정립시키는 것이었다고 일반적으로 인정해 왔다. 그렇지 않으면 왜 성경 말씀을 인용하고 증인들을 나열하면서 증인들의 일치된 주장을 강조하였겠는가?

그러나 카를 바르트는 《죽은 이들의 부활》(75-86쪽)에서 이러한 합의를 뒤흔들고 전혀 다른 설명을 제안하였다. 그리스도의 부활은 "종말론적인" 사건이고 계시의 현실이기에 역사 내적인 사건에 적용될 수 있는 기준에 의해 판단될 수 없다. 바오로가 부활 사건을 역사적으로 증

---

19) "내가 아니라 나와 함께 있는 하느님의 은총이 한 것입니다"는 (은총이 나와 함께 일한다는 의미로) 공동 협력자의 개념이 아님을 보여 준다. P^{46} A와 그 밖의 사본은 hē syn emoi(나와 함께 있는) 하느님의 은총이라고 옳게 주석한다.
20) episteusate(여러분은 신앙인이 되었습니다). 이 동사의 단순과거의 의미에 대해서는 1코린 3,5; 로마 13,11 참조.

명할 수 있는 사건으로 소개하는 어떠한 의도도 갖지 않았고 이런 실수도 범하지 않았다. 3-7절은 (객관적으로 확인되고 공인된 사실에 기초한) 역사적인 증거와는 무관하고 증인들의 이야기를 공청하는 것과도 상관이 없다. 여기서 바오로는 일부 코린토인들이 공격해 온 자신의 선포가 다른 사도들의 선포와 동일함을 보여 주고 싶은 것이다.

불트만은 바르트의 저서를 논평하는 자리에서(《신앙과 이성》 I, 38쪽 이하) 그의 신학적인 전제는 인정하였지만 3-7절에 대한 그의 주석은 거부하였다. 바오로가 그리스도 부활의 증거를 대고 싶어한다는 것은 부인할 길이 없다. 불트만에 의하면 바오로는 이렇게 증거를 제시함으로써 역사가와 신학자를 진퇴양난의 질곡에 던져 놓았다는 것이다. 이런 종류의 사실을 위하여 이런 방식의 증거를 제시한다는 것은 신앙을 빗나가게 할 뿐이다(54쪽 이하). 불트만과 다른 신학적 입장을 취하는 큄멜도 이 점에서는 그의 견해에 동조한다.

불트만의 비판을 완화시키기 위하여 바르취는 이 구절에 대해 참신한 설명을 제안하였다(위의 책 265쪽). 바오로는 그리스도의 부활에 대해 어떤 방식으로든 증거를 대는 일은 생각하지 않는다는 것이다. 그가 원하는 바는 증인들의 일치된 증언이 말하듯이 그리스도께서 죽은 이들 가운데 부활하셨다는 것을 독자들에게 상기시키는 일이다. 그의 주장을 콘첼만이 받아들였고 귀트게만스(위의 책 62-67쪽)도 이를 받아들이면서 다음과 같이 덧붙였다. 바오로는 코린토인들이 그리스도의 부활을 의심하지 않는다고 확신하고 있었기에(1절과 11절) 그 증거를 대는 것에는 관심이 없었다. 그러나 이런 주장은 가치가 없다. 왜냐하면 사도는 그리스도께서 부활하셨음을 증명함으로써 메마름의 위기를 겪는 독자들의 신앙을 굳건히 하고자 하기 때문이다.

2. 이 논쟁은 비단 주석가들만이 다룰 주제가 아님은 분명하다. 그리스도의 부활이 기적적이고 역사적인 사실이라 하지만 과연 이를 '객관적으로' 확인하고 또 알 수 있겠는가? 부활의 현실은 그 역사적인 결과에도 불구하고 다른 질서에 속해 있다. 그렇다면 바오로는 여기서 신학적 분별을 결여하고 있는 것은 아닐까?

우리는 이 질문이 잘못 제기되었다고 믿는다. 문제는 사고방식에 의해 촉발된, 처음부터 해석학적인 것이다. 구체적으로 말해서 그것은 현대의 역사 인식의 문제이다. 오늘의 독자에게 발현(또는 빈 무덤)은 그리스도께서 부활하셨다는 것을 증명하지 못한다. 비록 그것을 사실로 받아들이더라도 거기에서부터 신앙의 확실성을 구축할 수 없다. 불트만이 사실 비판(Sachkritik, 문제 대상의 특성들에 기초한 비판)을 개입시켜서 바오로의 논증을 신학적으로 불행하다고 판단한다면, 그것은 이런 유형의 논증이 근대적 사고 안에서 만들어내는 바로 그 효과 때문이다. 발현에서 그리스도의 부활을 결론짓는 것은 다른 종류의 초월적인 기초에 근거하는 것으로써, 현실적으로 신앙을 생산할 수 없는 것 위에 신앙의 주춧돌을 놓는 행위이다.

그러나 중요한 것은 이 점이다. 만일 바오로가 외관상 일종의 역사적인 증거(슈미탈스는 "전승 증거"라고 말한다, Gnosis, 150쪽)를 실제로 만들어 낸다 하더라도, 당시의 세계관에서 그것은 근대적인 독자가 생각하는 그런 유의 '객관적인' 증명이라는 의미를 지니지 않는다. 불트만의 '사실 비판'은 독서에서 전제되는 사고의 형태와 상황이 변화하고 있음을 망각하는 본문 해석에 타격을 준다. 아울러 그의 '사실 비판'은 독자가 주의하지 않으면 본문에서 사도가 제시한 것과는 다른 것을 읽게 될 것임을 망각하는 본문 해석도 비판한다.

우리가 부인해서 안 되는 것은 사도에게 그리스도의 부활은 '확인된' 사실이요, 그가 자신의 독자들을 위하여 부활을 '객관적인' 현실로 인식시키려 한다는 점이다. 따라서 사도에게 이 점을 불평한다면 그것은 잘못이다. 우리는 역사적으로 구축된 사실(발현, 빈 무덤 등)과 케리그마(선포된 메시지)에 의해 진술되고 그 의미가 계시된 사실을 구별한다. 이렇게 구별함으로써 케리그마에서 출발하여 우리의 신앙을 굳게 하기 위하여 증명된 사실로 거슬러 올라가는 것은 금지된다. 그러나 이런 구별은 사도에게 분명히 낯선 것이다.

3. 여하튼 우리는 사실과 이 사실을 우리에게까지 전달한 말씀을 구별하고, 그리스도의 발현과 그 의미를 밝히는 다양한 메시지를 구별한다. 그러나 메시지에서 사실로 역행하여 메시지의 근거를 확보하려는 작업은 의미 없는 일이다. 사실은 우리에게 증명을 위한 것이 아니다. 신앙은 이러한 유의 증명에 기초하지 않는다는 단순한 이유 때문이다. 참된 사실, 신앙의 창시자, 신앙의 근거는 메시지가 묘사하고 선포하는 그대로 바로 그리스도 자신이다. 그분은 당신이 친히 솟아나게 한 메시지 안에서 이런 방식으로 자신을 드러내신다.

2. 그리스도의 부활, 죽은 이들의 부활 15,12-34

1) 죽은 이들의 부활에 대한 부인과 그 결과 15,12-19

¹²그리스도께서 죽은 이들 가운데에서 되살아나셨다고 우리가 이렇게 선포하는데, 여러분 가운데 어떤 사람들은 어째서 죽은 이들의 부활이 없다고 말합니까? ¹³죽은 이들의 부활이 없다면 그리스도께서도 되살아나지 않으셨을 것입니다. ¹⁴그리스도께서 되살아나지 않으셨다면, 우리의 복음 선포도 헛되고 여러분의 믿음도 헛됩니다. ¹⁵우리는 또 하느님의 거짓 증인으로 드러날 것입니다. 죽은 이들이 정말로 되살아나지 않는다면 하느님께서 그리스도를 되살리지 않으셨을 터인데도, 하느님께서 그리스도를 되살리셨다고 우리가 하느님을 거슬러 증언한 셈이기 때문입니다. ¹⁶죽은 이들이 되살아나지 않는다면 그리스도께서도 되살아나지 않으셨을 것입니다. ¹⁷그리스도께서 되살아나지 않으셨다면, 여러분의 믿음은 덧없고 여러분 자신은 아직도 여러분이 지은 죄 안에 있을 것입니다. ¹⁸(따라서) 그리스도 안에서 잠든 이들도 멸망하였을 것입니다. ¹⁹우리가 현세만을 위하여 그리스도께 희망을 걸고 있다면, 우리는 모든 인간 가운데에서 가장 불쌍한 사람일 것입니다.

복음은 부활하신 그리스도의 복음이기에 다른 복음은 있을 수 없다(11절). 그러나 복음이 "부활하신" 그리스도를 선포할 때 그것은 실제로 무엇을 말하는가? 부활하신 그리스도를 믿는다는 것이 도대체 무엇인가? 12-19절은 이 질문들에 답하지 않는다. 이 대목의 목적은 그리스도께서 부활하신 것은 믿지만 죽은 이들의 부활을 부인하는 코린토의 반대자들에게 다음의 메시지를 전하는 것이다. 그리스도의 부활을 믿으면서 죽은 이들의 부활을 부인하는 것은 일관성이 전혀 없다고. 그리하여 이것은 둘 다 믿든지 아니면 둘 다 부인하든지 양자택일의 문제라고. 그러나 이 양자 간의 불가분리의 관계를 확인하면서도 이 구절들은 이 질문에 간접적인 방식으로 응답한다. 이 둘의 불가분의 관계를 이해하는 것이야말로, 복음이 부활하신 그리스도를 선포할 때 그 복음이 말하는 것을 이해하는 것이고, 또 부활하신 그리스도를 믿는 자가 무엇을 믿는지도 이해하는 것이기 때문이다.

12-19절의 논증을 처음 대하면 상당히 당황스럽다. 전제와 결론이 끊임없이 역할을 바꿈으로써 독자에게 논점 선취의 그릇된 논리(논증해야 할 것을 도리어 전제로 삼는 일)를 지속적으로 보여 주고 있다는 인상을 주고, 마침내 독자를 명료한 공감으로 인도하기보다는 어리둥절하게 만들기 때문이다.

그러나 사도가 그리스도의 부활과 부활하신 그리스도를 통해 무엇을 말하고자 하는지를 이해하면 이 논증은 적절하고 효과적인 것이 된다. 이를 위해서는 20-22절을 앞당겨 읽을 필요가 있다. 피상적으로 이 구절들을 읽으면 이런 일이 가능하다는 것을 보여 준 부활의 첫 번째 사례를 증명하는 것처럼 이해할 수 있다. 그러나 이 구절들은 그리스도의 부활이 과거에 속한 사건이 아님을 보여 준다. 부활은 근본적인 사건으로서 새로운 체제를 촉발시킨다. 부활하신 그리스도는 더 이상 죽지 않는 분으로, 죽음이 그분에게 더 이상 힘을 갖지 못하는 분으로(로마 6,9) 세상에 드러났다. 하느님과 단절되고 결정주의에 종속되어 있는 인간에게 그분은 절대적인 의지처가 되었다. 이것이 12절 이하에 함축되어 있는 개념이다. 당혹감을 주는 이 구절들의 논리는 담론의 차원에 볼 때, 그리스도의 부활과 여기에 근거한 믿는 이의 희망 사이의 불가분의 관계를 드러내는 표지이다. 그리스도는 죽음의 지배자이시기 때문이다.

12-19절의 단락은 비교적 명확한 순서로 구성되어 있다. 12-13절: 죽음이 마지막 현실이라고 생각하는 자는 부활하신 그리스도를 믿지 않는다. 14-15절: 그리스도의 부활이 빠진 선포는 그 본질을 상실하고 만다. 16-17절: 죽은 이들의 부활을 확신하지 않는 신앙은 구원받지 못한다. 18-19절: 이러한 확실성이 없는 신앙은 결국 환상이요 불행일 뿐이다.

12-13절: 이 절들은 혼동하지 말아야 할 두 가지 질문을 제기한다. 첫 번째 질문은 죽은 이들의 부활을 부인하는 자들이 누구인가이다. 과거의 많은 주석가들은 그들이 사두가이파 출신의 유다계 그리스도인들이거나 또는 에피쿠로스의 영향을 받은 이방계 그리스도인들이라고 생각했으나, 지금은 이 견해를 지지하는 사람이 거의 없다. 최근에는 1코린 15장과 1테살 4,13-17을 비교하는 시도가 있었다. '극보수주의적' 종말론을 신봉하는 그리스도인들은 재림 때 여전히 살아 있는 사람들만이 왕국의 삶에 참여할 수 있으리라고 생각하였다.[21] 20-28절과 50-52

---

21) A.슈바이처, *Die Mystik des Apostels Paulus*(1930) p.93-94. 슈바이처의 이 가설을 리츠만이 반박하였으나 J.H.윌슨, 앞의 논문, 102-03쪽이 지지하였고 콘첼만은 긍정적으로

절은 이런 염려에 대한 답변이라고도 볼 수 있다. 그러나 사도가 테살로니카인들을 위로하고 안심시키면서 왜 코린토인들에게는 33-34절의 엄한 질책으로 응답하는가? 오늘날 일반적으로 받아들이는 견해에 의하면 사도는 헬레니즘의 이원론의 한 형태를 문제시한다고 본다. 육신을 영혼의 감옥으로 간주하는 이원론에서는 육신의 부활을 영혼의 불멸과 양립할 수 없다고 판단하거나, 또는 - 오늘날 선호되는 가정에 의하면 - 하느님과의 완전한 친교가 황홀경의 체험을 통해 이미 완성되었다고 보거나, 혹은 '지식'을 통하여 존재의 충만에 도달했다고 평가한 나머지 "부활이 이미 이루어졌다"(2티모 2,17-18; 참조 요한 11,25-26)[22]고 말하기에 이르렀다는 것이다. 이 다양한 가설들이 비록 흥미롭기는 하지만 어느 것도 본문을 이해하는 데 결정적인 중요성을 제시하지는 못한다.[23]

더욱 중요한 것은 사도가 코린토의 반대자들에 대해 가진 이미지가 무엇인지를 알아보는 작업이다. 상당수의 구절들이 분명히 보여 주는 바는 이 사람들이 죽음 이후의 삶을 믿지 않는다는 점이다(19.29.30-32절). 그러므로 이들이 열광주의와 지식을 통하여 완전한 상태에 이미 도달했다고 생각하는 영신주의자들이라고 보는 견해[24]는 이 본문들 때문에 지지받을 수 없다. 한편 코린토 1서가 공동체의 정신적인 상황에 대

평가하였다.
22) J.슈니빈트, 앞의 논문, 불트만, *Theol. NT*, 172쪽, 슈미탈스, *Gnosis* p.146ss, 콘첼만 등등. 참조 필립보의 복음 90: "먼저 죽고 그다음에 부활하리라고 말하는 사람은 오류를 범하는 것이다. 만일 살아 있을 때 먼저 부활을 받아들이지 않으면, 죽을 때 아무것도 받을 것이 없을 것이다."
23) 칼뱅: "나로서는 … 나는 코린토인들의 잘못이 무엇인가를 토론하는 것을 회피한다."
24) J.슈니빈트, 앞의 논문, H.W.바르취, 앞의 논문, 콘첼만 등등.

해 제공하는 모든 정보들을 토대로 판단할 때 이 반대자들은 바로 영신주의자들일 수밖에 없다는 결론이 불가피하다면, 우리는 불트만[25]과 함께 바오로가 그들의 기본 입장 자체를 경멸하였다고 결론내려야 한다. 충분히 그럴 수 있는 것이, 바오로는 명확하고 객관적인 방식으로 상황을 파악하지 못했을 가능성이 있기 때문이다.

그리스도의 부활의 메시지를 받아들인 일부 사람들이 죽은 이들의 부활을 믿지 않는다고 확신하고, 사도는 그들의 입장이 일관성이 없음을 보여 주고자 시도한다. 그들의 신앙은 하나의 환영幻影으로 그칠 위험이 높다. 죽은 이들의 부활을 부인하는 것은 결과적으로 그리스도의 부활을 부인하는 것이 된다. 물론 이것이 그들의 의도는 아니었을 것이다. 죽은 이들의 부활을 부인하는 것은 죽음을 최종적인 것으로 간주하는 것이고 따라서 아무것도 변화되지 않았음을 의미하는 것이다. 그리스도는 실상 부활하지 않았고 그분 안에 하느님의 지엄하신 권능이 드러나지 않은 것이 된다. 우리는 우리 자신으로만 남아 있고 결국 죽음 속에 갇히게 된다.

14-15절: 결과를 부인하는 자가 원인을 부인하였다. egēgertai는 완료형으로서 현재와 과거의 의미를 함께 지닌다. 죽은 이들의 부활을 부인하는 자들은 과거 사건으로서의 그리스도의 부활을 부인하는 것뿐 아니라 부활 사건이 의미하고 촉발시킨, 현재에 작용하는 하느님의 해방 능력도 부인하는 것이다.[26] 여기서 파생되는 결과는 이런 상황에서 사

---

25) 불트만, Theol. NT, 172쪽. 마찬가지로 슈미탈스, Gnosis p.147, U.루즈, Geschichtsverständnis p.337. 콘첼만도 오해의 일부를 받아들인다.
26) H.브라운, 앞의 논문.

도의 선포와 그 선포가 일으킨 신앙은 헛된 것이 된다. 선포와 신앙은 내용도, 근거도, 의미도 없다. 두 번째 용어인 신앙의 헛됨이 16-17절과 18-19절에서 자세히 논의될 것이니만큼, 첫 번째 용어인 선포의 헛됨도 15절의 증인에 대한 특이한 성찰에서 다시금 취해질 것이다.

외관상의 단순함에도 불구하고 이 15절은 쉽지 않아서 상당히 다양하게 해석할 여지를 준다. 어떤 이들은 속격 tou theou(하느님의)를 주어의 속격 내지 귀속의 속격(예컨대 "하느님의 사람"같이)으로 간주한다. 이럴 경우 하느님의 거짓 증인은 사기꾼을 가리킬 것이다. 그리고 바오로는 독자들에게 그들의 입장의 결과(사도 자신에게는 모욕적인)가 어떤 것인가를 알려주는 것이 된다. 그러나 hoti의 종속절(그분이 그리스도를 되살리셨다)은 속격이 목적격의 의미를 지님을 분명히 보여 준다. 이럴 경우 증인은 하느님에 대하여 거짓된 선언을 하는 자를 일컫는다.[27] 이에 대한 논증은 어떻게 이루어지는가?

답변은 까다롭다. "우리가 하느님을 거슬러 증언한 셈이기 때문이다." 이 말을 통하여 바오로는 그리스도 부활의 선포가 참으로 잘못된 증언이라면 이는 하느님께 타격을 가하는 것이라는 의미를 내포시키는 것 같다. 콘첼만에 의하면 거짓 증인은 하느님을 반대하고, 하느님이 그리스도를 부활시키심으로써 증인에게 알려주신 메시지를 반대하여 결정적으로 하느님을 거짓말쟁이로 만든다는 것이다. 그러나 이런 설명을 어떻게 본문으로부터 도출할 수 있는가? 알로에 의하면 그 개념은 다음과 같은 것이다. 그리스도께서 참으로 부활하시지 않았다면, 부활을 선포한 자들은 하느님이 행하시지도 않은 기적으로 그분에게 영광을 돌림

---

27) 참조 H.슈트라트만, pseudomartys, *ThW* IV p.519-520.

으로써 결국 하느님을 모욕하는 것이 된다. 왜냐하면 하느님에게는 거짓말이 필요하지 않기 때문이다.[28] 이런 해석이 가능할 수 있겠으나 다소 자의적이다. 우리는 15절을 끝에서부터 읽어야 한다고 생각하고 다음과 같이 정리할 수 있겠다. 여러분이 주장하는 것처럼(eiper ara) 죽은 이들이 참으로 부활하지 않는다면[29] 하느님은 그리스도를 되살리지 않았다는 말이 된다(참조 13절). 그 결과 여러분의 눈에 우리는 하느님에 대하여 거짓 선포를 한 거짓 증인일 수밖에 없다. 논증이 다소 거칠지만 독자를 숙고하게 만드는 데는 적격이다.[30]

16-17절: 16절은 13절의 변체로서 앞 절의 추론을 정당화하고, 동시에 믿음의 헛됨이라는 개념을 다시 취하여 발전시키는 17-19절을 준비시킨다. 형용사 mataia는 14절의 kenē(헛된) 대신에 등장하는데 의미는 '헛된', '무익한', '결실 없는'을 의미한다. 이 형용사에 이어 나오는 "여러분 자신은 아직도 여러분이 지은 죄 안에 있을 것"이라는 표현은 죄가 아직 용서되거나 속죄되지 않았음을 의미할 뿐 아니라[31] 그들이 여전히 결정적인 힘과 현실 안에 있음을 가리킨다.[32] 그리스도께서 부활하시지

---

28) K.바르트도 이와 유사한 설명을 제시한다.
29) eiper … egeirontai는 D syP 등에서 생략되어 있다.
30) 이 의견에 벤트란트와 브루스가 동조한다.
31) 벤트란트는 다음과 같이 공들여 추리한다: "우리는 그리스도의 죽음에 의해 속죄되었으나 이 속죄는 부활에 의해서만 유효하게 된다. 하느님은 부활을 통하여 그리스도의 구속적인 업적을 승인하신다.
32) 전치사 en(안에서)은 장소적-도구적인 의미를 지닌다. Bl-Debr. § 219. 참조 로마 8,9 en sarki … en pneumati, 마르 1,23; 5,2 en pneumati akathartō. "죄들"이라고 복수형을 쓴 것은 바오로 서간에서 매우 드물다. 그는 죄 안에서 무엇보다 권력에 대한 힘을 본다(로마 7,7-17). 우리의 본문에서 죄들이라는 복수는 3절에 대한 암시로 이해될 수 있다(콘첼만). 그러나 이 복수 표현은 이방인의 삶을 특징짓는 다수의 탈선과 비행(로

않았다면, 또 그분이 새로운 창조의 시발자, 우리의 해방자로 권능을 지니지 않는다면, 우리의 종살이에는 아무런 변화가 없는 것이다.

18-19절: ara(따라서)는 17ㄴ절[33]에 연결되지 않고 16절에 연결되어 사도는 다른(kai) 결과를 보여 준다. 곧 죽은 이들이 부활하지 않는다면 그리스도 안에 있다는 것은 단기적인 구원에 지나지 않는다. 공동체의 죽은 사람들이(29절; 참조 11,30) 더 이상 그리스도 안에 있지 않으며 최종적인 힘을 가진 죽음 안에 있는 것이다. 죽음은 생명에 대한 약속을 파기하고 그리스도의 다스림에 종지부를 찍는다.

그뿐만 아니라 그 결과는 아직 살아 있는 그리스도인들에게도 참담하다(19절). 부사 monon(단지)을 앞의 어느 단어와 연결하여 해석하느냐에 따라 그 의미가 크게 달라진다.

1. 동사와 연계하면, "만일 그리스도께서 단지 희망만을 주신다면, 우리는 신화에 희생된 가장 불행한 존재입니다"가 된다.[34] 그러나 바오로는 헛된 희망을 경계하는 것이 아니다.

2. 옛 주석가들은 이 부사를 en Christō와 연계하여, "그리스도안에만"이라고 해석하였다. "만일 현재의 삶만이 있고 그 이후는 없다면, 단지 그리스도 안에만 희망을 두고 모든 것을 포기한다는 것이 얼마나 어

마 7,5: 정욕들, pathemamata)을 상기시키는 것일 수 있다.
33) 콘첼만: "만약 그들이 죄에서 해방되지 않는다면, 그들은 여전히 죽음의 희생자로 남아 있을 것이다."
34) 바이스는 ēlpikotes esmen에서 일종의 전미래의 형태를 본다: "만일 (죽음의 순간에) 우리가 하나의 희망만을 가지고 있다면…" 이러한 해석은 너무 함축적이다. 동사의 형태는 현재형의 의미를 갖는다. 참조 2코린 1,9 hina mē pepoithotes ōmen ephi heautois (우리의 신뢰를 우리 자신 안에 두지 않기 위하여).

리석은 일인가!" 물론 바오로는 이를 부인하지 않는다(참조 32절). 그러나 이런 해석은 논증의 단순한 틀에서 이탈하는 점이 있다. 그리스도 신앙은 죽음 이후를 내포하기 때문이다.

3. 대다수의 주석가들은 monon을 en tēzōnētautē에 연계하여 "단지 현재의 삶(의 한계 안)에만"으로 해석한다. 단지 우리와 같은 삶의 한계 안에만 갇혀 있는 그런 그리스도를 희망한다는 것은 현재의 삶의 관점에서도 부조리한 일이다. 그렇다면 우리는 모든 사람 가운데 가장 가련한 존재일 것이다. 왜냐하면 우리에게 미래를 줄 능력이 없는 그런 그리스도에게 우리는 자신의 존재를 바쳤기 때문이다.[35]

2) 부활, 확실한 약속 15,20-28

[20]그러나 이제 그리스도께서는 죽은 이들 가운데에서 되살아나셨습니다. 죽은 이들의 맏물이 되셨습니다 [21]죽음이 한 사람을 통하여 왔으므로 부활도 한 사람을 통하여 온 것입니다. [22]아담 안에서 모든 사람이 죽는 것과 같이 그리스도 안에서 모든 사람이 살아날 것입니다. [23]

---

35) 이 장에서 열광주의적인 영신주의나 영지주의를 비판하는 담론을 보고자 하는 이들은 12절 이하를 매우 다르게 해석한다. 매우 간략하게 그 예를 들어보자. 귀트게만스, 앞의 책, 73쪽 이하: 사도는 그리스도가 부활하셨다고 선언한다. 그러나 그분만이 부활하셨고 우리는 아직 아님을 함축한다. 그러나 코린토에서는 여러 사람들이 죽음 이전에 구원받은 자들의 완전한 상태에 이미 도달했다고 생각하였다. 그들에게 그리스도는 죽은 이들 가운데 부활하지 않았으며(12절) 그분의 부활은 죽은 이의 부활도 아니고 죽음에 대한 승리도 아니다. 그들에게는 자신들이 이미 받은 것 외에 희망할 것이 남아 있지 않다. 그들의 죽음은 종말일 뿐이다(18-19절).

그러나 각각 차례가 있습니다. 맏물은 그리스도이십니다. 그다음은 그리스도께서 재림하실 때, 그분께 속한 이들입니다. [24]그러고는 종말입니다. 그때에 그리스도께서는 모든 권세와 모든 권력과 권능을 파멸시키시고 나서 나라를 하느님 아버지께 넘겨 드리실 것입니다. [25]하느님께서 모든 원수를 그리스도의 발아래 잡아다 놓으실 때까지는 그리스도께서 다스리셔야 합니다. [26]마지막으로 파멸되어야 하는 원수는 죽음입니다 [27]사실 "하느님께서는 모든 것을 그의 발아래 굴복시키셨습니다." 그런데 모든 것이 굴복되었다고 말할 때, 모든 것을 그에게 굴복시키신 분이 제외된다는 것은 명백합니다. [28]그러나 아드님께서도 모든 것이 당신께 굴복할 때에는, 당신께 모든 것을 굴복시켜 주신 분께 굴복하실 것입니다. 그리하여 하느님께서는 모든 것 안에서 모든 것이 되실 것입니다.

20절: 그리스도께서 부활하시지 않았다면, 달리 말해 그분 역시 인간 역사의 흐름 속에서 나타났다가 사라져간 숱한 인물 중의 하나일 뿐이라면, 또 그분이 역사 안에 나타난 '우리를 위한' 하느님의 특별한 은총의 계시, 그리하여 우리의 존재를 유예시키는 그런 신비가 아니라면, 우리가 종속되어 있는 죽음의 법에 맞설 수 있는 방도는 없다. 그러나 이제 (Nyni de) 현실은 완전히 달라졌다. 3-5절의 신경信經이 "그리스도께서 되살아나셨다"고 말하고 바오로는 여기에 "ek nekrōn(죽은 이들 가운데에서)"을 덧붙인다. 12절에서처럼 다시 한번 명백하게 그리스도의 부활과 죽은 이들의 부활이란 주제를 강조한다. 12절 이하에서 부정적인 방식으로 (만일 그리스도께서 부활하시지 않았다면) 그려진 양자 간의 관계가 여기서는 무엇보다 aparchē(맏물)[36]라는 용어를 매개로 하여 긍정적인 결과 안에 나타난다. 맏물의 본래적인 의미에서 하나의 요소만이 취해진다. 부분이 전체를 대표하고 또 시작이 일련의 전개와 완성을 보장한다는 점이다.[37] 그 개념은 단지 그리스도의 부활이 연대기적으로 첫 사건이라는 것만이 아니라, 그다음에 이어질 사건들도 인과 관계로 이 첫 사건과 연계된다는 것을 의미한다. 죽은 이들이 부활할 것인데 그 이유는 그리스도께서 부활하셨기 때문이다. 죽은 이들이 살 것인데 그 이유는 그리스도께서 살아 계시기 때문이다(1테살 4,14; 참조 요한 14,20).[38] Koimasthai의 글자 그대로의 뜻은 '누워 있다', '잠들다'이지만 통상적으로 '죽다'를 표현하는 완곡어법이다(참조 18,51절; 7,39).

21절: 바오로는 21-22절에서 그리스도의 부활이 맏물로서 지니는 특성을, 당시에 널리 유포되어 있던 개념에 근거하여 아담의 추락과 이 추락이 모든 인간에게 미친 결과와, 그리스도의 부활과 그 부활이 모든 인간에게 미칠 결과를 병행시켜 설명한다. 아담의 죄에 대한 배경은 당연히 창세 2장과 3장의 이야기이다. 당시의 유다 해석에 의하면 이 이야기는 아담의 죄를 통하여 죽음이 어떻게 모든 인간의 운명이 되었는가

---

36) 맏물을 바치는 행위는 그리스 세계에서도 행해졌다. G.Delling, aparchē, *ThW* I p.483-484; 참조 J.Behm, arrabōn, *ThW* I p.474.
37) 바오로는 믿는 이들에게 주어진 영이 구원의 aparchē(맏물, 로마 8,23) 내지 arrabōn(보증, 2코린 1,22; 참조 에페 1,14)이라고 구별 없이 말한다.
38) 1코린 15장에서 반反영신주의적 논증을 보는 이들은 다음과 같이 해석해야 한다: 그리스도는 맏물이시고 오직 그분만이 부활하셨다. 이것은 20절의 승리주의적인 어조와 잘 어울리지 않는다. U.루즈, *Geschichtsverständnis* p.342: "그리스도의 부활은 미래를 포함하는 사건이다." 참조 로마 8,10-11.

를 설명한다는 것이다.³⁹⁾ 그러나 바오로의 논증에는 이 이야기만 배경에 있는 것이 아니다. 21절의 두 사람에 대한 병행과 44-49절에서 전개될 주제의 발전은 최초의 두 인간의 신화가 아니라 최초의 한 인간의 신화를 참조하고 있다. 이 신화는 일반적으로 영-물질의 인간학적인 이원론을 표방하는 헬레니즘적 종교 세계의 여러 분야에서 다양한 형태로 나타난다.⁴⁰⁾

사도의 관심을 끄는 것은 그리스인들에게 역사적인 전망 안에서 그리스도의 역할을 설명하기 위하여 취할 수 있는 부분이다. 그리스도의 부활의 메시지는 수용하면서도 죽은 이들의 부활은 부인하는 이들에게 바오로는 다음과 같이 설명한다. 부활하신 그리스도는 그분께(그리스도 안에, 22절) 연결되어 있는 사람들에게 그들의 역사와 운명이 걸려 있는 최초의 인간이시다.⁴¹⁾

---

39) 2바룩 48,42: "오 아담이여, 그대는 그대에게서 태어난 이들에게 무엇을 했는가…." 4에즈라 7,116 이하. 참조. E.브란덴부르거, 앞의 책, 20-77쪽; H.Schlier, *Der Römerbrief*, HThK 6,1977, p.106-107.

40) 필로, *Opif.* p.134-135에서 창세 1,27과 2,7을 결합하여 하느님의 이미지로 낳은 인간 곧 인간의 이념으로부터 육체와 영혼, 남자와 여자로 하느님이 만드신 인간 곧 자연에 의해 사멸할 인간을 따로 구별한다. 감각적(aisthētos)이고 개별적인 인간은 지상의 실체와 신적인 숨(pneuma)으로 구성된 존재다. 이것은 신화를 플라톤적으로 해석한 결과이다. 한편 《Poimandres》, Corp. Hermet. I 12-15에는 빛과 생명의 존재인 인간이 자신과 유사한 존재에게 탐닉하여 물질 안에 떨어지게 된 과정이 소개된다. 여기에는 인간이 몸으로는 사멸할 존재이나 본질적인 인간으로는 불멸의 존재라는 이중적인 본질이 설명된다. 그러나 무엇보다 영지주의적인 구원의 삶을 전제하고 있다. "자신을 향해 나아가기" 자신이 생명과 빛으로 만들어져 있다는 것을 인정하고 감각과 몸의 기능을 혐오하기, 마침내 참된 내가 죄수로 갇혀 있는 물질적인 생명 곧 몸을 포기할 것을 요구한다.

41) 참조 로마 5,12 이하. 이 본문은 그리스도의 부활을 이야기하지 않지만 바로 이것을 홍

Epeidē는 늘 '왜냐하면'을 뜻하는 원인의 의미로 쓰인다. 그러나 이 단어는 로마 5,12 이하의 광범위한 병행 구절에는 나타나지 않는다. 원인의 의미로 해석하면 다음과 같다. 왜냐하면 죽음의 지배는 물리적이거나 형이상학적인 숙명에서 나온 것이 아니라 아담, 한 인간이 불순종한 결과로 초래되었기 때문이다. 따라서 생명의 지배도 마찬가지로 예수, 한 사람의(참조 로마 8,1-4)의 순종에 의해 정착되어야 했던 것이다. 하느님은 당신과 단절된 인간이 자기 안에 밀폐되어 자신의 참된 미래와 끊어져 살아가는 현장에 개입하시어 해방의 권능을 펼치신다. 그러나 우리가 보기에 이런 해석은 논증의 범위를 벗어나는 것으로 여겨진다. 그래서 epeidē를 논리적인 의미로 보는 해석이 좀 더 바람직해 보인다. 아담의 죄가 모든 이의 운명을 결정지었음을 우리가 받아들인다면, 그리스도의 부활이라는 하느님의 권능의 행위가 그리스도를 뒤따르는 모든 이의 미래를 결정한다는 것을 받아들이는 것이 이치에 맞는다. 이것이 다음 절에서 확인된다.

22절: 명기할 것은 여기서 죽음이 성찰의 대상이 아니며, 죽음이 아담과 모든 인간에게 전파된 그 방식도 성찰의 대상이 아니라는 점이다. 바오로가 이 점을 언급했다면 그것은 오로지 그리스도의 부활에 대해 말하는 것을 좀 더 쉽게 이해하기 위하여 비교치로 도입한 것이다. 최초의 추락에서 숙명이 비롯했다고 느끼는 헬레니즘의 세계에서, 그리스도의 부활같이 하느님의 개입으로부터 새로운 체제가 정립되고 이로 말미암아 숙명이 극복되었다는 개념을 사도는 활용하고 있는 것이다. 그리고 이 점은 당연히 코린토인들에게도 유용한 개념이다. 아담 안에서

미 있게 만든다. 즉 바오로가 1코린 15장에서 말하는 것을 다르게 말하고 있다.

는(en tō Adam) 숙명이, 그리스도 안에서는(en tō Christō) 생명의 약속이라는 새로운 체제가 전개되는 것이다. 미래형 zōopoiēthēsonthai(살아날 것이다)는 확실성을 표명하고 있다.[42]

정확하게 대칭을 이루는 두 개의 절에서 두 개의 tous(모두)는 문제를 제기한다. 첫 번째 tous는 모든 인간을 전체적으로 포함한다. 그래서 두 번째 tous도 같은 의미를 지닐 것으로, 곧 모든 이가 최종적으로 미래의 생명에 참여할 것이라고,[43] 흔히 추론한다. 그렇다면 바오로는 믿는 이나 믿지 않는 이의 차이를 망각하고 부활 사건의 우주적인 영향력과 그 결과만을 생각하고 있는 것이다. 그러나 믿지 않는 이들까지 포함하는 모든 이의 구원 개념은 그에게 낯설다(참조 1,18). 세례를 받은 이들도 멸망할 수 있다(3,17). 다음 절은 바오로가 오직 믿는 이들의 부활만을 염두에 두고 있음을 보여 준다.

23-28절: 그리스도의 부활과 믿는 이들의 부활 간의 중간 시기를 논한다.

1. 중간 시기의 현실: 23-24절
2. 중간 시기의 필요성: 25-28절

23절: 죽은 이들의 부활은 미래의 일이다. 그렇다면 아담-그리스도의 비교가 무슨 가치가 있는가? 아담의 추락이 가져온 결과는 분명한데 그리스도의 부활로 생긴 결과는 어디에 있는가? 바오로는 죽은 이들의 부활을 미래로 선포함으로써 쉬운 길을 선택한 것으로 보인다. 실

---

42) 바오로 사도에게 자명한 것은 부활이 오직 미래에 해당한다는 점이다.
43) 예컨대 드 베테, 리츠만, A.Oepke, anistēmi, *ThW* I p.371.

제로 이것은 그의 역사관에 정확하게 일치한다. 그리스도 안에서 살아가는 믿는 이들의 현재는 복음이 말하는 과거에 뿌리박고 있으나, 동시에 하느님으로부터 미래를 선사받는 현재이기도 하다. 바오로는 그리스도-만물 개념을 종말론의 전통적인 틀 안에 넣고 설명한다. 그리스도는 우리가 포함된 역사의 시작이다. 그 역사의 단계들은 예상 가능하고 그 목표 또한 확실하다. 죽은 이들의 부활은 기다림의 대상이지만 그 기다림의 근거는 확실하다. 22절의 미래는 허공의 약속이 아닌 것이다.

Tagma는 차례를 뜻하나, 존귀함의 차례가 아니라 연속성의 순서이다(만물은, 그 다음은, 그리고는).[44] 바오로는 역사의 전개 과정에서 신자들을 위한 구원의 완전한 실현이(참조 로마 5,10; 8,23) 이미 정해져 있다고 그들에게 말함으로써 아담-그리스도의 비교가 남길 수 있는 의심을 없앤다. 그들은 그리스도의 재림[45]이 현재의 경륜을 결정적으로 마감하는 시간에 반드시 부활할 것이다.

24절: To telos(종말, 완성)는 여러 가지 의미로 해석되었다.

1. 문장의 형태 때문에 사람들은 그리스도의 재림과 신자들이 그리스도께 속하는 단계 다음에 기다려야 하는 세 번째 순서(tagma)가 있다고 본다. 여러 주석가들은 세 번째 순서가 나머지 인류를 가리키고 그들 역시 구원받기 위하여, 또는 심판과 단죄를 받기 위하여 부활해야

---

44) G.델링, tagma, *ThW* VIII p.31-32. 그는 1QS 6,8과 비교한다: 많은 이들이 모인 집회에서 사제, 장로, 다른 구성원 등 각자는 자신의 지위에 따라 자기 자리를 차지한다. 델링에 의하면 tagma는 존귀함의 순서이다.

45) 바오로 서간에서 파루시아(parousia)는 출석, 재림을 의미하고 아직 전문적인 용어로 정착되지 않았다. 이 단어는 절대적인 의미로 사용되지 않았고 때로 세속적인 의미로도 나타난다: 1코린 15,16-17; 2코린 7,6-8; 10,10; 필리 1,26; 2,12.

하는 사람들이라고 생각한다. 그러나 telos가 나머지라는 의미를 지닌 적은 없다.[46]

2. 다른 주석가들에 의하면 telos는 부사적 대격으로서 '최종적으로'(참조 1베드 3,8)를 뜻한다고 한다. "최종적으로 … 마지막 원수는 죽음이 없어질 것입니다." 이런 경우 25절은 괄호 안에 넣어져 생략되고 만다.[47] 문장 구조 그 자체는 가능하지만 바오로의 문체와는 전혀 어울리지 않는다.

3. 가장 적절한 의미는 종말, 완성이다. 이어지는 두 개의 시간 절들이 이 해석을 지지해 준다. 동사의 시제는 현재[48]와 단순과거 인데 그 의미는 미래와 전前 미래이다. 모든 권세의 파괴가 먼저 이루어지고 이어서 나라가 하느님께 바쳐진다(참조 27-28절). 세 가지 용어들, 곧 지배, 권력, 권세는 25절에서 원수들(echthroi)로 표현된다. 이들은 우주적인 권세로서 세상을 운명적인 힘 아래 두고 그리스도의 해방활동을 방해하는 악마적인 힘들이다.

그런데 어찌하여 그리스도의 부활과 믿는 이들의 부활 간에 이러한 중간 시기가 존재하는가? 또는 그들이 그리스도께 속해 있으면서도 죽는 기간이 존재하는가? 25-28절이 이에 대해 답변한다. 하느님의 계획에 의하면 권능으로 고양되는(참조 필리 2,9-11; 에페 1,20-22; 마태 28,18-20) 그리스도의 부활은 아직 최종적인 완성이 아니고 투쟁의 시작이다. 이 투쟁은 하느님께 적대적인 모든 세력을 완전히 없애고 완전한 승리

---

46) 퀴멜.
47) 예컨대 바르트.
48) 코이네 사본들은 단순과거 paradō로 읽는다.

로 끝날 것이다. 메시아의 시대가 먼저 도래하고 하느님의 최종적인 다스림이 될 새로운 시대가 뒤를 잇는다는 것은 유다인의 묵시주의 도식에서 비롯하는 것인데, 바오로는 여기서 기본 요소를 빌어 와 최후의 사건들에 대한 비전을 제시하고 있다.[49] 그러나 본질적인 차이가 있다. 그리스도인 신앙에 입각하면 메시아의 다스림은 더 이상 도래해야 할 대상이 아니라 이미 시작된 현실이다. 교회는 여전히 세력들에 의해 둘러싸여 있으나 주님이 다스리시고 장차 승리하실 것을 이미 분명히 알고 있다.

25절: 그리스도의 부활과 죽은 이들의 부활 간의 중간 시기는 교회가 살아가는 시기로서 결코 구원론적 공백 기간이 아니다. 오히려 반대로 구원의 약속에 따라 하느님의 계획을 완전히 실현하기 위해 집중적으로 일하는 시기이다. 그리스도는 다스리시고 권능을 보유하시면서 무엇보다 지금 이미 이 권능을 행사하신다.

여기서 인용된 시편 110편[50]에서 하느님은 원수들을 왕의 발 아래 잡아다 놓으신다. 바오로는 시편의 내용을 다소 손질하여 왕을 그리스도로 대체하고 pantas(모든 이)를 삽입하여 모든 원수로 표현한다. 이 본문에서 '모든'은 핵심단어(24-28절에서 10회 사용됨)로 강조하는 역할을

---

49) 4에즈라 7,28-31: "나의 아들, 메시아는 그와 함께 있는 자들과 함께 나타날 것인데 이들은 살아남아서 400년간 생을 누릴 것이다. 이 시간이 지나면 나의 아들, 메시아는 모든 인간과 함께 죽을 것이다. 이때 세상은 7일 동안 최초의 침묵으로 돌아가 아무도 살아남지 못할 것이다. 7일이 지나면 아직 깨어나지 않은 세상이 깨어나고 타락한 세상은 파괴될 것이다."
50) 헬레니즘 계열의 교회는 매우 일찍부터 시편 110편을 메시아적으로 해석하였던 것으로 보인다: 마르 12,37; 14,62; 사도 2,34; 히브 1,13 등.

한다. 이 단어를 통해 인용된 시편은 논증 안에서 더욱 효과를 발휘한다.[51] pantas는 바로 코린토인들이 죽은 이들의 부활을 부인함으로써 부인하는 대상인 것이다.

26-27ㄱ절: 그리스도의 승리가 전면적이기 때문에, 그 승리는 비록 아직 완성되지는 않았지만 이미 확인되었다. 죽음은 이 절에서 죽는다 내지 죽었다라는 개별적인 사실을 가리키지 않는다. 죽음은 "세력들"(24절) 가운데 하나로서 피조물에 영향을 미치고 창조주께서 부여한 의미를 헛되게 한다(참조 로마 8,20-21: 허무와 멸망의 종살이; 히브 2,15). 그러기에 죽음은 없애야 할 마지막 원수이다. 그것은 묵시주의적 기획이 죽음을 없애기를 원해서뿐 아니라 죽음이 다른 모든 세력들을 집약시키고 모든 것 안에, 특히 죄 안에(참조 17,55절; 로마 6,20-21) 그 세력을 행사하기 때문이다. 사도는 이제 죽음(thanatos)이 최종적으로 쓰러질 것이라고 힘차게 선포한다.[52]

사도는 "사실"이라는 말로 앞의 절과 연결하면서 두 번째로 시편[53]을 인용한다. 이 인용은 죽음까지 포함하여 어느 세력도 승리의 그리스도를 피할 수도 저항할 수도 없음을 확인시킨다. 동사의 주어는 하느님이시고 27ㄴ절과 28절에서 hypotaxas(굴복시키시는 분)의 주어도 하느님

---

51) G.바르트, 앞의 논문, 523쪽.
52) 이 절을 로마 8,10-11 그리고 요한 11,25-26과 비교할 수 있겠다. 만일 바오로가 영신주의자들을 거슬러 논증한다고 가정한다면, eschatos(마지막)가 강조되어야 할 것이다. H.W.바르취, 앞의 논문, 268쪽.
53) 시편 110,1처럼 시편 8,7도 헬레니즘 계열의 교회에서는 그리스도의 최후의 승리와 영광을 예언하는 것으로 읽혀졌다. 이 두 시편은 함께 인용되었고(에페 1,20-22) 때로는 혼합되기도 하였다(1베드 3,22).

이시다. 이 동사들의 단순과거 형태는 쉽게 이해된다. 그리스도의 부활을 통해 드러난 하느님의 계획 안에서 어느 것도 그리스도께 저항할 수 없고 모든 것은 이미 사전에 그리스도께 종속되어 있다.[54]

27ㄴ절: eipē(말할 것이다)의 주제는 물론 그리스도이다.[55] 이 표현은 그리스도께서 모든 사명을 완수하시고 하느님 앞에서 보고하는 장면을 연상시킨다. 혹자는 27ㄴ절의 목적이 "모든 것"이라는 단어가 반복되어 나옴으로써 일으킬 수 있는 과도한 그리스도 중심주의의 오해를 – 이는 아마도 바오로에게 흉물스러운 것으로 보였을 것이기에 – 불식시키는 것이라고 말한다. 그러나 이런 설명은 불충분하다. 이 절이 선포하려는 명백함이란 정확한 교리의 명백함이 아니라, 하느님께서 그리스도를 부활시키면서 가동시킨 역사적–종말론적 과정이 지닌 의미의 명백함이다. 아버지의 영광스러운 권능에 의하여 부활하신(로마 6,4) 그리스도는 왕권을 행사할 때(24절) 하느님의 대리자요, 또 그 자격으로 하느님 편에서 그리고 하느님을 위하여, 피조물을 변질시키고 죽음으로 몰아가는 세력들에 대항하여 이것들을 굴복시키신다. 달리 말해서 27ㄴ절은 28절이 긍정적으로 말하는 것을 부정적으로 표현한 것이다. 그리스도의 부활과 다스림이 지향하는 목적은 하느님의 다스림이다.

28절: 이 절이 제기하는 이차적인 질문들 속에서 길을 잃지 않으려

---

54) 주어를 하느님으로 보는 이들이 있고(바이스, 알로, 헤링, 바레트 등) 그리스도로 보는 이들이 있다(리츠만, 콘첼만). 후자는 그 의미를 빈곤하게 만들지만 그 자체로는 바오로의 사상과 반대되지 않는다. 참조 필리 3,21.

55) 완성을 선포할 수 있는 주체는 막연히 "사람들"(리츠만)도 아니고 "성경"(콘첼만)도 아니다. 어쩌면 하느님일 수는 있다. 이 문제의 토론에 대해서는 바흐만 참조. 앞머리의 hoti는 콜론에 해당하는데 P46 B 33 등에는 없다.

면 마지막 절에 두 번 나오는 "모든 것"이 23절부터 어쩌면 20절(만물)부터 준비된 목표임을 알 필요가 있다. "하느님은 모든 것[56] 안에서 모든 것이 되실 것입니다." 이것이 바로 하느님께서 그리스도를 부활시키시고 세상과 역사를 그리스도의 섭정 아래 놓아두셨을 때 이미 의도하신 사물의 궁극적인 상태이다. 본래는 스토아 학파의 범신론에서 출발한 양식이지만, 여기서는 모든 적대 세력이 굴복되었을 때 드러나게 될 하느님의 다스림을 표현하고 있다. 당연히 아들[57]의 굴복은 세력들의 굴복과는 다른 가치를 지닌다. 세력들의 굴복과는 달리 아들의 굴복은 동사의 형태가 비록 수동이어도 자발적이고 능동적인(중간태 동사의 의미) 것이다. 이는 부활하신 분이 사명을 완성하셨다는 표지요, 또 그분이 하느님을 위한 존재로 - 역시 우리를 위한 존재로(로마 6,10-11) - 정점에 오르셨음을 의미하는 표지이다.

3) 개인적인 성격의 두 가지 논증 15,29-34

²⁹그렇지 않다면, 죽은 이들을 위하여 세례를 받는 사람들은 무엇을 하겠다는 것입니까? 죽은 이들이 전혀 되살아나지 않는다면 무엇 때

---

56) "모든 이"보다는 "모든 것"이 문맥에 상응하는 더욱 바람직한 번역이다.
57) 바오로의 서간에서 ho hyios(아들)가 절대적인 용법으로 유일하게 사용된 곳이 바로 여기다. 바오로는 이러한 방식으로 하느님의 계획에 그리스도를 온전히 일치시키고자 하는가? 본문의 맥락에서 이탈하여 삼위일체 논쟁으로 번진 이 구절의 '종속주의적인 요소' 때문에 4세기와 5세기의 교부들은 염려하였다. 참조 H.A.Wilcke, 앞의 책, p.106-108.

문에 그들을 위하여 세례를 받습니까? ³⁰우리는 또 무엇 때문에 늘 위험을 무릅쓰고 있습니까? ³¹형제 여러분, 내가 우리 주 그리스도 예수님 안에서 품고 있는 긍지, 곧 여러분에 대한 나의 긍지를 걸고 말합니다. 나는 날마다 죽음을 마주하고 있습니다 ³²내가 에페소에서 이를테면 (여느 사람처럼) 맹수와 싸웠다고 한들 그것이 나에게 무슨 소용이 있겠습니까? 죽은 이들이 되살아나지 않는다면야 "내일이면 죽을 몸 먹고 마십시다." ³³착각하지 마십시오. "나쁜 교제는 좋은 관습을 망칩니다." ³⁴정신을 똑바로 차리고 죄를 짓지 마십시오. 하느님을 제대로 알지 못하는 이들이 더러 있기 때문에, 여러분을 부끄럽게 하려고 이 말을 하는 것입니다.

29절: 내용의 변화가 갑작스럽다. 접속사 epei는 여기서 "그렇지 않으면"[58]으로 번역되어야 하는데 정상적으로는 방금 앞에서 한 말을 근거로 논증할 때 사용된다. 그러나 여기에는 해당되지 않는다. 논리적인 관계는 존재한다 하더라도 느슨하다. 논증들은 12–19절을 상기시키고 있고 어쩌면 이 절들을 이어간다고도 볼 수 있다. 그럼에도 불구하고 29절은 더 개인적이고 마침내 열정적인 문장의 특성으로 인해 12–19절과 다르다. 29절의 논증들은, 비록 도입 과정은 어색하지만, 미래의 삶에 대한 희망이 없는 그리스도인의 삶의 무의미를 효과적으로 지적한다.[59]

---

58) 참조 로마 3,6; 11,6; 히브 10,2. 표현 방식은 고전적이다. 예컨대 아리스토텔레스, 니코마데스 윤리학 2,2: "우리 연구의 목적은 덕이 무엇인가를 아는 것이 아니라 가치 있는 인간이 되는 것이다. 그렇지 않으면 탐구가 무슨 소용이 있겠는가?"
59) 이것이 보여 주는 바는 하느님의 최종적인 승리가 물론 중요하지만 여기서 중심 주제는 아니고 다만 죽은 이들의 부활을 위한 논증이라는 점이다.

29절은 상당히 당혹스러운 구절로서 온갖 구구한 해석들을 남발시켜 왔다. 내용 자체가 모호한 것은 아니다. 이 절은 코린토에서 죽은 이들을 위한 세례가 베풀어져 왔음을 분명히 확인시켜준다. 그러나 사도에 의해 창설되고 사도가 지도하는 교회 안에 이런 이상한 의식[60]이 존재한다는 것을 의아하게 생각하면서 사람들은 이 절에서 좀 더 수긍할 만한 의미를 발견하고자 노력하였다. 예컨대 죽은 이들은 실상 영세자 자신의 몸이다. 여기서 영세자들을 죽은 이들이라고 말한 것은 이들이 부활을 믿지 않는 그리스도인들이기 때문이다(크리소스토모). 바오로는 다음과 같이 물었을 것이다. '여러분이 부활할 것을 믿지 않는다면 왜 세례를 받습니까?' 또 다른 해석은 전치사 hyper를 장소적인 의미로 이해하는 것이다. 이들은 부활신앙을 증거하기 위하여 "죽은 이들 위에서" 즉 공동묘지에서 세례를 받았다. 이것은 부활신앙이 없으면 의미가 없는 의식이다(루터). 또 다른 해석으로는 세례 지망자가 교리를 받기 전에 죽을 것을 예상하고 "죽은 자로" 세례를 받았다는 것이다. 이것은 세례 지망자가 미래의 삶을 믿지 않으면 의미 없는 의식이 된다(칼뱅).[61] 최근의 설명으로는 그리스도 신앙을 받아들인 이방인들이 감정과 우정으로 가까웠던 이들을 저승에서 다시 만나기를 원해서 세례를 받았다는

---

60) 이 예식은 후대에 이단적인 그룹들 안에서 발견된다. 크리소스토모, 강론 40. 그는 마르치온의 추종자들에 대해 말하면서 세례 준비자가 세례를 받기 전에 죽었을 때 살아 있는 사람 하나가 죽은 이가 누워 있는 침대 밑에 숨어 있었다고 이야기한다. 죽은 이에게 세례 받기를 원하는지를 물어보고 침대 밑에 숨어 있는 자가 대신 세례를 받고 싶다고 대답한다. 그리하여 산 이가 죽은 이 대신에(anti) 세례를 받았다.
61) M. 리시, 앞의 글, 6-27쪽. 그는 다른 유형의 설명들을 인용한다.

것이다. 그러나 저승이 없다면 어떻게 되겠는가?[62]

오늘날 일반적인 경향은 크리소스토모가 마르치온 추종자들에 대해 언급한 내용이 시사하듯이, 코린토에서 아마도 '대리 세례'를 행하였다고 생각한다. 이 대리 세례는 세례 준비자나 그리스도교에 호감을 가지고 있는 사람이 세례를 받기 전에 죽었을 때 이들을 위해 대신 세례를 받는 것을 가리킨다. 바오로가 이런 예식에 대해 이의를 제기하지 않았다면 다음의 두 가지 답변이 가능하다.

1. 바오로는 이런 예식을 전혀 인정하지 않고 코린토인들에게 그들이 얼마나 일관성 없는 입장을 가지고 있는지만을 이야기한다(암브로시오).

2. 바오로가 이의를 제기할 필요가 없는 이유는 다소 엉뚱한 이 예식이 그의 성사적 사실주의에 결정적으로 일치하고 있기 때문이다(부세트).[63] 그러나 목표는 동일하다. 코린토인들은 그들이 하는 일에 대해 심사숙고하고 그 결론을 잘 이끌어내야 한다.[64]

30-31절: 두 번째 논증은 사도가 선교활동 중에 경험한 위험으로부터 도출된다. 죽은 이들의 부활이 없다면 날마다 죽음을 무릅쓰는 것이 과연 합리적이겠는가? 그런데 사도는 매일 죽음을 마주하고 있다.

---

62) M.Raeder, 앞의 논문.
63) R.불트만, *Theol. NT*, 312쪽. 그는 이 의견에 동의하면서도 바오로에게서 이런 유형의 성사주의에 대한 완화제를 발견한다고 말한다. 참조 M.Goguel, 앞의 글, p.322-324.
64) 미래형 "무엇을 할 것입니까?"의 의미는 불확실하다. 리츠만은 미래 형식의 격언들은 현재와 동등하다고 말한다. 헤링은 "하다"를 "실행하다"로 바꾼다. 그러나 이들의 지적에서 과연 어떤 차이가 발생할 수 있을까?

그는 이를 단언하는데(nē) 그것은 자신의 영광의 칭호[65]인 코린토 교회의 선익 때문이다. 이 영광의 칭호는 결국 그리스도의 것이라고 사도는 즉시 확인한다. 그리스도께 속한 사람들에게 약속된 미래의 삶을 믿지 않는다면 그가 어떻게 이런 행동을 할 수 있겠는가?

32절: 동일한 추리가 다른 용어로 전개된다. "내가 여느 사람처럼 맹수와 싸웠다고 한들"을 어떻게 이해할까? 이 가정절은 현실적인 것인가 아니면 비현실적인 것인가? 동사는 고유한 의미로 사용되었는가 아니면 비유적인 의미로 사용되었는가? 여느 사람처럼(katha anthrōpon)은 무엇을 의미하는가? 이 가정절이 비현실적이라면(바이스)[66] 바오로가 그를 반대하는 은장이들의 소요(사도 19,23 이하)로 말미암아 로마 시민임에도 불구하고 짐승에게(ad vestias) 던져지는 형벌을 받을 수도 있었던 상황을 암시하는 것일까? 이 해석을 반대하는 이유는 바오로가 한때 위협만 받았던 사건을 두고 추론하는 것이 아니라 실제적인[67] 위험들을 근거로 추론하고 있기 때문이다. 그렇다면 그가 실제로 싸웠다고 해석해야 할까?[68] 이것도 거의 개연성이 없다. 사도행전뿐만 아니라 바오로 자

---

[65] Hymeteran kauchēsin(여러분 안에 내가 가진 영광의 칭호). 이본異本에 속하는 hēmeteran은 내 영광의 칭호를 의미하는데 이는 본래의 의미를 약화시키고 adel-phoi(형제 여러분)라는 호칭의 동기를 무력하게 한다. 따라서 이 독법은 배척되어야 한다. 참조 불트만, Adam und Christus nach Römer 5, in: *Exegetica* p.432.

[66] 헬레니즘의 그리스어는 비현실적인 가정 다음에 an이 없이 주절이 나오는 것을 허용한다. 참조 요한 15,24.

[67] 바오로는 29절에서도 실제적인 일에 대해서 추론한다.

[68] 바오로 행전(2세기 말)은 도시의 집정관이 군중의 요구에 밀려서 사도에게 짐승들과 싸우는 형벌을 내리는 이야기를 전해 준다. 바오로에게 거대한 사자를 풀어 주었으나 사도를 공격하지 않았다. 실제로 이 사자는 얼마 전에 사도를 만나 세례(?)를 요구한 바 있었다. 다른 커다란 야수들을 내보냈으나 평온하던 하늘에서 난데없이 우박 덩어리가

신도 그가 겪은 위험들을 열거하는데(2코린 11,23 이하) 짐승과 싸웠다는 이야기는 하지 않기 때문이다. 결국 이 동사는 비유적인 의미로 사용되었다고 결론지을 수 있다. 사도는 집요하게 그를 죽이려는 반대자들과 싸우고 있었다.[69] "여느 사람처럼"은 모호한 표현이다. 그 의미는 어쩌면 "부활하신 그리스도께 자신을 잊고 봉사하는 사람"을 가리키는지도 모른다.

"나에게 무슨 소용이 있겠습니까?"라는 반문과 32ㄴ절의 결론은 대가를 바라지 않는 초연한 신앙을 주장하는 사람들에게 아마도 충격적일 것이다. 그러나 참으로 죽을 고비를 넘겨온 사람이 자신을 온전히 투신한 일에서 얻을 수 있는 것 – 혹은 잃을 수 있는 것 – 을 요구하는 것은 정상이 아닐까? 바오로는 자신의 주장을 영웅주의적 희생으로 정당화하는 이상주의자가 아니다. 그는 오직 그리스도로 말미암아 사는 신앙인이다. 만일 그리스도께서 죽음과 삶을 넘어서는 분이 아니라면, 또 그리스도께서 죽은 이들이 그 안에서 부활하게 되는 그런 분이 아니라면, 그분 때문에 생명까지 걸 수 있겠는가? 이 질문은 기회주의적인 계산과는 전혀 무관한 성찰을 요구하며 또 의미를 묻는 질문이기도 하다. 그리스도께서 참으로 그리스도가 아니라면(참조 13-19절), 신앙은 아무런 의미가 없다. 그렇다면 차라리 현재의 삶에 기대를 걸고 그 무의미 속에서 "먹고 마시는 것이" 나을 것이다. 왜냐하면 "내일이면 죽을

원형경기장에 쏟아져 내렸다. 야수들과 많은 관객들이 이 우박을 맞고 숨졌다. 그리스도인 사자와 사도만 안전하고 나머지는 모두 궤멸하였다.

69) thēriomachein(맹수와 싸우다)의 비유적인 의미로 여기에 나오는 맹수들을 에피쿠로스 학파의 쾌락주의자들이라고 보는 사람도 있다. A.J.말허비, 앞의 논문. 참조 이냐시오, 로마인들에게 보낸 편지 5,1.

몸"(참조 이사 22,13; 56,12)이니.

33절: 바오로는 죽은 이들의 부활을 부인하는 이들이 취할 수 있는 극단적인 모습을 명확하게 지적하고 나서 그들에게 엄격하게 경고한다. "Mēplanasthe, 착각하지 마십시오."[70] 이어지는 금언은 아테네의 희극 시인 메난드로스(기원전 342-291)의, 지금은 분실된 작품 〈타이스〉에서 나온 것이다. 바오로는 공동체 전체를 가리키기보다는 34절의 몇 사람(더러는)[71]을 상대로 외부의 영향을 조심하라고 경고한다. 그는 그 나쁜 영향이 여러 사람들에게 미치고 있다고 생각하기 때문이다.

34절: Eknēphein(취기에서 벗어나다)은 여기서 "정신 차리다"라는 비유적 의미를 지닌다. 이 맥락에서 바오로가 열광주의의 취기를 겨냥하고 있다거나 지식의 거짓된 절제와 신앙의 참된 절제를 대립시킨다고 생각할 근거는 없다.[72] 그는 지각 없는 자들에게 그들의 사고와 행동의 불일치를 지적하며 그들을 흔들고 있는 것이다. 그들은 신앙인이지만 하느님에 대한 무지 속에 살아간다. 그들은 그리스도를 추종하지만 그리스도가 누구인지 모른다. 그들에게 그리스도는 세력들의 지배자가 아니고 그들이 홀로 죽도록 내버려 두는 존재에 불과하다. 그러면 왜 그리스도를 선택했는가?

---

70) 이것은 디아트리베 곧 가상적인 대화법에서 빌어온 형식으로서, 일반적으로 "착각하지 마시오"를 뜻한다. 참조 1코린 6,9; 갈라 6,7; 야고 1,16. 다른 번역으로는 "유혹에 넘어가지 마시오"도 가능하다(바레트).

71) 바이스는 세속적인 것에 **빠져** 쾌락을 탐닉하는 그리스도인들을 가리킨다고 생각한다. 반론: 32ㄴ절은 부활을 부인하는 자들의 구체적인 행동거지를 묘사하지 않고 그들이 위협을 받고 있는 타락을 가리키고 있을 뿐이다.

72) 이 점에서 우리는 바이스, 벤트란트, 바레트를 반대한다.

이제 깨어 정신 차린 사람들은 더 이상 헤매지 말고 죄를 짓지 말아야 한다.

3. 부활한 이들의 몸, 결론 15,35-58

어떻게 죽은 이가 살아날 수 있는가에 대해 바오로는 세 단계로 대답한다.
1. 그는 창조된 현실의 유비를 통해 하느님의 창조적인 능력의 다양한 가능성을 보여 준다(35-44ㄱ절).
2. 성경에 근거하여 그는 우리를 그리스도의 영적인 존재에 참여시키는 것이 하느님의 의지라고 설명한다(44ㄴ-49절).
3. 부활은 죽은 이들에게나 산 이들에게나 근본적인 변화일 것이다(50-58절).

1) 창조에서 도출된 유비들 15,35-44ㄱ

³⁵그러나 "죽은 이들이 어떻게 되살아나는가? 그들이 어떤 몸으로 되돌아오는가?" 하고 묻는 이가 있을 수 있습니다. ³⁶어리석은 사람이여! 그대가 뿌리는 씨는 죽지 않고서는 살아나지 못합니다. ³⁷그리고 그대가 뿌리는 것은 장차 생겨날 몸체가 아니라 밀이든 다른 종류든 씨앗일 따름입니다. ³⁸그러나 하느님께서는 당신이 원하시는 대로 그 씨앗에 몸체를 주십니다. 씨앗 하나하나에 고유한 몸체를 주시는 것입니다. ³⁹육체라고 다 같은 육체가 아닙니다. 사람의 육체가 다르고 집짐승의 육체가 다르고 날짐승의 육체가 다르고 물고기의 육체가 다릅니다.

⁴⁰하늘에 속한 몸체들도 있고 땅에 속한 몸체들도 있습니다. 그러나 하늘에 속한 몸체들의 광채가 다르고 땅에 속한 몸체들의 광채가 다릅니다. ⁴¹해의 광채가 다르고 달의 광채가 다르고 별들의 광채가 다릅니다. 별들은 또 그 광채로 서로 구별됩니다.
⁴²죽은 이들의 부활도 이와 같습니다. 썩어 없어질 것으로 묻히지만 썩지 않는 것으로 되살아납니다. ⁴³비천한 것으로 묻히지만 영광스러운 것으로 되살아납니다. 약한 것으로 묻히지만 강한 것으로 되살아납니다. ⁴⁴ㄱ물질적인 몸으로 묻히지만 영적인 몸으로 되살아납니다. 물질적인 몸이 있으면 영적인 몸도 있습니다.

처음에 씨 뿌리기를 주제로 취했다가 부활한 몸의 문제에 대해 창조에서 도출한 유비들을 적용시키는 과정에서 이 주제를 다시금 취하는 본문의 구조는 35-44ㄱ절이 하나의 유기적인 전체임을 보여 준다.

35절: 부활을 주제로 15장에서 이 세 번째 부분은 디아트리베(대화) 형식으로 시작한다. 상대자가 제기하는 질문은 코린토의 반대자들의 생각에 대해 아무것도 가르쳐 주지 않는다. 이 질문은 육신의 부활뿐 아니라 사후의 모든 삶을 (19,32절)[73] 부인하는 자들이 제기할 것으로 바오로가 예상하는 반론이다. 바오로는 답변에서 사후에 영혼만의 삶이 있을 뿐이라고 주장하는 이원론을 거론하지 않는다. 그는 오직 몸(sōma)으로만 표상될 수 있는 사후의 삶이 이해될 수 있을 뿐 아니라 하느님의 계획 안에 포함되어 있음을 보여 준다.

---

73) 슈미탈스, *Gnosis*, p.147.

36-38절: 죽음은 몸의 파괴를 가져오는 것이기에, 일부 사람들이 믿듯이, 최종적인 끝장인가? 사람이 뿌리는 씨앗의 비교는 이중적인 결론을 암시한다. 하나는 죽음이 미래의 삶의 장애가 아니라 그 조건이라는 점이요, 다른 하나는 죽음에서 비롯한 몸이 땅에 묻힌 몸과 질적으로 전혀 다른 것이라는 점이다.[74] 헤링은 말하기를 "이 추론은 식물의 본질에 대해 상이한 생물학적인 개념을 가진 사람들한테는 당연히 설득력이 없다." 씨앗은 죽지 않고 그 배아는 지속적으로 자라서 나무가 되기 때문이다. 그러나 사도는 죽음과 삶의 순환적 교체 또는 죽음을 통해 삶으로 태어나는 과정에 대한 고대적인 사고에 친숙한 독자들이, 발아 과정에 대해서도 자신과 같은 방식으로 이해한다고 믿고 이들을 납득시킬 수 있으리라고 희망했다.

그러나 현대의 독자에게는 질문이 남아 있다. 오늘의 독자는 지적 정직성의 이름으로 바오로의 밀씨 논증을 마침내 죽은 말씀으로 격하시켜야 하는가? 그것은 더 이상 진리가 아닌 시적 이미지에 불과한가? 바오로가 말하는 내용을 현대 생물학이 이해하는 과정의 진술 안에서만 전부 파악하려 한다면 과연 그렇다. 그러나 바오로가 고대 과학의 지식을 참고하는 것은 겉으로 드러난 첫 번째 단계의 심의에 불과하다. 근본적으로 그는 밀씨의 배아 과정에서 드러난 하느님의 놀라운 업적을 확인하면서 하느님께로부터 얻은 지식을 참조한다. 하느님은 생물학적인 사실에 갇혀 있지 않다. 더욱이 방법론을 결정하는 우연적인 요소에

---

74) 콘첼만은 본문의 의미를 착각하고 다음과 같이 주석하였다: "바오로는 삶의 조건으로서 죽음의 필연성을 강조한다." 그러나 사도의 목표는 이미 실현된 부활에 대한 환상을 깨뜨리는 것이 아니라 아둔한 의심자들을 납득시키는 일이다.

따라 과학이 알 수 있고 또 과학이 알고자 하는 내용의 한계에 하느님은 더더욱 갇혀있지 않다. 그분은 생명을 만드신 분이시기 때문이다. 하느님과의 관계를 자기 실존의 본질로 삼는 신앙인은 자기 존재를 "눈에 보이는 것"(로마 8,24)의 한계로 환원시키지 않는다. 신앙인에게 하느님은 삶 안에서 그의 존재의 증여자였듯이, 하느님은 죽음에서도 "당신이 원하시는 대로" 변화될 존재를 신앙인에게 증여하실 것이다.

39-41절: 그러면 "어떻게" 그리고 "어떤 몸으로"라는 질문에 대해서는 위에서 답변이 주어졌다. 39-41절은 이 답변을 더욱 강화한다. 창조된 세계에는 존재 양태들이 매우 다양하게 존재한다. 그러므로 이승에서의 인간적인 몸과 전혀 다른 몸이 존재한다는 것을 이해할 만하다.

Sarx(살)는 여기서 몸을 구성하는 물질적 요소를 가리킨다. 고대인의 개념에 의하면 이 물질은 동물들의 계급에 따라 다르다. Sōma(몸)는 이와 달리 존재의 물질성에 관계되는 것이 아니라 고유한 존재 양식에 관계된다. 지상의(epigeia) 존재들과 천상세계의(epourania) 존재들 간에 존재론적인 차이가 있다는 개념도 고대인들에게 친숙하다. 한 가지 이상한 것은 문맥이 예상하는 것과는 달리 바오로는 41절에서 지상 인간의 몸과, 부활한 몸이 닮을 것이라고 하는(참조 마르 12,25)[75] 천사들의 천상적인 몸 간의 차이를 생각하지 않는다는 점이다. 40ㄴ절이 제기하는 작은 문제는 글자 그대로 영광을 의미하는 doxa가 오직 천상의 몸에만 고유한 특성이 아닌가라는 점이다. 그렇지 않다면 이 단어는 43절에서 지녔던 의미와는 달리 피조물들의 아름다움을 의미하는 것일까? 그

---

75) 바흐만에 동조하고 헤링에 반대한다.

럴 가능성은 적어 보인다.[76] 다양성의 마지막 예증은 천체의 빛도 모두가 동일한 특성과 본질을 가지고 있지 않다는 것이다.[77]

42-44ㄱ절: 하느님은 죽은 것에서 생명을 일으키신다. 그분의 창조적 권능은 놀랄 만큼 다양한 존재들의 형태 안에 드러난다. "죽은 이들의 부활도 이와 같습니다." 사도는 동일한 내용을 네 개의 반명제로 정확하게 병행시키면서 하느님께서 우리의 죽음을 극복해주셨음을 기쁨으로 확언한다.[78]

pfthora(파괴)는 무덤에서 몸이 썩는 것만을 의미하지 않는다. 이 용어는 지상에 – 또는 묵시주의의 언어로는 현세에 – 속한 모든 것을 존재론적으로 규정한다. apftharsia(불멸, 불사)는 천상세계, 또는 도래하는 세계의 특성이다. 두 번째 반명제에서 doksa와 atimia(불명예)를 반립시키면 doxa를 명예로 해석해야 한다(콘첼만). 그러나 문맥은 이와 반대로 해석할 것을 권장한다. doxa를 영광 내지 광채로 이해하고 atimia와 반립시키면 aitimia는 영광의 부재가 된다(브루스).[79] 1,24-25과 2코린 12,10; 13,3에서 약함과 강함의 쌍은 역설을 표현한다. 하느님 또는 그리

---

76) 리츠만: 40ㄴβ절에 doxa를 대체시키는 기계적인 구문에도 불구하고, 바오로는 천상의 몸들은 영광을 지니고 있으나 지상의 존재들은 그렇지 않음을 말하고자 한다.
77) 여기서 열거된 사항들은 근대 과학의 영향을 받아 형성된 오늘날의 사고방식에는 거의 설득력이 없음을 인정해야 한다. 그들의 눈에 그것은 자연적인 과정의 발로일 뿐이다. 그러나 동시에 이 과정이 왜 그렇게 되어야 하는 것인지는 여전히 설명되지 않은 채로 남아 있다.
78) 현재의 삶과 부활한 삶 사이의 비연속성에 강조점이 주어져 있지 않다. 이 점은 1코린 15장을 열광주의적인 영신주의나 영지주의를 배격하는 내용으로 이해하려는 이들의 기대에 어긋난다.
79) 몸에 대한 어떠한 경멸감도 없다. 헤링이 "인간에게 동물의 죽을 몸을 가지고 있다는 것이 가장 부끄럽지 않은가?"라고 말할 때 그는 그리스의 이원론의 언어로 말하고 있다.

스도의 권능은 선포의 약함 내지 사도의 약함 안에 존재한다. 여기서 사도는 묵시주의적 전망 안에서 사태의 변화를 묘사한다. 현재의 세상에서 약하고 사멸하는 것이 미래의 세상에서는 불멸의 삶의 충만으로 나타날 것이다. 마지막 반명제를 이해하기 위해서는 psychikos(자연적인 것)의 의미를 먼저 살펴볼 필요가 있다.

보충 설명: Psychikos(15,44ㄱ)

형용사 프쉬키코스(psychikos, 프랑스어에서는 'psychique(혼에 관계되는)' 또는 'animal(동물적인)'이라고 번역한다. 라틴어도 anima(혼)와 animal(동물)로 옮긴다))는 신약성경의 네 곳에서 여섯 번 등장한다(1코린 2,14; 15,44.46; 야고 3,15; 유다 1,19). 이 단어와 대조되는 것은 pneumatikos(영적인 것, 1코린 2,15; 15,44.46; 참조 유다 1,19)와 anōthen katerchomenē(위에서 오는 것, 야고 3,15)이고 또 유사한 형용사로는 '육적인'(1코린 3,1-3), '지상의', '악마적인'(야고 3,15)이 있다. 아울러 이 단어는 이 단락의 세 개의 반명제 안에서 병행적으로 사용된 용어들과 비교할 때 그 의미가 드러난다.

45-47절에 등장하는 창세 2,7의 인증은 psychikos의 용법을 부정적인 의미로 설명한다. 창조와 타락의 이야기는 일 세기 헬레니즘 영역의 이원론의 영향 속에서 최초의 인간에 대한 사변들(참조 21-22절)을 형성하는 데 크게 기여하였다. 고전 그리스 전통에서 영혼은 인간의 신적인 부분이었고 몸과 반대되는 상급 원리였다(이분법적 인간관). 헬레니즘 시대에는 영혼이 몸과 결합하여 결과적으로 몸에 구속되는 것을 추락의 결과로 생각하였고, 영지적인 교리에 의하면(참조 R.Kasser, *RTh Ph* 22, 1972, p.187ss), 하느님께 적대적인 천사적 세력들이 만들어낸 업적으로

느껴졌다. 실추되고 타락한 영적 실체로서의 영혼은 이제 몸에만 대립되는 것이 아니라, 빛과 진리의 세계의 원리인 영(pneuma)과도 대립되는 것으로 나타난다. 영은 인간의 초월적인 원리이고 기원이기에, 인간은 영에 다가갈 수 없고 오직 계시를 통해서만(삼분법적 인간관) 다가갈 수 있다. psychikos 형용사는 이처럼 몸과 영혼의 분리라는 모든 인간의 소외를 배경으로 한다.

바오로에게서 psychikos의 용법은 (sarx가 그러한 것처럼) 일률적이지 않다. 우리의 대목에서 이 형용사는 현재의 경륜 곧 지상적 존재의 현 상황을 가리킨다. 이 단어는 인간 안에 두 개의 원리를 구분하는 존재론적인 이원론을 포함하지 않고 한편으로 아담과 그리스도의 이원성을, 다른 한편으로는 인간의 현재 처지와 부활한 자의 미래의 처지라는 이원성을 설명한다. 그러기에 이 psychikos가 담고 있는 것은 역사적이고 종말론적인 이원론에 해당된다. 반대로 2,14-15에서는 psychikos가 분명히 경멸적으로 사용된다. 그것은 하느님을 거부하고 반대하는 인간, 하느님을 알 수 없는 인간을 가리킨다. 이 대목의 용어와 정서는 다분히 영지주의적이다. 그럼에도 불구하고 여기서도 바오로는 15,44에서처럼 존재론적인 이원론을 말하지 않는다. 그는 자신들의 "지식"에 의지한 나머지 하느님의 "어리석음"과 선포의 "약함" 안에서 드러나는 영의 권능을 인정하기를 거부하는 영지주의들의 맹목성을 비판하기 위하여 영지의 철저한 반명제들을 이용하는 것이다.

〔영지주의적인 영혼의 개념에 대하여 참조. A.Dihle, psych, *ThW* IX p.657-659; K.W.Tröger, *ibid*, p.659-661; H.Jonas, *Gnosis und spätantiker Geist* I(2e. 1954) p.178-190.〕

형용사 psychikos가 현재의 시간 안에서 우리의 상태를 장차 몸의 "구속"(로마 8,23)을 기다리는 존재로 특징짓는다면, 반대어인 pneumatikos는 당연히 '비물질적인 것'이 아니다. 부활한 자의 몸이 영적인 까닭은 하느님이 "모든 것 안에서 모든 것이"(28절) 되시는 새로운 세계의 현실 안에서 몸이 하느님의 계획과 권능에 부합하기 때문이다.[80]

2) 성경의 인증 15,44ㄴ-49

[44ㄴ]물질적인 몸이 있으면 영적인 몸도 있습니다. [45]성경에도 이렇게 기록되어 있습니다. "첫 인간 아담이 생명체가 되었다." 마지막 아담은 생명을 주는 영이 되셨습니다. [46]그러나 먼저 있었던 것은 영적인 것이 아니라 물질적인 것이었습니다. 영적인 것은 그다음입니다. [47]첫 인간은 땅에서 나와 흙으로 된 사람입니다. 둘째 인간은 하늘에서 왔습니다. [48]흙으로 된 그 사람이 그러하면 흙으로 된 다른 사람들도 마찬가지입니다. 하늘에 속한 그분께서 그러하시면 하늘에 속한 다른 사람들도 마찬가지입니다. [49]우리가 흙으로 된 그 사람의 모습을 지녔듯이,

---

[80] 퀴멜, 바레트 등에 의하면 바오로가 프네우마(Pneuma)를 일종의 미묘하고 유동적인 물질(예컨대 리츠만은 몸이 천상의 프네우마로 이루어졌다고 말한다)로 표상하는가에 대한 질문은 거의 무의미하다. 물론 어떤 종류의 표상이건 피하기란 어렵다. 그러나 현재 우리의 신체적인 조건에서 "수수께끼"(13,12)를 통해서만 이해될 수 있는 사실을 표상할 때 그 진실은 무엇인가? 나아가 우리의 존재의 일부 측면(데카르트는 연장과 사고로 설명한다)을 나름대로 설명하는 물질-비물질의 대립은 이 경우에 큰 의미를 갖지 않는다.

하늘에 속한 그분의 모습도 지니게 될 것입니다.

44ㄴ절: 44ㄱ절과 연결시켜 44ㄴ절을 결론으로 보는 견해도 있다(콘첼만). 그러나 44ㄴ절의 형태 자체가 새로운 논증을 도입하고 있음을 보여 준다. 이어지는 성경적 논증은 주제의 정당성을 결정적으로 정립시킨다(리츠만). 36-40절의 유비들은 단지 유비의 수준으로만 머물러 있다. 이제 증명력을 가진 특별한 논증이 성경로부터 도출된다: "성경에도 그렇게 기록되어 있습니다"(45절).

그러나 과연 성경가 정확하게 무엇을 증명해야 하는가?

반영지주의적 해석을 주장하는 사람들은 46절을 논증의 핵심으로 간주한다. 영지주의자들이 믿는 것처럼 영이 인간의 최초의 본질도 아니고 또 영이 은폐되었으나 실제로 상실되었다는 그들의 주장도 옳지 않다. 이들에 의하면 현재로는 그리스도 한 분만이 영이시고 최종적인 완성의 시기에 우리도 그분과 비슷해질 것이다(49절). 그러나 바오로가 논하는 대상은 미래의 삶을 부인하는 사람들이지 영지주의자들이 아니다. 나아가 20-24절과 깊은 유비를 보여 주는 이 구절들은 논전의 억양이 아니라 약속의 어조를 띠고 있다. 미래형의 49절(우리도 지니게 될 것입니다)은 논증을 마친 후에 환희의 분위기 속에서 44ㄴ절의 "영적인 몸도 있습니다"를 다시금 이어받는다.

전개 방식은 다음과 같다.

1. 성경는 자연적 생명체(혼, psychikos)인 첫 번째 아담 이후에 아담-영(Adam-Pneuma)이 도래한다는 것을 증명한다(참조 21절).
2. 성경에 의하면 역사는 자연적인 생명의 양태樣態로 출발하고 이어서 영적인 것이 온다(참조 23절).
3. 우리는 지금 첫 번째 아담과 비슷한 것이 사실이지만, 이제 두 번

째 아담을 닮도록 예정되어 있다(참조 22,24절).

44ㄴ절은 "…도 있고 …도 있다"라고 번역되기도 한다. 그러나 바오로는 성경에서 도출된 하느님의 계획에 부합하는 결론을 여기서 이미 선언하고 있다. 자연적인 생명은 고립되어 존재하지 않고 영적인 것의 짝으로 존재한다. 첫 번째 인간이 혼이라면(창세 2,7), 이와 다른 인간도 존재하는데 그는 영이다.[81]

45절: "houtōs kai[82](이렇게 실제로)…." 여기서 창세 2,7에 적용된 주석학적 방법은 우리에게 이상하게 보인다. 바오로는 본문을 그대로 인용하고 이에 주석을 달지 않는다. 그는 "첫 번째"와 같은 부가어를 삽입하여 본문을 인용하는데, 이 부가어들이 없으면 그가 해석하는 방향으로 본문을 이해할 수 없는 것처럼 보인다. 그가 인용한 것은 이미 그 자체가 번안이고 하나의 주석이라고까지 말할 수 있다.[83] 이렇게 하면서도 그는 본문을 변질시키지 않는다. 그는 자신이 전제한 것들로부터 본문을 식별하고 거기서 식별한 것을 강조하고 이를 명백히 한다. 그 전제란 두 아담에 관한 사변이요 이들에 관한 그리스도론적 해석이다.

창세 2,7의 인간은 분명히 첫 번째이고 그러기에 마지막 인간과 대조하는 것을 가능하게 한다. 최초의 인간인 아담과 짝을 이루는 또 다른 아담 역시 최초라는 칭호를 가지고 있는데, 그가 바로 23절이 말하는 맏물 그리스도이시다.

벌써부터 여기서 첫 번째-마지막의 대조를(참조 46절) 강조해서는 안

---

81) 벵겔: "Kai, atque adeo, consequenter." K.Galley, 앞의 책, p.30: "혼이 존재하는 곳에 영이 또한 있다."
82) kai는 여기서 논리적인 의미를 갖는다.
83) 이러한 기법을 고려할 때 사도의 개념으로는 45절 전체가 (성경에) "기록된 글"이 된다.

된다고 생각한다. 강조되는 대조는 바로 "자연적인 생명체(곧 살아 있는 영혼)"와 "생명을 주는 영"의 대비이다. 사도는 창세기의 본문이 영혼(psychikos, 44ㄱ절)에 불과한 첫 번째 인간 다음에 생명을 주는 창조적인 영인 인간이 올 것을 예고한다고 말한다. 아담의 창조는 창조주 업적의 끝이 아니다. 창세 2,7은 죽을 인간에게 그를 다시 살게 하실 그리스도를 선언하고 있는 것이다.

46절: 이 절과 앞의 절과의 관계는 22절과 23절의 관계와 정확히 같다.[84] 45ㄱ절은 생명을 주는 영의 도래가 하느님의 계획 안에 늘 포함되어 있었음을 보여 주고, 46절은 이 계획에 따라 영적인 것이 자연적인 것의 뒤를 잇고 그 도래를 기다려야 하며 또 기다릴 수 있음을 분명히 지적한다.[85]

47-49절에서 바오로는 '먼저-그 다음에'의 순서가 어떻게 인간의 역사를 구성하는지를 보여 준다.

47절: 45절의 반명제를 다른 용어로 반복한다. 바오로는 "자연적인 것과 영적인 것"의 짝을 "지상의-천상의" 짝으로 대체한다. Ek gēs choikos(땅에서 나서 흙으로)는 칠십인역 창세 2,7의 choun apo tēs gēs(땅에서 난 먼지)를 연상시킨다. Ex ouranou(하늘로부터)는 재림(필리 3,20)을 암시하는 것이 아니라 "땅에서 나서"와 대조를 이루고 pneumatikos(영

---

84) 슈미탈스는 바오로가 여기서 영지주의자들을 거슬러 논증하고 있는 것은 아니라고 인정하면서도, 46절이 인간의 참된 자아로서의 영(Pneuma)의 선행성先行性을 말하는 영지주의적인 개념에 항거한다고 간주한다(*Gnosis*, p.159-160). 슈미탈스의 의견대로라면 46절은 주석이라고 결론지어야 한다.
85) Alla는 de와 부합하고 epeita는 23절의 epeita와 일치한다.

적인 것)와 동등한 의미를 지닌다.[86]

48절: 이 논증은 아담과 그리스도가 개별적 존재일 뿐 아니라 그들이 행한 것으로부터 그들에게 도래한 것이 집단적인 결과를 가져온다는 사실을 기억하면 쉽게 이해된다. 사실 바오로는 이 점을 명시적으로 언급하지는 않는다. 48절은 한 그룹은 첫 번째 아담을 닮고 두 번째 그룹은 두 번째 아담을 닮은, 유사한 두 그룹의 인간이 존재함을 단순히 확인하는 것처럼 보인다. 그럼에도 불구하고 두 번에 걸쳐 사용된 "그렇다면(hoios) … 그렇다면(toioutoi kai)"의 용법은 하나의 정적인 양식 위에 역동적인 역사적 본질의 현실을 표명하는 것이라고 하겠다. 결국 그 용법은 아담과 그리스도가 각자의 계보에 속하는(참조 21절) 인간들의 운명에 결정적인 영향력을 행사하며, 약함이나 힘의 표지를, 또는 죽음이나 생명의 표지를 각인시키는 고유한 힘을 행사하고 있음을 지적하고 있는 것이다.[87]

그리스도를 닮은 epouranioi(천상적 존재들)은 지금 그리스도를 믿는 현세의 그리스도인 공동체(벤트란트)가 아니라, 그리스도의 부활에 힘입어 장차 부활할 사람들을 가리킨다(큄멜).

49절: 두 번째 아담의 도래를 예고한다고 해석된 성경이 보여 주는

---

86) A sy 코이네는 anthrōpos 다음에 ho kyrios를 덧붙이는데, 이것은 주석학적으로 옳다. 대신에 P[46]은 대칭성을 위하여 pneumatikos를 첨가한다.
87) 불트만, *Theol. NT*, 249쪽. 불트만은 이 대목에서 죄는 로마 5,12 이하와 달리 죽음의 원인으로 나타나지 않는다는 특이한 점을 지적한다. 아담적인 인간은 흙으로 만들어졌고 바로 그 때문에 살과 피(50절)를 가진 존재로서 썩을(phthartos, 53-54절) 몸이다. 사멸성은 첫 번째 창조의 물리적인 특성이라고 하겠다. 사람들은 56-57절에 의거하여 명확히 표현되지 않은 것이 암시되어 있다고 반대할 수 있다. 그러나 기묘하게도 56-57절은 상당히 놀라운 망각을 되찾아주는 모습을 지니고 있다.

것은 다음과 같다고 바오로는 결론짓는다. 우리는 첫 번째 아담의 후손으로 현재의 처지에 있지만, 새로운 기원이신 그리스도로 말미암아 존재하게 될 미래의 모습을 계승할 것이다. "모습을 지니다"라는 표현은 유사함보다 더 강한 본질적인 관계, 즉 이미지를 지닌 대상에 참여함을 함축한다.[88] 아울러 동사 "지니다"는 이미지의 개념과 매우 가까운 옷의 개념(참조 53절)을 암시한다(참조 갈라 3,27: "여러분은 다 그리스도를 입었습니다").

단순과거 epforesamen(우리가 지녔다)는 어떻게 이해해야 할까? 믿는 이들에게 아담의 형상은 이미 과거의 일이 되었다(참조 2코린 5,17)고 보아야 할까? 그러나 이런 해석은 전반적인 맥락과 거의 일치하지 않는다. 다음의 두 가지 해석이 가능하다. 첫 번째, 여기서 단순과거는 일종의 전前 미래처럼 작용하여 "우리가 사람의 모습을 지닌 후에 우리는 … 그분의 모습을 지니게 될 것입니다"라고 해석된다. 두 번째, 바오로는 첫 번째 아담의 형상을 아직 소유하고 있는 우리의 현실을 과거로 이야기함으로써, 그리스도와 생명의 승리가 이미 확보되었고 우리가 그의 승리에 참여하는 것 역시 확실하다는 것을 강조하는 것이다.

3) 최종적인 변화. 결론 15,50–58

---

88) H.Kleinknecht, eikōn, *ThW* II p.386–387. 바오로는 창세 1,27을 설명할 때도 필로를 참조하지 않는 것이 분명하다. 필로는 *Opif*. 24–25에서 첫 번째 인간을 모상(Image)의 모상(image), 곧 로고스의 모상이라고 본다.

⁵⁰형제 여러분, (분명히 밝혀 두거니와) 내가 말하려는 것은 이렇습니다. 살과 피는 하느님의 나라를 물려받지 못하고, 썩는 것은 썩지 않는 것을 물려받지 못합니다. ⁵¹자, 내가 여러분에게 신비 하나를 말해 주겠습니다. 우리 모두 죽지 않고 다 변화할 것입니다. ⁵²순식간에, 눈 깜박할 사이에, 마지막 나팔 소리에 그리될 것입니다. 나팔이 울리면 죽은 이들이 썩지 않는 몸으로 되살아나고 우리는 변화할 것입니다. ⁵³이 썩는 몸은 썩지 않는 것을 입고 이 죽는 몸은 죽지 않는 것을 입어야 합니다. ⁵⁴이 썩는 몸이 썩지 않는 것을 입고 이 죽는 몸이 죽지 않는 것을 입으면, 그때에 성경에 기록된 말씀이 이루어질 것입니다.

"승리가 죽음을 삼켜 버렸다.
⁵⁵죽음아, 너의 승리가 어디 있느냐?
죽음아, 너의 독침이 어디 있느냐?"
⁵⁶죽음의 독침은 죄이며 죄의 힘은 율법입니다. ⁵⁷우리 주 예수 그리스도를 통하여 우리에게 승리를 주시는 하느님께 감사드립시다. ⁵⁸그러므로 사랑하는 형제 여러분, 굳게 서서 흔들리지 말고 언제나 주님의 일을 더욱 많이 하십시오. 여러분의 노고가 헛되지 않음을 여러분은 알고 있습니다.

50-53절은 매우 다양하게 해석할 여지를 제공하였다.
1. 인간의 영적 자아의 해방이 구원이라는 영지주의적 인간학과 구원론에 대항하여, 바오로는 인간이 재창조되려면 아무런 구분 없이 전체로 죽어야 한다고 역설한다. 그러나 50절을 이런 방식으

로 읽는 것이 과연 가능할까?[89]

2. 바오로는 부활이 "지상의 몸의 소생"[90]이라고 보는 유다교의 물질주의적 개념과 거리를 취하고, 단순한 형제들에게 몸의 변화 없이는 구원에 참여하는 것이 불가능하다고 설명한다.[91] 그런데 이 새로운 청중은 어디서 갑자기 나타났는가?

3. 바오로는 재림 때 아직 이 세상에 있을 신자들의 운명을 염려하고 있다. 그들은 아직 죽지 않았는데 어떻게 부활할 수 있겠는가? 이 질문은 재림 때 죽은 사람들의 운명은 어떻게 되냐고 묻는 테살로니카 신자들의 질문과 정반대이다. 다소 우스꽝스러운 이 해석을 제안한 바이스는 이 심각한 질문이 매우 피상적으로 다루어졌다는 것을 적어도 인정한다.

4. 가장 자연스러운 해석은 바오로가 모든 이에게 특히 다소 지각 없는 그리스도인들에게 구원을 올바르게 이해시키기 위하여 다음과 같이 선언한다고 이해하는 것이다. 즉 아담의 후예인 인간의 처지에 속한 모든 것이 최종적으로 폐지되지 않은 채 구원이

---

[89] L.쇼트로프, *Der Glaubende*, p.141. 쇼트로프는 기발한 기교를 발휘하여 다음과 같이 50절을 일종의 야유 어린 대화로 풀어나간다: "여러분은(영지주의자들) 살과 피가 하느님 나라를 상속받지 못한다고 옳게 이야기했습니다. 우리는 단지 멸망할 살(sarx)이기 때문입니다. 그러나 여러분은 이 살이 단지 하나의 덮개에 불과하고 참된 존재는 그 안에서 손상 없이 머물러 있다고 잘못 생각하고 있습니다."

[90] H.C.Cavallin, *Life After Death*(1974). 그는 부활에 대한 유다인의 개념을 단수로 이야기하는 것이 얼마나 그릇된 것인가를 보여 준다. 초기 유다교에서는 부활에 대한 조잡한 형태의 순진한 물질주의적 개념들이 다양하게 공존하였는데, 이들은 모두 상호 밀접한 토대 위에 기초하고 있다는 것이 학계의 일반적인 견해이다(p.200).

[91] 바이스.

이루어지는데, 몸의 근본적인 변화는 하느님 계획의 필요하고도 유일하게 상상할 수 있는 완성의 형태라는 것이다.

50절: 바오로는 touto de phēmi[92](분명히 밝혀 두거니와)라는 형식을 통해 자신이 말하고자 하는 것에 무게와 장중함을 부여한다. 예레미아스[93]의 의견에 의하면 50절의 두 개의 병행적 선언은 동등한 대상을 지니지 않는다. "살과 피"라는 표현은 재림 때 아직 살아 있을 신자들을 가리키고 그 대신 "썩는 것"이라는 표현은 죽은 이들을 가리킨다는 것이다. 흥미로운 제안이지만[94] 좀 더 자연스러운 바이스의 해석을 지지할 필요가 있다. 유다계 팔레스티나의 특징을 지닌 첫 번째 선언은 초기 전승의 토막말을 인용한 것이고, 두 번째 선언은 바오로가 독자들을 위하여 첫 번째 선언을 그들이 이해할 수 있는 표현으로 옮겨 놓은 것이다. 그러므로 둘 다 같은 의미를 갖는데, 우리의 아담적 인간성으로는 도무지 미래의 세계에 다가갈 수 없음을 말하는 것이다.

혹시 이 선언이 죽은 이들의 부활을 부인하고 따라서 그들이 믿지 않는 불멸성을 상속받을 수 있는지에 대해서 관심이 없는 사람들에게 상기시켜서 유익한 것인지 물어볼 수 있을 것이다. 그러나 이 질문은 단지 막연하게 추론하고 있는 셈이다. 32절의 내용에도 불구하고, 바오로는 부활을 부인하는 자들을 물질주의자들로 간주하지 않는다. 그들은 형제들이고 지각이 없지만 믿는 이들이다. 바오로는 이들이 자신의 전

---

92) D G it 등은 de 대신에 gar라고 읽는다. 50절은 좀 더 밀접하게 49절과 연결된다. 그러나 50절은 그 형태와 내용으로 보아 44-49절의 결론이 될 수 없다.
93) J.예레미아스, 앞의 논문.
94) E.슈바이처, 앞의 논문. 그는 50절을 51절과 연결시키면 예레미아스의 해석을 받아들여야 한다고 잘못 평가하고 있다.

존재를 변화시키는 창조적인 행위를 하느님에게서 기대하지 않는다면, 결국 그들이 믿을 대상도 희망도 상실한 것임(참조 19절)을 경고하고 또 이를 가르치고자 한 것이다(참조 34절).

51절: 하느님은 모든 이를 위하여 이 사멸의 조건에서 기적적인 변화를 일으키시고자 한다.[95] 바오로는 하느님께서 친히 당신의 계획을 알려주신 자의 권위로 이를 선포한다.[96] 분명히 이 계시는 테살로니카 신자들의 근심 어린 질문에 답변할 때(1테살 4,13 이하) 그에게 주어진 것이다. 그는 그 당시 답변의 요소들을 다시 취해서 코린토의 상황에 맞게 적용시킨다.

참으로 흥미로운 것은 바오로가 죽음의 운명에 대해 두려워하는 그리스도인들을 안심시키는 데 활용한 "주님의 말씀"(1테살 4,15ㄱ)을 어떻게 그처럼 다른 상황과 문제의식에 적용시키는가를 보는 일이다. 1테살 4,17에서처럼, 그는 자신과 다른 이들이 재림 때 여전히 살아 있을 것으로 예상하고 있는데 이들은 "죽기 전에 하느님의 나라가 권능을 떨치며 오는 것을 볼"(마르 9,1) 어쩌면 특권을 누리는 무리라고 하겠다. 어쨌든

---

95) 51절의 본문이 다른 이본은 여럿인데 몇 가지 예를 들면 다음과 같다:
   1. pantes (men) ou koimēthēsometha, pantes de allagēsometha. B C 등.
   2. pantes (men) koimēthēsometha, ou pantes de allagēsometha. Sin C 등.
   3. pantes (men) anastēsometha, ou pantes de allagēsometha. D.
   2번(우리 모두는 죽을 것입니다. 그러나 우리 모두가 변화되지는 않을 것입니다)과 3번(우리 모두는 부활할 것입니다. 그러나 우리 모두가 변화되지는 않을 것입니다)의 독법은 당대의 교의를 반영한다. 부활은 보편적으로 발생하여 어떤 이들은 구원받고(이들은 변화될 것이다) 다른 이들은 단죄를 받을 것이다. 그러나 이러한 독법은 본문의 맥락에 걸맞지 않는다.
96) 신비는 묵시주의 용어로서 하느님의 계획을 가리킨다. 신비는 이 계획의 한 가지 특별한 측면이다.

그는 실제로 산 자와 죽은 자 사이에 차이가 없음을 말하고자 한다.

1테살 4,15-17에서는 죽은 이들이 먼저 부활함으로써 산 자들을 따라 잡고, 산 자들은 그 다음에야 비로소 들어올려져서 부활한 이들과 함께 주님을 만나게 된다. 이 차이는 1코린 15장에서 지워진다. 15장의 목표는 위로하는 데 있지 않고 죽은 이들의 부활이 하느님의 계획을 실현하는 데 본질적이고 필연적인 것임을 이해시키는 데 있다. 그러기에 살아남은 이들도 일종의 죽음을 통하여 부활로 넘어가게 될 것이다.[97]

52절: 최종 드라마의 시나리오는 1테살 4장과 공통점이 있음에도 불구하고 중요한 차이들이 있음을 보여 준다. 1테살 4장은 먼저 죽은 이들이 부활하고 이어서 산 자들과 부활한 자들이 동시에 공중에 들어올려져서 주님을 만나는 두 단계로 전개된다. 이와 달리 52절에서는 하느님의 의지에 순종하여 죽은 이들의 부활과 살아 있는 자들의 변화가 동시에 발생한다. 전자의 경우 썩지 않을 몸으로의 부활이기에 이것 역시 변화를 말하고, 후자의 경우 또한 산 자들의 죽음과 부활을 내포한다. 주님의 도래는 여기서 토론의 주제가 아니기에 언급되지 않는다.[98]

En tē eschatē salpiggi는 나팔[99]의 마지막 소리가 아니라 종말의 나팔 소리이다. 이는 현재 세상의 마침과 새로운 세상의 도래를 알리는 신

---

97) 51절: 모두, 우리가 변할 것입니다. 52절: (살아 있는) 우리가 변할 것입니다. 의미심장한 부조화가 변화와 부활의 동등한 가치를 드러낸다.
98) 1테살 4,13 이하는 죽은 이들도 주님의 재림 때 주님과 함께할 것인가에 대한 질문에 답한다.
99) 나팔은 최후의 드라마에 등장하는 전통적인 요소이다: 마태 24,31; 묵시 8,2 이하; 4에즈 6,23.

호이다. 변화는 순식간에, 눈 깜박할 사이에[100] 이루어지고 하느님의 창조적인 말씀이 순간적으로 실현될 것이다.

53절: 바오로는 50절에서 이미 말한 "새로운 존재만이 도래하는 세상에 다가갈 수 있다는 것"을 다른 용어로 반복하지 않는다. 25절에서처럼 dei(당위적으로 …해야 한다)라는 표현을 통하여 하느님 계획의 전개와 실현의 필연성을 설명한다. 세상이 창조되면서부터 그리스도는 하느님의 계획 안에 있었고(44ㄴ-46절) 죽은 이들의 부활은 그리스도의 부활을 통하여 그리고 그리스도의 부활 안에서 시작된 것의 완성이다(20-22절). 부활을 부인하는 자들에게 바오로는 하느님 계획의 보이지 않는 신비 또는 하느님 자신을 대립시킨다. 하느님은 당신의 다스림과 우리 구원의 여정에서 중도에 멈추시지 않는다.[101]

죽어야 할 아담적 인간의 변화는 endysasthai(다시 옷을 입(히)다)[102]의 작용을 통해 이루어진다. 그는 불멸의 생명을 전하는 옷을 받아 입는다.[103] 콘첼만은 여기서 "믿는 이의 미래의 신원"에 대한 표지를 옳게 발

---

100) En atomō는 아리스토텔레스, *Phys.* 236a(바우어)에서도 같은 의미로 나타난다. ripē 글자 그대로 던짐(시선을) 대신에 P⁴⁶ D는 ropē(기울임)로 읽는다.
101) 로마 5,12-21에서 바오로는 아담과 그리스도를 동시에 병행하거나 대조시켰다. 아담은 타락의 역사요 그리스도는 새로운 역사로서 하느님의 계획이 아담의 운명보다 우월함을 강조하였다. F.J.Leenhardt, *L'épitre de saint Paul aux Romains*, ad 5,15-17.
102) 중간태는 여기서 능동태의 의미를 전혀 지니지 않는다. 다시 옷을 입히다는 다시 옷이 입혀졌다와 같은 의미이다. 참조 2코린 5,1-5.
103) 바오로에게 나타난 대로 옷의 동기는 영지에서 비롯한다. 영광스러운 옷은 물질에서 해방되어 자신의 진정성을 되찾은 참된 자아이다. 참조 토마 행전 108-113에 삽입된 영지주의의 시인 "진주의 찬가." 필립보의 복음, 로기온 101에서 인간은 자신의 육신을 벗고 "살아 있는 인간"을 옷처럼 입는다. 물론 이런 유의 구원 개념은 바오로에게 전혀 나타나지 않는다. 그러나 "썩을 이 몸이 썩지 않을 것을 입는다"라고 확언하는 것은 바

견한다. 그의 신원은 영지주의에서처럼 인간 안에 있는 신적인 본질을 통해 확인되지 않는다. 지속적으로 존재하는 것은 오직 "주체"이다. 49절에서 "우리는 입었다 … 우리는 입을 것이다"라고 말하기 때문이다. 그러나 이 "주체"는 무엇으로 이루어지는가? 믿는 이가 재림 전에 죽으면 이 주체는 어디에 있는가? 이 질문에 우리의 본문은 답을 제공하지 않는다. 이 문제에 대해 바오로는 2코린 4,16-5,5에서 다소 길게 말한다. 이 세상에 속한 모든 것의 운명이 그러하듯이 "우리의 외적 인간은 쇠퇴해 가더라도 우리의 내적 인간은 나날이 새로워집니다"(2코린 4,16). 나날이 새로워지는 내적 인간은 죽음의 순간에 외적 인간과 함께 멸절되지 않을 것이다. 믿는 이들이 받은 "영의 선수금"은 20절이 말하는 그리스도-만물에 이미 현재의 삶에서 이루어지는 참여가 아니겠는가? 한편 필리 1,23에서 사도는 "그리스도와 함께 있는" 존재에 대해 말하는데, 이는 죽을 때 시간적 간격이 없이 계승하는 단계로 보인다.[104] 여기서 요한 11,25-26과 비교할 수 있겠다.

54-55절: 53절[105]의 용어를 그대로 이어받아 논증의 의도와 방향을 느끼게 한다. 최종적인 변화가 일어날 그 때에만 성경 말씀이 실현되고 하느님의 계획이 성취되며 우리의 구원이 확인된다. 그리스도 안에서 희망하는 것은 바로 이 최종적인 변화를 희망하는 것 외에 다른 것이 전혀 아니다(17-18절; 25-26절). 생명의 최종적인 승리가 두개의 성경 말씀을 통하여 묘사된다. 이사 25,8과 호세 13,14이 매우 자유로운 방식으로

로 영지주의적이다!
104) 참조 J.F.Collange, *Épitre de saint Paul aux Philippiens*, Excursus ad Ph 1,23.
105) to phtharton … aphtharton kai는 P^{46} Sin C와 불가타에 나타나지 않는다. 필사가들이 아마도 불필요하게 길다고 간주했던 것 같다.

인용되었다.[106]

56절: 이 절은 공교롭게도 57절의 감사와 55절의 승리의 외침을 분리시키는 것처럼 보여서, 비록 내용은 영락없는 바오로의 것이지만 종종 삽입구처럼 간주되어 왔다.[107] 율법 문제가 아무런 역할을 하지 않는 코린토의 상황과 15장 안에서 이런 선언을 만난다는 것이 또한 매우 놀랍다. 그럼에도 불구하고 56절과 57절 간의 관계가 매우 밀접함을 주목해야 한다. 나아가 56절이 이 자리에 꼭 필요한 것임을 부인할 수 없다. 실제로 15장에서 그리스도가 "마지막 아담"(45절)으로 또는 "둘째 인간"으로(47절) 소개되고 있지만, 그의 구원론적인 기능은 명시적으로 상기되지 않았고 그 기능이 또한 전체적인 차원에서 드러나지도 않았다. 죽음에 대한 승리가 그 모든 위대함과 그 충만한 의미 가운데 드러나도록 하자면, 비록 간단하고 갑작스러운 방식이기는 해도 지금 '구원의 기능'을 상기시키는 일은 반드시 필요한 것이다. 또 그것은 56절의 감사 행위가 지녀야 할 모든 의미를 획득하기 위해서도 필요하다.

kentron은 농부가 소를 찔러 모는 막대를 말하는가 아니면 호세아서가 의미하는 대로 벌레의 독침을 말하는가? 두 경우 모두 의미는 같

---

106) 이사 25,8의 마소라 본문은 다음과 같다: "그분(주님)은 죽음을 영원히 없애버리셨다." 칠십인역은 이해할 수 없는 번역을 제시한다: "katepien ho thanatos ischysas"(죽음이 강해진 다음에 삼켜버렸다). 바오로의 본문은 테오도치온의 본문(기원후 2세기)에 가깝다. 호세 13,14의 히브리어 본문은 다음을 의미한다: "죽음아, 네 독침은 어디 있느냐? 셰올아, 너의 가시는 어디 있느냐?" 호세아서의 맥락에서 주님은 죽음과 셰올에게 에브라임을 구조하도록 명하신다. 바오로는 이 문장의 의미를 전환시켰다. 나아가 그는 dikē(벌)를 nikos(승리)로 대체시켰다. P^{46} B는 neikos(논쟁, 이의)로 읽는다.
107) 바이스는 이 절이 바오로 자신에 의해 나중에 덧붙여졌을 가능성을 받아들인다. 그러나 그는 바오로 신학에 정통한 독자가 첨가한 주석이라고 보고자 한다.

다. 바로 죄가 인간을 노예로 만들고 하느님과 단절시켰다. 또 죄는 죽음을 자신의 힘 아래 인간을 잡아두는 권세로 만든다(로마 6,23; 7,13; 참조 히브 2,14). 율법은 범법을 자극하거나 인간으로 하여금 '자신의 정의'를 건설하도록 선동함으로써 죄를 일깨운다(로마 7,7 이하; 10,5).

57절: 하느님께 드리는 감사는 죄와 율법에 관해 긴 가르침을 감사로 마감하는 로마 7,25ㄱ과 매우 흡사하다.[108] 그리스도는 죽음의 권세 안에서 죄를 통해 부패된(로마 7,13) "율법의 마침"(로마 10,4)이다. "우리에게 승리를 주시는"에서 didonti(주시는)는 현재분사형이다. 장차 이루어질 변화(54절)에 힘입어 우리는 더 이상 "모든 사람 가운데 가장 가련한 이들"(19절)이 아니며 현재의 조건에서도 이미 승리하고 있다. 우리에게 "삶이 곧 그리스도"(필리 1,21)이기 때문이다.

58절: 결론은 간단하고 소박하다. 굳건함에 대한 권고는 15,1-2을 상기시킨다. perisseuontes는 발전의 개념[109]이 아니라 많음, 넘침의 개념을 표현한다. Ergon tou kyriou(주님의 일, 참조 16,10)를 더 많이 한다는 것은 공동체가 내적인 태도와 실천적인 삶 전체를 통하여 모든 상황에서 그리스도께 충실함으로써(2코린 9,8) 이루어질 것이다. 권고는 확신과 약속의 어조로 완결된다. 사도는 "여러분의 노고가 헛되지 않음"이라고 말함으로써 교회의 삶의 굳건한 기초, 교회가 비롯한 그 기원, 교회의 미래의 보증을 명확히 천명한다. 주님 안에서, 부활하신 그리스도 안에서 그리고 세력들의 주인 안에서(24-26절) 교회는 살며 일한다. 부조리

---

108) G.보른캄, *Ges. Aufs.* IV p.132: 로마 7,7-25은 1코린 15,56에서 이미 하나의 문장으로 앞당겨 정식화되었다.
109) 콘첼만, 예루살렘 성경, 프랑스어 공동번역 성경(TOB).

와 죽음의 위협 앞에서 교회가 하는 모든 수고는 공허한 선동이 아니라 뿌리 깊은 희망의 표출인 것이다.

보충 설명: 부활하신 그리스도를 믿는다는 것

신약성경에서 예수 그리스도의 부활은 십자가에 달려 돌아가신 예수를 생명으로 이끄신 하느님의 행위(예외적으로 예수 자신의 행위로 표현한 곳은 요한 10,18; 1테살 4,14)로 나타난다. 하느님은 예수를 "가장 높은 하늘로"(에페 4,10) 올려주시어 교회와 우주의 주님이 되게 하셨다. 그러므로 예수 그리스도를 믿는다는 것은 부활하신 예수 그리스도를 믿는다는 것이다. 그러면 부활하셨다는 것의 의미는 무엇이며 부활하신 예수 그리스도를 믿는다는 것은 무엇인가?

이 질문에 유용하고도 근거 있는 답변을 제시하는 데 가장 훌륭한 수단이 부활에 관한 신약성경 신학을 전개하는 것은 분명히 아닐 것이다. 오히려 역사적인 측면을 통해 이 질문에 접근하는 것이 좀 더 효과적일 것이다. 부활신앙의 탄생에 관한 다음의 해설이 비록 요약적이기는 하지만 그 탄생의 역사적인 조건과 가장 본질적인 신앙 표현의 우연성을 밝혀줄 것이며, 아울러 이 표현들을 끊임없이 풀이해 온 해석 과정의 우연성도 조명해 줄 것이다.

1. 초대 그리스도인 공동체의 신앙은 우리가 전반적으로 부활 사건이라고 일컫는 것에서 기원한다. 이 사건을 말하는 본문들은 두 가지 구별되는 유형을 지닌다. 첫 번째 유형은 네 복음서의 이야기들로서(마태 28장; 마르 16장; 루카 24장; 요한 20-21장) 주간 첫날 빈 무덤을 발견한 사

실이 이들 간에 커다란 공통점을 가지고 나머지 부분은 크게 다르다. 두 번째 유형은 그리스도의 부활을 선포하는 케리그마의 짧은 형식들 (예컨대 1코린 15,4.5; 로마 4,25)이다. 여기에 그리스도 죽음의 구속적 의미가 함께 선언되는 경우(예컨대 1코린 15,4.5; 로마 4,25)와 이 선언이 없는 경우가 있다(예컨대 로마 1,4; 10,9).

복음서들은 이 세대 또는 삼 세대 그리스도인들의 문학작품이다. 부활 이야기들은 명백하게 선포의 결과요 설화적 신학에서 비롯한 것이다. 그러면 역사적 현실의 일부가 존재한다면 그것은 무엇인가? 가장 논란이 되는 사건은, 누구도 피해갈 수 없다는 이유에서도, 빈 무덤의 발견 이야기이다. 이것은 설화 신학의 산물인가, 아니면 역사적 사실인가? 바오로는 빈 무덤 이야기를 모르는 것처럼 보인다. 그가 이를 알았다면 전승이 전하는 예수 부활의 증인들과 그 증언들을 열거할 때(1코린 15,3-8) 분명히 이를 빠트리지 않았을 것이다. 그러므로 빈 무덤 이야기는 이차적인 전승 단계에 속하는 것이 분명하다.

바오로 서간의 본문들은 사건에 좀 더 가까운 하나의 전승을 대표한다. 사도는 일 세대 그리스도인에 속하고, 가장 오래된 전승을 소지한 베드로와 요한 그리고 예수의 형제 야고보와 예루살렘에서 교류를 나누었다(갈라 2,9). 15,4-8에서 그리스도께서 "사흘날에 되살아나시어 … 케파에게 … 맨 마지막으로는 나에게도 나타나셨습니다(보여졌습니다)"라고 쓸 때, 이 동사는 전승 형식의 동사로서 구약성경에서 주님께서 아브라함에게(창세 12,7; 17,1) 또는 주님의 천사가 모세와(탈출 3,2) 기드온(판관 6,12)에게 나타나는 발현 이야기에 등장하는 동사이다. 그러므로 바오로 이전의 전승이나 바오로 자신이 말하는 것은 발현이나 봄(참조 1코린 9,1)이다. 오직 나중에 이르러서야 부활 사건의 이야기들이 부활을 기적적인 소생으로 만드는 경향이 있었다. 부활하신 예수께서는 말씀하시고 가르치신다. 또 그분은 살과 뼈를 가지고 있고 제자들과 식탁에서 함께 먹고 마신다(루카 24,39-43; 사도 10,40-41). 물론 이것은 루카의 전승이고 그 뒤로 부활 사건의 거의 공식적인 설명이 되었다. 루카는 또한 교회의 원년을 구성하는 날짜들을 교회에 제공하였다. 그러나 발현들은, 그 형태가 어떠하든 간에, 부활 전승과 부활 신앙의 역사적 기원으로 간주되어야 한다.

2. 사정이 이렇다면 발현들은 또한 부활 복음의 탄생에 대해 성찰할 때에도 유일하게 유효한 실제적인 출발점이 된다. 그러나 여기서 한 가지 심각한 난점에 봉착한 듯 보인다. 이처럼 역사가가 발현들과 복음서의 이야기들을 뒤섞는 것을 거부하고 방법적으로 발현만을 고집하여 이를 유일한 출발점으로 삼는다면, 다음과 같은 문제가 제기되지 않을까? 역사가는 실제로 발현이 무엇인지에 대해서는 무지 속에 남겨진 가운데, 흔히 해온 것처럼, 제자들의 심리적인 경향에 대한 불확실한 가설들을 쌓아올리고 신학적인 것을 심리학적인 것으로 해소시키고 말지 않을까? 그리하여 부활은 결국 환영으로 귀결되고 마는가?

실제로 역사가가 부활 신앙의 탄생을 이해하고자 시도할 때 그는 텅 빈 데서 출발하지 않는다. 발현들은 어느 심리학자가 어떻게 해석하든지 간에 역사의 연속성 안에 자신의 자리를 가지고 있다.

결국 예수께서 발현하신 모든 사람들이 그와 그의 가르침에 친숙했다는 그 단순한 이유 때문에 연속성이 존재한다. 부활절 사건은 분명히 하나의 시작이었고 또 정당하게 그렇게 느껴졌다. 그러나 그것은 절대적인 시작이 아니다. 부활절 사건은 나자렛 예수 곧 역사적 예수의 업적과 그의 인격에서 분리될 수 없다. 부활절의 복음은 예수와 그의 가르침, 그리고 그의 최근의 죽음을 비추는 새로운 조명이다. "주님을 뵙다"(1코린 9,1)라는 것이 바오로에게 의미하는 바가 모든 이에게도 부활절 사건의 의미가 된다. 그는 갈라티아의 그리스도인들에게 그 사건이 의미하는 바를 이렇게 적었다. "나를 따로 뽑으시어 당신의 은총으로 부르신 하느님께서 … 그분을 내 안에 계시해 주셨습니다"(갈라 1,15-16). 이 계시는 하느님의 예언자를 인정하고 추종했으나 그의 충격적인 죽음으로 잘못된 기대가 여지없이 무너졌던 사람들, 그러나 부활 사건으로 그들의 메시아적인 기다림이 확인되고 교정된 사람들을 위한 것이다. 그리고 더욱 놀랍게도 이 계시는 예수를 율법 파괴자로 간주하고 그의 제자들을 통해 그를 박해했던 적대자요, 바리사이 사람, 그러나 지금은 그분 안에서 "율법의 끝(완결)"(로마 10,4)을 인정하고 은총의 다스림(로마 5,21) 속에 사는 자를 위한 것이다.

발현의 표상들
초대 공동체의 증인들은 그들에게 주어진 '봄'을 설명하는 데 신학적인 분석에 의지하지 않았다. 그들은 부활절의 그리스도를 특징짓는 데 친숙하게 알고 있는 당대 유다교의 여러 경향들, 특히 묵시주의적 그룹에서 얻은 표상들에서 도움을 받았다. 우리는 부활절의 케리그마에서 유다교 묵시문학의 두 가지 주제가 연결되었거나 나아가 결합되었음을 발견한다. 그리하여 한편으로 '죽은 이들의 부활'[110]이라는 주제가 시간의

---

110) 당대의 유다교에서 부활 개념은 보상 개념과 밀접하게 연결되어 있다. 죽은 이들은 하느님으로부터 보상이나 벌을 받을 것이다(다니 12,1-3; 에티오피아의 에녹 22장; 2바

종말에 관한 사변들과 밀접하게 연결되어 있고, 다른 한편으로는 에녹의 환시의 책(에티오피아의 에녹 70-71장)에 등장하는 신비한 메시아적 인물의 '하늘로 들어 올려짐'이라는 주제가 또한 크게 작용한다. 에녹서에서 이 메시아적인 인물은 최후의 심판을 주재하는 인자로 나타난다. 발현의 그리스도는 "죽은 이들 가운데에서 부활하시어, 힘을 지니신 하느님의 아드님"(로마 1,4) 예수이시다. 그리하여 예수 그리스도는 하느님께서 "드높이 올리신 분"(필리 2,9), 퀴리오스 곧 주님(1코린 9,1)이시다.

이러한 진술의 의미는 명확하다. 부활절 사건을 통하여 하느님은 단죄받은 예수가 당신이 함께하는 의인이었고 여전히 의인임을 알게 하신 것이다. 하느님은 그를 부활시키고 하늘의 영광 속으로 높여줌으로써 그를 "인자"로, 도래할 심판의 심판관으로 지목하셨다. 구원의 시간은 지금 이미 시작되었다.

이 표상들에서 복음의 중심과 신앙의 핵심 내용을 인정해야 한다는 것은 현대인들에게 분명히 곤혹스러운 일이다. 그들은 사도 시대와 다르게 생각하는 세계에 살고 있기에 이런 그리스도가 비현실적으로 보일 것이다. 그럼에도 불구하고 이 그리스도를 고백하는 이유는, 이 표상들이 당시의 역사적인 맥락에서 볼 때 현실과 분리되지 않았으며 나자렛 예수가 자신에 대해 부여했던 이미지와 분명하게 연결되어 있기 때문이

룩 49-52장). 예수의 역사에 대한 해석의 첫 번째 요소는 다음과 같다. 예수의 발현들은 부활과 천상 영광으로 들어높여짐으로 해석되어 기적으로 분류되지 않고, 사악한 자들에게 박해받는 의인에 대한 하느님의 지지요 승인으로 이해되었다. 하느님은 예수를 의롭게 하셨다(참조 1티모 3,16). 그러나 부활은 유다인들의 위경에서 시간의 종말 사건이기에 이 점이 분명히 고려되어야 한다. 이리하여 예수에 의해 더욱 가까워진 하느님 나라의 선포와 부활 사건 사이에 모종의 관계가 성립되었다.

다. 이 표상들은 가까이 오고 있는 하느님의 다스림에 대한 예수의 선포를 지속하는 것이요, 부활절 사건 이후에는 하느님 다스림의 현실성을 선언하는 것이다.

3. 이 표상들은 매우 신속하게 그리고 결정적으로 고정된 케리그마의 첫 번째 표현 양식이다. 이 케리그마는 신약성경 곳곳에 존재하고 흔히 예수의 죽음에 관한 보도가 동반된 장면 안에서 발견된다. 그러나 그것은 결코 경직된 교의敎義가 아니다. 그것은 유연성을 지니고 있어서 부활이나 발현이 무엇인지를 설명하는 해석학적 과정이 다양한 방식으로 지속되었다. 이 다양성은 저자들의 환상이나 변덕스러움에 기인하지 않고, 역사의 예수에 대해 저자들이 갖는 전반적인 개념과 그들이 대상으로 하는 청중에 따라 크게 좌우되었다.

　세 가지 예를 들어보자.
　- 마태오 복음의 신학이 형성된 장소는 여전히 율법과 그 규정을 준수하는 유다인 영역이다. 여기에서 간직하고 있는 예수 이미지는 교사상이다. 마태 1-2장의 모세 유형론, 마태 5,1에서 예수의 첫 번째 설교 장소인 산의 상징성, 마태 28,16에서 예수가 발현한 산의 장소적 의미 등을 살펴볼 때, 마태오 복음사가에게 예수는 새로운 모세, 하느님 의지의 권위 있는 해석자, 참된 정의의 스승임(마태 5,20)을 알 수 있다. 이런 맥락에서 예수의 부활-고양은 새로운 모세의 역할을 재확인하는 작업일 뿐이다. 그는 이런 의미로 모든 권한을 지닌 교회의 주님이시다.
　- 구성원 대다수가 이방인 출신이고 헬레니즘적인 감수성이 깊이 배인 영역에서는 예수를 무엇보다 기적 이야기의 카리스마적인 구원자로 보는 경향이 강하다. 부활절의 케리그마에서 이들에게 지배적인 개

념은 고양高揚이다. 부활하신 분은 "가장 높은 하늘로" 올라가셨으며 피조물을 지배하는 세력들의 주인이요 해방자가 되셨다(참조 에페 4,7; 콜로 2,15). 그리고 그분은 황홀경 또는 기적적인 은사의 수여자이시다(1코린 12-14장).

— 바오로는 신학적인 체계를 구축하지 않았다. 그의 서간들에는 시리아의 여러 공동체에서 그가 전해 받고 취한 케리그마적 형식들(예컨대 1코린 15,3-5)이 발견되는가 하면 자신의 성찰의 핵심이 문제시되는 상황에서 형성된 그의 사상의 특별한 표현들이 또한 발견된다. 그가 투쟁하며 지키고자 한 성찰의 핵심은 율법의 불행한 지배에서 인간을 해방하고 은총의 해방적 다스림 아래 인간을 살게 하는 예수 그리스도(로마 7,5.8-11)이시다. 이 맥락에서 예수의 죽음은 율법이 지배하는 역사의 정상적인 귀결이며 인간이 자기 의화를 추구하는 역사의 종착점이다. 율법은 자신의 지배에 종지부를 찍은 자를 제거한다. 이제 부활은 율법에 대한 은총의 우위, 죄에 대한 '하느님 정의'의 우위, 죽음에 대한 생명의 우위, 그리하여 새로운 것들의 시작(2코린 5,17; 로마 6,4)을 예증한다.

이것은 분명히 예수의 역사적 궤적에 가장 명확하고 가장 독창적으로 연결된 부활 사건의 해석이다.

4. 결론

1) 앞서 언급한 진술에서 우리가 결론 내릴 수 있고 또 결론 지어야 하는 것은, 본문들은(복음서의 이야기들이든, 케리그마적 형식이든) 부활 사화들이 암시하는 그대로 그리고 화가들이 그리는 그대로 예수의 부활이라고 추정되는 역사적 사실 그 자체로 우리를 안내하는 입구가 아니라는 점이다. 사건에 가장 가까운 전승인 '그리스도께서 사흗날에 되

살아나시어 케파에게 나타나셨습니다'(1코린 15,5; 루카 24,34)라는 케리그마적 형식도, 우리가 이미 보았듯이, 어느 정도 자생적이거나 또는 조정된 해석학적인 첫 과정의 산물인 것이다.

2) 불트만(《케리그마와 신화》 I, 47-52쪽)이 정당하게 지적했듯이 역사가가 도달할 수 있는 유일한 사실, 도저히 더 이상 소급할 수 없는 근본적인 사실은 제자들의 부활 신앙이다. 결국 우리는 부활절 사건 내지 사태에 대해 역사 공동체가 남긴 흔적들만을 가지고 있으며, 그것들은 초기 신자들의 신앙이 다양한 형태로 표현된 것이다. 바로 이 점이 중요한 이유는 부활 신앙의 탄생 이전과 그 배후에 역사학의 방법으로 검증해낼 수 있는 예수 부활의 객관적인 증거나 역사적 사실이 존재하지 않기 때문이다. 부활 신앙은 역사적 증거에 기초하지 않는다. 이 점에서 복음사가들과 특히 루카(참조 루카 24,36-43) 그리고 나름의 증인 목록을 열거하는 바오로 역시 일종의 오해를 불러일으킬 수 있을 것이다.

그러나 앞에서 지적하였듯이, 증거의 부재가 역사적 사실의 철수를 의미하는 것은 결코 아니다. 그리스도인 신앙의 대상과 그 토대는 초기 제자들의 신앙이 아니라 부활절의 계시 사건이 그들에게 오롯이 새롭게 알게 한 그 예수요, 하느님께서 영적인 유비의 사건을 통하여 초대 증인들의 말씀을 비추시며 우리에게 알게 해주시는 예수 그분인 것이다.

3) 부활 케리그마의 역사를 인정하고 나면 다음과 같은 결론이 내려진다. 케리그마와 복음서 이야기들의 진리는 역사적이고 문학적으로 정확한 진리가 아니다. 이것은 자명하다. 서로 상이하고 조화를 이룰 수 없는 이 이야기들은 문서적 차원을 배려하며 쓰인 것이 아니다. 빈 무덤 이야기는 공통된 내용 중에서도 일치하지 않는 점이 많다. 복음사가들이 부활하신 분에게 부여한 모습들은 부활절 사건에 대한 해석학적

과정이 개별적으로 이루어진 최종 결과를 담고 있다. 확실히 부활이라는 단어는 처음부터 부활절 복음의 핵심 단어로 읽혔으나 이 단어 역시 부활 사건의 해석어이다. 그것은 일의적이고 자명한 정보를 제공하는 것이 아니라 그것 역시 해석이 필요한 단어인 것이다.

그러기에 용어들과 본문들이 지니는 역사를 모르고는 올바른 독서를 할 수 없다. 근본주의적인 독서의 기만적인 단순성을 포기해야 하는 이유가 바로 여기에 있다. 그리하여 우리는 본문에 접근하면서 제기되는 역사적 질문과 여기서 도출되는 비판적인 성찰을 통합해야 한다. 오늘날 우리는 역사적 진리와 신학적 진리(또는 신앙의 진리)를 더 이상 혼동할 수 없다. 이 혼동을 피하는 것은 단지 지적으로 정직하기 위한 행위가 아니다. 그것은 한층 위대한 신앙의 초월성을 위한 영적 결단이다.

빈 무덤을 발견한 이야기는 독자에게 예수의 시신이 소생하였음을 암시한다. 여하튼 루카는 이런 방식으로 예수의 부활을 설명한다. 부활하신 분은 살과 피를 가지고 있고 먹고 마시며 가르치시다가 마침내 제자들이 보는 앞에서 하늘로 올라가셨다. 그럼에도 불구하고 이 이야기의 의미는 본시 소생이 아니었다. 빈 무덤은 – 당시 일부 비그리스도인들의 이야기에서처럼(J.라이폴트, 부활 이야기들에 관하여, *ThLZ* 73,1948, col 737–742) – 예수께서 하늘로 영광스럽게 들어 높혀졌음을(1티모 3,16) 의미하는 징표요 흔적으로 이해될 수 있었다. 그러나 천사의 메시지가 중심을 이루고, 좀 더 덜 물질주의적 표현 – 소생이 아니라 영광 – 의 빈 무덤 이야기에서도 예수 시신의 운명은 설명되지 않은 채로 남아 있다. 이 모든 것은 빈 무덤 이야기가 부활절 역사의 역사적 핵심도 아니고 그 역사적 핵심을 간직하고 있지도 않음을 보여 준다.

권고와 인사 16,1-24

코린토 1서의 편집자는 편지의 두 개의 종결 부분을 이용하여 결론을 내린다.[1] 그가 두 개의 종결 부분을 모두 취한 것은 단지 사도의 작품이기 때문만은 아니었을 것이다. 이 종결 부분들은 앞에서 다룬 큰 주제들에 비하면 거의 중요하지 않다. 그러나 편집자는 이 종결 부분들에 반영된 정황들을 넘는 영향력을 여러 주제에 제공한다.

---

1) 참조 입문 30-31쪽.

1) 예루살렘 공동체를 위한 모금 16,1-4 (C)

¹성도들을 위한 모금에 관해서는, 내가 갈라티아의 여러 교회에 지시한 것과 같이 여러분도 그대로 하십시오. ²매주 첫날에 저마다 형편이 닿는 대로 얼마씩을 자기 집에 따로 모아 두십시오. 그래서 내가 갔을 때에야 모금하는 일이 없게 하십시오. ³내가 도착하면, 여러분이 선정하는 이들을 보내면서 편지와 함께 여러분의 고마운 선물을 예루살렘으로 가져가게 하겠습니다. ⁴나도 가는 것이 마땅하면 함께 가겠습니다.

1절: 도입 형식인 peri de(…에 관해서)는 7,1; 8,1; 12,1에 이미 사용된 바 있다. 여기서도 바오로는 편지로 문의한 질문에 대해 답변한다. 그 주제는 바오로가 예루살렘 공동체를 위하여 자신의 관할 교회들이 참여할 것을 요구한 모금이다(갈라 2,10). 그러나 이것은 일부 주석가들이 생각한 것과는 달리,[2] 모든 이스라엘 사람이 20살부터 바쳐야 하는 성전세(탈출 30,13)와 비교할 만한 의무가 전혀 아니다. 바오로는 예루살렘 모ㅠ공동체의 가난한 성도들을 위한 관대한 행위로 자유롭게 모금을 하도록 여러 교회에 권고했다(2코린 8,7-8; 9,6-7.12; 로마 15,26). 그러나 모금은 형제적 상호부조의 단순한 행위를 넘는, 그 이상의 것이었다. 예루살렘 사도회의 때(갈라 2,1-10)[3] 유다계 그리스도인들과 이방계 그리스도

---

2) K.Holl, 앞의 논문, p.ex. L.Cerfaux, 앞의 책, p.112-117.
3) 사도회의를 언급하는 사도 15,1-35에서 루카는 모금에 대해 말하지 않는다. 그러나 그는 바오로가 모금 총액을 가지고 예루살렘에 온 것을 모르지 않는다. 사도행전(24,17)에 의하면 이 돈은 공동체를 위해 쓰이는 희사이다.

인들이 자칫 결별할 수도 있었던 극적인 정황들을 배경으로 내려진 이 모금 결정은 일치와 상호 인정의 의지를 드러내는 물질적인 표지이기도 하였다. 바로 이런 동기에서 모금은 바오로에게 절실하고도 지속적인 관심의 대상이었다(갈라 2,10). 그리하여 바오로는 이방계 그리스도인들의 여러 교회가 제공하는 이 성금을 예루살렘의 형제들이[4] 어떻게 받아들일 것인지 염려하였다(로마 15,25-32).

바오로는 코린토에서 처음 체류하던 기간 중, 아마도 떠나면서 이 모금에 대해 분명히 말했고 그가 훗날 다시 돌아올 때는 모금이 완료되기를 바라는 기대를 흘렸을 것이다. 그 사이에 바오로는 이들에게 편지로 구체적인 지침을 주었다. 어떠한 방법으로, 어느 정도의 기간에 모을 것이며, 자신이 언제 돌아올 것인지에 대해.

1. 그는 갈라티아 교회에 구두로 전했던(사도 18,23?) 지침들을 코린토인들에게 반복하고,

2. 에페소에서 코린토로 향하는 여정을 제시하면서 답변한다.

2절: 동사 euodousthai는 신약성경에서 드물게 사용되고 그 의미는 "성공하다"이다. 사도는 각자가 할 수 있는 것(참조 2코린 8,6-7),[5] 즉 저축할 수 있는 것을 따로 떼어 놓도록 권고한다. 주간 첫날은 아직까지

---

4) 모금에 관련된 대목들을 살펴보면 그 수혜자들은 성도들(hoi hagioi)이다(1코린 16,1; 2코린 8,4; 9,1.12; 로마 15,26). 한편 유일하게 로마 15,26은 "예루살렘에 있는 성도들"이라고 구체적으로 말한다. 바오로는 모든 믿는 이들을 구별 없이 성도들이라고 하는데, 로마 15,26에서 사용된 이 용법은 예루살렘 공동체가 나름대로 자신을 강조하기 위해 스스로를 그렇게 불렀음을 보여 준다.

5) W.Michaelis, euodō, *ThW* V p.117. 그는 ho ti를 대격이 아니라 주격-주어로 간주하는데 의미는 동일하다.

주일(일요일)이 아니다. "주님의 날" 곧 주일이라는 이름은 일 세기 말에 사용되었고(묵시 1,10; 디다케 14,1), 그보다 조금 후에 바르나바의 편지에서 예수의 부활이 "여드레 날"에 이루어졌다고 함으로써 이 이름을 정당화하였다(15,9). 성금이 예배가 있는 모임 중에 거두어지지 않았다는 것은 공동체가 아직 헌금통을 가지지 않았고 따라서 재정 조직을 가지지 않았음을 보여 준다(콘첼만).

3-4절: 사도는 모든 의구심을 피하기 위해, 무엇보다 성금이 이방계 교회들의 연대적 행위임을 예루살렘의 성도들에게 가장 명백하게 보여 주기 위하여 자신이 성금을 가지고 가려 하지 않는다. 성금은 공동체가 선택한 믿을 만한 사람들이 가지고 갈 것이다.[6] 4절의 ean aksion ē는 흔히 "필요하다면"으로 번역된다. 다시 말해 "성금 총액이 충분히 커서 나도 가는 것이 좋겠다고 사람들이 판단하면"을 의미한다. 우리는 사도행전의 이야기를 통해서(참조 로마 15,25 이하) 바오로가 여러 교회의 대표들과 함께 예루살렘을 방문한 것을 알고 있다. 그는 자신의 자유에 대한 보답으로 그리고 마침내 자신의 생명에 대한 보은으로 교회에 대한 자신의 충실과 용기가 담긴 이 행위를 바쳤던 것이다.

---

6) 사도행전의 저자는 예루살렘에 모금을 가져갈 대표단에 대해서는 말하지 않으나, 바오로가 마지막으로 코린토를 떠날 때 그를 동반하는 사람들은 베로이아 교회, 테살로니카 교회, 데르베 교회 그리고 에페소 교회(?)의 구성원들(사도 20,4)이 분명하다. 이 명단은 확실히 불충분하다.

2) 바오로의 여행 계획과 새로운 인물들 16,5-12

⁵나는 마케도니아를 거쳐 여러분에게 가겠습니다. 사실 나는 마케도니아를 거쳐 가려고 합니다. ⁶어쩌면 여러분과 함께 한동안 지내든가 아예 겨울을 나든가 하겠습니다. 그러면 내가 여러분의 도움을 받아 어디로든 떠날 수 있을 것입니다. ⁷이번에 나는 그저 지나가는 길에 여러분을 보려는 것이 아닙니다. 주님께서 허락하시면 얼마 동안 여러분과 함께 지내고 싶습니다. ⁸그러나 오순절까지는 에페소에서 지내겠습니다. ⁹적대자들이 많기는 하지만, 많은 일을 할 수 있는 큰 문이 나에게 열려 있습니다. ¹⁰티모테오가 가면, 두려움 없이 여러분과 함께 지낼 수 있도록 보살펴 주십시오. 그도 나처럼 주님의 일을 하고 있습니다. ¹¹그러므로 아무도 그를 업신여겨서는 안 됩니다. 그가 여러분의 도움을 받아 평안히 나에게 돌아올 수 있게 해 주십시오. 나는 형제들과 함께 그를 기다리고 있습니다. ¹²아폴로 형제에 관해서 말하자면, 형제들과 함께 여러분에게 가라고 내가 간곡히 권고하였지만 그가 지금은 갈 뜻이 전혀 없습니다. 그러나 기회가 되면 갈 것입니다.

5-9절: 바오로는 코린토 방문을 예고하면서 아직은 더 기다려야 하는 이유를 설명한다. 그는 에페소를 당분간 떠날 생각이 없기 때문이다 (8-9절).[7] 적절한 시간이 오면 그는 코린토에 바로 가지는 않고 바다를

---

7) 복음을 위해 '활짝 열린 문'의 이미지는 2코린 21,2; 콜로 4,3에 등장한다. 에페소의 반대자들은 1코린 15,32; 2코린 1,8-9; 사도 19장에 언급된다.

통해 마케도니아를 거쳐 갈 것이다(5절).[8] 그곳의 교회들을 방문하기 위해서이다(사도 20,2). 그러나 사도는 코린토 신자들에게 마케도니아를 그저 거쳐감으로써 그들의 기다림을 오래도록 버려두지 않겠다고 안심시킨다. 그리고 코린토에서는 상당 기간 동안 머물 것이라고 약속한다.[9] 연기되고(4,18) 다소 변경된(2코린 1,15 이하) 이 방문 계획은 코린토 2서가 반향하는 극적인 사건들이 끝난 다음 마침내 이루어지게 된다(1코린 2,13; 사도 20,1-3).

10-11절: 본문을 얼핏 읽으면 티모테오가 코린토를 향해 이미 출발한 것처럼 보인다. 그러면 언제, 어떤 경로로? 그가 바다를 통해 지름길로 가면 나흘이나 닷새가 소요되는데, 바오로는 이 편지를 출발한 직후에 쓰지는 않았을 것이다. 그러면 이 편지는 티모테오보다 먼저 도착하여 그를 영접하도록 준비시키지 못했을 것이기 때문이다. 그러므로 바오로의 협조자, 티모테오는 이미 상당 시간 전에 일부 형제들을 대동하고(11ㄴ절) 코린토로 가는 중이었을 것이다. 티모테오는 일정 기간 동안 선교활동을 하기 위해 그곳에 파견된 것이고, 결국 바오로도 이 선교활동의 일환으로 그 날짜는 정확히 알지 못하지만 코린토에 가게 될 것이다.[10]

---

8) 현재형 dierchomai(내가 통과하다) 때문에 바이스는 5-7ㄱ절에서 더 이상 에페소가 아니라 마케도니아에서 쓴 편지의 한 부분을 보고자 한다. 그러나 현재형은 여정을 묘사하는데 자연스럽다. 불가타: pertransibo(내가 통과할 것이다).

9) katamenō(내가 머무를 것이다) 대신에 P[46] Sin A 등은 paramenō라고 읽는다. 후자가 일상적인 표현이지만 의미는 동일하다.

10) 리츠만과 바레트는 사도 19,22와 비교한다. 바오로는 티모테오와 에라스토스를 마케도니아로 보내고 자신은 아시아 곧 에페소에 조금 더 머문다.

바오로는 사람들이 티모테오를 별로 환대하지 않을 것을 염려하는 것같이 보인다. 그것은 바이스가 생각하듯이 사도와 코린토 교회의 관계가 악화되어서 그런 염려를 한 것은 분명히 아니다. 왜냐하면 그가 이 편지를 쓰는 시점에서는 그 관계가 정상적이고 평화로웠기 때문이다. 리츠만에 의하면, 바오로는 아직 젊은(1티모 4,12) 그의 협력자가 권위를 인정받는 데 어려움이 있지 않을까 걱정하여 그의 진출을 도와주고자 했다는 것이다. 다른 설명도 시도할 수 있겠다. 사도는 자신의 방문을 다분히 열정적으로 고대하는 코린토 교회에 대리인을 파견하면서, 사람들이 그가 도착했을 때 실망스러움을 내비치지 않을까 염려한다고 볼 수 있다. 이 해석은 10ㄴ절을 잘 설명해 주는데 사도 본인이건 그의 협력자인 티모테오건 주님의 일을 한다는 점에서 아무런 차이가 없기 때문이다.

12절: 사도에게 보낸 편지에서 코린토인들은 아폴로의 새로운 방문[11]을 바라는 의사를 표명하였다. 이에 대해 사도는 자신이 그의 방문을 방해하지 않고 있음을 분명히 알려 준다.[12] 오히려 그는 티모테오와 형제들(11ㄴ절)들 편에 코린토에 함께 가도록 여러 번 아폴로에게 권유하였다. ouk ēn thelēma는 '뜻이 없었다'인데 그 주체가 누구인지 분명치 않다. 이는 아폴로의 뜻을 말하는가 아니면 하느님의 뜻을 말하는가? 어

---

11) 사도행전은 아폴로가 코린토에서 체류하여 활동한 내용을 간략하게 상기시킨다(사도 18,27-19,1). 그러나 그가 에페소로 돌아간 이야기는 전하지 않는다. 공동체의 일부 구성원들이 그와 특별한 유대를 가지고 있었고 바로 이들이 그의 방문을 주장하였을 것이다.

12) adelphou 다음에 Sin D G it 등은 다음과 같이 보충한다: dēlōhymin hoti, 여러분에게 알리거니와.

쩌면 선택할 필요가 없을 것이다. 뉘앙스가 있는 벵겔의 설명을 들어보자. "이것은 비인칭 형식으로 말하는 방식인데, 벌어진 일이 누구의 의지 때문인지는 말하지 않고 원해야 하는 것 또는 원하지 말아야 하는 것으로만 간주된다. 그럼에도 불구하고 그 기준은 하느님의 의지이다." 바오로는 아폴로의 거부를 요령 있게 정당화한 셈이다.[13]

3) 마지막 권고와 인사 16,13-24 (A)

[13]깨어 있으십시오. 믿음 안에 굳게 서 있으십시오. 용기를 내십시오. 힘을 내십시오. [14]여러분이 하는 모든 일이 사랑으로 이루어지게 하십시오. [15]형제 여러분, 내가 여러분에게 권고합니다. 여러분도 알다시피, 스테파나스 집안 사람들은 아카이아의 첫 열매로서 성도들을 위한 직무에 헌신하였습니다. [16]여러분도 그러한 사람들에게, 또 그들과 함께 일하고 애쓰는 모든 이에게 순종하십시오. [17]나는 스테파나스와 포르투나투스와 아카이코스가 와 주어서 기쁩니다. 이 사람들이 여러분에 대한 나의 아쉬움을 채워 주었습니다. [18]나와 여러분에게 생기를 불어넣어 주었습니다. 그러니 여러분은 이러한 이들을 인정해 주어야 합니다. [19]아시아의 교회들이 여러분에게 인사합니다. 아퀼라와 프리스카가 자기들 집에 모이는 교회와 함께 주님 안에서 여러분에게 특별히 인사합니다. [20]모든 형제가 여러분에게 인사합니다. 여러분도 거룩한

---

13) 수식어 없는 Thelēma는 하느님의 뜻이다(참고 로마 2,18). 참조 Billebeck, I p.808: "그대가 내 나이의 절반에 이르는 것이 (하느님의) 뜻이다"(Meg 28a).

입맞춤으로 서로 인사하십시오. ^{21}이 인사말은 나 바오로가 직접 씁니다. ^{22}누구든지 주님을 사랑하지 않는 자는 저주를 받으라! 마라나 타! ^{23}주 예수님의 은총이 여러분과 함께하기를 빕니다. ^{24}나는 그리스도 예수님 안에서 여러분 모두를 사랑합니다.

13-14절: 깨어 있음에 대한 요구 사항은 권면에서 흔히 나타난다(1테살 5,6; 마르 13,33-37; 1베드 5,8; 묵시 3,2-3). 믿는 이들은 마지막 시간을 살아가고 있음을 늘 기억해야 하고 약속된 미래를 시야에서 간직하며 그리스도인 실존이 지속적으로 요구하는 선택에서 방심하지 않도록 해야 한다. 깨어 있음의 조건은 믿음 안에서 굳건한 것이다. 여기서 믿음은 정통 교리나 순전히 내적인 신념이 아니라, 자신의 생명과 실존을 하느님의 업적과 해방의 약속에 근거를 두는 일이다. 이어지는 두 개의 명령법은 시편 30,25을 연상시킨다. 사랑의 실천은 그리스도께서 주신 자유의 결과이고 또 그 결과여야 한다(갈라 5,6.13 이하).[14]

15-16절: 바오로는 이 권면을 구체적인 이유도 없이 코린토의 그리스도인들에게 전하고 있는가? 추측컨대 스테파나스는 아마도 이미 시작된 사람들의 원심적 경향의 저항에 대하여 사도에게 털어놓았을 것이다. 그리고 이 저항이 공동체 지도자들의 일을 어렵게 만드는 요인이 되었을 것이다. 1,14-16이 분명히 이야기하지 않은 것을 우리는 여기서 알게 된다. 스테파나스와 그의 가족은 맏물, 곧 아카이아[15]에서 처음으로

---

14) 깨어 있음이 희망의 한 측면이라고 볼 때 믿음, 사랑, 희망의 세 가지가 이 권고에 함축되어 있다.
15) P^{46}은 실수로 아시아라고 읽는다.

세례 받은 사람들이다. 아카이아주의 수도가 코린토이므로 그들은 코린토(1,16)에서 첫 번째 신자들이 된 셈이다. 그들은 즉시 사도를 도왔고 그가 떠난 다음에는 다른 이들과[16] 함께 교회를 지도하는 책임을 맡았다. 여기서 사용된 diakonia(봉사)는 티모테오 1서에서 장로와 함께 나오는 직무로서의 봉사직 내지 부제직과 동일시해서는 안 된다. 바오로는 봉사라는 말을 사도직을 포함하여 교회의 모든 봉사(12,6)에 다 적용시킨다. 여기서는 아직까지 제도화된 직무가 나타나기 전이며 자발적이고 은사에 의한 봉사가 전부였다.[17] 바오로는 이들의 헌신에 공동체가 존경과 순종으로 화답하기를 바라고 있는 것이다.[18]

17-18절: 바오로가 이 사람들이 준 큰 기쁨이라고 강조하는 데에는 18ㄴ절이 보여 주듯이 코린토의 그리스도인들이 이들의 공로를 알아주기를 바라는 마음이 작용한다. 17ㄴ절의 의미는 분명하지 않다. 18ㄱ절이 제공하는 설명은 이를 부분적으로만 밝혀줄 뿐이다. hymeteron hysteroma(여러분의 결핍)는 흔히 질책으로 설명되기도 했다. "여러분은 나에게 빚진 것을 돌려주지 않았다"는 의미라는 것이다. 그러나 18ㄱ절은 전혀 질책하는 어조가 아님을 보여 준다. 바오로는 "여러분이 그리웠는데, 여러분이 파견한 이들이 나에게는 여러분이 함께 있는 것으로 느껴졌다"고 말하고 싶은 것이다. 사도는 코린토를 떠난 지 일 년이 넘도

---

16) 스테파나스 다음에 D는 포르투나투스를 덧붙이고 C G는 여기에 아카이코스를 덧붙인다.
17) 1코린 12,4 이하 참조. 상기할 것은 카리스마의 개념이 열광주의적 황홀경을 포함하지 않고 교회를 위한 봉사의 은사를 의미한다는 점이다.
18) 16절은 앞의 동사 가운데 하나에 의존하는 목적적인 종속절이 아니다. hina와 접속법은 여기서 명령법에 해당한다. Bl-Debr. § 387,3.

록 소식을 몰랐다가 이제 그가 그들로부터 알게 될 소식에 대해 걱정하고 있었다. 그런데 새로운 소식들은 매우 기쁜 것들이었고 이처럼 교류가 재개되어 사도의 개입이 가능해진 것이 그의 걱정을 크게 누그러뜨렸다. 한편 오랫동안 혼자 남겨졌던 공동체도 사도와 다시 연결되어 그가 자신들의 어려움을 해소하는 데 도울 수 있음을 알고 안심했던 것이다.[19]

19절: 권면 다음에 인사가 이어진다.[20] 아시아는 그 당시 로마의 속주였고 그 중에서 에페소가 가장 중요한 도시였다. 바오로가 단지 에페소의 교회라고 이야기하지 않고 아시아의 교회들이라고 말한 이유는 그가 이 도시에서 오래 머무는 동안 자신과 그의 협력자들이 이 지역 곳곳에 복음을 전했기 때문이다. 아시아 교회들의 인사는 이 지방에서 고립되어 있고 아울러 영적인 분위기 때문에도 개인주의적 압력에 종속되어 있는 코린토의 교회에게, 이 교회가 혼자가 아니며 다른 교회들과 소명과 투쟁에서 연대하고 있음을 상기시켜 주고자 함이다(참조 1,2; 11,6).

아퀼라와 프리스카[21]는 코린토 교회에 잘 알려진 인물들이다. 그들은 로마에서 추방된 후 이곳에 정착해서(사도 18,2) 바오로의 선교활동에 적극 참여하였다. "자기들 집에 모이는 교회"는 가정 교회를 말하며 일단의 그리스도인들이 그들의 집에서 정규적으로 모이곤 했다. 그들은

---

19) 일 세기 말에 로마 주교는 코린토의 장로들의 권위를 세워주기 위하여 개입하였다. 이들의 사퇴를 요구하는 음모도 있었다(1클레멘스 37-59). 바오로의 권고에도 불구하고 코린토의 공동체는 다스리기가 어려운 상태로 남아 있었는가?
20) 19절은 P^{46} A 69 등의 사본에서 생략되어 있거나 요약되어 있다.
21) Priska 대신에 A C 코이네는 Priscille(참조 사도 18,26)라고 읽는다.

바오로 이전에 에페소에 정착하여(사도 18,18) 교회의 첫 번째 핵심 구성원 모임을 자기네 집에서 가졌던 것이다.[22]

20절: 모든 형제(참조 갈라 1,2)라는 말로 사도는 코린토 신자들에게 그들의 대변인으로서 인사를 전한다. philēma hagion(거룩한 입맞춤: 로마 16,16; 2코린 13,12; 1테살 5,26; 참조 1베드 5,14)은 성찬례 이전에 혹은 이후에, 예배 모임에서 상호 교환되었다. 사도의 편지는 분명히 예배를 위해 모인 공동체 앞에서 읽혔을 것이다(참조 1테살 5,27). 이 점은 22절에 포함된 전례적 요소를 통해서 확인된다.

21절: 지금까지 바오로는 편지를 받아쓰게 하였다. 그러나 사도는 이제부터 자신의 손으로 개인적인 인사(갈라 6,11; 필레 1,19; 참조 콜로 4,18; 2테살 3,17)와 편지를 마감하는 네 개의 짧은 절을 덧붙인다.

22절: 이 절의 내용과 문체는 전례문에서 비롯되었다. 언어가 바오로의 스타일이 아니다. 그는 "사랑하다"를 표현하기 위하여 한 번도 philein 동사를 사용하지 않고 늘 agapan 동사를 사용한다. "주님을 사랑하다"라는 표현은 그의 친서 중에서 유일하게 여기서만 사용된다.[23] 주님을 사랑하지 않는 자에게 내리는 저주(anathema)는 이들이 하느님의 심판을 받게 하는 것을 의미한다. 이 저주가 전례 안에서 지니는 기능은 ─ 마치 밀교에서 신비예식을 거행할 때 입문하지 않은 자들을 배제시켰듯이 ─ 비신자들을 성찬례에서 배제하는 것이었는가, 아니면 주님의 식탁에 부당하게 접근하는 교회 구성원들을 경고하는 말이었는

---

22) 19절 마지막에 D G it(서방 본문)은 par' ois kai ksenizomai(나는 그의 손님이다)를 덧붙인다. 이 독법은 거의 지지를 받지 못하는데 이는 필사가의 있음 직한 추측인가?

23) 흔히 agapan ton theon(하느님을 사랑하다)이라는 표현이 발견된다. 1코린 2,9; 8,3; 로마 8,28. "주님을 사랑하다"는 제2 바오로 서간에서 에페 6,24에 한 번 등장한다.

가?[24] 사도는 분명히 이 두 번째 의미로 독자들에게 전례적 경고가 필요하다고 판단한 것이다.

마라나타(Maranatha)는 아람어 공동체의 전례에서 취한 표현이다. 이는 하나의 신앙고백으로 "우리 주님이 오셨다"라고 해석될 수도 있고, 하나의 청원 기도문으로 "우리 주님, 오십시오"[25]라고 번역될 수도 있다. 선택은 이 표현에 부여하는 기능에 좌우된다. 일부 주석가들은 이 표현을 앞의 내용과 긴밀히 연계시키고 성찬례에 경망스럽게 참가하는 신자들에게 주는 경고의 의미로 간주한다. "주의하시오, 주님께서 오셨습니다."[26] 그러나 대부분은 마라나타가 기도문이라고 본다. 그리하여 공동체가 성사를 집행할 때 주님이 오시도록 간구하는 기도였거나 아니면 재림을 간절히 바라는 기도(참조 묵시 22,20)였다고 해석한다.[27]

22절이 본문에서 갖는 기능은 두 가지로 흔히 설명된다. 이 절은 선포 때 이루어졌을 서간 독서가, 성찬례의 전례적 도입문을 통하여 성사적인 집전으로 넘어가는 과정을 보여 준다는 것이다.[28] 그러나 이보다

---

24) G.보른캄, *Ges. Aufs.* I p.125-126. 그는 여기서 관건이 되는 것은 디다케 9,5에서처럼 세례 받지 않은 이들에 대한 거룩한 법적인 배제가 아니라고 타당하게 지적한다.
25) 네스틀레 그리스어 신약성경은 marana tha라고 명령법을 선택한다. 그러나 H.P.뤼거, 앞의 논문, 120-121쪽은 팔레스타인의 아람어에서 ata(오다)는 명령법 단수 2인칭에서 알렙을 간직한다고 상기시킨다. D² L 그리고 라틴 사본의 maranatha는 명령법과 완료형 둘 다 표현할 수 있다.
26) 디다케에서 첫 번째 성찬기도(10,1-6)의 마지막에 마라나타는 경고 다음에 등장한다: "거룩한 자는 가까이 오시오, 거룩하지 않은 자는 회개하시오!" 마라나타를 파문에 대한 비준으로 해석하는 사람도 있다(C.F.D.Moule). 이는 또한 칼뱅의 해설이기도 하다.
27) "주님이 오실 때까지"는 종말론적으로 해석된다. 1코린 11,26과 공관복음의 성찬 제정의 종말론적인 토막말씀 마르 14,25와 병행구절 참조.
28) 특히 O.쿨만, 앞의 책, 117-118쪽.

더 개연성 있는 설명에 의하면, 이 서간이 읽힐 전례적인 틀을 알고 있는 사도는 전례를 활용하여 친필로 쓴 인사말에 원하는 경고를 엄중한 양식으로 삽입하고자 했다는 것이다.[29]

23-24절: 매우 간단한 축복 형식은 사도의 서간 중 가장 오래된 테살로니카 1서의 종결 부분과 크게 흡사하다.[30] 사도가 코린토 교회와 그 구성원 각자에게 자신의 사랑을 확인시키면서 서간을 마무리하는 모습은 유일하기도 하거니와 매우 인상적이다. 사도는 그들이 자신의 편지를 사도적 사랑의 표지로 받아주기를 바란다. 그는 공간적인 거리에도 불구하고 이 사도적 사랑 안에서 늘 그들과 함께 있고, 그들이 예수 그리스도께 충실함으로써 느끼는 기쁨과 승리를 그 역시 함께 나누며 그들의 곤경과 그들의 방황 안에서도 그들과 함께하고 있는 것이다.

---

29) G.보른캄, 앞의 논문, 131-132쪽: "위협의 형식은 본래의 자리가 성찬의 전례였고 교훈적인 목적으로 쓰였다."
30) Iēsou 다음에 A C D 코이네는 Christou를 덧붙인다. 참조 1테살 5,27.

약어표

AGSU Arbeiten zur Geschichte des Spätjudentums und Urchristentums

AThANT Abhandlungen zur Theologie des Alten und Neuen Testaments

Bibl Biblica

BILLERBECK (H.L.STRACK–) P.BILLERBECK. Kommentar zum NT aus Talmud und Midrasch. 6 vol., 1922–63

BJ La sainte Bible traduite en français sous la direction de l'École Biblique de Jérusalem. édition 1973

Bl-Debr F.BLASS/A.DEBRUNNER.Grammatik des neutestmentlichen Griechisch. bearbeitet von F.REHKOPF. 14ᵉ édition 1976

BNTC Black's New Testament Commentary

BThST Biblisch–Theologische Studien

BWANT Beiträge zur Wissenschaft vom Alten und Neuen Testament

BZNW Beihefte zur Zeitschrift für Neutestamentliche Wissenschaft

CBQ Catholic Biblical Quarterly

CNT Commentaire du Nouveau Testament

EThR Études Théologiques et Religieuses

EvTh Evangelische Theologie

ExpT The Exposition Times

FRLANT   Forschungen zur Religion und Literatur des Alten und Neuen Testaments
HNT Handbuch zum Neuen Testament
ICC International Critical Commentary
JBL Journal of Biblical Literature
JBR Journal of Bible and Religion
JThS Journal of Theological Studies
KuD Kerygma und Dogma
MKNT Meyers Kritisch-exegetischer Kommentar über das Neue Testament
NCB New Century Bible
NDT Das Neue Testament Deutsch
NT Novum Testamentum
NTA Neutestamentliche Abhandlungen
NTSt New Testament Studies
PL Bible de la Pleïade, NT
RB Revue Biblique
RechSR Recherche de Science Religieuse
RSPhTH Revue des Sciences Philosophiques et Théologiques
RGG Die Religion in Geschichte und Gegenwart, 3ᵉ édition
RHPR Revue d'Histoire et de Philosophie Religieuses
RThPH Revue de Théologie et de Philosophie
ScE Sciences Ecclésiatiques
SEA Swensk Exegetisk Arshok
Sin Sinaitieus(시나이 사본)

TB   Theologische Bücherle

ThAT Theologisches Handwörterbuch zum Alten Testament

ThExh   Theologische Existenz heute

ThHK   Theologischer Hand-Kommentar zum Neuen Testament

ThLZ Theologische Literaturzeitung

ThW   Theologisches Wörterbuch zum Neuesn Testament   (K I T -
    TEL)

ThZ   Theologische Zeitschrift

TNTC   Tyndale New Testament Commentaries

TOB   Traduction œcuménique de la Bible

WdF   Wege der Forschung

WMANT   Wissenschaftliche   Monographien   zum   Alten   und
                  Neuen Testament

WUNT   Wissenschaftliche Untersuchungen zum Neuen Testament

ZKNT   Th. ZAHN. Kommentar zum Neuen Testament

ZNW Zeitschrift für Neutestamentliche Wissenschaft

ZSystTh Zeitschrift für Systematische Theologie

ZThK   Zeitschrift für Theologie und Kirche

참고 문헌

머리말 1,1-9 (D)

1) 인사(1,1-3)

- E. Lohmeyer, "Probleme paulinischer Theologie I. Briefliche Grussüberschriften." *ZNW* 26 (1927) p.158-173.
- O.Roller, *Das Formular der paulinischen Briefe* (1933) p.55ss.
- G.Friedrich, "Lohmeyers These über das paulinische Brief-Präskript kritisch beleuchtet." *ZNW* 46 (1955) p.272-274.
- U.Wickert, "Einheit und Eintracht der Kirche im Präskript des ersten Korintherbriefs." *ZNW* 50 (1959) p.73-82.
- K.Berger, "Apostelbriefe und apostolische Rede. Zum Formular frühchristlicher Briefe." *ZNW* 65 (1974) p.190-231.

2) 하느님께 감사드리다(1,4-9)

- P.Schubert, *Form and Function of the Pauline Thanksgivings.* BZNW 20 (1939).
- M.Verme, *Le formule di ringraziamento postprotocollari nell' epistolario paolino* (1971).
- P.T.O' Brien, *Introductory Thanksgivings in the Letters of Paul.* Suppl. NT 49 (1977) p.107-137.

I. 교회의 근거인 십자가의 복음 1,10-4,21

1. 일치와 권고 1,10-17 (D)

- H.Braun, "Exegetische Randglossen zum 1Kor." *Ges.Stud* II. (1948) p.178-181.
- W.Schmithals, *Gnosis*, p.106-109. 188-194.
- M. Meinertz, "Schisma und Hairesis im NT." *BZ* 1 (1957) p.114-118.
- N.A.Dahl, "Paul and the Church at Corinth in ICo 1,10-4,21." In *Mél. J.Knox* (1967) p.313-335.
- G.Theissen, "Legitimation und Lebensunterhalt: Ein Beitrag zur Soziologie urchristlicher Missionare." *NTSt* 21 (1975) p.192-221.
- P.Vielhauer, "Paulus und die Kephaspartei in Kor." *NTSt* 21 (1975) p. 341-352.

2. 하느님이 세상의 지혜에 던지신 도전 1,18-2,5

1) 십자가의 어리석은 선포 1,18-25
- G. Friedrich, "Die Verkündigung des Todes Jesu im Neuen Testament." *BThST* 6 (1982) p.119-142.
- H. Schlier, "Kerygma und Dogma." In: *Die Zeit der Kirche* (1951) p.206-232.
- Ch. Masson, "L'Evangile et la sagesse selon l'apôtre Paul, d'après 1Co 1,17-3,23." In: *Vers les sources d'eau vive*, p.189-207.

- A. Feuillet, *Sagesse*, p.74-78.
- K. Muller, 1Kor 1,18-25. "Die eschatologisch-kritische Funktion der Verkündigung des Kreuzes." *BZ* 10 (1966) p. 246-272.
- M. A. Chevallier, "La priédication de la Croix." *EThR* 45(1970) p.131-161
- L. Schottroff, *Der Glaubende*, p.115-169, 170-227.
- A. J. M. Wedderburn, 'En tēsophia tou theou' - 1Cor 1,21. *ZNW* 64 (1973) p.132-134.
- U. Luz, "Theologie des Kreuzes als Mitte der Theologie im NT." *EvTh* 34 (1974) p.116-141.

2) 공동체의 사회적 구성 1,26-31
- J.Bohatec, "Inhalt und Reihenfolge des 'Schlagworte der Erlösungsreligion' in 1 Kor 1,26-31." *ThZ* 4 (1948) p.252-271.
- U.Wilckens, *Weisheit*, p.41-44.

3) 바오로의 인격과 선포 2,1-5
- U.Wilckens, *Weisheit*, p.44-51.
- M.-A.Chevallier, *Esprit de Dieu*, p.107-109.
- K.Maly, *Mündige Gemeinde*, p.29-33.
- R.Baumann, *Mitte und Norm des Christlichen*, p.148-171.
- L.Hartmann, "Some Remarks on 1Cor 2,1-5." *SEA* 39 (1974) p.109-120.

3. 하느님의 숨겨진 지혜 2,6-16

- R.Reitzenstein, *Mysterienreligionen*, p.333-341.
- J.Schniewind, "Die Archonten dieses Aeons. 1Kor 2,6-8." In: *Reden und Aufsätze*, p.104-109.
- E. Käsemann, "1Kor 2,6-16." In: *Exeg.* I, p.267-276.
- P. Prigent, "Ce que l'oeil n'a pas vu (1Co 2,9)." *ThZ* 14 (1958) p.416-429.
- U.Wilckens, *Weisheit*, p.52-96.
- M.-A.Chevallier, *Esprit de Dieu*, p.113-124.
- A. Feuillet, *Sagesse*, p.37-57.
- K. Maly, *Mündige Gemeinde*, p.33-49.
- R. Scroggs, Paul:"sophos and pneumatikos."*NTSt* 14 (1968) p.33-55.
- R.Baumann, *Mitte*, p.209-233.
- B.E.Gärtner, "The Philosophical Principle "Like by Like" in Paul and John."*NTSt* 14 (1968) p.209-231.
- L. Schottroff, *Der Glaubende*, p.201-227.
- G. Miller, "ARKONTON TOU AIONOS TOUTOU − A New Look at 1 Co 2,6-8." *JBL* 91 (1972) p.522-528.
- E.E.Ellis, "'Spiritual' Gifts in the Pauline Community." *NTSt* 20 (1974) p.128-144.
- E. von Nordheim, "Das Zitat des Paulus in 1Kor 2,9 und seine Beziehung zum koptischen Testament Jakobs." *ZNW* 65 (1974) p.112-120.
- O. Hofius, "Das Zitat 1Kor 2,9 und das koptische Testament Jakobs." *ZNW* 66 (1975) p.140-142.

- M. Pesce, "Paolo e gli arconti a Corinto." *Testi e ricerche di Scienze religiose* 13 (1977).

4. 공동체의 분열과 참된 지혜 3,1-23

1) 파벌 정신은 미성숙의 표지 3,1-4
- W. Bauer, "Mündige und Unmündige bei dem Apostel Paulus." In: *Aufs. und kleinere Schriften*, p.122-154.
- W. Grundmann, "Die nēpioi in der christlichen Paränese." *NTSt* 5 (1958/59) p.188-205.
- K. Maly, *Mündige Gemeinde*, p.49-62.
- R. Baumann, *Mitte*. p.261-271.

2) 사도들과 교회 3,5-17
- A. Fridrichsen, "Themelios." 1Kor 3,11. *ThZ* 2 (1946) p.316s.
- H. Bietenhardt, "Kennt das NT die Vorstellung vom Fegefeuer?" *ThZ* (1947) p.101-122.
- J. Gnilka, "Ist 1Kor 3,10-15 ein Schriftbeweis für das Fegfeuer?" (1955).
- M.-A. Chevallier, *Esprit de Dieu*, p.22-48.
- Ch. W. Fishburne, "1Cor 3,10-15 and the Testament of Abraham." *NTSt* 17 (1970) p.109-115.
- K. Maly, *Mündige Gemeinde*, p.61-72.
- J.M. Ford, "You are God's Sukkah (1Cor 3,10-17)." NTSt 21 (1974) p.139-142.

- K.P. "Donfried, Justification and Last Judgment in Paul." *ZNW* 67 (1976) p.90-110.

3) 은총으로 살아가기 3,18-23
- H.Braun, "Exegetische Randglossen zum I Korintherbrief." In: *Gesammelte Studien zum Neuen Testament*, p.182-186.
- K.Maly, *Mündige Gemeinde*, p.72-79.

5. 사도, 십자가에 달리신 분의 봉사자 4,1-13

2) 십자가에 달리신 분의 사도 4,6-13
- H.Braun, "Exegetische Randglossen zum I Korintherbrief." In: *Ges. Stud.* p.186-191.
- K.L.Schmidt, "Nicht über das hinaus, was geschrieben steht! (1Kor 4,6)." In: *FS für E.Lohmeyer* (1951) p.101-109.
- A. Schulz, *Nachfolgen und Nachahmen* (1962) p.309-312.
- M.D.Hooker, "Beyond the Things which are Written." *NTSt* 10 (1963) p.127ss.
- A. Legault, "Beyond the Things which are Written (1Cor 4,6)." *NTSt* 18 (1972) p.227-231.

6. 권고와 방문 예고 4,14-21

- C.Spicq, "Une réminiscence de Job 37,13 dans 1Co 4,21." *RB* 60 (1953)

p.508-512.
- D. M. Stanley, "Become Imitators of My." The Pauline Conception of Apostolic Tradition. *Bibl* 40 (1959) p.859-877.
- J. Roloff, *Apostolat, Verkündigung, Kirche* (1965) p.116-120.
- H.D. Betz, *Nachfolge und Nachahmung Jesu Christi im NT* (1967) p.153-169.
- M. Saillard, "C'est moi, qui par l'Évangile, vous ai enfantés dans le Christ (1Co 4,15)." *RechSR* 56 (1968) p.4-41.

II. 그리스도인의 도덕 문제 5,1-7,40

1. 근친상간의 경우 5,1-13 (B)

1) 공동체의 거룩함 5,1-8
- J. Schneider, "olethros", *ThW* V p.170.
- M. Goguel, *L'Église primitive*, p.241-244.
- E. Käsemann, "Sätze heiligen Rechtes im NT." In: *Exeg*.II (1954) p.69-82.
- W. Schmithals, *Gnosis* (1956) p.217-225.
- J. Cambier, "La chair et l'Esprit en 1Co 5,5." *NTSt* 15 (1969) p.221-232.
- S. Meurer, "Das Recht im Dienst der Versöhnung und des Friedens." *AThANT* 63 (1972) p.117-132.
- K.P.Donfried, "Justification and Last Judgment in Paul." *ZNW* 67 (1976) p.90-110.

2. 이방인 법정에서의 송사 6,1-11 (A)

· E.Dinkler, "Zum Problem der Ethik bei Paulus. Rechtsnahme und Rechtsverzicht. 1Kor 6,1-11." In: *Signum Crucis* (1952) p.204-240.
· L.Vischer, *Die Auslegungsgeschichte von 1Kor 6,1-11* (1955).
· M.Delcor, "Les tribunaux de l'Eglise de Corinthe et les tribunaux de Qumran." In: *Stud. Paolin.Congressus* (1963) p.1-14.
· A.Stein, "Wo trugen die korinthischen Christen ihre Rechtshändel aus?" *ZNW* 59 (1968) p.86-90.
· S.Meurer, "Das Recht im Dienst der Versöhnung." *AThANT* 63 (1972) p.141-156.

3. 탕녀들과의 교제 6,12-20 (A)

· E.Käsemann, "1Kor 6,12-20." In: *Exeg.* I (1948) p.276-279.
· Ch.Maurer, "Ehe und Unzucht nach 1Kor 6,12-7,7." *Wort und Dienst* 6 (1959) p.159-169.
· R.Batey, "The MIA SARX Union of Christ and the Church." *NTSt* 13(1966/67) p.270-281.
· E.Güttgemanns, *Der leidende Apostel und sein Herr* (1966) p.226-240.
· H.Baltensweiler, "Die Ehe im NT." *AThANT* 52 (1967) p.197-202.
· R.Kempthorne, "Incest and the Body of Christ. A Study of 1Cor 6,12-20." *NTSt* 14 (1967/68) p.568-574.
· K.-A.Bauer, *Leiblichkeit* (1971) p.72-82.

- T.A.Burkill, "Two into One: The Notion of Carnal Union in Mk 10,8;1Cor 6,16; Eph 5,31." *ZNW* 62 (1971) p.115-120.
- E. Fuchs, "Die Herrschaft Christ. Zur Auslegung von 1Kor 6,12-20." In: *NT und christliche Existenz. FS für H. Braun* (1973) p.183-193.
- R.H.Gundry, *Soma in Biblical Theology* (1976) p. 51-80.

4. 혼인과 독신 7,1-40 (C)

1) 일반 지침 7,1-7
- W. Michaelis, "Ehe und Charisma bei Paulus." *ZSystTh* 5 (1928) p.426-452.
- G.Delling, "Paulus' Stellung zu Frau und Ehe." *BWANT* 3 (1931).
- Ph.H.Menoud, "Mariage et célibat selon Saint Paul." *RThPh* 1 (1951) p.21-34.
- Ch.Maurer, "Ehe und Unzucht nach I Kor 6,12-7,7." *Wort und Dienst* 6 (1959) p.159-169.
- W.Schmithals, *Gnosis*, p.221-224.
- E.Kähler, *Die Frau in den paulinischen Briefen* (1960) p.14-43.
- H.Baltensweiler, *Die Ehe im NT* (1967) p.153-167.
- D.L.Balch, "Backgrounds of 1Cor 7 : Sayings of the Lord in Q." *NTSt* 18 (1972) p.351-364.
- K.Niederwimmer, "Zur Analyse der asketischen Motivation in 1Kor 7." *ThLZ* 99 (1974) p.241-248.
- W.Schrage, "Zur Frontstellung der paulinischen Ehebewertung in 1Kor

7,1-7." *ZNW* 67 (1976) p.214-234.

2) 특별한 경우들 7,8-16
· H. Braun, "Exegetische Randglossen zum 1Kor" (1948). In: *Ges.Stud.* p.191-195.
· Ph.H.Menoud, art.cit.
· J.Jeremias, "Die missionarische Aufgabe in der Mischehe (1Kor 7,16)." In: *Neutest. Studien für R.Bultmann*, BZNW 21(1957) p.255-260.
· G.Bornkamm, "Ehescheidung und Wiederverheiratung im NT." (1959). In: *Ges. Aufs.* III p.56-59.
· C.Burchard, "Ei nach einem Ausdruck des Wissens oder Nichtwissens." *ZNW* 52 (1961) p.73-82.
· _____, "Fussnoten zum neutestamentl. Griechisch." *ZNW* 61 (1970) p.157-171.
· G.Walther, "Übergreifende Heiligkeit und Kindertaufe im NT." *EvTh* 25 (1965) p.668-674.
· H.Baltensweiler, op.cit. p.186-196.
· G.Delling, "Zur Exegese von 1Kor 7,14." *Studien zum NT* (1970) p.281-287.

3) 소명과 자유 7,17-24
· E.Neuhäusler, "Ruf Gottes und Stand der Christen. Bemerkungen zu 1Kor 7." *BZ* 3 (1959) p.43-60.
· P. Trummer, "Die Chance der Freiheit. Zur Interpretation des malon

chrēsai in 1Kor 7,21." *Bibl* 56 (1975) p.344-368.

· U.Luck, "Neutestamentliche Perspektiven zu den Menschenrechten." in: J.Baur (éd.), *Zum Thema der Menschenrechte. Theologische Versuche und Entwürfe* (1977) p.19-38.

4) 동정녀들, 결혼이 시의적절하지 않음 7,25-31

· H.Braun, "Die Indifferenz gegenüber der Welt bei Paulus und bei Epiktet." In: *Ges.Aufs.* (1962) p.159-167.
· W.Schrage,"Die Stellung zur Welt bei Paulus, Epiktet und in der Apokalyptik. Ein Beitrag zu 1Kor 7,29-31."*ZThK* 61 (1964) p.125-154.
· J.M.Ford, "Levirate Marriage in St Paul (1Cor 7)." *NTSt* 10 (1964) p.361-365.
· H.Baltensweiler, op.cit. p.167-174.
· G.Hierzenberger, Weltbewertung bei Paulus nach 1Kor 7,29-31. *Eine exegetisch-kerygmatische Studie* (1967).
· J.K.Elliott, "Paul's Teaching on Marriage in 1Cor." *NTSt* 19 (1973) p.219-225.
· D.J.Dougthy, "The Presence and Future of Salvation in Corinth." *ZNW* 66 (1975) p.61-90.
· J.Baumgarten, *Paulus und die Apokalyptik* (1975) p.221-226.

5) 열정에 불타기보다는 결혼하기 7,32-40.
- W.G.Kümmel, "Verlobung und Heirat bei Paulus(1Kor 7,36-38)." In: *Neutest. Studien für R. Bultmann. BZNW* 21 (1954) p.275-295.
- J.O' Rourke, "Hypotheses Regarding 1Cor 7,36-38." *CBQ* 20 (1958) p.292-298.
- J.M. Ford, art.cit.
- H.Baltensweiler, op.cit. p.175-185.

III. 공동체와 예배 8,1-14,40

1. 우상에게 바친 고기 8,1-11,1

1) 자유와 사랑 8,1-13 (C)

(1) 참된 지식 8,1-6
8-10장
- H.von Soden, Sakrament und Ethik(1931). *Marburger theol.Stud.* 1, p.1-40.
- W.Schmithals, *Gnosis* (1965) p.212-217.
- K.Maly, *Mündige Gemeinde* (1967) p.100-156.
- G.Theissen, "Die Starken und die Schwachen in Korinth. Soziologische Analyse eines Streites." *EvTH* 35 (1975) p.155-172.
- Ph.Vielhauer, *Oikodome*. Aufsätze zum Neuen Testament. Band 2.*TB* 65 (1979), p.88-93.

8장

- W.Eltester, "Schöpfungsoffenbarung und näturliche Theologie." *NTSt* 3 (1957) p.97-114.
- W.Kramer, *Christos* (1963) p.91-95.
- K.Niederwimmer, "Erkennen und Lieben. Gedanken zum Verhältnis von Gnosis und Agape in 1Kor." *KuD* 11 (1965) p.75-102.
- J.F.Collange, "Connaissance et liberté. Exégèse de 1Co 8", *Cah.bibl.de Foi et Vie* 3 (1965) p.523-538.
- A.Feuillet, *Sagesse* (1966) p.59-85.
- H.Langkammer, "Literarische und theologische Einzelstücke in 1Kor 8,6." *NTSt* 17 (1971) p.193-197.
- R.Kerst, "1Kor 8,6 – Ein vorpaulinisches Taufbekenntnis?" *ZNW* 66 (1975) p.130-139.
- R.A.Horlsey, "The Background of the Confessional Formula in 1Kor 8,6." *ZNW* 69 (1978) p.130-135.

(2) 자유와 타인의 양심에 대한 존중 8,7-13
- R.Bultmann, *Theol. NT.* p.216-221.
- M.Coune, "Le problème des idolothytes et l'éducation de la Syneidêsis." *RechSR* 51 (1963) p.397-534.
- M.E.Thrall, "The Pauline Use of syneidesis." *NTSt* 14 (1967) p.118-125.
- H.Ridderbos, *Paulus* (1970) p.202-205.
- H.-J.Eckstein, "Der Begriff Syneidesis bei Paulus." *WUNT* (2.Reihe) 10 (1983).

2) 사도의 모범 9,1-23

(1) 사도와 그의 권리 9,1-12(2코린?)
· Ch.Maurer, "Grund und Grenze apostolischer Freiheit" In: *Antwort, Festschr. für K.Barth* (1956) p.630-641.
· J.Blank, *Paulus und Jesus. Eine theologische Grundlegung* (1968) p.197-208.
· G.Dautzenberg, "Der Verzicht auf das apostolische Unterhal tsrecht." *Bibl* 50 (1969) p.212-232.
· G.Theissen, "Legitimation und Lebensunterhalt: ein Beitrag zur Soziologie urchristlicher Missionare." *NTSt* 21 (1975) p.192-221.

(2) 사도의 자유로운 봉사 9,13-18
· D.Georges, "Le salaire du désintéressement (1Co 9,14-27)." *RechSR* 43 (1955) p.228-251.
· E.Käsemann, "Eine paulinische Variation des 'amor fati'" (1959). In: *Exeg*.II p.223-239 (=Essais exég. p.45-62).

(3) 모든 이의 종, 바오로 9,19-23 (C)
· C.H.Dodd, "Ennomos Christou." In: *More NT Studies* (1953) p.134-148.
· H.Chadwick, "All Things to all Men." *NTSt* 1 (1955) p.261-275.
· G.Eichholz, "Der missionarische Kanon des Paulus. 1Kor 9,19-23." In: *Tradition und Interpretation* (1965) p.114-120.
· G.Bornkamm, "Das missionarische Verhalten des Paulus nach 1 Kor

9,19-23 und in der Apostelgeschichte." (1966). In: *Ges.Aufs.* IV p.149-161.

3) 우상숭배에 대한 경고 9,24-10,22

(1) 경기와 그 목표 9,24-27 (B?)
· V.C.Pfizner, *Paul and the Agon Motive.* NT Suppl 16 (1967) p.82-98.

(2) 이스라엘 역사의 교훈 10,1-13 (B)
· L.Goppelt, *Typos* (1969) p.173-176, 271-278.
　　──────. "Typos", *ThW* VIII, p.251s.
　　──────. "Apokalyptik und Theologie bei Paulus." In: *Christologie und Ethik* (1968) p.234-267.
· G.Martelet, "Sacrements, figures et exhortation en 1Co10,1-11." RechSR 44 (1956) p.323-359; 525-559.
· K.Galley, *Altes und neues Heilsgeschehen bei Paulus* (1965) p.12-16.
· A.Feuillet, *Sagesse* (1966) p.87-109.
· K.Maly, *Mündige Gemeinde* (1967) p.123-127.
· B.J.Malina, "The Palestinian Manna Tradition." AGSU 7 (1968) p.94-99.
· U.Luz, *Geschichtsverständnis* (1968) p.117-123.

(3) 주님의 식탁과 마귀들의 식탁 10,14-22
· H.Hanse, "metechō", *ThW* II p.830-832.
· F.Hauck, "koinos", *ThW* III p.789-810.

- L.Goppelt, "trapeza", *ThW* VIII p.209-215.
- E.Käsemann, "Anliegen und Eigenart der pauliniche Abendmahlslehre" In: *Exeg.* I (1948) p. 11-34.
- G.Bornkamm, "Herrenmahl und Kirche bei Paulus." In *Ges.Aufs.* II (1956) p.138-176.
- P.Neuenzeit, *Das Herrenmahl* (1960) p.54-66, 178-180, 201-219.
- S.Aalen, "Das Abendmahl als Opfermahl im NT." *NT* 6 (1963) p.128-152.

4) 자유와 건설 10,23-11,1 (C)
- Ch.Maurer, "syneidesis", *ThW* VII p.912-914.
- E.Lohse, "Zu 1Kor 10,26. 31." *ZNW* 47 (1956) p.277-280.
- M.Coune, "Le problème des idolothytes et l'éducation de la syneidesis." *RechSR* 51(1963) p.497-534.
- M.E.Thrall, "The Pauline Use of syneidesis." *NTSt* 14(1967) p.118-125.
- H.D.Betz, *Nachfolge und Nachahmung Christi im NT* (1967) p.153-161.

2. 전례에서 여자들이 취해야 할 태도 11,2-16 (A 또는 B)

- W.Foerster, "eksousia", *ThW* II p.570s.
- A.Oepke, "kalyptō", *ThW* III p.563s.
- H.Schlier, "kephale-", *ThW* III p.678s.
- W.Schmithals, *Gnosis* (1956) p.225-230.
- J.A.Fitzmyer, "A Feature of Qumran Angelology and the Angels of 1Co

11,10." NTSt 4 (1957) p.48-58.
- E.Kähler, Die Frau in den paulinischen Briefen (1960) p.43-67.
- M.Hooker, "Authority on her Head." NTSt 10 (1964) p.410-416.
- A.Isaksson, Marriage and Ministry in the New Temple (1965).
- J.W.Martin, "1Cor 11,2-16: An Interpretation." In: Apostolic History and the Gospel, Mélanges F.F.Bruce (1970) p.231-241.
- A.Jaubert, "Le voile des femmes." NTSt 18 (1972) p.419-430.
- A.Feuillet, "L'homme 'gloire de Dieu' et la femme 'gloire de l'homme.'" RB 80 (1973) p.161-182.
- _____, "La dignitè et le rôle de la femme da'près quelques textes pauliniens." NTSt 21 (1975) p.157-191.
- W.O.Walker, "1Co 11,2-16 and Paul's Views Regarding Women." JBL 94 (1975) p.94-110.
- M.Adinolfi, "Il velo della donna e la rilettura paolina di 1Co 11,2-16." RB 23 (1975) p.147-173.

3. 공동체의 식사 11,17-34

- R.Bultmann, Theol. NT, p.146-153.
- E.Käsemann, "Anliegen und Eigenart der paulinischen Abendmahlslehre." in: Exeg.I (1948) p.11-34.
- G.Bornkamm, "Herrenmahl und kirche bei Paulus." in: Ges. Aufs. II (1955) p.138-176.
- P.Neuenzeit, "Das Herrenmahl." StANT I (1960) p.69-174.
- S.Aalen, "Das Abendmahl als Opfermahl." NT 6 (1963) p.128-152.

- G.Delling, "Das Abendmahlsgeschehen nach Paulus." *KuD* 10 (1964) p.61-77.
- W.Schmithals, *Gnosis* (1965) p.237-243, 342-346.
- G.Theissen, "Soziale Integration und sakramentales Handeln. Eine Analyse von 1Kor 11,17-34." *NT* 16 (1974) p.179-206.

보충 설명: 교회의 성찬례와 최후의 만찬(11,26)
- E.Schweizer, "Abendmahl", *RGG* I col 10-21(참고 문헌 참조)
- ──────, "Das Abendmahl im NT."(1954). In: *Neot.* p.344-370.
- K.Th.Schäfer, "Zur Textgeschichte von Lk 22,19b-20." *Bibl.* 33 (1952) p.237-239.
- H.Schürmann, "Der Paschamahlbericht Lk 22,(7-14) 15-18." *Neutest. Abh.* 19/5(1953).
- H.Chadwick, "The shorter Text of Luke 22,15-20." *Harv.ThRev* 50 (1957) p.249-258.
- J.Jeremias, *Die Abendmahlsworte Jesu* (3.éd. 1960).
- P.Benoit, "Le récit de la cène dans Lc 22,15-20." In: *Ex.et Théol.* (1961) p.163-203.
- H.Conzelmann, *Grundriss der Theologie des NTs* (1967) p.67-77 (Trad. fr.p.64-73).
- A.Vööbus, "Kritische Beobachtungen über die lukanische Darstellung des Herrenmahls." *ZNW* 61 (1970) p.102-110.
- H-J.Klauck, "Herrenmahl und hellenistischer Kult." NTA. Neue Folge 15 (1986).

· W.G.Kümmel, "Jesusforschung seit 1965" : "Nachträge 1975-1980." *ThR* 47 (1982) p.157-165.

4. 성령의 은사들 12,1-14,40 (C)

1) 은사의 다양성과 보완성 12,1-31ㄱ

(1) 성령의 현존의 표지 12,1-3

· G.Schrenk, "Geist und Enthusiasmus." In: Studien zu Paulus, *AThANT* 28 (1954) p.107-127.
· W.Schmithals, *Gnosis* (1956) p.117-122.
· G.Eichholz, "Was heisst charismatische Gemeinde? 1Kor 12." *ThEx heute* NF 77(1960) p.8-13.
· I.Hermann, *Kyrios und Pneuma* (1961) p.69-85.
· D.Lührmann, *Das Offenbarungsverständnis bei Paulus*, WMANT 16 (1968) p.27-44.
· K.Maly, "1Kor 12,1-3: Eine Regel zur Unterscheidung der Geister?" *BZ* 10 (1966) p.82-95.
· N.Brox, "Anathema Jesus(1Kor 12,3)." *BZ* 12 (1968) p.103-111.
· T.Holtz, "Das Kennzeichen des Geistes (1Kor 12,1-3)." *NTSt* 18 (1972) p.365-376.
· A.Mehat, "L'enseignement sur 'les choses de l'Esprit' (1Cor 12,1-3)." *RHPhR* 63 (1983) p.395-415.

(2) 하나이신 성령과 다양한 은사 12,4-11

· J. Behm, "glōssa", *ThW* I p.721-726.

· H.Conzelmann, "charisma", *ThW* IX p.393-397.

· O.Kuss, "Enthusiasmus und Realismus bei Paulus." In: *Auslegung und Verkündigung* I (1963) p.260-270.

· M.-A.Chevallier, *Esprit de Dieu* (1966) p.139-213.

· F.Martin, "Pauline Trinitarian Formules and Church Unity." *CBQ* 30 (1968) p.199-219.

· E.E.Ellis, "'Spiritual' Gifts in the Pauline Community." *NTSt* 20 (1974) p.128-144.

· S.Schulz, "Die Charismenlehre des Paulus." In: *Rechtfertigung, FS für E.Käsemann* (1976) p.443-460.

(3) 몸과 지체 12,12-26

· E.Schweizer, sōma, *ThW* VII p.1064-1072(참고 문헌 p.1025).

· P.Bonnard, "L'Église corps du Christ dans le paulinisme." *RThPh* 8(1958) p.268-282.

· R.Schnackenburg, *L'Église dans le NT* (1964) p.182-196.

· E.Käsemann, "Das theologische Problem des Motivs vom Leibe Christi." In: *Perspektiven* (1969) p.178-210.

· E.Lohse, *Die Briefe an die Kolosser und an Philemon* (1969) p.93-96.

· H.Ridderbos, *Paulus* (1970) p.263-268.

(4) 봉사직의 다양성 12,27-31ㄱ

- F.Leenhardt, "L'organisation de la primitive Église." In: *Études sur l'Eglise dans le NT* (1940) p.44-78.
- ──────, "Les fonctions constitutives de l'Église et l'épiscopê selon le NT."*RHPR* 47 (1967) p.111-149.
- H.Riesenfeld, "La voie de la charité. Note sur 1Co 12,31." *StTh* 1 (1948) p.146-157.
- Ph.-H.Menoud, *L'Église et les ministères* (1949).
- H.Greeven, "Propheten, Lehrer, Vorsteher bei Paulus." *ZNW* 44 (1953) p.1-43.
- E.Käsemann, "Amt und Gemeinde im Neuen Testament." In: *Exeg.*I p.109-134.
- G.Iber, "Zum Verständnis von 1Kor 12,31." *ZNW* 54 (1963) p.43-52.
- J.Roloff, *Apostolat, Verkündigung, Kirche* (1965) p.125-135.
- M.-A.Chevallier, *Esprit de Dieu, paroles d'hommes* (1966) p.161-163.
- K.Maly, *Mündige Gemeinde* (1967) p.190-193, 140-247.
- U.Brockhaus, *Charisma und Amt* (1972).
- H.Merklein, *Das kirchliche Amt nach dem Epheserbrief* (1973) p.249-331.

2) 성령의 은사의 사랑 12,31ㄴ-13,13

(1) 사랑이 없으면 성령의 은사는 아무것도 아니다 12,31ㄴ-13,3

- G.Bornkamm, "Der köstlichere Weg. 1Kor 13." In: *Ges.Aufs* I (1937) p.93-112.

- H.Schlier, "Über die Liebe. 1Kor 13." In: *Die Zeit der Kirche* (1949) p.186-193.
- H.Jonas, *Gnosis* II,1 (1954) p.44-49.
- S.Spicq, *Agapè dans le NT* II (1959) p.53-120.
- E.L.Titus, "Did Paul Write ICor 13?", *JBR* 27 (1959) p.299-302.
- N.Johansson, "1Cor 13 and 1Cor 14." *NTSt* 10 (1964) p.383-392.
- K.Maly, *Mündige Gemeinde* (1967) p.193-198.
- R.Kieffer, *Le primat de l'amour*, Lect.Div. 85 (1975).

(2) 사랑의 초상 13,4-7
- G.v. Rad, "Die Vorgeschichte der Gattung von 1Kor 13,4-7." In: *Ges. Studien zum AT* (1953) p.281-296.

(3) 사랑의 탁월함 13,8-13
- G.Kittel, ainigma (esoptron), *ThW* I p.177-179.
- N.Hugedé, *La métaphore du miroir dans les épîtres de saint Paul aux Corinthiens* (1957).
- D.H.Gill, "Trough a Glass Darkly." *CBQ* 25 (1963) p.427-429.
- H.Urner-Astholz, "Spiegel und Spiegelbild." In: *Zeit und Geschichte, Dankesgabe an R.Bultmann* (1964) p.643-670.
- E.Miguens, "1Cor 13,8-13 Reconsidered." *CBQ* 37 (1975) p.76-97.
- W.Grossouw, "L'espérance dans le NT." *RB* 61 (1954) p.508-532.
- W.Schmithals, *Gnosis* (1965) p.135-137.
- M.F.Lacan, "Les trois qui demeurent." *RechSR* 46 (1958) p.321-343.

- F.V.Moss, "1Co 13,13", *ExpT* 73 (1961) p.93.
- J.Moss, "1Co 13,13, nyni de menei⋯." *ExpT* 73 (1962) p.253.
- F.Neyrinck, "De Grote Drie." *EphThL* 39 (1963) p.595-615.
- R.P.Martin, "Short Comment: 1Co 13,13." *ExpT* 82 (1970) p.119-120.
- W.Marxsen, "Das Bleiben in 1Kor 13,13." In: *NT und Geschichte, Hommage à O.Cullmann* (1972) p.223-229.

3) 신령한 언어와 예언 14,1-40

(1) 예언이 신령한 언어보다 우월함 14,1-5
- J.Behm, glōssa, *ThW* I p.719-726.
- W.Keilbach, "Zungenreden", *RGG* VI col.1940s.
- O.Michel, oikodomeō, *ThW* V p.142-145.
- H.Kleinknecht, pneuma, *ThW* VI p.343-350.
- G.Friedrich, prophētēs, *ThW* VI p.829-831, 849-857.
- F.W.Beare, "Speaking in Tongues." *JBL* 83 (1964) p.229-246.
- S.D.Currie, "Speaking in Tongues, Early Evidence Outside the NT." *Interpretation* 19 (1965) p.274-294.
- E.Schweizer, "The Service of Worship. An Exposition of 1Co 14 (1959)." In: *Neotestamentica* p.333-343.
- M.-A.Chevallier, *Esprit de Dieu* (1966) p.48-63, 171-200.
- K.Maly, *Mündige Gemeinde* (1967) p.198-215.
- G.Dautzenberg, *Urchristliche Prophetie*, BWANT 104 (1975) p.226-300.
- Ph.Vielhauer, *Oikodome*. Aufsätze zum Neuen Testament. Band 2. TB 65

(1979) p.1-168.

(2) 신령한 언어와 말씀 14,6-19
- A.Oepke, apokalyptō, ThW III p.586-589.
- G.Bornkamm, "Glaube und Vernunft bei Paulus." In: Ges.Aufs, II (1957) p.119-137.
- R.Bultmann, Theol. NT p.211-214.
- J.Jeremias, "omōs(1Kor 14,7; Gal 3,15)" ZNW 52 (1961) p.127-128.
- R.Keydell, Homōs, ZNW 54 (1963) p.145-146.
- D.Lührmann, Das Offenbarungsverständnis bei Paulus (1965) p.39-44.

(3) 올바른 분별에 대한 호소 14,20-25
- J.M.P.Sweet, "A Sign for Unbelievers : Paul's Attitude to Glossolalia." NTSt 13 (1967) p.240-257.
- K.Maly, Mündige Gemeinde (1967) p.203-215.

(4) 공동체 안에서의 질서, 결론 14,26-40
- A. Oepke, gynē, ThW I p.776-790.
- E.Kähler, Die Frau in den paulinischen Briefen (1960) p.70-83.
- W.Schmithals, Gnosis (1965) p.230-232.
- G.Fitzer, "Das Weib schweige in der Gemeinde." ThEx heute 110 (1963).
- H.W.Bartsch, Die Anfänge urchristlicher Rechtsbildungen (1965) p.60-77.
- K.Maly, Mündige Gemeinde (1967) p.215-228.
- A.Jaubert, "Le voile des femmes." NTSt 18 (1972) p.419-430.

- G.Strecker, *Handlungsorientierter Glaube* (1972) p.20-22.
- K.Wengst, "Das Zusammenkommen der Gemeinde und ihr Gottesdienst." *EvTh* 33 (1973) p.547-559.
- H.Denis et J.Delorme, "La participation des femmes aux ministères." In: *Le ministère et les ministères selon le NT* (1974) p.505-511.
- E.E. Ellis, "Spiritual Gifts in the Pauline Community." *NTSt* 20 (1974) p.128-144.
- A.Feuillet, "La dignité et le rôle de la femme d'après quelques textes pauliniens." *NTSt* 21 (1975) p.157-191.
- A.M.Dubarle, "Paul et l'antiféminisme." *RSPhTh* 60 (1976) p.261-280.
- G.Dautzenberg, *Urchristliche Prophetie*, BWANT 104 (1975) p.257-272, 290-298.

IV. 죽은 이들의 부활 15,1-58 (A)

- K.Barth, *Die Auferstehung der Toten* (1924) p.72-128.
- R.Bultmann, K.Barth, "Die Auferstehung der Toten." In: *GuV* I (1926) p.38-64.
- ──────, *Theol. NT* (1968) p.292-306.
- H.Grass, *Ostergeschehen und Osterberichte* (1962) p.94-112.
- W.Schmithals, *Gnosis* (1965) p.146-150.
- H.W.Bartsch, "Die Argumentation des Paulus in 1Kor 15,3-11." *ZNW* 55 (1964) p.261-274.

- F.Mussner, "'Schichten' in der paulinischen Theologie." *BZ* 9 (1965) p.59–70.
- E.Güttgemanns, *Der leidende Apostel und sein Herr* (1966) p.53–94.
- U.Luz, *Das Geschichtsverständnis des Paulus* (1968) p.332–358.
- M.Carrez, "L'herméneutique paulinienne de la résurrection." In: *La résurrection du Christ et l'exégèse moderne*. Lect. Div. 50 (1969) p.55–73.
- X.Léon-Dufour, *Apparition du Ressuscité et herméneutique*. ibid. p.153–173.
- L.Schottroff, *Der Glaubende* (1970) p.115–169.
- U.Wilckens, *Auferstehung* (1970).
- B.Spoerlein, *Die Leugnung der Auferstehung* (1971).
- B.Rigaux, *Dieu l'a ressuscité. Exégèse et théologie biblique* (1973) p.119–132.
- P.Stuhlmacher, "Das Bekenntnis zur Auferweckung Jesu von den Toten." *ZThK* 70 (1973) p.365–403.
- H.H.C.Cavallin, *Life After Death* (1974).
- L.Goppelt, *Theologie des Neuen Testaments* I (1975) p.277–299.
- P.Hoffmann(éd.), *Zur neutestamentlichen Uberlieferung von der Auferstehung Jesu*. WdF 522 (1988).
- B.-M.Metzger, "A suggestion Concerning the Meaning of 1CorXV.4b." *JTHS* 8 (1957) p.118–123.

1. 근본적인 확실성: 그리스도는 부활하셨다 15,1-11

· H.v. Campenhausen, *Der Ablauf der Osterereignisse und das leere Grab* (1952).
· O.Glombiza, "Gnade, das entscheidende Wort. Erwägungen zu 1Kor 15,1-11." *NT* 2 (1958) p.281-290.
· E.Fuchs, "Muss man an Jesus glauben, wenn man an Gott glauben will?" In: *Ges.Aufs.*III (1961) p.249-279.
· M.L.Gilmour, "The Christophany to More Than Five Hundred Brethren." *JBL* 80 (1961) p.248-252.
· F.Mildenberger, "Auferstanden am dritten Tage nach den Schriften." *EvTh* 23 (1963) p.265-280.
· T.Boman, "Paulus abortivus (1 Kor 15,8)." *StTheol*(Lund) 18 (1964) p.46-55.
· J.Kremer, *Das älteste Zeugnis von der Auferstehung* (1966).
· B.Klappert, "Zur Frage des semitischen oder griechischen Ursprungs von 1Kor 15,3-5." *NTSt* 13 (1967) p.168-173.
· P.Seidensticker,"Das Antiochenische Glaubensbekenntnis 1Kor 15,3-7" *Theol. und Glaube* 57 (1967) p.286-323.
· J.H.Schütz, "Apostolic Authority and the Control of Tradition." *NTSt* 15 (1969) p.439-457.
· J.M. v. Cangh, *Mort pour nos péchés selon les Écritures (1 Co 15,3b)*, RTL 1 (1970) p.191-199.
· B.Steinseifer, "Der Ort der Erscheinungen des Auferstandenen." *ZNW* 62 (1971) p.233-265.

- H.G. McArthur, "On the Third Day." *NTSt* 18 (1971) p.81-86.
- R.H.Fuller, *The Formation of the Resurrection Narratives* (1972) p.9-49.
- J.Roloff, "Anfänge der soteriologischen Deutung des Todes Jesu." *NTSt* 19 (1972) p.39-64.
- T.Lorenzen, "Ist der Auferstandene in Galiläa erschienen?" *ZNW* 64 (1973) p.209-221.
- P.v.d.Osten-Sacken, "Die Apologie des paulinischen Apostolats in 1Kor 15,1-11." *ZNW* 64 (1973) p.245-262.

2. 그리스도의 부활, 죽은 이들의 부활 15,12-34

1) 죽은 이들의 부활에 대한 부인과 그 결과 15,12-19
- J.Schniewind, "Die Leugner der Auferstehung in Korinth." In: *Nachgelassene Reden und Aufsätze* (1952) p.110-139.
- H.Braun, "Exegetische Glossen zum 1Kor." In: *Ges.Studien*, (1948) p.198-204.
- E.Fuchs, "Die Auferstehungsgewissheit nach 1Kor 15." In: *Ges.Aufs* I p.197-200.
- J.H.Wilson, "The Corinthians Who Say There is no Resurrection of the Dead." *ZNW* 59 (1968) p.90-107.

2) 부활, 확실한 약속 15,20-28
- L.Goppelt, *Typos* (1939) p.157-162.
- R.Bultmann, "Adam und Christus in Rm 5." In: *Exegetica* (1959) p.424-

444.

- I.Hermann, *Kyrios und Pneuma* (1961) p.114-117.
- E.Brandenburger, *Adam und Christus* (1962) p.15-131.
- H.A.Wilke, *Das Problem eines messianischen Zwischenreichs bei Paulus* (1967) p.56-108.
- U.Luz, *Geschichtsverständnis* (1968) p.339-358.
- B.J.Malina, "Some Observations on the Origin of Sin." *CBQ* 31(1969) p.18-34.
- H.Rondet, *Péché originel et péché d'Adam* (1969).
- L.Schottroff, *Der Glaubende* (1970) p.115-136, 160-162.
- G.Barth, "Erwägungen zu 1Kor 15,20-28." *EvTh* 30 (1970) p.515-527.
- G.Eichholz, *Die Theologie des Paulus im Umriss* (1972) p.172-188.
- D.J.Doughty, "The Pneuma and Future of Salvation in Corinth." *ZNW* 66 (1975) p.61-90.
- E.Schweizer, "1Kor 15,20-28 als Zeugnis paulinischer Eschatologie." In: *FS für W.G.Kümmel* (1975) p.301-314.
- J.Baumgarten, *Paulus und die Apokalyptik*, WMANT 44 (1975) p.99-106.

3) 개인적인 성격의 두 가지 논증 15,29-34

- A.Oepke, baptō, *ThW* I p.540s.
- M.Goguel, *L'Église primitive* (1947) p.320-324.
- R.Bultmann, *Theol. NT* (1968)p.136-144; 312s.
- W.Schmithals, *Gnosis* (1965) p.244-246.
- M.Raeder, "Vikariatstaufe in I Kor 15,29?" *ZNW* 46 (1955) p.258-260.

- M.Rissi, *Die Taufe für die Toten* (1962).
- G.Delling, *Die Taufe im NT* (1963) p.114s.
- E.Güttgemanns, *Der leidende Apostel* (1966) p.77s.
- A.J.Malherbe, "The Beasts at Ephesus." *JBL* 87 (1968) p.71-80.
- L.Schottroff, *Der Glaubende* (1970) p.160-166.
- E.Lohse, *Grundriss der neutestamentlichen Theologie* (1974) p.67.

3. 부활한 이들의 몸, 결론 15,35-58

1) 창조에서 도출된 유비들 15,35-44ㄱ
- E.Schweizer, sōma, *ThW* VII p.1057-1060.
- H.Braun, "Das 'Stirb und werde' in der Antike und im NT." In: *Ges. Stud. z. NT* (1957) p.136-158.
- I.Hermann, *Kyrios und Pneuma* (1961) p.117-122.
- H.Riensenfeld, "Das Bildwort vom Weizenkorn bei Paulus." In: *Studien z. NT und z. Patristik, FS für E.Klostermann* (1961) p.43-55.
- C.F.D.Moule, "St Paul and Dualism." *NTSt* 12 (1966) p.106-123.
- L.Schottroff, *Der Glaubende* (1970) p.136-147.
- K.A.Bauer, *Leiblichkeit* (1971) p.89-106.
- R.Morissette, "La condition de ressuscité. 1Co 15,35-49." *Bibl.* 53 (1972) p.208-228.
- R.H.Gundry, *Sōma in Biblical Theology* (1976) p.159-183.
- Ch.Burchard, "1Korinther 15,39-41." *ZNW* 75 (1984) p.233-258.

2) 성경의 인증 15,44ㄴ-49
- E.Schweizer, Xoikos, *ThW* IX p.460-468.
- N.A.Dahl, *Volk* (1941) p.252s.
- R.Bultmann, *Theol.NT* p.204s, 246-249, 297-300.
- H.Clavier, "Brèves remarques sur la notion de sōma pneumaticon." In: *Mél. Ch.H.Dodd* (1956) p.342-362.
- W.Schmithals, *Gnosis*, p.132, 159s.
- I.Hermann, *Kyrios und Pneuma* (1961) p.61-63.
- E.Brandenburger, *Adam und Christus* (1962) p.153-156.
- K.Galley, *Altes und neues Heilsgeschehen bei Paulus* (1965) p.29-36.
- A.Feuillet, *Sagesse* (1966) p.327-333.
- B.Schneider, "The Corporative Meaning and Background of 1Co 15,45b." *CBQ* 29 (1967) p.450-467.
- P.Lengsfeld, *Adam et le Christ* (1970).
- L.Schottroff, *Der Glaubende* (1970) p.140-145.
- R.Morissette, "L'antithèse entre le 'psychique' et le 'pneumatique' en 1Co 15,44-46." *RevSR* 46 (1972) p.97-143.

3) 최종적인 변화, 결론 15,50-58
- E.Schweizer, sarx, *ThW* VII p.128.
- R.Bultmann, *Theol. NT* p.232-234.
- J.Jeremias, "Flesh and Blood cannot inherit the Kingdom of God." *NTSt* 2 (1955) p.151-159(=*Abba*, p.298-307).
- L.Schottroff, *Der Glaubende* (1970) p.145s.

- H.Saake, "Die kodikologisch problematische Nachstellung der Negation. Beobachtungen zu 1Kor 15,50." *ZNW* 63 (1972) p.277-279.
- W.Wiefel, "Die Hauptrichtung des Wandels im eschatologischen Denken des Paulus." *ThZ* 30 (1974) p.65-81.
- R.Morissette, "La chair et le sang ne peuvent hériter du Règne de Dieu (1Co 15,10)." *ScE* 26 (1974) p.39-67.
- J.Baumgarten, *Paulus und die Apokalyptik*, WMANT 44 (1975) p.106-110.

권고와 인사 16,1-24

1) 예루살렘 공동체를 위한 모금 16,1-4 (C)
- G.Kittel, logeia, *ThW* IV p.287-288.
- K.Holl, "Der Kirchenbegriff des Paulus." In: *Aufs.* II (1921) p. 44-67.
- W.Schmithals, *Paulus und Jakobus* (1963) p.64-70.
- L.Cerfaux, *La théologie de l'Église* (1965) p.112-117.
- D.Georgi, *Die Geschichte der Kollekte des Paulus für Jerusalem* (1965) p.37-51.
- H.Conzelmann, *Geschichte des Urchristentums* (1969) p.68-71.

3) 마지막 권고와 인사 16,13-24 (A)
- K.G.Kuhn, Maranaqa, *ThW* IV p.470-475.
- O.Cullmann, "Le culte dans l'Église primitive." In: *La foi et le culte de*

l'Église primitive (1944) p.110-115.
- G.Bornkamm, "Das Anathema in der urchristlichen Abendmahlsliturgie." In: Ges.Aufs. I (1950) p.123-132.
- J.A.T.Robinson, "The Earliest Christian Liturgical Sequence." In: Twelve NT Studies (1953) p.154-157.
- C.F.D.Moule, "A Reconsideration of the Context of Maranatha." NTSt 6 (1960) p.307-310.
- F.Hahn, Christologische Hoheitstitel (1963) p.100-109.
- H.P.Rüger, "Zum Problem der Sprache Jesu." ZNW 59 (1968) p.113-122.

전체 참고 문헌

I. 입문

- Bornkamm G., Bible: *Das Neue Testament*, 1971.
- Campenhausen H.von., *La formation de la Bible Chréienne*, 1971.
- Conzelmann H., *Geschichte der Urchristentums*, NTD. Ergranzungsreihe 5, 1969.
- Dinkler E., *Korintherbriefe*, RGG IV col 17–23.
- Goodspeed E.J., *Ephesians and the First Edition of Paul*, JBL 70 (1951) p.285–291.
- Kümmel W.G., *Einleitung in das Neue Testament*, 1963
- Lohse E., *Ensthehung des Neuen Testament*, 1972.
- Marxen W., *Einleitung in das Neue Testament*, 1963.
- Pauly (Der Kleine), Lexikon der Antlke, art. *Korinthos*, vol III (1969) p.301–305.
- Schenk W., *Der 1 Korintherbrief als Briefsammlung*, ZNW 60 (1969) p.219–243.
- Schenke H.M., *Das Weiterwirken des Paulus und die Pflege seines Erbes durch die Paulusschule*, NTSt 21 (1975) p.505–518.

- Schmithals W., *Die Korintherbrief als Briefsammlung*, ZNW 64 (1973) p.263-288.
- Vielhauer P., *Geschichte der urchristlichen Literatur*, 1975.
- Wendland P., Dörrie H., *Die hellenistisch-römische Kultur*, 1972.
- Wrigt G.E., *Biblical Archeology*, 1957.

II. 주석서

- Allo E.B., *Première éitre aux Corinthiens,études bibl.* ²1956
- Ambrosiaster, *In epistulas ad Corinthios*, Corpus scriptorum ecclesiasticorum latinorum LXXXI/2, 1968.
- Bachmann P., *Der erste Brief des Paulus an die Korinther*, ZKNT, ⁴1936
- Balz H.R., *Christus in Korinth*, 1970.
- Barrett C.K., *The First Epistle to the Corinthians*, BNTC, 1968.
- Barth K., *Die Auferstehung der Toten*, ³1935.
- Bengel A., *Gnomom Novi Testamenti*, ²1759.
- Bruce F.F., *1 and 2 Corinthians*, NCB 1971.
- Calvin J., *Commentaire sur la première éitre aux Corinthiens*, 1556.
- Conzelmann H., *Der erste Brief an die Korinther*, MKNT, 1969.
- Fascher E., *Der erste Brief des Paulus an die Korinther*, I, Teil, ThHK, 1975
- Godet F., *Commentaire sur la première éitre aux Corinthiens*, 1886-1887.
- Groschelde F.W., *Commentary on the First Epistle to the Corinthians*, New

Internat. Comm., 1953.

· Héing J., *La première éitre de saint Paul aux Corinthiens*, CNT, 1949.

· Lietzmann H., Kümmel W.G., *An die Korinther I/II*, HNT, ⁴1949.

· Morris L., *1 Corinthians*, TNTC, 1963.

· Robertson, A., Plummer A., *A Critical and Exegetical Commentary on the First Epistle to the Corinthians*, ICC, ²1914.

· Schlatter A., *Der frühere Brief an die Korinther*, Erläuterungen, ⁴1928.

· Schlatter A., *Paulus, der Bote Jesu*, 1934.

· Weiss J., *Der erste Korintherbrief*, MKNT, ⁹1910.

· Wendland H.D., *Die Briefe an die Korinther*, NTD, ¹²1968.

· De Wette W.M.L., *Kurze erklärung der Briefe an die Korinther*, ³1985.

· Wolff C., *Der erste Brief an die Korinther*, Zweiter Teil, ThHK, 1982.

III. 기타 연구 서적

· Bauer K.A., *Leiblichkeit-das Ende aller Werke Gottes*, 1971.

· Baumann R., *Mitte und Norm des Christlichen. Eine Auslegung von I Kor 1,1-3,4*, 1968(Mitte).

· Baumgarten, *Paulus und die Apokalyptik*, WMANT 44, 1975.

· Baur F.C., *Paulus. der Apostel Jesu Christi*, 1845.

· Blank J., *Paulus und Jesus. Eine Theologische Grundlegung*, 1968.

· Bornkamm G., *Gesammelte Aufsätze I-IV*, 1961-1971.

―――, Paulus, 1969, 《바울, 그의 생애와 사상》, 허혁 옮김,

1978, 이화여자대학교 출판부, 1978.
- Brandenburger E., *Adam und Christus*, WMANT 7, 1962.

　　　　　　, *Fleisch und Geist. paulus und die dualistische weisheit*, WMANT 29, 1968
- Braun H., *Gesammelte Studien zum NT und seiner Umwelt*, 1962.

　　　　　　, *Spätjüdisch-Häretischer und frühchristlicher Radikalismus*, 2 vol, 1957(Radikalismus).
- Bultmann R., *Der Stil des paulinischen Predigt und die kynisch-stoisch Diatribe*, 1910.

　　　　　　, *Das Urchristentum im Rahmen der Antiken Religionen*, 1949 《서양 고대 종교사상사》, 허혁 옮김, 이화여자대학교 출판부, 1988.

　　　　　　, *Theologie des Neuen Testament*. ⁶1968. 《신약성서 신학》, 허혁 옮김, 성광문화사, 1976.

　　　　　　, *Exegetica*, 1967.
- Cerfaux L., *La théologie de l'Église suivant saint Paul*, ³1965.
- Chevallier M.-A., *Esprit de Dieu. parole d'hommes*, 1966(Esprit de Dieu).
- Conzelmann H., *Grundriss der Theologie des NT.s*, 1967, 《신약성서 신학》, 김철손, 박창환, 안병무 옮김, 한국신학연구소, 1983.
- Dahl N.A., *Das Volk Gottes*, ²1963(Volk).
- Dietzfelbinger C., *Heilsgeschichte bei Paulus?* ThExh 126, 1965.
- Dinkler E., *Signum Crucis. Aufsätze zum NT*, 1967.
- Dupont J., *Gnosis. La connaissance religieuse dans les épîtres de saint Paul*, 1949.
- Feuillet A., *Le Christ Sagesse de Dieu d'après des éitres pauliniennes*,

1966(Sagesse).

· Galley K., *Altes und neues Heilsgeschichte bei Paulus*, 1965.

· Goguel M., *L'Église primitive*, 1947.

——————, *Les premiers temps de l'Église*, 1949.

· Goppelt L., *Theologie des Neuen Testements*. 2. Teil, 1976.

· Güttegemanns E., *Der leidende Apostel und sein Herr*, FRLANT 90, 1966(Der leidende Apostel).

· Hermann I., *Kyrios und Pneuma. Studien zur Christologie der paulinischen Hauptbriefe*, StANT 2, 1962.

· Hutin S., *Les gnostiques*, Que sais-je? 808, ^{3}1970.

· Jervell J., *Imago Dei*, FRLANT 76, 1960.

· Jonas H., *Gnosis und spätantiker Geist*, FRLANT 33 et 45, 1934 et 1954.

· Käzemann E., *Exegetische Versuche und Besinnungen I/II*, 1960 et 1964(Exeg).

——————, *Paulinische Perspektiven*, 1969.

· Kramer W., *Christos, Kyrios, Gottessohn*, AthANT 44, 1963(Christos).

· Kümmel W.G., *Die Theologie des Neues Testaments*, NTD, Erg. reihe 3, 1969.

· Lohse E., *Die Texte aus Qumran*, 1964.

· Lührmann D., *Das Offenbarungsverständnis bei Paulus und in paulinischen Gemeinden*, WMANT 16, 1965.

· Luz U., *Das Geschichtsverständnis des Paulus*, 1968.

· Maly K., *Mündige Gemeinde. Untersuchungen zur pastoralen Führung des Apostels Paulus im 1. Korintherbrief*, 1967.

- Neugebauer F., *In Christus. Eine Untersuchung zum paulinischen Glaubensverständnis*, 1961.
- Norden E., *Agnostos Theos*, ⁴1956.
- Reitzenstein R., *Hellenistische Mysterienreligionen*, ³1927.
- Ridderbos H., *Paulus. Ein Entwurf seiner Theologie*, 1970.
- Ringgren H., *Israelitische Religion*, 1963.
- Roloff J., Apostolat, *Verkündigung, Kirche*, 1965.
- Schlier H., *Die Zeit der Kirche. Exegetische Aufsätze und Vorträge*, ⁴1966.
- Schmithals W., *Die Gnosis in Korinth*, FRLANT 48, ²1965(Gnosis).
- Schnackenburg R., *L'Église dans le Noubeau Testament*, 1964.
- Schottroff L., *Der Glaubende und die feindliche Welt*, WMANT 37, 1970(Der Glaubende).
- Schweizer E., *Gemeinde und Gemeindeordnung im Neuen Testament*, AThANT 35, 1959.

　　─────── , *Neotestamentica*, 1963.
- Soden H. von., *Sakrament und Ethik bei Paulus*, 1931, In: *Urchristentum und Geschichte*, p.239–275.
- Wilckens U., *Weisheit und Torheit. Eine exegetisch-religionsgeschichtliche Untersuchung zu 1 Kor 1 und 2*, 1959(Weisheit).

찾아보기

거룩한, 거룩함, 거룩하게 하다　37, 38, 136, 139, 141, 142, 144, 150−152, 176−180, 186

건설, 건설하다　220, 267, 325, 345, 348, 351, 425

걸림돌(스칸달)　58, 65, 66, 68, 220, 272

케파(베드로)　24, 46, 50, 51, 53, 105, 112, 114, 225, 229, 355, 366, 367, 369, 371, 427, 432

결혼, 혼종혼　165−205

계시　42, 61, 76, 80, 83, 86, 88−94, 294, 344, 347, 356, 433

과부 '재혼' 참조　199−205

교사　129, 323−326, 347, 359

교회　22, 28, 29, 37, 41, 49, 102, 104, 106, 110, 117, 138, 237, 250−256, 261, 278, 285, 289, 291, 298, 317−321, 324−326, 342, 355, 361, 362, 393

교회의 일치　38, 50, 53, 114, 289, 291, 303, 305, 310, 318

구속救贖　68, 74, 215, 427

권리　110, 118, 129, 147, 148−150, 168, 169, 174, 179, 222, 224−234, 236, 238, 272, 323

그리스도　29, 37, 39, 41−43, 46, 52−54, 61, 65, 7., 74, 95, 109, 114, 115, 117, 138, 139, 214, 221, 266, 272, 273, 285, 317, 329, 389−391, 401, 402, 410, 415−417, 422−427, 430, 432, 443

그리스도의 다스림　382, 393, 395

그리스도의 몸　43, 52, 137, 158, 179, 259, 261, 278, 295, 300, 301, 303, 317−321, 323−225

그리스도의 부활　68, 69, 76, 227, 229, 378-389, 392, 393, 395, 401, 415, 426, 419, 430

그리스도의 지체　153, 157, 158, 159, 163, 316, 319, 323

금욕(절제)　165-173

기적　64, 75, 78, 90, 251, 254, 311, 314, 323, 324, 330, 430, 431

재림(파루시아)　43, 60, 297, 365, 379, 386, 391, 414, 418-421, 447

독신　165-205

티모테오　128, 439

모금　436, 437

몸　28, 155-164, 168, 317, 321-325, 342, 398, 404-411, 418, 419, 421

믿음(신앙)　66, 75, 100, 185, 289, 311, 314, 330, 335, 339-341, 353, 354, 367, 383, 443

복음　41, 57, 58, 63, 192, 378

본받다, 모방하다(본받음, 모방)　129, 272

봉사, 봉사자　37, 101-104, 117, 202, 227, 228, 312, 313, 325, 401

부르심 '소명' 참조

비저항　148, 149

사도, 사도직　36, 40, 54, 67, 93, 102, 106, 116-127, 224-233, 325, 329, 372, 444

사도적 권위　105, 136, 176, 357, 420

사랑　23, 27, 207, 209-211, 215, 218, 221, 222, 304, 327-336, 339-343, 345, 446

사회계급　49, 184, 188, 189, 223, 289, 293

살, 육적인　71, 93, 98, 159, 166, 407, 415, 419, 428, 434

선재先在　250, 318, 321

선택하다, 선택　70-73, 211, 236, 259

성령, 영　77, 78, 83, 90-95, 99, 136, 152, 161, 307-319, 412

성사주의　293

성적인 자제 '금욕' 참조

성전　102, 111, 161

성찬례　260-263, 288-292, 294,

295, 297, 298, 300-303, 319, 446-448

성체성사 '성찬례' 참조

세례, 세례를 주다 46, 53, 54, 109, 151, 250, 318, 320, 321

세상 59-71, 115, 140, 150, 189, 196, 199, 320

세상의 종말 또는 시간의 종말 37, 42, 119, 198, 300, 429-430

소명 37, 41, 181-190, 372

신령한 언어 314, 315, 326, 330, 336, 337, 341-363

신비, 하느님의 계획 76, 85, 88, 117, 313, 328, 330, 422

신비 종교 50, 82, 301

신비주의 115, 301

십자가, 십자가의 말씀, 십자가의 신학 24, 28, 32, 55-60, 64-70, 73, 83, 84, 112, 115

아담 320, 387-391, 410-416, 418, 419, 422, 424

아폴로 14, 23, 24, 49, 50, 53, 103, 105, 114, 122, 441, 442

알다, 지식 40, 49, 56, 89, 91, 93,

209-212, 313, 339, 342, 347, 350, 365

약함(하느님의, 또는 사도의) 69, 77, 121-125, 130

약함(형제의, 또는 양심의) 217-224

양심 119, 217, 219-224, 271

어리석음, 무의미 53-68, 93, 112, 121, 125, 410

어린이들의 세례 178, 179

여자 175, 277-285

연옥 110

열광주의, 열광주의적인 26, 28, 41, 48, 52, 155, 306-310, 321, 331, 345, 352, 357, 360, 362, 380

영감을 받음, 영감을 받은 사람 276, 337, 345-349, 355, 359

영신주의, 영신주의자 19, 28, 160-164, 205, 267, 277, 285, 306, 333, 371, 381

영적 약혼식 195-205

영적인 현상, 황홀경의 은사 307-309, 318, 330, 336, 344, 347, 354, 365, 380, 432

영적인 93, 404, 409-414

영지, 영지주의 25, 52, 86, 89, 90,

94, 155, 166, 272, 293, 309, 410-412, 417, 423
예언, 예언자　235, 307, 314, 325, 326, 345, 353-363
예정　66, 86, 88
유다인　241, 272, 276
유형, 유형론　253-255, 431
유혹　254, 257
율법　29, 65, 149, 240-242, 360, 424, 425, 432
은사 또는 카리스마　41, 42, 91, 170-172, 183, 204, 310-315, 319, 323-331, 336, 340-343
의로움(의화) '신령한 언어' 참조
이미지　416
이스라엘　59, 249-251, 255
이혼　174-176, 179, 181

자랑하다　69, 74, 312, 333
자연　284
자연적인, 동물적인, 혼　83, 93, 94, 97, 277, 409, 412-414
자유　27, 63, 86, 95, 109, 115, 154-157, 184-193, 198, 199, 209, 217-224, 230, 234-245, 250, 266-272,

443
재혼　173, 202, 204, 205
전승　31, 67, 294, 326, 369, 419, 427
종, 종살이　186-193
종말론　191, 197-199, 336-341, 391, 392, 395, 410, 421, 430
죄　151, 156-161, 192, 220, 383, 427, 432
주님　38, 53, 188, 213, 215, 254, 290, 308, 310, 430, 431
죽은 이들의 부활　157, 364-430
죽은 이들의 세례　396-398
죽음　115, 137, 368, 380, 384-392, 399, 401, 406, 432
지성, 이성　81, 349, 358
지혜, 지식　45, 50, 56, 59, 62, 68-84, 97, 313
직무 '봉사' 참조　227, 325, 326, 444

천사의 능력　145, 282, 283

타락　409
통교, 친교　41, 261, 295, 301

파벌(분열)　24, 30, 48, 51, 100, 113, 289, 291, 292, 302
판단하다, 판단　83, 93, 118, 125, 314

하느님의 아들　44, 393, 396
황홀경, 황홀경의　307, 315, 330, 344, 351, 358, 365, 380, 432